suhrkamp taschenbuch
wissenschaft 1318

Verglichen mit anderen Formen empirischer Sozialforschung oder mit dem Habitus soziologischer Theoriebildung ist die Ethnographie durch einen Erkenntnisstil gekennzeichnet, der in einer naiv anmutenden Weise auf Innovation zielt: es ist das Entdecken. Die Ethnographie ist eine ausgeprägt weltzugewandte Form soziologischer Erkenntnis. Dabei erschließt sie nicht einfach ein spezifisches Forschungsgebiet, etwa »kuriose Subkulturen«. Die in der Ethnographie liegende Affinität zum Kuriosen entspringt vielmehr dem Potential, alle möglichen Gegenstände »kurios«, also zum Objekt einer ebenso empirischen wie theoretischen Neugier zu machen. Der Grund hierfür ist die zentrale Prämisse des »weichen« Methoden-, aber »harten« Empiriebegriffs, der die Ethnographie charakterisiert: die Annahme der Unbekanntheit gerade auch jener Welten, die wir selbst bewohnen. Die ethnographische Herausforderung besteht darin, mit Hilfe dieser Heuristik des Unbekannten die Soziologie an den Phänomenen zu erneuern. Es gilt, auch gewöhnlichste Ereignisse und Felder zu soziologischen Phänomenen zu machen und durch die Entwicklung eines neuen »befremdenden« Blicks auf sie eine Fachlichkeit und Professionalität voranzutreiben, die sich im Modus einer falschen Vertraulichkeit mit der eigenen Kultur nicht weiterentwickeln kann.

Der Band demonstriert dieses Potential der Ethnographie für die Soziologie durch die Zusammenstellung von aktuellen Forschungsbeiträgen zu diversen Phänomenen, darunter die Verliebtheit von Schulkindern, die behördliche Identifizierung von Ausländern, das Insasseninventar einer Haftanstalt, die Inszenierungen von Transvestiten, die Repräsentationspraktiken von Museen und molekularbiologischen Laboratorien.

Stefan Hirschauer und Klaus Amann arbeiten an der Fakultät für Soziologie der Universität Bielefeld.

Die Befremdung
der eigenen Kultur

Zur ethnographischen Herausforderung
soziologischer Empirie

Herausgegeben von
Stefan Hirschauer und Klaus Amann

Suhrkamp

Die Deutsche Bibliothek – CIP-Einheitsaufnahme
Die Befremdung der eigenen Kultur :
zur ethnographischen Herausforderung soziologischer Empirie /
hrsg. von Stefan Hirschauer und Klaus Amann. –
1. Aufl. – Frankfurt am Main :
Suhrkamp, 1997
(Suhrkamp-Taschenbuch Wissenschaft ; 1318)
ISBN 3-518-28918-7

suhrkamp taschenbuch wissenschaft 1318
Erste Auflage 1997
© Suhrkamp Verlag Frankfurt am Main 1997
Suhrkamp Taschenbuch Verlag
Alle Rechte vorbehalten, insbesondere das
des öffentlichen Vortrags, der Übertragung
durch Rundfunk und Fernsehen
sowie der Übersetzung, auch einzelner Teile.
Druck: Wagner GmbH, Nördlingen
Printed in Germany
Umschlag nach Entwürfen von
Willy Fleckhaus und Rolf Staudt

1 2 3 4 5 6 – 02 01 00 99 98 97

Inhalt

Klaus Amann und Stefan Hirschauer
Die Befremdung der eigenen Kultur. Ein Programm . . .   7

SZENEN MACHEN

Georg Breidenstein
Verliebtheit und Paarbildung unter Schulkindern   53

Hubert A. Knoblauch
Zwischen den Geschlechtern? In-Szenierung, Organisation
und Identität des Transvestismus   84

Astrid Jacobsen
Ordnungs- und Unruhestifter. Ein privater
Sicherheitsdienst observiert   114

ANSTALTEN MACHEN

Helga Kelle
»Wir und die anderen«. Die interaktive Herstellung
von Schulklassen durch Kinder   138

Thomas Scheffer
Der administrative Blick. Über den Gebrauch des Passes
in der Ausländerbehörde   168

Katharina Peters
Warten auf Godot. Eine Skizze ostdeutscher Bürokratie
im Transformationsprozeß   198

Christoph Maeder
»Schwachi und schwierigi Lüüt«. Inoffizielle Insassenkategorien im offenen Strafvollzug   218

Herbert Kalthoff
Fremdenrepräsentation. Über ethnographisches Arbeiten
in exklusiven Internatsschulen 240

Hilke Doering und Stefan Hirschauer
Die Biographie der Dinge. Eine Ethnographie musealer
Repräsentation 267

Klaus Amann
Ethnographie jenseits von Kulturdeutung. Über
Geigespielen und Molekularbiologie 298

Hinweise zu den Autorinnen und Autoren 331

Klaus Amann und Stefan Hirschauer
Die Befremdung der eigenen Kultur.
Ein Programm

Die Ethnographie, so scheint es, ist ein hoffnungsloser Fall: sie ist aus der Sicht der soziologischen Theorie hoffnungslos empiristisch, aus der Sicht der standardisierten Sozialforschung unrettbar vorwissenschaftlich, und aus der Sicht der postmodernen epistemologischen Kritik selbstverständlich nichts als literarisch. Man muß sie bedauern, die Ethnographen, vielleicht gar Abgesänge anstimmen.

Der Blick in die Reihen der Kondolenten zeigt indessen eigentümliche Verlegenheiten: Dort sieht man Theoretiker, die ab und zu einen hastigen Seitenblick auf soziales Leben riskieren und die Erfahrungen beim Einkauf an der Ecke als Illustrationen in ihre anspruchsvollen Abhandlungen einfließen lassen, um so einem ausgefeilten Begriffssystem – mindestens für die Leser – einen losen Zusammenhang mit Erfahrbarem zu geben. Man findet virtuose Jongleure großer Datenmassen auf der Suche nach substantiellen Hypothesen, die die Zahlenspiele eines perfekt durchanalysierten Datenkorpus – mindestens für die Leser – mit soziologischem Sinn versehen können. Und man entdeckt auch subtile literarische Dekonstrukteure ethnographischer Texte, die nach deren Erledigung weiterer Beschäftigung harren.

Dieser Band dient einer Darstellung der Ethnographie durch Sozialwissenschaftler, die sie betreiben. Er soll die Eigenheiten und die Leistungsfähigkeit ethnographischer Erkenntnisstrategien anhand aktueller Forschungsarbeiten exemplarisch demonstrieren. Motiviert ist der Band durch ein Unbehagen weniger am Image der Ethnographie als am Mangel an Überraschungs- und Neuheitspotential in vielen Feldern gegenwärtiger Soziologie. Im Verhältnis von soziologischer Theoriebildung und empirischer Forschung herrscht eine Indifferenz vor, in der beide füreinander keine Herausforderung bedeuten. Theoriebildung und Datenakkumulation sind zunehmend selbstgenügsame Unternehmungen geworden, Fragebögen und ›Zettelkästen‹ produzieren in selbstläufigen Routinen Wissensformen, die kaum noch etwas gemein haben. Dieser Rückzug auf voneinander entkoppelte Spezialdiskurse ist auch einer der Gründe für den Publikumsverlust, den die Soziologie in den letzten zwei Jahrzehnten erlitten hat.

Was die sogenannte empirische Sozialforschung betrifft, so leidet deren Fruchtbarkeit an der hartnäckigen Orientierung an einem fiktiven Bild naturwissenschaftlicher Forschungspraxis.[1] Ihr rhetorischer Duktus ist die beweisführende Tatsachenfeststellung, ein Anspruch, mit standardisierten und mathematisierten Instrumenten objektivistische Diskurse über die vermessene soziale Wirklichkeit zu führen. Dieser Szientismus setzt auf einen Wissenstypus, durch den das Erkenntnisspektrum der Soziologie drastisch beschränkt wird. Es ist der Bereich des unbestreitbar ›wahren‹, für manche Zwecke auch nützlichen, aber theoretisch uninteressanten Wissens.

Demgegenüber erscheint die soziologische Theorieproduktion entweder befangen in einer unentwegten musealisierenden Herstellung von ›Klassikern‹ oder sie hat sich – wie die Systemtheorie – weitgehend immunisiert gegenüber möglichen Irritationen durch empirische Sachverhalte. So steht der Suche nach exegetischer ›Richtigkeit‹ eine selbstreferentielle ›theoriebautechnische‹ Sprachentwicklung gegenüber. Dazwischen rangieren Arbeiten, die umfassende Gesellschaftsentwürfe auf sporadische Rückgriffe auf ein Jedermann-Wissen um gesellschaftliche Trends und auf vereinzelte empirische Untersuchungen zu gründen versuchen.

Im Unterschied zur Konzentration auf beweisführende Tatsachenfeststellungen oder selbstinduzierte theoretische Problemlagen ist die Ethnographie durch einen Erkenntnisstil gekennzeichnet, der in einer zunächst naiv anmutenden Weise auf (disziplinäre) Wissensinnovation zielt: es ist der des *Entdeckens*. In der Geschichte der Ethnographie hatte dieser Erkenntnisstil seinen

---

1 Daß das zugrundeliegende Bild der Naturwissenschaften fiktiven Charakter hat, wird seit längerem von einer interdisziplinären Wissenschaftsforschung gezeigt, die die Modelle der normativen Wissenschaftstheorie empirisch korrigiert und durch eine reflexive Soziologie wissenschaftlichen Wissens ersetzt. (Vgl. etwa: Latour/Woolgar 1979, Knorr-Cetina 1984, Collins 1984, Lynch 1985, Woolgar 1988). Sie demonstriert z. B., daß das Messen und Quantifizieren in den Naturwissenschaften verglichen mit kreativen Entdeckungsverfahren und ihren sozialen Konstitutionsbedingungen für Innovationen eine marginale Rolle spielt.

ersten Bezugspunkt in der ethnologischen Erfahrung kultureller Fremdheit. Die Entdeckung des Fremden wurde seit den Studien der Chicago-School[2] aber auch zur Heuristik für die soziologische Analyse subkultureller Handlungsfelder in westlichen Gesellschaften. Die erkenntnisleitende Idee des Entdeckens läßt sich jedoch noch weiter entgrenzen: Die Ethnographie erschließt nicht einfach ein spezifisches Forschungsgebiet, etwa ›kuriose‹ Subkulturen. Die in der Ethnographie liegende Affinität zum Kuriosen ist nicht eine Eigenschaft bevorzugter Gegenstände, sondern das Potential, alle möglichen Gegenstände ›kurios‹, also zum Objekt einer ebenso empirischen wie theoretischen Neugier zu machen. Dafür setzt die Ethnographie auf einen ›weichen‹ Methoden-, aber ›harten‹ Empiriebegriff. Dessen Prämisse ist die Unbekanntheit gerade auch jener Welten, die wir selbst bewohnen.

Die ethnographische Herausforderung besteht darin, mit Hilfe dieser Heuristik der Entdeckung des Unbekannten[3] die Soziologie an den Phänomenen zu erneuern. Es gilt dabei nicht, sich vornehmlich an neuartigen Phänomenen zu orientieren und die Soziologie als Trendsetterin zu begreifen, die sich in Konkurrenz mit einem an ›News‹ interessierten Journalismus in Zeitdiagnosen überbietet. Es gilt vielmehr, auch gewöhnlichste Ereignisse und Felder zu soziologischen Phänomenen zu machen und durch die

2 Der ethnographische ›Klassiker‹ in dieser Tradition ist W. F. Whytes ›Street Corner Society‹ (1943/1981). Zu neueren Diskussionen dieser Studie vgl. das Schwerpunktheft des Journal of Contemporary Ethnography (1992). Zum Einfluß von R. Park und seinen der Reportage entlehnten Recherchetechniken auf die Chicago-School siehe Lindner (1990). Spätere Studien in dieser Tradition sind etwa Goffman (1961), Gans (1965) und Becker (1982). Die derzeitige Vielfalt ethnographischer Forschungen über Schulen, Kliniken, Verwaltungsorganisationen, städtische Szenen, Berufe, Familien usw. läßt sich am besten dem Journal for Contemporary Ethnography entnehmen. Zu dessen Publikationsspektrum vgl. Adler/Adler (1995).
3 Wir sprechen aus zwei Gründen von einer Heuristik oder einer erkenntnisleitenden Fiktion des Entdeckens und nicht von Entdeckungen i. S. ontologischer Offenbarungen: zum einen kann ›Entdeckung‹ heute nicht mehr bedeuten, was es in der frühen Ethnologie bezeichnete: einen kulturellen Erstkontakt; zum anderen ist ›Entdeckung‹ natürlich immer ein beobachterrelativer Begriff: Es geht uns um Entdeckungen für die Soziologie. Vgl. zur Problematisierung eines naiven Entdeckungsbegriffs Marcus (1994).

Entwicklung eines neuen Blicks auf sie eine Fachlichkeit und Professionalität voranzutreiben, die sich im Modus einer falschen Vertraulichkeit mit der eigenen Kultur nicht weiterentwickeln kann.[4]

1. Ethnographie der eigenen Kultur

Die Ethnographie wird zumeist mit ihrer Herkunftsdisziplin, der Kulturanthropologie[5] identifiziert. In deren Geschichte markiert sie – in Gestalt von Malinowskis berühmtem Methoden-›Manifest‹ (1926/1973) – einen Bruch mit einer stubengelehrten ›Armchair-Anthropology‹, die entweder in einer in Bibliotheken versunkenen Lektüre (von Reiseberichten, Überseekorrespondenz u. a.) oder in sporadischen ›Anhörungen‹ von Eingeborenen-Informanten aus der sicheren Position zivilisierter Exklaven (Missionsstationen, Passagierschiffe u. a.) bestand. Ethnographie bedeutete dieser kontaktscheuen Praxis der Wissensgewinnung gegenüber »eine neue Methode, Beweismaterial zu sammeln« (Malinowski 1973: 128).

Andererseits gliederte sich diese neue Methode recht bruchlos in ein szientistisches Verständnis von ›Völker-‹ oder ›Menschenkunde‹ ein, so daß ihre Qualitäten vor allem in einem Naturalismus gesehen wurde, durch den ein privilegierter wissenschaftlicher Beobachter Objektivität garantierte. Seit etwa 10 Jahren hat die Ethnologie in Aufarbeitung ihrer Kolonialgeschichte mit diesem Selbstverständnis gründlich aufgeräumt. Die metatheoretische Reflexion einer ›Krise der ethnographischen Repräsentation‹ (Berg/Fuchs 1993)[6] hat zwei zentrale Dimensionen. Zum einen geht es um den Gegenstandsbezug der Ethnologie: Wurde die An-

---

4 Die systematischste Kritik an den Konsequenzen unangebrachter Vertrautheitsannahmen formulierte Cicourel bereits 1964 (dt. 1970). Siehe aber auch König (1984: 22f).

5 Neben der Soziologie sind ethnographische Verfahren heute noch in einer Reihe weiterer Disziplinen verbreitet: in der Geschichtswissenschaft z. B. Duden (1987), Hunt (1989), Medick (1993); in der Pädagogik z. B. Zinnecker (1996), Krappmann/Oswald (1995); in der Linguistik z. B. Hymes (1979); in der Volkskunde vgl. nur Brednich (1988).

6 Die Kritik an der Vorstellung wissenschaftlicher Erkenntnis als ›Repräsentation‹ ist natürlich kein Spezifikum der Ethnologie. Siehe für die

eignung fremdartiger Phänomene mit einheimischen Verstehensmöglichkeiten lange als naturalistische ›Abbildung‹ von Kulturen verstanden, so ist dieser Anspruch heute als ein realistisches (Miß-)Verständnis einer erkenntnistheoretisch komplexen und problematischen Übersetzungsleistung erkennbar geworden. Zum anderen geht es um den Bezug zu den Selbstrepräsentationen der ›Beforschten‹, denen gegenüber herkömmliche Ethnographien mit ihren objektivierenden Portraits eine fragwürdige Autorität beanspruchten. Beide Problematisierungen verlangen nicht nur in der Ethnologie, sondern auch in der Soziologie eine Neubestimmung des Selbstverständnisses ethnographischer Forschung. Allerdings lassen sich die beiden genannten Topoi nicht umstandslos auf die Ethnographie der eigenen Kultur übertragen. Der Gegenstandsbezug soziologischer Ethnographie ist insofern anders gelagert, als es sich um ›indigene Ethnographie‹, und zwar in einer hochgradig differenzierten Wissensgesellschaft handelt. Angesichts dessen ließe sich auch fragen: warum noch der Begriff ›Ethnographie‹ – da sich die Soziologie anders als die traditionelle Volkskunde nicht primär für die Sitten und Mentalität ›der Deutschen‹ interessiert. Wieso also nicht einfach der technische Terminus ›teilnehmende Beobachtung‹?
Wir verbinden mit dem Begriff ›Ethnographie‹ einen theoretischen und methodischen Kulturalismus. *Theoretisch* geht es um die Hervorhebung eines Phänomenbereichs gelebter und praktizierter Sozialität, dessen ›Individuen‹ (Situationen, Szenen, Milieus...) gewissermaßen zwischen den Personen der *Bio*graphieforschung (mit ihrer erlebten Sozialität) und den (nationalen) Bevölkerungen der *Demo*graphie anzusiedeln sind. *Methodisch* wird mit der Adaption der ethnologischen Leitdifferenz von Fremdheit und Vertrautheit ein Vorgehen etabliert, für das jenes offensive Verhältnis zum Nicht-Wissen charakteristisch ist, das wir eben als Heuristik der Entdeckung des Unbekannten bezeichneten.
Für die Ethnologie ist die *Unbekanntheit* sozialer Welten gleichbedeutend mit ihrer *Unvertrautheit*, die primäre Aufgabe entsprechend das Vertrautmachen des Fremden. In einheimischen Ethnographien finden sich hier zwei andere Randbedingungen:

Philosophie Rorty (1981), für die Geschichtswissenschaften White (1991), oder für die Wissenschaftsforschung Woolgar (1988).

Zunächst bringen vielschichtig differenzierte Wissensgesellschaften im Vergleich zu Stammeskulturen eine unüberschaubare Zahl von kulturellen Feldern hervor, die weder einer generalisierbaren Alltagserfahrung noch dem soziologischen Blick ohne weiteres zugänglich sind. Insofern multiplizieren sich die Möglichkeiten von Fremdheitserfahrungen in der eigenen Gesellschaft und es wird erkenntnispraktisch notwendig und gewinnbringend, spezialsprachliche Expertengemeinschaften und Subkulturen methodisch als fremde Kulturen zu behandeln. Migration und Urbanisierung, die Differenzierung von Lebensstilen und die komplexe Arbeitsteiligkeit von Industriegesellschaften geben zahlreiche Gelegenheiten für soziologische ›Inside-Stories‹ (Lynch 1994), die z. B. die Praxis von beruflichen Sonderwelten einer – jeweils mehr oder weniger naiven – Laien-Öffentlichkeit schildern und sie zugleich der soziologischen Analyse erst zugänglich machen. In der Tradition der Chicago-School demonstrierten die Fruchtbarkeit dieses Vorgehens vor allem Everett Hughes und seine Schüler.

Darüber hinaus lassen sich aber auch allgemein zugängliche Bereiche der Alltagserfahrung, z. B. städtische Öffentlichkeiten, unter der Prämisse des zu entdeckenden Unbekannten betrachten. Das weitgehend Vertraute wird dann betrachtet *als sei es fremd*, es wird nicht nachvollziehend verstanden, sondern methodisch ›befremdet‹: es wird auf Distanz zum Beobachter gebracht. Jede Alltagssoziologie im Anschluß an Alfred Schütz kann sich so das allzu Vertraute, nämlich selbstverständlich Hingenommene einer Kultur zu ihrem frag-würdigen Gegenstand machen.

Die »Alltagswelt als Phänomen« (Zimmerman/Pollner 1976) zu betrachten, kann dabei mit ganz verschiedenen Distanzierungsmitteln bewerkstelligt werden: Eine situationsinvasive Methode, mit der Allzuvertrautes aufgebrochen und damit analytisch zugänglich wurde, entwickelte Harold Garfinkel (1963) mit seinen Krisenexperimenten. Bei Erving Goffman waren es neben einem *methodischen* Naturalismus, der menschliches Verhalten ›ethologisch‹ auf Distanz brachte, vor allem begriffliche Mittel: z. B. die Theatermetaphorik, die in einer Art methodischem Mißtrauen menschliches Verhalten einer Dauerkrise unterzog; oder ein Begriff des Alltagsrituals, der das Außergewöhnliche (das Ritual im Sinne Durkheims) im Gewöhnlichen suchte und dieses so verfremdete (vgl. Willems 1996).

Vor allem die Ethnomethodologie hat darauf hingewiesen, daß die

Soziologie in der distanzlosen Verwendung des Alltagswissens als
›Ressource‹ statt als ›Thema‹ ein Professionalitätsdefizit hat (Zimmerman/Pollner ibid.). Erarbeitet man sich ein beobachtendes Verhältnis zur eigenen Kultur, so liegt die Erkenntnisleistung beim ›Othering‹ des Eigenen nicht primär im Erklären oder im Verstehen: sie liegt in der Explikation.[7]
In diesen beiden Hinsichten – bei der distanzierenden Befremdung des Allzuvertrauten und der Exploration ›fremdartiger‹ Spezialbereiche der Gesellschaft – übernimmt die soziologische Ethnographie die ethnologische Prämisse, daß kulturelle Phänomene erst noch zu entdecken sind. Die Position, in der diese Entdeckungen möglich sind, unterscheidet sich allerdings sowohl von der ethnologischen als auch von der sozialwissenschaftlichen. Eine einheimische Ethnographie dezentriert ihr Selbstverständnis als soziologische Forschung: sie ist von vornherein keine metakulturelle Tätigkeit wie die paradigmatische Praxis des Survey oder die der interkontinentalen Forschungsreise suggeriert, sondern ein subkulturelles Unternehmen aus einer marginalen Beobachtungsposition.[8]

---

[7] Dies teilt die Ethnographie mit der Konversationsanalyse, die ebenfalls mit Verfremdungen arbeitet und zwar über eine Veränderung der Normaldistanz zu Konversationen. Entsprechend gilt: Je vertrauter ein Feld, desto stärker muß die Normaldistanz variiert werden, i.d.R. im Sinne einer mikroskopischen Feinanalyse.

[8] Manche theoretischen Beschreibungen moderner Gesellschaften sind trotz ihres empirischen Desinteresses oder ihrer Nonchalance im Rückgriff auf empirische Befunde so angelegt, daß sie die forschungsstrategische Bedeutung der Ethnographie unterstützen, indem sie eine Explorationsbedürftigkeit komplexer Gesellschaften nahelegen. Die sozialstrukturell dynamisierte Gesellschaft, die etwa Ulrich Beck entwirft, enthält anstelle berechenbarer sozialstruktureller Milieus die Unübersichtlichkeit individualisierter Lebensstile, die die Halbwertzeit soziologischer Gesellschaftsgliederungen ohne ethnographische Exploration rapide senken würde (vgl. Beck 1886). Oder die funktional differenzierte Gesellschaft, wie sie zugespitzt Niklas Luhmann (1984) in seiner Theorie autopoietischer Systeme beschreibt, besteht aus Systemen, die mit inkompatiblen Operationslogiken arbeiten, deren Rationalität nur aus ihrer Binnenperspektive zu erschließen ist. Ferner geht diese Modellvorstellung davon aus, daß in einer Gesellschaft ohne Zentrum alle Felder marginal zueinander sind, sich nur am Rande und durch Ränder wahrnehmen. Interessant an Luhmanns Gesellschaftsentwurf ist, daß er die Soziologie ausdrücklich in diese Marginalität einschließt, sie also so

In dieser Position ist auch der Status ethnographischer Aussagen und ihr Verhältnis zu den Selbstrepräsentationen der Untersuchungsfelder ein anderer als in der Ethnologie. War die Ethnographie als ethnologische Forschungsmethode lange Zeit konkurrenzlos stark plaziert, so ist die einheimische Ethnographie eher durch eine strukturell schwache Autorität gekennzeichnet. Sie hat sich auf der einen Seite gegen mitunter starke Selbstrepräsentationen ihrer Untersuchungsfelder zu behaupten, auf der anderen Seite gegen andere Formen soziologischer Wissensproduktion, etwa jene Form von Sozialforschung, die die ›Repräsentation‹ in ihrem Titel führt.

In bezug auf die Selbstrepräsentationen der Untersuchungsfelder finden sich an der Stelle kolonialistischer Invasionen eher Zugangsprobleme zu Spezialkulturen, die ihre Zugänglichkeit i.d.R. gut kontrollieren können. Anstelle der politischen Dominanz einer Fremdrepräsentation steht oft eher die Zulassung zu den diskursiven Selbstrepräsentationen eines Feldes infrage. Dies hat auch den Grund, daß die semiotischen Mittel der Repräsentation nicht so ungleich verteilt sind: Es steht nicht eine ›Schrift-Macht‹ oralen Kulturen gegenüber, sondern es koexistieren multimediale Formen der Selbst- und Fremdrepräsentation. Die politische Dimension des Repräsentationsproblems variiert allerdings erheblich mit der jeweiligen Autorität kultureller Selbstrepräsentationen – z. B. von Kindern, Molekularbiologen oder Bankern. Die Situation ist also komplexer und uneindeutiger und kann ethnographische Repräsentationen in ganz unterschiedliche Positionen bringen: von ›Aufdeckungen‹, die für manche Skandalisierung taugen mögen, bis hin zu Instrumentalisierungen für PR-Zwecke des Feldes. Am häufigsten sind Ethnographien gegenüber den Selbstrepräsentationen wohl in der Rolle einer soziologischen Supervision, die Angebote machen kann, mehr nicht.

Auf der anderen Seite befindet sich die Ethnographie (wie auch andere qualitative Verfahren) in einer Konkurrenz, die mitunter härter ist als die der Selbstbeschreibungen eines Feldes: Ihre Autorität hat sich neben der Leistungsfähigkeit der sogenannten

---

subkulturell plaziert wie es ihrem ›ethnologischen‹ Gegenstandsbezug entspricht. Zur Problematik differenzierungstheoretischer Annahmen siehe allerdings Knorr-Cetina (1992); vgl. Fußnote 29.

empirischen Sozialforschung und gegen deren positivistisches Wissenschaftsverständnis zu behaupten. An diesem gemessen sind Ethnographien vor allem »nicht repräsentativ«. Dabei ist Repräsentation für die empirische Sozialforschung natürlich auf ganz andere Weise ein Problem als für die Ethnographie: nicht als reflexive Frage, mit welchen rhetorischen Mitteln – Tabellen, Graphen, Diagrammen – sie eigentlich ›Gesellschaft‹ zur Anschauung bringt; auch nicht als Fragwürdigkeit einer Darstellungsautorität, sondern als einfache Beschaffung von Legitimation, mit Realitätsausschnitten etwas ›über das Ganze‹ sagen zu können. Repräsentativität wird dadurch eine den Untersuchungseinheiten zugeschriebene Eigenschaft, die durch eine eindimensionale Idealisierung von Stichprobenziehungen und Ausschöpfungsraten angestrebt wird.[9]

Daß Ethnographien »nicht repräsentativ« seien, bildet zusammen mit ähnlichen Charakterisierungen einen chronischen Zug des alten Methodenstreits: die Mißrepräsentation qualitativer Verfahren in den Termini standardisierter Sozialforschung.[10] Deren Hegemonie zeitigte durchaus auch Effekte im Selbstverständnis mancher qualitativer Methode: Sie verführte etwa einen Zweig der Hermeneutik zur ›Objektivität‹, die Narrationsanalyse zum Anspruch einer Korrespondenz von Narrationen mit subjektiven Erlebnissen, eine als ›molecular sociology‹ (Lynch 1993) betriebene Konversationsanalyse zur szientistischen Betrachtung von extrahierten Dokumenten als interpretationsfreie ›Originale‹, und die Ethnographie selbst zu dem Naturalismus, in dem sie die postmoderne Kritik nun wieder aufstöbert.

---

9 Dabei erscheint uns das Problem der Umfrageforschung weniger in den ›Ausfällen‹ – der zunehmenden Teilnahmeverweigerung, als in der Teilnahme zu liegen: nicht der ›Non-Response‹, den man mit Überredungsversuchen zu minimieren versucht, sondern die Qualität der gegebenen Antworten steht infrage. Wenn es zum Skript der Interviewsituation gehört, daß die Befragten davon ausgehen, daß den Interviewer die Antworten eigentlich nicht interessieren (so Esser 1990: 244) und daß auch die Motivation der Befragten zur Teilnahme sehr schwach ist, so erhebt sich heute wie vor 30 Jahren (Cicourel 1964) das Problem der Validität beliebiger, weil folgenloser Spontanauskünfte.

10 Exemplarisch für solche Fremdrepräsentation in der Methodenliteratur: Lamnek (1988/89).

Spätestens mit dieser Kritik ist die Zeit der »just-do-it-innocence« (van Maanen 1995: 12) unwiederbringlich vorbei. Insofern ist auch die Ethnographie herausgefordert, ihre Erkenntnisleistungen nicht länger in unangemessenen Begriffen zu formulieren, die ihr Potential in bescheidener Deskription erschöpft erscheinen lassen.

2. Die Methodologie der Ethnographie

Das hervorstechende Charakteristikum des ethnographischen Forschungsprozesses gegenüber anderen soziologischen Vorgehensweisen ist der für die *Gewinnung* empirischen Wissens am *einzelnen* Fall betriebene Aufwand. Er ist in zwei Hinsichten umfassender als jede andere ›Datenerhebungsmethode‹. Zum ersten ist diese Gewinnung *zeitlich* gestreckt: Auch wenn nur ein Teil der neueren Ethnographien Feldphasen aufweisen, die sich, wie in der Ethnologie oft gefordert, in Jahren bemessen, erscheinen andere Erhebungsmethoden vor dem Hintergrund der intensiven Begleitung durch Ethnographen eher wie jene Stippvisiten, mit denen die Ethnologen vor Malinowski einen punktuellen Kontakt zu ihren Forschungsfeldern wagten: Dokumente – meist Tonbandaufzeichnungen von Konversationen oder Interviews – werden im Stundentakt abgeschöpft, Meinungsquerschnitte mit einem Fragensatz momenthaft erhoben. Solchen Erhebungs*punkten* steht in der Ethnographie eine Erhebungs*strecke* gegenüber.

Auf dieser Strecke fällt zum zweiten variantenreiches und qualitativ umfassendes Datenmaterial an. Es werden vielfältige Dokumente gesammelt und erzeugt: von den Teilnehmern erstellte (Artefakte, diverse Schriftstücke), Interviewdokumente, Konversationsmitschnitte, Videotakes. Solche Dokumente können sich in einem Datenkorpus wechselseitig interpretieren und kontrollieren. Aber auch wenn nur einzelne solcher Abschöpfungsverfahren eingesetzt werden, ist das, was sie zur Ethnographie macht, ihre *Einbettung* in den Kontext einer andauernden teilnehmenden Beobachtung.

Die teilnehmende Beobachtung ist (im Gegensatz zur Beobachtung als weiterer Form der Datenerhebung) zunächst eine soziale

Form der Integration von Fremden in eine Lokalität.[11] Dies impliziert bekanntlich ein als ›Going Native‹ etikettiertes Risiko einer ausbleibenden oder halbherzigen ›Rückkehr‹, es bietet aber auch zahlreiche Erkenntnischancen, die man bei Vermeidung dieses Risikos ausschlägt.

Der entscheidende methodologische Schritt für die Etablierung ethnographischer Empirie ist daher die Befreiung von jenen Methodenzwängen, die den unmittelbaren, persönlichen Kontakt zu sozialem Geschehen behindern. Eine Trennung von Datenerhebungspersonal und soziologischer Analyse steht den Erkenntnisabsichten deshalb ebenso im Wege wie das Hantieren mit kontextinsensitiven Erhebungsinstrumenten oder die Beschränkung auf eine qualitative Intensivanalyse punktuell erhobener Dokumente. Damit steigen sowohl die Erwartungen an die Leistungsfähigkeit individueller Forscher-Personen, als auch an die Beobachtbarkeit soziologisch interessanter Phänomene in einer kommunikativen Kontaktsituation.

Was einer externalistischen Sozialforschung als Greuel und Anarchie ›wider den Methodenzwang‹ (Feyerabend) erscheinen mag: der Kontrollverlust über die Bedingungen des Erkenntnisprozesses, wird zu einer methodisch notwendigen Freiheit für den Forschungsprozeß. Reaktivität ist nicht ein Objektivitätsbemühungen bedrohender Horror, sondern der modus vivendi der Forschung. Anstelle der analytischen Bearbeitung fertiger Datenmengen und gesammelter Dokumente (Akten, Transkripte, Material für Sekundäranalysen) beginnt der ethnographische Forschungsprozeß mit vielfältigen Beobachtungen und heterogenen Erfahrungen. Statt eines kontrolliert selektiven ›Instruments‹ erzeugen Forscherpersonen ihre Selektionsbedingungen und Selektionen in Eigenarbeit und in Abhängigkeit von ihren Erfahrungen. Diese methodische Freiheit hat der Ethnographie (vor allem in Deutschland) das Image einer hemdsärmligen und fröhlichen Wissenschaft (vgl. Girtler 1984) verschafft, deren Resultate weniger nach ihrer methodischen Rationalität als nach ihrem anekdotischen Unterhaltungswert zu bewerten sind.

---

11 Diese kann im Hinblick auf den Grad der Integration, die zeitliche Dauer und die jeweils eingenommenen bzw. zugebilligten Beobachterrollen auf verschiedenste Weise gestaltet sein. Siehe hierzu nur den Beitrag von Kalthoff in diesem Band.

Daß diese Freiheiten einem ›Anarchismus‹ gleichkommen, ist freilich ein Klischee, das sich primär dem Methoden- und Gegenstandsverständnis sowie der Praxis quantitativer Sozialforschung verdankt. Zu deren Alltagsmythen gehört die Vorstellung einer außerakademischen ›Unordentlichkeit‹. Dies hat eine sachliche und eine soziale Seite. Zum einen herrscht die Vorstellung vor, daß ein ungeordnetes Meer von Daten, ein Dschungel an Korrelationen durch entschlossene Komplexitätsreduktion einer wissenschaftlichen Ordnung zugeführt werden muß.[12] Hinzukommt zum anderen das soziale Problem der Kontrolle nicht-wissenschaftlicher Angestellter in Umfrageforschungen. Der ›elterlichen‹ Vorstellung von einer zunehmenden Disziplinlosigkeit der ›Datenerheber‹ mit der Entfernung von zuhause liegt ein wirkliches Disziplinierungsproblem zugrunde, das durch die Beschäftigung von Nicht-Soziologen in der Umfrageforschung entsteht: diese Horde muß immer wieder normativ gebändigt werden. Die Literatur über Interviewerfehler und Interviewfälschungen sowie die Bemühungen um Kurzschulungen und Überwachungen (etwa von Telefoninterviews) dokumentieren Probleme der Sicherung von Professionalität, die entstehen, wenn man nur extrinsisch motiviertem Personal, das nicht die ›Wissenschaft als Beruf‹ hat, die Datengewinnung überantwortet. In handlungstheoretischen Begriffen gefaßt, ist Forschungspraxis dann primär normatives Handeln, dessen zentrales Thema das Erlaubte und Verbotene ist.

Dieser Vorstellung gegenüber muß nun jedem Anschein, daß schon die ›Datenerhebung‹ etwas mit persönlichen Fertigkeiten und ›kreativem Handeln‹ (Joas 1992) zu tun hat, der Ruch des ›Unwissenschaftlichen‹ anhaften. In der Sozialdimension der Datengewinnung zeichnen sich die meisten Ethnographien durch einen ausgeprägten Individualismus aus.[13] Der forschungsstrate-

---

12 Eine schöne Illustration dieses Mythos ist die »Insel der Forschung«, mit der H. von Alemann (1977) den quantitativen Forschungsprozeß illustriert. Der Mythos von der Unordnung ist allerdings nicht allein für die quantitative Sozialforschung bestimmend: er hat auch eine starke Stütze in Theorien parsonianischen Typs.
13 Natürlich gibt es auch in der Ethnographie Projekte mit mehreren Mitarbeitern, Betreuungsverhältnisse und auch Fälle von ›Tandem-Ethnographien‹ (Krappmann/Oswald (1995) und in diesem Band: Kelle/Breidenstein), der Regelfall ist aber doch die singuläre Forsche-

gische Vorteil einer Bearbeitung aller empirischen und theoretischen Probleme in Eigenregie und Personalunion ist natürlich, daß es die genannten Probleme der Disziplin, Motivation, Arbeitsteilung und Transaktionskosten als soziale Probleme nicht gibt. Die Disziplinierungsprobleme der Ethnographie sind von anderer Art.

Der Methodenzwang des Feldes

Eine gewichtigere Differenz als der Professionalisierungsgrad des Personals liegt in der Sachdimension der Datengewinnung. Sie entsteht durch das kultursoziologische Verständnis von sozialer Ordnung und von ›Methoden‹. Für die Ethnoscience etwa ist Wissen und seine Ordnung eine auch den Untersuchungsfeldern zugebilligte Qualität und ist die schon gegebene ›Ordnung der Dinge in den Köpfen der Leute‹ der primäre Gegenstand. Die Ethnomethodologie wiederum machte deutlich, daß Methodizität schon vor ihrer sozialwissenschaftlichen Erfindung eine Eigenschaft jeder sozialen Praxis ist. Das ›Andere‹ der Sozialwissenschaften ist nicht das Wilde. Das Feld ist kein Dschungel, sondern ein sich ständig selbst methodisch generierendes und strukturierendes Phänomen. Aus diesem Grund liegt der Ethnographie – wie auch einigen anderen qualitativen Verfahren[14] – das Postulat zugrunde, daß der Methodenzwang primär vom Gegenstand und nicht von der Disziplin ausgehen muß.

Ethnographisch arbeitende Forscherinnen liefern sich in einer besonderen Weise ihren Untersuchungsfeldern aus: Die – manchmal fundamentale – Verunsicherung, wie man sich in einem fremden Feld zu bewegen und seine Äußerungsformen zu verstehen hat, ist ein gesuchter Zustand, durch den der Blick auf die Lebens- und Organisationsweise dieses Feldes geschärft wird. Auch Fehlschläge beim Feldzugang, Auflaufen auf Mitteilungswiderstände,

rin. Zur Bedeutung akademischer Arbeitskreise für die spätere ›Kollektivierung‹ von Forschungsprozessen s.u.

14 Kallmeyer/Schütze (1977) haben für das narrative Interview gezeigt, wie man die in der sozialen Praxis des Erzählens wirksamen Zwänge für die Soziologie arbeiten lassen kann. Für Oevermann et. al. (1979) sind es die sequenziellen Strukturen des Textmaterials, die der hermeneutischen Analyse eine Struktur aufprägen.

Mißlingen von Verstehensversuchen werden in der Ethnographie diagnostisch genutzt: als Verfahren der Relevanzaufspürung. Was für den Alltagsteilnehmer zu einem neuen Handlungswissen führt, ist in der Ethnographie also der Ansatzpunkt einer Strategie des kontrollierten Fremdverstehens. Der Methodenzwang und die Methodizität ethnographischer Wissensproduktion liegen im Feld des Empirischen, in der Kontakt- und Erfahrungssituation. Nicht die ›Logik der Forschung‹, sondern die komplexe Pragmatik des Erfahrungsfeldes erfordert Verhaltens- und Beobachtungsweisen, die sich an dessen gelebter Ordentlichkeit entwickeln müssen. Insofern ist die Ethnographie keine kanonisierbare und anwendbare ›Methode‹, sondern eine opportunistische und feldspezifische Erkenntnisstrategie. Ethnographien sind nicht regulative, sondern *mimetische* Formen empirischer Sozialforschung.
Ihre Selektivität und Methodizität wird nicht durch externe Vorschriften und Hypothesen über das Was, Wann, Wo und Wie eines standardisierten Beobachtungsverfahrens reguliert, sondern vom erfahrbaren Geschehen *erwartet*. Es liegt eine doppelte Erwartung vor: zum einen die Erwartung, daß *jedes* Feld über eine Sozio-Logik, eine kulturelle ›Ordentlichkeit‹ verfügt, zum anderen die Erwartung, daß in der schrittweisen Positionierung und ›Eichung‹ der Ethnographin im Feld diese Sozio-Logik handhabbar gemacht und als empirisches Wissen *mobilisiert* werden kann.
Alle vorweg vorstellbaren und geplanten Zurichtungen von Beobachtungssituationen wie die Festlegung von Zeiteinheiten, Auswahl von Akteuren, Lokalitäten, Ereignistypen, Dokumentformen, Fragestellungen, Gesprächsleitfäden und Begriffen bergen diesem tastenden Vorgehen gegenüber das Risiko einer von Beginn an inadäquaten Methodisierung der ethnographischen Erfahrung. Die teilnehmende Beobachtung beginnt stattdessen mit einer scheinbar trivialen und ›unmethodischen‹ Ausgangsfrage: »What the hell is going on here?« (Geertz) Sie läßt zu, daß Antworten gefunden werden, für deren Erforschung die zuvor in Gang gesetzte soziologische Phantasie weder irgendwelche passenden Fragen noch andere Suchstrategien sich ausdenken konnte. Die Begrenzung der relevanten Einheiten der Beobachtung und die Konstitution des ›Feldes‹ sind erst Resultate des Forschungsprozesses.
Gesucht wird stets nach Möglichkeiten, die eigenen Selektionen bis auf weiteres für das Unerwartete offen und begriffliche Festle-

gungen für das Überraschende reversibel zu halten. Wo ein standardisiertes Forschungsdesign mit seinen vorweggenommenen Selbstfestlegungen die Kontingenzen des Forschungsprozesses neutralisieren will, schreiben sich die eigensinnigen Strukturen des Untersuchungsgegenstandes dem ethnographischen Forschungsprozeß mit seinen jeweiligen Bedingungen des Feldzugangs, den sukzessiven thematischen Festlegungen und den Verzweigungen von entstandenen Forschungsfragen ein.[15] Wo das standardisierte Vorgehen Unerwartetes zur ›bösen‹ Überraschung macht: Hypothesen werden ›plötzlich‹ falsifiziert, Restgrößen bleiben ›unerklärlich‹, Operationalisierungen erweisen sich als ›invalide‹ – indiziert das Ausbleiben des Unerwarteten dem teilnehmenden Beobachter nur seine Immunisierung gegen die Verunsicherung seiner mitgebrachten Vorannahmen.

Die Introspektion sozialer Situationen

Erzwingen unvorhersehbare Eigenheiten der Untersuchungsfelder ein explorativ offenes Vorgehen, so bestimmt das kultursoziologische Verständnis von der *Gelebtheit* kultureller Ordnungen ein weiteres Charakteristikum von ethnographischer Praxis: die *anhaltende Kopräsenz* von Beobachter und Geschehen. Teilnehmende Beobachtung bedeutet die Produktion von Wissen aus eigener und erster Hand. Es geht um den zeitgleichen, aufmerksamen und mit Aufzeichnungen unterstützten Mitvollzug einer, eigene kulturelle Ordnungen konstituierenden, lokalen Praxis *und* ihre distanzierende Rekonstruktion, in den Worten von James Clifford: um »ein ständiges Hin- und Herlavieren zwischen dem ›Inneren‹ und dem ›Äußeren‹ von Ereignissen...« (Clifford 1993: 126).

15 Die Differenz zur standardisierten Sozialforschung liegt in dieser Hinsicht also vor allem im späteren Zeitpunkt, zu dem die Festlegungen eines Forschungsprozesses stattfinden. Verglichen mit anderen qualitativen Verfahren geschieht die soziologische Intervention in der Ethnographie dagegen früher: wo Konversationsanalyse oder hermeneutische Verfahren einer knappen Datenerhebung eine ausgedehnte Analysephase anschließen, beginnt die soziologische Sinnstiftung in der Ethnographie innerhalb der ausgedehnten Phase der Gewinnung empirischen Wissens. Wir werden darauf zurückkommen.

Man könnte fragen: Warum ist es überhaupt wichtig, daß auch ein Soziologe oder eine Soziologin ›da‹ und ›dabei‹ gewesen ist? Die rhetorische Konstruktion dieser Tatsache hat Clifford Geertz (1990) analysiert, wir wollen aber noch einmal an ihren methodischen Sinn erinnern. Das Erfordernis der Kopräsenz hat einen räumlichen und einen zeitlichen Aspekt.

Das Desiderat der Gleichörtlichkeit ergibt sich zum einen unter der theoretischen Annahme, daß das (kultur)soziologisch Relevante sich nur unter situativen *Präsenz*bedingungen zeigt. Im Gegensatz etwa zu Meinungen ›im Kopf‹ und biographischen Erlebnissen in rekonstruktiven Erzählungen lokalisiert die Ethnographie den soziologischen Gegenstand in den *situierten, öffentlichen* Ausdrucksformen gegenwärtiger kultureller Ereignisse (Goffman 1964; Geertz 1983). Aus dieser Perspektive ist es mehr als erstaunlich und symptomatisch für eine empirische ›Wasserscheu‹ soziologischer Forschung, daß man sich zahllose Gedanken über die ›verzerrende‹ Präsenz des Beobachters in der Forschungssituation gemacht hat, aber kaum einen über die mögliche Absenz des interessierenden Geschehens aus ihr.

Zum anderen ist die fortgesetzte Gleichörtlichkeit von Beobachter und sozialem Geschehen gefordert, um die Selektivität, die jede Beschäftigung mit ›fremdbestimmten‹, nicht-experimentellen settings notwendig macht, als eine situationssensitive Aufgabe zu bewältigen. Mit der Einführung des Tonbandes und der Videokamera schien zunächst die Vorstellung verknüpft, daß das situative Selektionsproblem durch die opulente technische Konservierung von Bildern und Tönen verschwindet und als revidierbare Selektion im heimischen Medienlabor behandelt werden kann. Diese Vorstellung ist indessen nur dann plausibel, wenn man das Selektionsproblem vorrangig als Problem der Datenverarbeitungskapazität und der externen Kontrolle von Beobachtern ansieht. Wenn man Selektivität dagegen als eine Eigenschaft begreift, die sozialem Geschehen eigentümlich ist, (eine Leistung, die alle Situationsteilnehmer routinemäßig voneinander erwarten), dann ist nicht deren Minimierung, sondern deren situationssensitive Steuerung zu bewältigen. Diese Aufgabe leistet weder ein Satz von Richtmikrophonen, noch Autofokus und Gummilinse einer Kamera.

Verglichen mit den Signale speichernden ›Datenkonserven‹, die sich mit diesen technischen Medien anlegen lassen, gewinnen die

Aufzeichnungen eines menschlichen Speichers ihre Qualität aus der fortlaufenden Justierung als Ko-Teilnehmer. Dessen Selektivität ist in bezug auf die sekündliche Abwicklung sozialer Prozesse notwendigerweise höher als etwa die einer Tonbandaufnahme, aber sie ist durch die feld- und themenspezifische Fokussierung erheblich geringer in bezug auf die Historizität, die Kontextierung und die synästhetische und sinnhafte Komplexität eines sozialen Ereignisses.
Der zeitliche Aspekt der Kopräsenz liegt in der *Synchronizität* der Begleitung von Sinnbildungsprozessen, bevor diese in Interpretationen, Kommentaren etc. geschlossen werden, in denen Teilnehmer *über* ihre Praxis berichten (Knorr-Cetina 1988: 31). Interviews, in denen solche Darstellungen erhoben werden können, haben gewissermaßen ›zuviele Eigenschaften‹: Sie rufen hochspezifische kulturelle Repertoires hervor (vgl. Amann in diesem Band). Und die erste Ratio der Kopräsenz besteht nicht darin, Rezipienten einer Studie eine den Teilnehmer-Schilderungen – etwa aus Interviews – überlegene ›objektive‹ Version zu bieten, sondern eher in der hermeneutischen Qualifikation, in Kenntnis von lokaler Praxis und lokalem Wissen Teilnehmer-Schilderungen überhaupt adäquat verstehen zu können, z. B. eben als spezifische Darstellungen gegenüber Fremden.
Die Ethnographie als *synchrone Beobachtung lokaler Praxis* unterscheidet sich von der klassischen Ethnographie des *Verstehens fremder Kulturen* in der Bestimmung des ›Emischen‹. Malinowskis Maxime, ›die Perspektive des Eingeborenen zu übernehmen‹ (1922/1979: 49), unterstellte, daß aus einer Sammlung von solchen Perspektiven eine Homogenität der Kultur und damit eine objektivierte und autorisierte Version ihrer ethnologischen Repräsentation zustande kommt. Auch wenn dabei nicht die Sammlung von bloß individuellen Meinungen interessierte, sondern ein weitgehend geteiltes Wissen, war eine solche Homogenitätsannahme sicherlich auch schon für isolierte und kleine Gemeinschaften eine grobe Idealisierung. Die Ethnographie hat es stets mit perspektivisch gebrochenen Feldern zu tun, in denen parteiliche Versionen miteinander konkurrieren (›partial truths‹: Clifford 1984) und sowohl multiple ›Perspektivenübernahmen‹ als auch dezidiert eigenständige Versionen verlangen.
Im Sinne dieser Eigenständigkeit haben synchrone Beobachtungen gegenüber Interviews den Vorzug, eben nicht nur die Selbst-

beschreibungen, d. h. die Interpretationen, Meinungen und kognitiven Wissensbestände der Teilnehmer zu erheben, sondern die (präreflexiven) ›Selbstformulierungen‹ ihrer Praxis (Garfinkel/Sacks 1976). ›Befremdete‹ Beobachter können lokales Wissen explizieren, das für Teilnehmer weder in Handlungssituationen, und erst recht nicht auf vages Nachfragen hin sprachlich verfügbar ist, weil sie es im Modus des Selbstverständlichen und der eingekörperten Routine haben.

Somit sichert die in situ-Anwesenheit einer Ethnographin gerade nicht vorrangig die Möglichkeit, die Welt der Anderen mit deren Augen zu sehen, sondern diese Weltsichten als ihre gelebte Praxis zu erkennen. Eine Praxis als Praxis erkennen kann aber nur, wer nicht in die durch sie gestellten Handlungsprobleme – ins ›pragmatische Motiv‹ – involviert ist.[16] Eine Übereinstimmung der Perspektiven mag sich punktuell im Sinne von Brücken der Verständigung ergeben, entscheidend aber bleibt die Entfaltung einer Differenz zwischen Teilnehmer- und Beobachterverstehen; mit Kenneth Burke (1954): einer ›perspective by incongruity‹.

Mit diesen Merkmalen ist die Ethnographie ›verstehender‹ als etwa eine ausschließlich an formalen Eigenschaften der ›Gesprächsmaschinerie‹ interessierte ethnomethodologische Konversationsanalyse. Ihr methodologisches Verhältnis zum Verstehen der Teilnehmer ist jedoch sozio-analytisch zentriert. Das heißt, daß die Ethnographie anders als verschiedene hermeneutische Verfahren in der qualitativen Forschung, etwa die der Biographieforschung und Narrationsanalyse mit ihrem ausgeprägten Interesse am subjektiv gemeinten Sinn von persönlichen Äußerungen, eine Betrachtungsweise praktiziert, die den Menschen nicht als Sinnzentrum, sondern als Appendix sozialer Situationen betrachtet.[17] Ethnographie ist Teilhabe an der Introspektion sozialer Situationen.

16 In dieser Hinsicht ist Garfinkels Forderung nach einer »unique adequacy« (Garfinkel 1967) von soziologischer Beschreibung und untersuchtem Phänomen nicht nur eine Überforderung des Beobachters, die durch Distanzierungen kompensiert werden muß (s. u.), sie essentialisiert auch das Gegebensein sozialer Phänomene.

17 So schon, wenngleich im Ganzen weniger ›antihumanistisch‹, Goffman: »Es geht hier also nicht um Menschen und ihre Situationen, sondern eher um Situationen und ihre Menschen« (1971: 9).

Hybridisierungen:
Menschliche Forschungsinstrumente

Wenn man Ethnographen einerseits durch ihren Verzicht auf ›extrakorporale‹ Forschungsinstrumente kennzeichnen kann, so ist es andererseits aber auch möglich, sie als ›Instrumente‹ ihrer Disziplin zu betrachten. Als solche verfügen sie – verglichen mit einem Fragebogen, einem Interviewleitfaden oder einem Datenanalyseprogramm – über eine spezifische Ausstattung: nicht als singuläre Individuen, sondern als *personale* Aufzeichnungsapparate. So sind Personen z. B. vergeßlich, aber sie haben auch (anders als Computer) die Fähigkeit zu vergessen; sie haben keine leicht standardisierbaren Eigenschaften, aber sie sind flexibel und ›kommunikativ‹; sie sind nicht ›unerschütterlich‹, aber sie haben seismographische Qualitäten – vor allem in bezug auf Unvertrautes – und verfügen über Empathie, d. h. die Aufzeichnung von Oberflächensignalen übersteigende Mitempfindungen.

Der Punkt ist: Was für ein Leitfaden-Interview gilt – daß Anforderungen an den Fragebogen zu Anforderungen an die kommunikative Kompetenz des Interviewers werden (Hopf 1978) – gilt vermehrt für Ethnographen: Die subtile Handhabung ihrer persönlichen Kontaktformen mit den ›Eingeborenen‹ und nicht die eines technischen Instrumentariums ist die erste Voraussetzung gelingender Forschung. Alle Instrumentalität muß verkörpert werden.

Für die Gestaltung der Kopräsenz als eine ins Untersuchungsfeld eingebrachte ›Störung‹ ist eine gewisse Mimesis der Person erforderlich, eine Passung ins Milieu. Dabei gibt es Grenzen: die Ethnographin ist kein ›Mann ohne Eigenschaften‹.[18] Zu ihren hervorstechenden Merkmalen gehört vor allem die besondere Qualität von Fremden, die Beobachtungen anstellen, Notizen machen usw. Aber auch andere Kollektivmitgliedschaften als die in einer forschenden Zunft (wie das Alter, die Ethnizität oder die Geschlechtszugehörigkeit; vgl. Warren 1988) können forschungsrelevant werden, etwa indem sie Forschungsbeziehungen erleichtern oder erschweren. Außerdem gehören persönliche Merkmale zu dem Material, mit dem die Forschungssubjekte sich ein Bild vom Feldforscher machen, d. h. zu ihrer Fremden-Repräsentation (vgl. Kalthoff in diesem Band).

---

18 Oder mit Geertz (1983: 289): kein Chamäleon.

Einen Grund für die Distanz der Untersuchten zum marginalisierten Ethnographen nannte bereits Georg Simmel (1908/1992): Er liegt darin, daß Fremde eine größere soziale Beweglichkeit, d. h. mehr Freiheiten der Kontaktaufnahme haben. Die geringeren Loyalitätsbindungen, die Ethnographen besonders zu Beginn des Forschungsprozesses ›interaktive Promiskuität‹ ermöglichen, sind besonders bedeutsam für die Seitenwechsel in Feldern, die von Konflikten geprägt sind. Diese Freiheiten werden im Verlauf des ethnographischen Forschungsprozesses allerdings allmählich durch Vertrauensbeziehungen ersetzt.

Gegenläufig zur partiellen Enkulturation des Soziologen profitieren viele Ethnographien ebenso von dem umgekehrten Aspekt, daß auch die Informanten für die Relevanzen der Ethnographin zu gewinnen sind, nämlich selbst Neugier auf ihre Lebensformen entwickeln, Beobachtungen anstellen und mitteilen. Es kommt eben nicht primär darauf an, daß ein privilegierter (wissenschaftlicher) Beobachter selbst eine Beobachtung angestellt hätte, sondern darauf, daß er oder sie als Person in ein sich selbst beobachtendes Feld verstrickt wird.

Die Gewinnung solcher Schlüsselinformanten wie überhaupt das ›Zugang bekommen‹ hat einen ganz anderen Stellenwert als ›Rücklaufquoten‹. Es ist nicht eine Präliminarie der Selbstselektion von relativ beliebigen Untersuchungseinheiten, sondern oft ›die halbe Miete‹. Mit der Bereitschaft von Informanten, sich über Wochen und Monate einer Fremdbeobachtung auszusetzen, ist oft auch die Bereitschaft zur Einsichtgabe in interne Dokumente und zu Interviews gegeben, die den Blick hinter die Kulissen vertiefen. In bezug auf die Forschungsmotivation der Untersuchungspersonen setzen Ethnographien nicht auf Reputation, sondern auf Vertrauen als lebensweltliche Ressource. Sie ist die soziale Basis für eine partielle Hybridisierung von Forschungssubjekt und -objekt von beiden Seiten. Diese Hybridisierung ermöglicht es, Auskünfte zu erzeugen und Dokumente zu gewinnen, deren Genese und Zuschnitt mit Beobachtungen überprüfbar, situativ verstehbar und kontextuell relativierbar sind.

Distanzierungen:
die Erneuerung des Befremdens

Ethnographen investieren im Sinne der Validität einige Ressourcen in Forschungsbeziehungen: Zeit, personales Vertrauen, disziplinäre Identität usw. Das extensive ›dabei sein‹ und die gewünschten ›Vermischungen‹ eines auf Teilnahme basierenden Verstehens sind aber nur eine Seite der teilnehmenden Beobachtung. Ethnographen ›spielen mit‹, aber sie betreiben im öffentlichen Spiel des Untersuchungsfeldes auch noch ein strategisches Privatspiel der Wissenserzeugung. Der partiellen Enkulturation stehen dafür schon während der Datengewinnung Distanzierungsschritte gegenüber, die das Erfahrung-Machen *methodisieren*. Sie funktionieren im Sinne einer Selbstorganisation von Erfahrung.

Generell wird ethnographische Erfahrung zu einer methodisierten Erfahrung durch eine parasitäre Grundhaltung gegenüber dem Feld und seinen Akteuren. Der gleich-gültige und ›schielende‹ Blick und die (meist) geschützte Notierung des Erblickten, des Gehörten, des ›am eigenen Leib‹ Erfahrenen macht die sich vor den Sinnen abspielende Lebenswirklichkeit zum *Material* einer soziologischen Analyse. Wie ist eine solche objektivierende Haltung zu realisieren?

Eine erste Bedingung ist eine ›anderswo‹ geleistete Sozialisation, die eine Spezialisierung auf Beobachtungskompetenzen im weitesten Sinne beinhaltet: eine reflexive Distanzierung von gelebter Praxis mit begrifflichen oder empirischen Mitteln. Mit anderen Worten: die erste, keineswegs triviale Bedingung sind ausgebildete Soziologinnen.

Eine weitere Bedingung ist die Etablierung einer für das Feld akzeptablen Beobachterrolle, die von Handlungszwängen entlastet und für Beobachtung, Selbstbeobachtung und Aufzeichnung freistellt. Die Akzeptanz für eine minimale Beteiligung und die Spezialisierung aufs Registrieren unterscheidet die ethnographische Erfahrung sowohl von der Alltagserfahrung der ›Bewohner‹ des Feldes als auch von der anderer Fremder. Das Bemühen um die Legitimität und ›Arglosigkeit‹ einer asymmetrischen Beobachtung bildet ein soziales Äquivalent zum Einwegspiegel der experimentellen Beobachtung oder auch zu jenem Sitzarrangement, das dem klassischen Psychoanalytiker hinter dem liegenden Analysanden seine ›freischwebende Aufmerksamkeit‹ erleichterte.

Die Aufzeichnungstätigkeit wird zum Teil durch technische Medien unterstützt, eine Entlastung, die wiederum der Protokolltätigkeit und dem Erwerben von Teilnahmekompetenzen zugute kommt. Das Protokollieren ist einerseits ein Aufzeichnen, z. B. des Wortlauts von Äußerungen, der im Sinne einer situativen Deutungsabstinenz festgehalten wird. Andererseits ist es mehr als ein solcher ›Mitschnitt‹, da mit der Vertextung auch die analytische Arbeit des Ethnographen beginnt. Sie fügt der Explikations*chance*, die mit ›Fremdheit‹ gegeben ist, einen ständigen Explikations*zwang* hinzu: wortweise festzustellen, was es ist, das hier gerade geschieht. Unterstützt wird diese Explikation i.d.R. durch die Unterscheidung verschiedener textueller Genres: spontane, auf Ereignisse bezogene ›Fieldnotes‹ (vgl. Sanjek 1991), reflexive, auf spätere Interpretation orientierte ›Analytical Notes‹ (Glaser/Strauss 1967) und selbstreflexive Fixierungen der Stadien eines Enkulturationsprozesses in Tagebüchern.

Eine weitere Bedingung methodisierter Erfahrung ist die rhythmische Unterbrechung der Präsenz im Forschungsfeld durch Phasen des Rückzugs zum universitären Arbeitsplatz und Kollegenkreis: Dem ›going native‹ wird ein ›coming home‹ entgegengesetzt, das dem Individualismus der Datengewinnung einen Kollektivierungsprozeß entgegenstellt.[19] Er setzt die Ethnographin und ihr Material einer Übersetzungs- und Vermittlungsaufgabe aus. Ihr Erfahrungsvorsprung muß sich an den Relevanzen und Verstehensbedingungen der eigenen community orientieren und sich in nachvollziehbaren Beschreibungen von Szenen, an einzelnen Beispielen und ihrer Interpretation bewähren. Die kollektive Bearbeitung sortiert individuell gewonnene ›Einsichten‹ nach deren Anschließbarkeit an den disziplinären Diskurs. Die Vermittelbarkeit der eingeschlagenen Untersuchungsstrategie erfordert so neben einer internen Rekonstruktion der Felderfahrung ihre Vergleichbarkeit mit anderem. Das verständlich Gemachte und vertraut Gewordene wird erneut einer befremdenden Betrachtung Dritter unterzogen. Deren disziplinärer Diskurs stellt begriffliche Verfremdungsmittel bereit, die im Untersuchungsfeld als Optik weiterer Beobachtungen eingesetzt werden können.

Diese komplementär zum Enkulturationsprozeß wirksamen Di-

---

[19] Die Grundidee der Alterierung von Datenerhebung und Datenanalyse formulieren schon Glaser und Strauss (1967).

stanzierungsschritte sind essentiell für den Versuch, die persönliche Befremdung kontinuierlich zu erneuern, und das, was der alltagssprachliche Begriff von ›einer Erfahrung‹ hervorhebt – daß etwas *Neues* erlebt wurde – lebendig zu halten. Es geht in der Ethnographie gewissermaßen darum, sich – nachdem man etwas verstanden hat – noch mehr zu wundern. Die verständnisvolle Vertrautheit ist kein Telos, sondern ein immer neu zu überwindender Durchgangspunkt. Zu dieser ›empirischen Disziplin‹ bedarf es der genannten Techniken zur Unterbindung der ›Verselbstverständlichung‹, der unbemerkten Ablagerung von Sinnschichten. Dieser Prozeß des Befremdens ist im Prinzip unabschließbar: er entspricht der Bodenlosigkeit kultureller Phänomene.

3. Ethnographisches Schreiben: Daten und Spuren

Die Sedimentierung ethnographischer Erfahrung findet im Unterschied zur alltäglichen Erfahrung nicht allein in der individuellen und kollektiven Erinnerung oder durch die materiale und soziale Veränderung eines kulturellen Kontextes statt. Ethno-Graphie treiben ist eine vielschichtige Schreibpraxis. Wenn quantitative Sozialforscher primär als exakte ›Rechner‹ erscheinen, und Biografieforscher oder Konversationsanalytiker vor allem als gründliche ›Leser‹, dann kann man Ethnographen als extensive ›Schreiber‹ charakterisieren. Die Bedeutung des Schreibens für die Ethnographie ist bisher vor allem unter dekonstruktivistischem Vorzeichen thematisiert worden, d. h. als Kritik eines naturalistischen Selbstverständnisses von Ethnographien als ›Abbildungen‹ oder ›Abschriften‹, autoritativen Repräsentationen fremder Welten. Diese Kritik hat zu einer großen stilistischen Varietät von Ethnographien (vgl. van Maanen 1988, Clifford 1993) und zu einem hohen reflexiven Bewußtsein von der rhetorischen Konstruiertheit ethnographischer Wirklichkeiten geführt. Auf der anderen Seite hat sie aber auch folgenreich Aufmerksamkeiten verschoben: wenn man mit van Maanen (1995) Ethnographien als Produkte dreier kommunikativer Instanzen – der Forschungssubjekte, des Autors und der Leser – betrachtet, so hat man den Eindruck, daß der Ethnograph in der Geschichte der Ethnologie erst vom (heimischen) Leser zum (reisenden) Autor geworden ist, bevor er heute zum primären Forschungsgegenstand zu werden droht. Ein weiteres Problem ist, daß die an den Text*produkten* ansetzende Kritik die Frage nach den konstruktiven Möglichkeiten der Schreibpraxis vernachlässigt. Das reflexive Bewußtsein hilft u. U. wenig bei der Bewältigung notorischer handwerklich-praktischer Probleme bei der Komposition ethnographischer Texte (van Maanen 1995).

Wenn man daher gegenläufig zur dekonstruktivistischen Kritik nach dem Funktionieren des ethnographischen Wissensprozesses fragt, so erscheint für die Ethnographie weniger charakteristisch, daß allein ihre Textprodukte die ›Beweislast‹ bei der Überzeugung der Leser tragen (so etwa Reichertz 1992)[20], konstitutiv ist das Schreiben für die Ethnographie eher wegen des Umstands, daß nicht nur die Datenanalyse, sondern schon die Datengewinnung im Fall von Beobachtungen wesentlich aus Schreibakten besteht: Beobachten ist nicht bloß ein Wahrnehmungsprozeß, der sich unter zahlreiche epistemologische Vorbehalte stellen läßt, sondern, wenn es um die Sedimentierung *anschlußfähiger* Operationen geht, vor allem ein Schreibprozeß. Beobachtungen werden nicht einfach als Erlebnisakkumulationen sozialwissenschaftlich relevant, sondern als *Protokolle*, die weiterverarbeitet werden, und als *dichte Beschreibungen*, die ›weitererleben‹ lassen können. In beiden Hinsichten geht es um eine Mobilisierung von Erfahrung, die sich von der vollständigen Ablösung des Empirischen von Personen unterscheidet, wie sie sowohl die quantitative Sozialforschung als auch die qualitative Analyse von Dokumenten anstrebt.

Aufschreiben ist stets ein selektiver Akt des Zur-Sprache-Bringens von Erfahrung, der zugleich eine Verschriftlichung (oder: Codierung) von Phänomenen ist, die zuvor keine Texte waren. Aufschreiben macht aus Erfahrungen *Daten*, die selbst zum Gegenstand und Ausgangspunkt weiterer Erfahrungen gemacht werden können. Sie autonomisieren das Aufgeschriebene von der erlebten Situation und erlauben dem Autor unabhängig von der Kopräsenz der Gegenstände vielfältige Bearbeitungsformen: sammeln, montieren, sortieren, reformulieren, ergänzen, auszählen und vernichten.

---

20 Ethnographien beweisen nichts. Sie in diesen Termini zu ›messen‹, betrachtet sie immer noch als ein szientistisches Genre, das beansprucht, einzig mögliche, autoritative Beschreibungen zu liefern.

Die isolierten Protokolleintragungen sind allerdings keine Daten, die in einer späteren Argumentationsführung aggregiert, als objektivierte Information (oder als ›Protokollsatz‹ i. S. des logischen Positivismus) autonomisiert werden könnten und so zu ethnographischer Erkenntnis führen. (Beispiel einer Protokolleintragung: »S. schüttelt nachdenklich den Kopf über einem Aufsatz von Jo Reichertz«).[21] Beschriebene Beobachtungen, Ereignisse oder Erlebnisse werden erst durch *Sinnstiftungen des Autors* zu ethnographischen Daten. Solche Sinnstiftungen – etwa durch die Bezeichnung einer Aktivität oder die Sequenzierung von Ereignissen – begleiten die schriftliche Bearbeitung ethnographischer Erfahrung *von Anfang an*. Sie entstehen in einem spannungsreichen Verhältnis zwischen dem Hintergrund von Erfahrungen, der *nicht* in Aufzeichnungen transformiert wird – ein Horizont von ›initiierenden‹ Schlüsselerlebnissen, im Gedächtnis haftenden Szenen, holistisch verstandenen Zusammenhängen und erworbenen ›Mitspielkompetenzen‹ (Reichertz 1989: 92) – und der Orientierung an einer auf Explikation angewiesenen Leserschaft.[22]

Der Umstand, daß das in Ethnographien aufgebotene empirische Wissen sich nicht in (verschriftlichten) Daten erschöpft, sondern auch ›Spuren‹ enthält – Momente, die erinnert, intuitiv verstanden, leiblich eingeprägt werden –, hat aus Sicht anderer qualitativer Verfahren (etwa der objektiven Hermeneutik oder der Konversationsanalyse: vgl. Bergmann 1985) Zweifel an der disziplinären Kontrollierbarkeit der Ethnographie aufgeworfen.[23] Auch der

21 Reichertz (1989) überschätzt u.E. in diesem Sinne die epistemische Bedeutung von Protokollnotizen, wenn er ihre hermeneutische Analyse diskutiert. Eine solche scheint uns ähnlich deplaziert wie die positivistische Erwartung, daß zwei Beobachter ohne standardisiertes Instrument bei einer einzelnen Szene zu identischen Feststellungen kommen: sie werden sehr häufig verschiedenes ›sehen‹. In der Ethnographie ist Replizierbarkeit und Reliabilität eher eine Anforderung, die dem ›Gesamtportrait‹ einer Szenerie gilt: Ethnographien sollten wie gute Physiognomien eine Wiedererkennbarkeit von beobachtbaren kulturellen Mustern in Beschreibungen ermöglichen – und zwar unter expliziter Berücksichtigung von ›Alterungsprozessen‹ des Originals.
22 Wolff spricht treffend von der »Spannung zwischen Rapport und Report« (1986: 336).
23 Auch Soeffner (1989) insistiert auf der Verschriftlichung als Kriterium qualitativer Daten, ohne zu berücksichtigen, daß der Datenbegriff selbst nur einen Ausschnitt empirischen Wissens bezeichnet. Die

rekonstruktive Charakter von Protokollen und der Umstand, daß sie von Anfang an durch soziologische Sinnstiftung bestimmt sind, führe zu einer ununterscheidbaren Vermischung tatsächlicher sozialer Prozesse und ihrer soziologischen Interpretation. Die Interpretation erscheint in dem Maße unkontrollierbar, in dem die Datengewinnung kein unbezweifelbares ›Original‹ hervorbringt.

Dem ist zweierlei entgegenzuhalten. Zum ersten sind technische Aufzeichnungen keineswegs interpretativ neutral. Die Leitvorstellung eines durch sie garantierten dokumentförmigen ›Originals‹, das von einer Untersuchungssituation ›gezogen‹ wird, beruht auf einer Reihe von empirischen Abstraktionen: vom zeitlichen und räumlichen Kontext eines Dokuments (wann werden Tonband oder Kamera ein- und ausgeschaltet, worauf richten sie sich?), vom Teilnehmer-Wissen über ein dokumentiertes Ereignis, und von den medialen Besonderheiten seiner technischen Produktion.[24]

Zum zweiten setzt die Gleichörtlichkeit des Ethnographen, mit der ein disziplinäres Wissen (und mitunter auch eine disziplinäre Identität) riskiert wird, den Feldforscher anderen Kontrollen aus. So steht den Anforderungen an die disziplinäre Produktkontrolle bei den dokumentenanalytischen Verfahren das weitgehende Fehlen einer *empirischen Prozeßkontrolle* gegenüber, wie sie die Ethnographie kennzeichnet. Was die ethnographische Folklore lange als ›Felderlebnis‹ mythisierte[25], ist eine z. T. massive soziale Kontrolle in einem Enkulturationsprozeß, in dem Soziologinnen an den Kompetenzen, Relevanzen, Evidenzen der Teilnehmer und an der Dynamik sozialer Situationen unausweichlich partizipieren. Dies impliziert, daß auch die soziologische Sinnstiftung, die sich teilweise erst im ›Widersetzen‹ gegen die Enkulturationsdynamik entwickelt, unter den Bedingungen der Gleichörtlichkeit vollzieht.

Dem Kontinuum der Enkulturation entspricht ein Kontinuum

Grenzen der Datenförmigkeit liegen nicht primär in der »Vielzahl der Erscheinungen« (Soeffner 1989: 60), die exemplarisches Arbeiten erforderlich macht, sondern in der Vielzahl der Arten, etwas zu wissen.
24 Siehe zu den kulturellen Techniken der Fabrikation von Originalen auch den Beitrag von Döring und Hirschauer in diesem Band.
25 Etwa als »Offenbarung«, »Ergriffenheit«, »Überwältigung« (König 1984: 25f.).

der Soziologisierung. Die Entwicklung von soziologischen Interpretationen *im* Prozeß der Gewinnung empirischen Wissens *bindet* diese auch stärker an die Forschungssituation. Dokumentenanalytische Erhebungsverfahren entziehen ihre ›Daten‹ dagegen viel unvermittelter der Dynamik des situativen Geschehens und den Kontrollen, die diese allen Teilnehmer-Interpretationen (inklusive den soziologischen) auferlegt. Die Verfremdung und Distanzierung, die eine Ethnographie gegenüber den Teilnehmer-Perspektiven vollzieht, ereignet sich also weniger ›auf einen Streich‹ als etwa die der Konversationsanalyse. Gleichwohl ist sie ein Desiderat des Schreibens von Ethnographien:

Da zu den möglichen Adressaten einer Ethnographie[26] auch die Untersuchungspopulation zählt, wird die Bestätigung der ›Betroffenen‹ oft als wichtiges Qualitätskriterium angeführt (zustimmende Briefe, wohlwollende Kommentare, begeistertes »Genau so ist es«. etc.). Wenn ethnographische Arbeit auf eine – wie auch immer gedachte – Veränderung ihres Untersuchungsfeldes aus ist, ist eine solche Autorisierung notwendig, auch wenn zu klären bleibt, wessen Autorisierung zählen soll. Dagegen ist für die disziplinäre Akzeptanz – als entscheidende Autorisierung – die Bestätigung durch Betroffene vielleicht ein mögliches, aber kaum ein hinreichendes Argument. Im Gegenteil: Wenn gar keine Differenz zur Teilnehmer-Perspektive (»genauso isses«) aufscheint, kann eben dies den Kunstfehler des ›Going Native‹ indizieren: Es entstehen Zweifel entweder an einer unbegründeten Parteinahme oder an einer mangelhaften soziologischen Analyse.

Auch wenn wir in der Tradition einer sinnverstehenden Soziologie Akteure als Sinnproduzenten und Handlungen als sinnhafte begreifen, verbleiben epistemologisch bedeutsame Differenzen zwischen deren Sinnstruktur und den durch soziologische Aufzeichnungen erzeugten Sinnstrukturen von Beschreibungen. Entgegen der Vorstellung einer authentischen und zugleich neutralen

---

26 Ethnographien stoßen typischerweise auf ›mixed gatherings‹ (Goffman) in bezug auf das Vorwissen ihrer Leser: einige werden der untersuchten Sozialwelt angehören, viele über Erfahrungen aus Publikumsrollen (Patient, Kunde, Bürger) verfügen, und fast alle massenmediale Darstellungen kennen. Die für den Grad der Verfremdung maßgebliche Orientierung an dieser höchst heterogenen Wissensdistribution ist ein zentrales Problem ethnographischen Schreibens.

Registrierung, einem ›Ab-Schreiben‹ vorhandener Sinnhaftigkeit aus den Ereignissen liegt bereits im Moment des schreibenden oder technisch instrumentellen Aufzeichnens eine (Re-)Konstruktion vor, die durch den disziplinären Handlungskontext der jeweiligen Forschung geprägt wird. Mehr noch: Die Güte- und Relevanzkriterien dieser (Re-)Konstruktionen werden *ausschließlich* durch disziplinäre Akzeptanzbedingungen für ethnographisches Wissen bestimmt.

Ethnographien müssen in dieser Hinsicht zum einen im Sinne ihrer Begründbarkeit für soziologische Wissensprozesse funktionieren – als valider Report – zum anderen als intelligible Geschichten, die Leser an Erfahrungen teilhaben lassen. Und wie man jemand anderen ›Erfahrungen machen‹ läßt, ist weniger ein pädagogisches als ein literarisches Problem. Die Dekonstruktion der Ethnographie als Literatur bedeutet bei einer konstruktiven Perspektive auf Wissensprozesse, die in den 70er Jahren entwickelten Vorstellungen von ›kommunikativer Sozialforschung‹ (Arbeitsgruppe Bielefelder Soziologen 1976) auf die Validierung sozialwissenschaftlicher Texte durch ihre Leser auszuweiten. Nicht nur in den Entstehungs-, auch in den Rezeptionsbedingungen haben wir es mit kommunikativen Problemen zu tun, die sich keineswegs in der Abnahmebereitschaft für überprüfbare Tatsachenfeststellungen erschöpfen.

So wie man etwa mit dem Stichwort ›kommunikativer Sozialforschung‹ auch die mündliche Kompetenz assoziierte, die nötig ist, um ein narratives oder ethnosemantisches Interview zu führen, so ist heute festzustellen, daß zum Beobachten eine disziplinäre Schreib-Kompetenz gehören muß. Bei der schriftlichen Kommunikation von Erfahrungen ist eine solche Kompetenz gefragt, weil sich hier schnell das Fehlen jener Zugzwänge bemerkbar macht, die in Situationen mündlicher Kommunikation für Detaillierung, Plausibilisierung usw. sorgen. Diese Qualitäten müssen stilistisch substituiert werden.

Besteht das ethnographische Schreiben in der Forschungssituation vorwiegend aus einer Aufzeichnungsarbeit, die – wer kann schon auf einen Nachlaßverwalter hoffen? – nur die Autorin selbst zur Leserin hat, so wird ethnographisches Schreiben in späteren Phasen immer mehr zu einer adressatenbezogenen Vermittlungsarbeit: dicht an naiv Erlebtem entlang zu formulieren, mit einem Begriff einen Eindruck wirklich zu ›treffen‹, genau so viele

Details zu verdichten, daß eine Beschreibung weder paraphrastisch leer noch interpretativ überzogen ist.
In performativer Hinsicht haben ethnographische Beschreibungen den Stellenwert, den das Zeigen – von Tabellen und Graphen in der quantitativen Sozialforschung, von technischen Bildern in den Naturwissenschaften – in anderen Disziplinen hat. Sie sollen allerdings nicht nur die textimmanente Nachvollziehbarkeit einer theoretischen Interpretation sichern, sondern auch die Möglichkeit des sekundären Mitvollzugs einer Erfahrung und einer Praxis eröffnen. Mit anderen Worten: Sie sollen nicht nur ein Datenmaterial den Prüfungsmöglichkeiten einer disziplinären Kontrolle überantworten, sondern auch umgekehrt einen disziplinären Diskurs für ihm fremde Sinn- und Erfahrungszusammenhänge öffnen.
Geertz (1990) hob die visuellen Qualitäten ethnographischen Schreibens besonders an den Texten von Evans-Pritchard hervor, sie sind aber durchaus auch ein allgemeines Merkmal von Ethnographien: ein Vorgehen, das auf einen starken Empiriebegriff setzt, muß sich in Texten repräsentieren, die auf die Sinne (und nicht nur den Verstand) der Leser zugreifen. Dabei ist sensuelle Unmittelbarkeit von Naturalismus weit entfernt: die textuelle Verdichtung – also die Herstellung von Gleichzeitigkeit, die Sequenzierung, die Komposition von Szenen – bildet nicht Beobachtungen ab, sie überbietet sie eher, indem sie Protokollnotizen, Sinneseindrücke und situative Assoziationen zusammenkomponiert – ein Unterfangen der *Simulation* von Erfahrungsqualitäten.[27]

---

[27] Die sinnlichen Dimensionen ethnographischen Schreibens legen auch eine Rekonstruktion des in der visuellen Anthropologie eingespielten Verhältnisses zwischen erklärenden Texten (als filminterne oder -externe Kommentierungen) und zeigenden audio-visuellen Repräsentationen nahe. Ohne eine naturalistische Präsupposition verschiebt sich auch die Zielsetzung ethno-filmischer Produktion von einer ›naturgetreuen‹ Montage audio-visuellen Materials zu einer kompositorisch-interpretativen Verdichtung. Vgl. dazu z. B. MacDougall (1978), Crawford/Turton (1992).

4. Theoretische und Empirische Praxis

Wenn wir zu Beginn von einer gegenwärtigen Entkopplung zweier Spezialdiskurse sprachen, bei der die Sophistizierung eines theoretischen Klassifikationsinstrumentariums der weiteren Technisierung von Datenverarbeitungswerkzeugen gegenübersteht, so erfordert eine Erneuerung der Soziologie an ihren Phänomenen auch, empirische und theoretische Arbeit in ein produktives Verhältnis zueinander zu bringen.

Dem steht entgegen, daß diese beiden Wissensprozesse in einer andauernden Arbeitsteilung zu monolithischen Blöcken geronnen scheinen, innerhalb derer Rollenbilder und Zielvorstellungen von ›Theoretikern‹ und ›Empirikern‹ divergieren. Ganze Karrieren von Personen wie von Forschungsprogrammen entwickeln sich ohne jede Verbindung zwischen diesen Blöcken. Gestützt wird diese Arbeitsteilung durch eine überkommene philosophische Wissenschaftstheorie, die ›Theorie‹ und ›Empirie‹ als distinkte Bereiche der Erkenntnisproduktion auffaßt, um dann Rollenzuweisungen für ihr denkbares Zusammenspiel vorzunehmen.

Ein in der Soziologie etabliertes Muster ist etwa, in der Herstellung theoretischen Erklärungswissens auf empirisches Wissen als *Material* (der Illustration, der Plausibilisierung etc.) zurückzugreifen.[28] Umgekehrt betrachtet sich die empirische Sozialforschung gerne als ›Korrektiv‹ theoretischer Erfindungen, indem sie deren Wahrheitsgehalt einer ›Hypothesenprüfung‹ aussetzt. Große Erklärungsgesten und fleißige Prüftätigkeit sedimentieren sich bis in unterschiedliche Habitus hinein.

Die Ethnographie ist – spätestens mit der Verabschiedung eines naturalistischen Selbstverständnisses – in dieser Arbeitsteilung nicht zu begreifen. Im ethnographischen Forschungsprozeß sind theoretische und empirische Arbeitsprozesse wechselseitig verschränkt, ohne daß sich generalisierend Phasen oder Modi des einen oder anderen festlegen lassen.

So nehmen viele Ethnographien trotz der ›induktiven Gesinnung‹,

---

28 So etwa in einem frühen Aufsatz (1969) noch Luhmann, der hier »intersubjektiv zwingend gewiß übertragbare Erfahrungen« als »knappe Ressourcen« des Theoriegeschäfts betrachtet: »Der Theorie fiele dann die Aufgabe zu, diese Resourcen zu generalisieren, insbesondere ihren Informationswert zu steigern« (ibid.: 139).

die diese Forschungsstrategie charakterisiert, bestimmte Theorien zum Ausgangspunkt – nicht als Gegenstand einer ›Prüfung‹, aber z. B. für eine forschungsstrategisch vielversprechende Auswahl von Untersuchungsgegenständen oder für die Fragestellung, die eine Studie motiviert. Insofern ist dem immer wieder empiristischen Ansprüchen vorgehaltenen epistemologischen Einwand, daß es keine theoriefreie Beobachtung geben könne, nicht nur zuzustimmen, es ist im Sinne des soziologischen ›Coming Home‹ vielmehr ein Gütemerkmal von Ethnographien, wenn sie theoretische Perspektiven auch explizit einsetzen und verfolgen.

Im Unterschied zur Vorstellung einer (unvermeidlichen) Beobachtertheorie und einer vorauszusetzenden Gegenstandstheorie als einer standardisierten Optik geht es in Ethnographien jedoch um den *Einsatz* von Denkmitteln – nicht im Sinne von ›Anwendung‹, sondern von ›enjeu‹ (Bourdieu 1987), von Spieleinsatz. Theorien sind in diesem Verständnis kein Forschungsziel, sondern Denkwerkzeuge, ein intellektuelles Kapital, das in ›Empiriebildung‹ reinvestiert werden muß, um seine Produktivität zu entfalten. Theoretische Qualität und Relevanz bemißt sich dann nicht vorrangig an der Resistenz und Subsumtionsleistung gegenüber ›neuen‹ Fakten, sondern in der Potenz, soziologisch bislang Unentdecktes (wieder)erkennbar zu machen.

Eine typische Erfahrung ethnographischer Arbeiten ist nun allerdings, daß viele Theorieangebote diese Funktion nicht erfüllen können: sie erweisen sich ›vor Ort‹ als unproduktiv. Aus diesem Grund wirkt ethnographische Empirie umgekehrt gegen theoretische Stereotypen als ein unruhiges Moment, gewissermaßen als empirische Variante des Dekonstruktivismus. Das dekonstruktive Potential entfaltet sich primär an totalisierenden Begriffen (›Ethnie‹, ›System‹), die universelle Applizierbarkeit beanspruchen.[29] Wenn Ethnographien sich daher oft ›parasitär‹ zu soziologischen

---

29 Ein Beispiel sind die Einwände, die Karin Knorr-Cetina (1992) gegen den differenzierungstheoretischen Begriff des ›Wissenschaftssystems‹ vorgebracht hat: vor dem Hintergrund ethnographischer Studien in den Naturwissenschaften arbeitet die Systemtheorie mit einer grobschlächtigen Homogenitätsannahme, wenn sie Leistungssteigerungen allein der Spezialisierung und Ausgrenzung ›systemfremder‹ Elemente zuschreibt, wo die Ethnographie deren Inkorporation und fruchtbringende Instrumentalisierung vorfindet, also nicht ›Differenzierung der Arten‹, sondern vielmehr ›Endosymbiosen‹ (Wagner 1996).

Theorien verhalten – d. h. expropriativ, illoyal und u. U. destruktiv –, so deshalb, weil die Selbststrukturierung der Untersuchungsfelder jeden theoretischen Universalismus durchkreuzt. Theorien sind – wie Methoden – schon in unsere Gegenstände eingelassen: dies nicht allein in dem Sinne, daß die Teilnehmer über Alltagstheorien verfügen, sondern daß bestimmte theoretische Fiktionen mit einer jeweils gelebten sozialen Ordnung koinzidieren (Knorr-Cetina 1997).

Diese Erfahrung macht den Opportunismus, der die Ethnographie als empirische Strategie kennzeichnet, auch zu einem theoretischen Gebot. Die ›Teilnahme‹ und das Risiko des Going Native dient nicht primär einer empirischen ›Grundierung‹ (Glaser/Strauss 1967) oder Validitätssteigerung, sondern der Irritation soziologischer Konzepte. Sie riskiert, daß unsere begrifflich geprägten Vorstellungen durch unsere Forschungserfahrungen viel stärker berührt und transformiert werden, als es eine distanzierte und subsumtive Theoretisierung von Phänomenen ›am Schreibtisch‹ zuläßt.

Die dem ›Spielverlust‹ folgende Möglichkeit der Transformation von Konzepten bietet für Theoriebildung einen *konstruktiven* Aspekt. Eingesetzte Denkmittel lassen sich modifizieren, die Optik umbauen. Zunächst einmal konstruiert eine jede Ethnographie als lokal umrissener Forschungsaufenthalt und als geschlossener Text ihr ›Feld‹. Ethnographien bestätigen dadurch vorkonzipierte soziale Einheiten, etwa Institutionen oder Subkulturen, oder sie plausibilisieren das Vorkommen neuer mit ganz unterschiedlichen Merkmalen: Milieus, Szenen, Spiele, Arenen, Labore, Rhizome oder Netzwerke.[30]

In der Summe der Individualität solcher Phänomenbestimmungen – in diesem Band etwa: die Gebrauchsweisen eines Passes, die Verliebtheitsspiele von Kindern oder die Bedeutungstransformation musealisierter Artefakte – wirken Ethnographien komplexitäts*entfaltend*. Ihr Potential der Kontrastierung von Gegenwartskulturen steht gewissermaßen an der Stelle, wo die klassische Gesellschaftstheorie auf historischen Vergleich (also auf diachrone Empirie) zurückgriff.[31] Das ›Nebeneinander‹ kultureller Ordnun-

---

30 Daß seine Interpretationen ›Balis‹ fiktiven, d. h. Realitäten konstruierenden Charakter haben, hat etwa Geertz mehrfach betont.
31 Und es ist wohl in diesem Sinne, daß Friedrichs/Lüdtke (1973) es als

gen hat eine eigene theoretische Brisanz (vgl. Soja 1994), u. a. die, daß sich fragmentierte Wirklichkeiten nicht in geschlossenen Theorien ›der Gesellschaft‹ begreifen lassen.
Auf der anderen Seite kann man, von partikularen Phänomenen ausgehend, mittels systematischer Kontrastierungen zu Begriffskonstruktionen höherer Ordnung gelangen. Dabei muß die Diversität des Empirischen nicht zwangsläufig durch einsinnige Abstraktionen reduziert werden, sie kann auch in ihrer Kompaktheit als ›Sinnsplitter‹ erhalten bleiben, die sich begrifflich mobilisieren lassen: nicht Abstraktionen, sondern Registerwechsel, mit denen ein Feld sich in Termini eines anderen beschreiben läßt, sind fallübergreifende Möglichkeiten spezifisch ethnographischer Begriffsbildung. Solche Verfremdungsmittel können zugleich geschärfte Linsen sein, in denen sich soziologischer Eigensinn an empirischen Herausforderungen weiterentwickelt, und es können Vehikel sein, mit denen weitere Herausforderungen in anderen Feldern aufgesucht werden können.[32]
Ein weiteres Merkmal konstruktiver Theoriearbeit im ethnographischen Forschungsprozeß ist die Irritation der Unterscheidung von Begriffen und Phänomenen. Auf der einen Seite kann man sagen, daß Begriffe als Phänomene ›aufgemacht‹, entfaltet und rekomponiert werden; auf der anderen Seite aber auch, daß Phänomene begrifflich expliziert und respezifiziert werden. Viele Ethnographien kennzeichnet ein konkretistischer Denkstil, ein

Common Sense behandeln, daß die Ethnographie in der Geschichte der Soziologie maßgeblich zur Theoriebildung beigetragen hat, was den Autoren freilich angesichts von deren »naiven Methoden« »bezeichnend« für den bedenklichen Zustand des Faches erscheint (ibid.: 23).

32 Ein Virtuose dieses Typs soziologischer Begriffsbildung war Goffman (s. dazu Willems 1996), der seine Analysen konkreter Phänomene für die andauernde Entwicklung, Verfeinerung und Verwerfung von theoretischen Beschreibungsmitteln: Metaphern, Konzepte, Modelle verwendete – mit einigem Opportunismus im »konzeptuellen Reifenwechsel« (Bergmann 1991: 322). Die Verfremdungsmöglichkeiten dieser Begriffsbildung liegen nicht allein in der Entwicklung einer (beliebigen) Metaphorik, die interessante Assoziationen zu anderen Phänomenenbereichen stiftet, sondern in der Wahl von dem Phänomen ›innerlichen‹ Metaphern, solcher also, die eine Affinität zu einem latenten Aspekt des Phänomens haben, das durch sie gewissermaßen ›zur Kenntlichkeit entstellt‹ wird (s. Hirschauer 1991: 314).

›anschauliches Denken‹ im Medium des Empirischen. Empirische Phänomene werden ebenso zu anregenden Denkmitteln, wie theoretische Konzepte interessante Eigenschaften eines Phänomens sein können.

An dieser Stelle verliert jedoch die Unterscheidung ihren Sinn, die theoretisches und empirisches Arbeiten einander gegenüberstellt. Schwierigkeiten bei der entsprechenden Rubrizierung von Arbeiten sind typischerweise in der Kultursoziologie aufgetreten, etwa bei Elias, Bourdieu oder Goffman. Andere Autoren haben auch begriffliche Vorschläge gemacht, was an die Stelle der Theorie-Empirie-Dichotomie treten könnte. Foucault (1977) spricht für seine Genealogie der Sexualität nicht von einer ›Theorie‹, sondern einer *Analytik* der Macht; Schenkein spricht für die Konversationsanalyse von einer ›analytischen Mentalität‹.[33]

Unabhängig von solchen begrifflichen Angeboten meinen wir, daß man das Verhältnis empirischen und theoretischen Arbeitens in der Soziologie am besten als Relation kultureller Praktiken begreift. Dies setzt voraus, ›das Empirische‹ und ›das Theoretische‹ der Soziologie einmal ethnographisch zu betrachten: als Merkmale eines kulturellen Unternehmens, das sich auf spezifische Weise von der Praxis der es umgebenden Welt zu unterscheiden sucht.

Von dieser aus betrachtet, stellen sich die Merkmale soziologischer Wissensproduktion als Seltsamkeiten dar: Seltsamkeiten der Sprech- und Schreibpraxis und solche des ›Methode‹ genannten Vorgehens im Kontakt mit der Erfahrungswelt. Mit ›Theorie‹ und ›Methode‹ differenziert sich die Soziologie kontinuierlich von der Alltagswelt. Die Praxis der Theorie ist in diesem Sinne primär eine disruptive Tätigkeit, in der immer wieder eine Brechung lebensweltlicher Perspektiven vollzogen wird; ein Denken, dessen ›Fortschritt‹ nicht in einem ›Immer weiter‹ auf ein Ziel hin besteht, sondern in einer kontinuierlichen Fort-Bewegung von einer Alltagswelt, an die es ständig wieder anknüpft.

Die Besonderheit der Ethnographie liegt in diesem Zusammen-

---

33 Schenkein (1978: 6) hat diesen Begriff negativ charakterisiert, um die Vorgehensweise der Konversationsanalyse bei der Erzeugung nichtintuitiver Beschreibungen zu charakterisieren: »Our particular grouping of shared dispositions is not exactly a ›theory‹ or ›method‹, nor is it merely a ›point of view‹ or some kind of ›philosophy‹.«

hang darin, daß diese Anknüpfung und Distanzierung in ihrem Fall so offenkundig ist: sie besteht in der besonderen Mobilität des Ethnographen und in der Vermischung soziologischer Sprechpraxis mit der Alltagssprache, die in ethnographischer Deskription einen so großen Raum einnimmt. Hybridisierungen finden sich nicht nur in der Forschungssituation, sondern auch im Genre der Ethnographie. Eben dies macht Ethnographien zwar nicht unbedingt ›verständlich‹ im emphatischen Sinne, aber sicherlich anschlußfähiger als manche andere soziologische Projekte – innerhalb und außerhalb der Soziologie. Wenn Ethnographien soziologischen Lesern Möglichkeiten der virtuellen Teilnahme an einer geschilderten sozialen Praxis anbieten, so bieten sie umgekehrt jenen Laien, für deren Praxisprobleme sie Informationswert haben, eine Möglichkeit, am soziologischen Diskurs zu partizipieren. In einer solchen Überschneidung sozialer Kreise im Genre der Ethnographie kann eine kommunikative Sozialforschung auch kommunikative Wirkungen erzielen.

5. Die Beiträge dieses Bandes

Wir haben bisher methodisch-normativ über Ethnographie geschrieben, d. h. ein bestimmtes Genre der Selbstrepräsentation gewählt, das einen Blick auf die Ethnographie nur gefiltert durch die Idealisierungen, Zuspitzungen und programmatischen Perspektiven der Autoren dieser Einleitung zuläßt. Im folgenden wollen wir auf die weitergehenden Möglichkeiten hinweisen, durch diesen Band etwas über (und durch) Ethnographie zu erfahren: auf seine einzelnen Beiträge.

Die Idee zum vorliegenden Buch entstand nach zwei Tagungen, an denen ein Teil der Autorinnen und Autoren bereits mit anderen Beiträgen aus ihren Forschungsarbeiten partizipiert haben.[34] Sie konkretisierte sich in unseren Diskussionen als ein notwendiger ›Beitrag zur Entwicklung ethnographischer Forschungskultur‹ im deutschsprachigen Raum.[35] Während im angelsächsischen Kon-

---

34 Vgl. die Veröffentlichungen von Hitzler/Honer/Maeder (1994) und Knoblauch (1996).
35 Im Sinne dieser Forschungskultur haben wir auch den Entstehungsprozeß dieses Bandes als ›kollektivierende‹ Vernetzung individualisierter Ethnographien gestaltet. Seine Beiträge sind in einem langwähren-

text diese Forschungskultur weithin sichtbar ist (z. B. im Journal of Contemporary Ethnography), finden sich hierzulande nur sehr wenige und verstreute Beiträge in Teilbereichen der Soziologie, etwa der Verwaltungs-, Kindheits-, oder Wissenschaftsforschung. Ethnographie tritt als ein Bindestrich-Soziologien übergreifendes Forschungsprogramm im disziplinären Diskurs nicht zutage.

So ist dieses Buch weder als Lehrbuch zur Ethnographie, noch als thematischer Sammelband konzipiert. Die Beiträge können zum einen als Erkenntnisprodukte für Teilfelder der Sozialwissenschaften gelesen werden, wo sie ihr Innovationspotential für spezifische Fragestellungen zeigen können. Zum anderen sind sie ein mehrstimmiger Kommentar zu dem hier formulierten Programm, der ihren Leserinnen und Lesern ermöglicht, Einblicke in die gegenwärtige ethnographische Forschungslandschaft zu nehmen.

Die ersten drei Beiträge des Bandes sind Ethnographien von ›Szenen‹: ereignisreiche Erlebnisräume – von Transvestiten, Sicherheitspersonal und verliebten Schulkindern:

Georg Breidenstein nutzt die Möglichkeiten der Ethnographie, um – anstelle einer entwicklungspsychologischen Perspektive – die Eigentümlichkeiten von ›Kinderkulturen‹ zu entdecken. Thema seines Beitrags sind die Formen und Spielregeln der Inszenierung von ›Verliebtheit‹ zwischen 10-12jährigen Jungen und Mädchen einer Schulklasse. Dieser ›Diskurs der Verliebtheit‹ zeigt sich als ein schillerndes Phänomen, das auf verschiedene Weisen zur Erscheinung gebracht wird: durch Unterstellungen und Anspielungen, durch mündliche und briefliche Geständnisse und durch die Selbstdarstellung von Paaren. Die Thematisierung von Verliebtheit hat eine Reihe von Strukturierungsfunktionen für die Schüler: sie konstituiert ›Privatheit‹, sie erzeugt Geheimnisse, Einschließungen und Ausschließungen, und sie unterscheidet

> den wechselseitigen Kommentierungsprozeß der Autorinnen und Autoren entstanden und darüber hinaus intensiven Diskussionen im Forschungskolloquium der Herausgeber ausgesetzt gewesen. Zu nennen sind hier unter anderen: Jens Lachmund, Karin Knorr-Cetina, Caro Länger, Elisabeth Mohn, Arne Möller und Ilka Neserke. Unsere Einleitung hat neben den zahlreichen Einwendungen der Autoren auch von hilfreichen Kommentaren ›Dritter‹ profitiert: ein Dank an Jörg Bergmann, Hans-Georg Soeffner, Anne Honer, Christel Hopf und Johann Handl.

zwei Geschlechter. Entgegen einer evolutionistischen Perspektive auf eine ›primitive‹, zu entwickelnde Kultur hebt der Beitrag hervor, daß Verliebtheit unter Schulkindern gegenüber den Spielregeln erwachsener Paarbildung ein eigenständiges Phänomen ist: sie ist öffentlich, nicht intim, sie ist als Spiel und nicht als Romanze gerahmt, und sie beruht oft auf Zufall, nicht auf Wahl. In der Darstellung setzt der Beitrag Protokolle ein, deren Beobachter-Ich vieles noch nicht versteht, was der Autor des Beitrags als sinnhafte Ordnung darstellt. Der Beitrag dokumentiert aber auch Grenzen der Erzeugung sicheren Wissens in einem Feld, in dem Ethnographie in der Zeugenschaft eines Andersaltrigen besteht und bei einem Thema, bei dem es auf die selektive Mitteilung von ›Geheimnissen‹ ankommt.

Der Beitrag von *Hubert Knoblauch* steht in der langen Tradition ethnographischer Subkulturforschung. Er portraitiert die Transvestiten-Szene in Deutschland, der Schweiz und den USA. Von ›Szene‹ spricht Knoblauch wegen des spontanen und situativen Charakters des Phänomens, der eine Ethnographie als Daueraufenthalt an einer singulären Lokalität ausschließt. Der Beitrag kombiniert stattdessen Beobachtungs- und Interviewmaterial mit der Analyse verschiedener Dokumente, um das Phänomen im Sinne eines kulturanalytischen Überblicks auf drei Ebenen begrifflich zu fassen: auf der subjektiven Ebene der ›kleinen-sozialen-Lebens-Welten‹ zeigt sich die transvestitische Identität durch eine besondere Erlebnisorientierung bestimmt; in der Interaktionsordnung lassen sich verschiedene Stile von Handlungs- und Inszenierungsformen unterscheiden; und auf einer institutionellen Ebene finden sich mehr oder weniger öffentlich organisierte Szenen (etwa die Bühnentravestie, der Party- oder der Vereinstransvestismus), die die Inszenierungsformen und Identitäten prägen. Der Beitrag interpretiert die Diversifizierung der Travestie nicht als Symptom einer Auflösung der geschlechtlichen Kleiderordnung, sondern im Gegenteil: als bloßes Angebot eines ›Seitenwechsels‹, der die Geschlossenheit vestimentärer Codes festigt.

Die Studie von *Astrid Jacobsen* plaziert die Ethnographie weniger in ein ›voyeuristisches‹ als in ein observatorisches Verhältnis zu ihrem Gegenstand. In einer Beobachtung von Beobachtern stellt sie die Arbeit eines privaten Sicherheitsdienstes in einem Freizeitbad dar. Sie setzt dabei auf die deskriptive Bannung aktionsreicher Interaktionsszenen. Präventive Reviersicherung und intervenierende Wiederherstellung der zivilen Ordnung stützen sich auf eine Typisierung potentiell unruhestiftender Badegäste als ›Bandenpatienten‹ oder ›Sexualpatienten‹. Deren Interaktion mit den sog. ›Watchern‹ ist wiederum durch besondere Beobachtungsverhältnisse gekennzeichnet: versuchen die einen, ein sittenwidriges Tun öffentlicher Beobachtung zu entziehen, setzen die anderen geradezu darauf, in einem Charakterwettkampf mit dem Sicherheitspersonal Aufmerksamkeit zu erlangen. Die öffentliche Ordnung des Bades wird nicht durch die einfache Unterbindung von Ordnungswidrigkeiten aufrechterhalten, sondern eher durch eine Kollaboration aus Deals und kumpelhaften Gesten, die zwischen zwei ›Banden‹ stattfindet.

Eine zweite Gruppe von Beiträgen bilden Ethnographien des ›Anstalten Machens‹, Praktiken der Herstellung institutioneller Ordnungen:

Der Aufsatz von *Helga Kelle* ist ein weiterer Beitrag zur Kindheitsforschung. Er entstammt dem gleichen Forschungsfeld – Kinder der 4. bis 6. Klasse – wie der Beitrag von Georg Breidenstein, das von beiden AutorInnen i. S. einer ›Tandem‹-Ethnographie untersucht wurde. Dieser Beitrag stellt nun allerdings die institutionelle Einbettung einer Gleichaltrigenkultur in den Vordergrund. Seine Frage ist, wie Kinder ›Schule machen‹, indem sie *Klassen* voneinander unterscheiden, interaktiv darstellen und im Diskurs mit unverwechselbaren Eigenschaften ausstatten. Der Beitrag zeigt eine vielfältige, z. T. auch selbstironisch gebrochene, Identitäts- und Grenzpolitik, durch die die Selbstorganisation der Schüler bedeutsame Unterschiede zwischen ›uns‹ und ›denen‹ konstituiert. Aus ihrer Perspektive wird insbesondere die Altersdifferenz sehr viel variabler gehandhabt, als es die substantialisierenden Annahmen der Sozialisationstheorie über ›Altersstufen‹ unterstellen.

Die nächsten beiden Aufsätze sind Beiträge zur ethnographischen Verwaltungsforschung. *Thomas Scheffer* untersucht ein allgemeines Problem von Verwaltung – mit welchen Methoden bestimmte Personen mit bestimmten Fällen verknüpft werden können – an einem Fall, dessen Besonderheiten diese bürokratische Funktion als Phänomen entfalten läßt: die Identifizierung von Ausländern. Verglichen mit dem politischen Diskurs um das Ausländerrecht interessiert sich der Beitrag mehr für die unscheinbare ›Mikrophysik der Macht‹ in der Verwaltung von Ausländern. In deren

Zentrum steht ein verwaltungstechnisches Instrument, der Pass. In einer minutiösen Rekonstruktion zeigt der Beitrag die zahlreichen Gebrauchsweisen dieses Instruments, die praktische Polivalenz des Passes: als Eintrittskarte, Etikett, Ergebnisprotokoll, Prüfplakette, Karteikarte, Laufzettel, Schutzbrief, Trophäe, ontologische Garantie usw. Ähnlich wie Helga Kelle geht es Thomas Scheffer in seiner Analytik der Vollzugslogik von Personenidentifizierungen um das Ineinander von lokaler Praxis und institutioneller Technologie. Beim Versuch, seine Protokolle personenbezogen über längere Zeiträume fortzuschreiben, muß der Autor feststellen, daß der ethnographische wie der administrative Blick bei der Identifizierung von Menschen ›fremder Rassen‹ gleichermaßen kulturell beschränkt ist.

Der Aufsatz von *Katharina Peters* ist ein Beitrag zur Transformationsforschung. Er untersucht die ›Ordnung des Amtes‹ am Fall einer ostdeutschen Liegenschaftsbehörde. Gemessen am organisationssoziologischen Bild von öffentlicher Verwaltung erscheint diese Ordnung auf den ersten Blick als abwesend. Auf den zweiten, ethnographischen Blick zeigt sich allerdings, daß das Amt nur nicht dort stattfindet, wo man es erwartet. Die institutionalisierte Informalität der Kaffeepause erweist sich als ein Ort von Arbeitsgesprächen, Telefonanschlüssen, Kundenverkehr und Kompetenzstreitigkeiten. Hier findet sich eine urwüchsige Selbstorganisation des Amtes trotz Abwesenheit von Leitung, von Akten und von Arbeitsteilung. Katharina Peters richtet ihre ethnographische Skizze gegen eine Vorstellung von Transformation als bloßer Ersetzung des (falschen) Alten durch das (richtige) Neue. Wo Thomas Scheffer eine minutiöse Behördenpraxis in fast quälender Zeitlupe darstellt, portraitiert Katharina Peters die historische Transformation als ein aussichtsloses ›Warten auf Godot‹.

Christoph Maeders Beitrag schließlich steht in der Tradition von Ethnographien, die sich um einen Einblick in die relativ geschlossenen Welten totaler Institutionen bemühen. Sein Forschungsfeld ist der Strafvollzug in einem ›offenen‹ Gefängnis. Mit den Analysemitteln der kognitiven Anthropologie rekonstruiert der Beitrag ein Segment des organisatorischen ›folk-knowledge‹: die Insassentypisierungen des Anstaltspersonals, die zu bestimmen erlauben, »mit wem man es zu tun hat«: mit »Schwachen und Schwierigen«, »Ausgebrannten«, »Drögelern«, »Fertigen«, »Schlauen und Simulanten«, »Gefährlichen«, »friedlichen Mördern« usw. Der Autor sieht diese Etiketten in einer prognostischen und präventiven Funktion: sie spannen Bedeutungshorizonte auf, die Nach- und Vorsicht im Umgang mit den Insassen anzeigen. Insofern bilden sie ein narratives Arsenal für die gewaltarme Kontrolle von Gefängnisinsassen.

Eine dritte Gruppe von Beiträgen hat einen stärker methodischen Akzent: sie behandelt neben ihren jeweiligen Gegenständen auch explizit die Praxis des Ethnographie Treibens. Die ersten beiden Aufsätze nehmen ihren Ausgangspunkt bei der Diskussion um die ethnographische Repräsentation fremder Kulturen:

Herbert Kalthoff verfolgt in Umkehrung der dominierenden Blickrichtung dieser Diskussion die Frage der *Fremdenrepräsentation*: wie ein Ethnograph durch sein Untersuchungsfeld typisiert und vereinnahmt wird. Sein Forschungsfeld ist die Welt exklusiver Internatsschulen. Der Beitrag beschreibt verschiedene Integrationsstrategien, mit denen die Untersuchten auf den ›Eindringling‹ reagieren: die offiziellen Wege und Absprachen, die inoffiziellen Vertrauensbeziehungen und die Isolation. Im durch die Schüler konstituierten ›Untergrund‹ des Internats zirkulieren Klatschgeschichten und Gerüchte, in denen die Schüler ihre Distanz zum Beobachter markieren. Und in den ethnographischen Versuchen, auf solche Zuschreibungen zu reagieren, machen sich feldspezifische Grenzen der Forschung bemerkbar: kulturelle Fremdheiten in der Schichtungsdimension, die eine konkrete Person auch ›mit Methode‹ nicht einfach überspringen kann.

Eine weitere Komplikation reflektiert der Beitrag auf der Darstellungsebene. Herbert Kalthoff memoriert den Prozeß seines Feldzugangs wie mit einem historischen Rückspiegel: als wäre er zum Zeitpunkt seiner Beobachtung schon da gewesen, sähe sich noch einmal ankommen und würde nun verstehen, wie er wahrgenommen wurde. Diese Retrospektive spielt mit den Möglichkeiten, die ein Forschungsprozeß bietet, der als Lernprozeß organisiert ist. Sie markiert aber auch die Grenzen dieses Verfahrens, da das ›Ich‹ dieses Lernprozesses nicht identisch bleibt: es zerfällt in ›den Ethnographen‹, den historisierenden Soziologen und den Autor des Textes, der (in diesem Fall) diese Unterscheidungen auch für die Leser macht.

Anders als diese quasi-biographische Reflexion auf die Ethnographie untersucht der Beitrag von *Hilke Döring* und *Stefan Hirschauer* die Arbeit von ethnographischen ›Verwandten‹: die

Repräsentation fremder Kulturen durch ein Völkerkundemuseum. Der Aufsatz verfolgt die Fragestellung, wie ein Ding als kulturelles Dokument hergestellt wird: als ein Original, das auf einen Ursprung verweist. Der Beitrag beschreibt die Bedeutungstransformationen, die kulturelle Artefakte in verschiedenen Stadien ihrer Musealisierung durchlaufen: vom Gebrauchsgegenstand über das Sammelobjekt, den klassifizierten Fall, das Werk- und Lagerstück bis hin zum Exponat. Diese Transformationsschritte verwandeln ein Artefakt gewissermaßen ›zu sich selbst‹, sie fabrizieren ihm eine Aura, vermittels derer es wie ein Subjekt der Sinnstiftung funktioniert. Die Beschreibung läßt eine Reihe von Analogien und Differenzen erkennen, die die Praktiken der Musealisierung von Dingen mit jenen Praktiken der textverarbeitenden Ethnographie hat, die der Beitrag selbst einsetzt. Zu einer Explikation dieser Analogien werden die Autorinnen und Autoren freilich erst durch das Interview mit einer Mumie gezwungen.

Der den Band abschließende Beitrag von *Klaus Amann* beginnt mit einer Auseinandersetzung mit Clifford Geertz' texthermeneutischem Kulturbegriff, der die ethnographische Rekonstruktion wie die Teilnehmerpraxis gleichermaßen als ›Interpretation‹ charakterisiert. Im Gegensatz zu diesem subsumtiven Begriff sucht der Beitrag das Interpretieren als eine Vielfalt von praktischen Aktivitäten zu entfalten, die je nach Lokalität, Adressat und Gelegenheit verschiedene Formen annimmt und verschiedene Öffentlichkeiten konstituiert. Der Beitrag beschreibt solche Darstellungsrepertoires am Fall der Selbstrepräsentation molekularbiologischer Labors: die textuelle Darstellung in Publikationsformaten, die gelegenheitsgesteuerten Arbeitsberichte einer laborinternen Öffentlichkeit, die ›Führungen‹ anläßlich des Besuches anderer Laborleiter und die Konferenz-Performance für die disziplinäre Öffentlichkeit. Schließlich entdeckt die Ethnographie auch jene ›Pidgin-Repertoires‹, mit denen Biologen Laien Übersetzungen ihrer Praxis anbieten und so aus ihren Feldern heraustreten, ohne Beobachter wirklich hineinzulassen. Es sind jene (kultursoziologisch nahezu unbrauchbaren) Darstellungen, die Soziologen erhalten, wenn sie mittels nicht-situierter Befragungstechniken ›Expertenwissen‹ erheben wollen, oder die Ethnographen geboten bekommen, bevor sie ihre parasitäre Enkulturation beginnen.

Wir wollen damit unser Schreiben *über* Ethnographie(n) beenden und stattdessen geschriebene Ethnographien zu Wort kommen lassen. Wem dies noch zuwenig über eine weltzugewandte Form von Soziologie mitteilt, dem wird nur bleiben, sie zu betreiben.

Literatur

Alemann, Heine von (1977), *Der Forschungsprozeß: Eine Einführung in die Praxis der empirischen Sozialforschung*, Stuttgart: Teubner.

Arbeitsgruppe Bielefelder Soziologen (Hg.) (1976), *Kommunikative Sozialforschung*, München: Fink.

Beck, Ulrich (1886), *Risikogesellschaft. Auf dem Weg in eine andere Moderne*, Frankfurt: Suhrkamp.

Becker, Howard (1982) *Art Worlds*, Berkeley: University of California Press.

Berg, Eberhard und Martin Fuchs (Hg.) (1993), *Kultur, soziale Praxis, Text. Die Krise der ethnographischen Repräsentation*, Frankfurt: Suhrkamp.

Bergmann, Jörg (1985), »Flüchtigkeit und methodische Fixierung sozialer Wirklichkeit«, in: Wolfgang Bonß und Heinz Hartmann (Hg.), *Entzauberte Wissenschaft*, Göttingen: Schwarz, S. 299-320.

Bergmann, Jörg (1991), »Goffmans Soziologie des Gesprächs und seine ambivalente Beziehung zur Konversationsanalyse«, in: Robert Hettlage und Karl Lenz (Hg.), *Erving Goffman – Ein soziologischer Klassiker der zweiten Generation*, Bern: Haupt, S. 301-326.

Bourdieu, Pierre (1987), *Sozialer Sinn*, Frankfurt/Main: Suhrkamp.

Brednich, Rolf W. (1988), *Grundriß der Volkskunde. Einführung in die Forschungsfelder der europäischen Ethnologie*. Berlin: Reimer.

Burke, Kenneth (1954), *Permanence and Change. An Anatomy of Purpose*, Los Altos, Calif.: Hermes.

Cicourel, Aaron V. (1964; dt. 1970), *Methode und Messung in der Soziologie*, Frankfurt/Main: Suhrkamp.

Clifford, James (1986), »Introduction: Partial Truths«, in: James Clifford und George E. Marcus (Hg.), *Writing Culture. The Poetics and Politics of Ethnography*, Berkeley: University of California Press.

Clifford, James (1993), »Über ethnographische Autorität«, in: Berg/Fuchs (s.o.), S. 109-157.

Collins, Harry M. (1985), *Changing Order. Replication and Induction in Scientific Practice*, London: Sage.

Crawford, Peter I. und David Turton (Hg.) (1992), *Film as Ethnography*, Manchester und New York: Manchester University Press.

Esser, Hartmut (1990), »›Habits‹, ›Frames‹ und ›Rational Choice‹. Die Reichweite von Theorien der rationalen Wahl (am Beispiel der Erklärung des Befragtenverhaltens)«, in: *Zeitschrift für Soziologie* 19, S. 231-247.

Friedrichs, Jürgen und Hartmut Lüdtke (1973), *Teilnehmende Beobachtung. Einführung in die sozialwissenschaftliche Feldforschung*, Weinheim: Beltz.

Gans, Herbert (1962), *The Urban Villagers: Group and Class in the Life of Italian-Americans*, New York: Glencoe.

Garfinkel, Harold (1963), »A Conception of, and Experiments with ›Trust‹ as a Condition of Stable Concerted Actions«, in: O. J. Harvey (Hg.), *Motivation and Social Interaction*, New York: Ronald Press, S. 187-238.

Garfinkel, Harold (1967), *Studies in Ethnomethodology*, Englewood Cliffs: Prentice Hall.

Garfinkel, Harold und Harvey Sacks (1976), »Über formale Strukturen praktischer Handlungen«, in: Elmar Weingarten, Fritz Sack und Jim Schenkein (Hg.), *Ethnomethodologie. Beiträge zu einer Soziologie des Alltagshandelns*, Frankfurt/Main: Suhrkamp, S. 130-176.

Geertz, Clifford (1983), *Dichte Beschreibung. Beiträge zum Verstehen kultureller Systeme*, Frankfurt: Suhrkamp.

Geertz, Clifford (1990), *Die künstlichen Wilden. Der Anthropologe als Schriftsteller*, München: Hanser.

Girtler, Roland (1984), *Methoden der qualitativen Sozialforschung: Anleitung zur Feldarbeit*, Köln: Boehlau.

Glaser, Barney und Anselm Strauss (1967), *The Discovery of Grounded Theory*, Chicago: Aldine.

Goffman, Erving (1961), *Asylum*, Garden City: Anchor.

Goffman, Erving (1964), »The Neglected Situation«, in: *American Anthropologist* 66, S. 133-136.

Goffman, Erving (1971), *Interaktionsrituale*, Frankfurt/Main: Suhrkamp.

Hirschauer, Stefan (1991), »The Manufacture of Bodies in Surgery«, *Social Studies of Science* 21, S. 279-319.

Hitzler, Ronald, Anne Honer und Christoph Maeder (Hg.) (1994), *Expertenwissen. Die institutionalisierte Kompetenz zur Konstruktion von Wirklichkeit*, Opladen: Westdeutscher Verlag.

Hopf, Christel (1978), »Die Pseudo-Exploration. Überlegungen zur Technik qualitativer Interviews in der Sozialforschung«, in: *Zeitschrift für Soziologie* 7, S. 97-115.

Hunt, Lynn (Hg.) (1989), *The New Cultural History*, Berkeley u. a.: University of California Press.

Hymes, Dell (1979), *Soziolinguistik. Zur Ethnographie der Kommunikation*. Eingeleitet und herausgegeben von Florian Coulmas, Frankfurt/Main: Suhrkamp.

Joas, Hans (1992), *Die Kreativität des Handelns*, Frankfurt/Main: Suhrkamp.

Journal of Contemporary Ethnography (1992), Vol.21, Heft 1.

Kallmeyer, Werner und Fritz Schütze (1977), »Zur Konstitution von Kommunikationsschemata der Sachverhaltsdarstellung«, in: Dirk Wegner (Hg.), *Gesprächsanalysen*, Hamburg: Buske.

Knoblauch, Hubert (Hg.) (1996), *Kommunikative Lebenswelten. Zur Ethnographie einer geschwätzigen Gesellschaft*, Konstanz: Universitätsverlag.

Knorr-Cetina, Karin (1984), *Die Fabrikation von Erkenntnis*. Frankfurt/Main: Suhrkamp.

Knorr-Cetina, Karin (1988), »Kulturanalyse: Ein Programm« , in: Karin Knorr-Cetina und Richard Grathoff, »Was ist und was soll kultursoziologische Forschung?« *Soziale Welt, Sonderband 6: Kultur und Alltag*, S.27-31.

Knorr-Cetina, Karin (1992), »Zur Unterkomplexität der Differenzierungstheorie. Empirische Anfragen an die Systemtheorie.« *Zeitschrift für Soziologie* 21, S.406-419.

Knorr-Cetina, Karin (1997), »Theoretical Constructionism. On the Nesting of Knowledge Structures into Social Structures«, in: *Sociological Theory* (erscheint).

König, René (1984), »Soziologie und Ethnologie«, in: Ernst Wilhelm Müller et al. (Hg.), *Ethnologie als Sozialwissenschaft*, Opladen: Westdeutscher Verlag, S:17-35.

Krappmann, Lothar und Hans Oswald (1995), *Alltag der Schulkinder. Beobachtungen und Analysen von Interaktionen und Sozialbeziehungen*, Weinheim/München: Juventa.

Lamnek, Siegfried (1988/1989), *Qualitative Sozialforschung* Bd.1 und 2, München: PVU.

Latour, Bruno und Steve Woolgar (1979), *Laboratory Life: The Social Construction of Scientific Facts*. Beverly Hills: Sage.

Lindner, Rolf (1990), *Die Entdeckung der Stadtkultur. Soziologie aus der Erfahrung der Reportage*, Frankfurt/Main: Suhrkamp.

Luhmann, Niklas (1969), »Die Praxis der Theorie«, in: *Soziale Welt* 20, S.129-144.

Luhmann, Niklas (1984), *Soziale Systeme*, Frankfurt/Main: Suhrkamp.

Lynch, Michael (1985), *Art and Artifact in Laboratory Science: A Study of Shop Work and Shop Talk in a Research Laboratory*. London: Routledge and Kegan Paul.

Lynch, Michael (1993), *Scientific Practice and Ordinary Action*. Cambridge: Cambridge University Press.

Lynch, Michael (1994), »Collins, Hirschauer, and Winch. Ethnography, Exoticism, Surgery, Antisepsis and Dehorsification«, *Social Studies of Science* 24, S.354-368.

Maanen, John van (1988), *Tales of the Field*, Chicago University Press.

Maanen, John van (1995), »An End to Innocence: The Ethnography of Ethnography«, in: ders. (Hg.), *Representation in Ethnography*, London: Sage.

MacDougall, David (1978), »Ethnographic Film: Failure and Promise«, in: *Annual Revue of Anthropology*, S. 405-25.

Malinowski, Bronislaw (1922/1979), *Argonauten des westlichen Pazifik*, Frankfurt: Syndikat.

Malinowski, Bronislaw (1926/1973), »Der Mythos in der Psychologie der Primitiven«, in: ders., *Magie, Wissenschaft und Religion*, Frankfurt/Main: Fischer, S. 77-132.

Marcus, George (1994), »What Comes (Just) After ›Post‹? The Case of Ethnography«, in: Norman K. Denzin und Yvonna S. Lincoln (Hg.) *The Handbook of Qualitative Research*, Newbury Park: Sage, S. 565-582.

Medick, Hans (Hg.) (1993), *Mikro-Historie*, Frankfurt/Main: Fischer.

Oevermann, Ulrich, Tilmann Allert, Elisabeth Kronau und Joachim Krambeck (1979), »Die Methodologie einer ›objektiven Hermeneutik‹ und ihre allgemeine forschungslogische Bedeutung in den Sozialwissenschaften«, in: Hans-Georg Soeffner (Hg.), *Interpretative Verfahren in den Sozial- und Textwissenschaften*, Stuttgart: Metzler.

Reichertz, Jo (1989), »Hermeneutische Auslegung von Feldprotokollen? Verdrießliches über ein beliebtes Forschungsmittel«, in: Reiner Aster u. a. (Hg.), *Teilnehmende Beobachtung*, Frankfurt: Campus.

Reichertz, Jo (1992), »Beschreiben oder Zeigen. Über das Verfassen ethnographischer Berichte«, in: *Soziale Welt* 43, S. 331-350.

Rorty, Richard (1981), *Der Spiegel der Natur*, Frankfurt/Main: Suhrkamp.

Sanjek, Roger (Hg.) (1991), *Fieldnotes: The Makings of Anthropology*, Ithaca, NY: Cornell University Press.

Schenkein, Jim (1978), »Sketch of an Analytic Mentality for the Study of Conversational Interaction«, in: ders., *Studies in the Organization of Conversational Interaction*, New York: Academic Press.

Simmel, Georg (1908/1992), »Exkurs über den Fremden«, in: ders., *Soziologie. Untersuchungen über die Formen der Vergesellschaftung*, Gesamtausgabe Bd.11, Frankfurt/Main: Suhrkamp.

Soeffner, Hans-Georg (1989), *Auslegung des Alltags – Der Alltag der Auslegung*, Frankfurt/Main: Suhrkamp.

Soja, Edward E. (1994), »Postmodern Geographies«, in: Roger Friedland und Deidre Boden (Hg.), *NowHere: Space, Time and Modernity*, Berkeley: University of California Press, S. 127-162.

Wagner, Gerhard (1996), »Differenzierung als absoluter Begriff? Zur Revision einer soziologischen Kategorie«, in: *Zeitschrift für Soziologie* 25, S. 89-105.

Warren, Carol A. (1988), *Gender Issues in Field Research*, Newbury Park: Sage.

Willems, Herbert (1996), »Goffmans qualitative Sozialforschung«, in: *Zeitschrift für Soziologie* 25, S. 438-455

Whyte, William F. (1943/1981), *Street Corner Society*, Chicago: University Press.

White, Hayden V. (1991), *Metahistory: die historische Einbildungskraft im 19. Jahrhundert in Europa*, Frankfurt: Fischer.

Wolff, Stefan (1986), »Rapport und Report. Über einige Probleme bei der Erstellung plausibler ethnographischer Texte«, in: Werner von der Ohe (Hg.), *Kulturanthropologie. Beiträge zum Neubeginn einer Disziplin*, Berlin: Duncker und Humblot, S. 333-364.

Woolgar, Steven (Hg.) (1988), *Knowledge and Reflexivity*, London: Sage.

Zimmerman, Don H. und Melvin Pollner (1976), »Die Alltagswelt als Phänomen«, in: Elmar Weingarten, Fritz Sack und Jim Schenkein (Hg.), *Ethnomethodologie. Beiträge zu einer Soziologie des Alltagshandelns*, Frankfurt/Main: Suhrkamp, S. 64-104.

Zinnecker, Jürgen (1995), »Pädagogische Ethnographie. Ein Plädoyer«, in: Imke Behnken und Holger Jaumann (Hg.), *Kindheit und Schule*, Weinheim: Juventa, S. 21-38.

Georg Breidenstein
Verliebtheit und Paarbildung unter Schulkindern

Als Judith und Tanja hinter Frido herjagen und wissen wollen: »Wen liebst du?«, kommentiert Malte von seinem Platz aus: »Das alte Liebesspiel!«

Mit dieser kurzen Sequenz aus der Beobachtung von Pausenaktivitäten einer vierten Klasse ist nicht nur der Gegenstand der folgenden Betrachtungen benannt, sondern auch schon sein Stellenwert in der Welt der Kinder[1] angedeutet. Szenen wie diese sind, wie auch in dem gelangweilt-distanzierten Kommentar Maltes zum Ausdruck kommt, im Schulleben einer vierten, fünften oder sechsten Klasse alltäglich. In zahllosen Variationen werden Fragen des Verliebtseins und der Paarbildung in den Pausen, aber auch nebenbei im Unterricht durchgespielt.

Die Spiele um Verliebtheit werden in der ethnographischen Forschung zu Kindern dieser Altersgruppe zwar verschiedentlich erwähnt, dann aber meist als Vorbereitung und Anbahnung der späteren, ›richtigen‹ Aufnahme heterosexueller Paarbeziehungen aufgefaßt.[2] Eine Perspektive, die von der Frage nach »Entwicklungsaufgaben« (Krappmann und Oswald 1995) oder dem Versuch der Erklärung adoleszenter und erwachsener Intimbeziehungen und Sexualität motiviert ist (vgl. Thorne und Luria 1986; Simon, Eder und Evans 1992), verstellt jedoch den Blick auf Be-

---

1 Ich schreibe hier wie auch z. T. im folgenden von »Kindern«, obwohl mir diese Bezeichnung v. a. mit Blick auf die Mädchen und Jungen der sechsten Klasse, aus der ein Teil der Beobachtungen stammt, oft unangemessen vorkommt. Aber einerseits mangelt es an brauchbaren Alternativen (»Jugendliche«?, »Kids«?) und zum anderen entspricht der Begriff »Kinder« dem Sprachgebrauch im Feld. Die Schülerinnen und Schüler werden nicht nur von der Lehrerin so angesprochen, sondern sie bezeichnen sich auch selbst als »Kinder«.

2 So z. B. bei Krappmann und Oswald (1995); auch Thorne (1993), die sich explizit von Entwicklungsperspektive und Sozialisationstheorie abgrenzt, löst sich bei dem Thema Verliebtheit nicht von dem impliziten Vergleich mit einer adoleszenten bzw. erwachsenen Kultur der Intimbeziehungen, der gegenüber die Verliebtheitsspiele der 10-12jährigen wesentlich als defizitär erscheinen.

sonderheiten und Eigentümlichkeiten, die die Spiele der 10-12jährigen um Verliebtheit aufweisen.[3]

Beispielsweise berichtet Janet Schofield (1982:141) davon, daß es unter den von ihr beobachteten Schülerinnen einer sechsten Klasse möglich war, jemanden als »boyfriend« aufzufassen, der davon gar nichts wußte. Barrie Thorne (1993:151) betont den gruppenöffentlichen Charakter der Praxis des »Miteinandergehens«. Es seien die Aktivitäten der Gruppe, die von gemeinsamem Necken zu öffentlichen Paarbeziehungen führten. Thorne konstatiert, daß das Miteinandergehen in dieser Altersgruppe oft nur daraus bestehe, miteinander zu telefonieren und meist nur wenige Tage oder höchstens Wochen Bestand habe. Robin Simon, Donna Eder und Cathy Evans (1992:41), die »Gefühlsnormen« bei Mädchen untersuchen, entdecken als eine dieser Normen: »One should always be in love«. Das Gefühl der Verliebtheit zu haben, sei wichtiger als der Junge, dem dieses Gefühl aktuell gilt.

Solche Beobachtungen aus dem Alltag der Schulkinder stehen den erwachsenen Vorstellungen von »Verliebtheit« zum Teil diametral entgegen und verweisen auf eine eigenständige und uns Erwachsenen verhältnismäßig fremde Handhabung des Themas. Dennoch verbleiben die zitierten Beobachtungen in den jeweiligen Studien meist im Rang von Skurrilitäten, die die Gesamtinterpretation des Phänomens und seine Einordnung in die Entwicklungsperspektive nicht nachhaltig zu irritieren vermögen. Demgegenüber will ich im folgenden die Aktivitäten um Verliebtheit als solche analysieren und ihre Bedeutung für die Kultur der Kinder in ihrer Gegenwärtigkeit beschreiben.

Ich stelle die Praktiken der Inszenierung von Verliebtheit in den Mittelpunkt der Betrachtung und frage danach, welche Implikationen die Formen und Regeln der Durchführung für die Inhalte des Themas haben. Die Analyse von Spielen und Anspielungen, vom Gestehen und vom Briefeschreiben sowie vom Geschehen rund um Paare wird zeigen, welche verschiedenen Gestalten »Verliebtheit« jeweils annimmt. Ich orientiere die Beschreibung an der Unterscheidung verschiedener Formen von Verliebtheit: Die Unterstellung des Verliebtseins bei anderen, das »Zugeben« eigenen Verliebtseins und die Darstellung von Verliebtheit in Paarbezie-

---

[3] Zu einer ausführlichen Kritik der Entwicklungsperspektive in der Kindheitsforschung vgl. Kelle und Breidenstein (1996).

hungen. Mit dieser Unterscheidung für die Zwecke der Darstellung soll jedoch weder eine eindeutige Chronologie noch eine Teleologie des Geschehens suggeriert werden: Alle drei Formen lassen sich mit leichten Verschiebungen von der vierten bis zur sechsten Klasse gleichzeitig beobachten, die realisierten Paare stehen nicht am Endpunkt der Aktivitäten, sondern bilden vor allem weiteres Material für den Diskurs. Abschließend werde ich Vermutungen dazu äußern, was jene Aktivitäten, die ich als »Diskurs der Verliebtheit« zusammenfasse[4], so attraktiv und spannend für die Kinder macht und wie diese interne Strukturierungen und Unterschiede innerhalb der Schulklasse erzeugen. Dabei wird auch nach der besonderen Bedeutung der Unterscheidung nach Geschlecht zu fragen sein.

Die Frage nach der ›Wirklichkeit‹ von Gefühlen wie dem des Verliebtseins steht hier nicht im Zentrum meines Interesses. Es wird nur am Rande darum gehen, ob und inwieweit Gefühle ›sozial konstruiert‹ sind. Allerdings dürfte eine Betrachtung der Praktiken der gruppenöffentlichen Inszenierung von Verliebtheit durchaus anschlußfähig sein für Fragestellungen einer »Soziologie der Gefühle«.[5] Niklas Luhmann (1982:23) bestimmt für den Zweck seiner historisch-semantischen Studien zur »Liebe als Passion«, daß das Medium Liebe »selbst kein Gefühl« sei, »sondern ein Kommunikationscode, nach dessen Regeln man Gefühle ausdrücken, bilden, simulieren, anderen unterstellen, leugnen und sich mit all dem auf die Konsequenzen einstellen kann, die es hat, wenn entsprechende Kommunikation realisiert wird.« In ähnlicher Weise soll hier »Verliebtheit« als ein »Kommunikationscode« unter Schulkindern aufgefaßt werden.[6]

---

4 Ich verwende den Begriff des Diskurses hier nicht in einem engen sprachwissenschaftlichen Sinn, sondern bezeichne damit eine eigenständige Ebene sozialer Wirklichkeit, die sich aus Praktiken zusammensetzt, die selbst den Gegenstand konstituieren, in welchem die Praktiken ihre Einheit finden.
5 Vgl. dazu den grundlegenden Artikel von Steven L. Gordon (1981). Kindern spricht Gordon allerdings keine eigenständige Kultur der Gefühle zu, sie gelten ihm v. a. als Sozialisanden, als Noch-nicht-Erwachsene (vgl. Gordon 1989).
6 Dabei werde ich allerdings nicht die Konstruktionen und Implikationen der Luhmannschen Systemtheorie übernehmen, die eine Annäherung an das empirische Phänomen der Verliebtheit eher behindern würden.

Die folgenden Analysen beruhen auf zwei jeweils mehrmonatigen Phasen teilnehmender Beobachtung and anschließenden offenen Interviews in einer vierten und einer sechsten Klasse der Laborschule Bielefeld, die ich zusammen mit Helga Kelle durchführte.[7] Wir nahmen an Unterrichtsstunden, großen und kleinen Pausen, den Betreuungsstunden bei der Klassenlehrerin und einer Klassenfahrt teil. Jeweils direkt anschließend an die Beobachtungen verfaßten wir, zum großen Teil nach Notizen, die Protokolle, aus denen ich im folgenden zitieren werde.

Daß die Laborschule Bielefeld eine Reformschule besonderer Gestalt und pädagogischer Prägung ist, wird in einigen der folgenden Beschreibungen deutlich werden. Dennoch gehe ich davon aus, daß das Thema der Verliebtheit an der Laborschule nicht grundsätzlich anders behandelt wird als an anderen Schulen.

1. Spiele und Anspielungen

Zwar glaubt der Ethnograph, mit »Verliebtheit« ein zentrales Thema des Alltags von 10-12jährigen Schulkindern entdeckt zu haben, doch bei genauerer Betrachtung erweisen sich die dieser Überschrift zugeordneten Situationen und Beobachtungen als sehr heterogen. Einzige Gemeinsamkeit der von mir als »Diskurs der Verliebtheit« zusammengefaßten Aktivitäten ist, daß sie sich auf eine sehr spezifische soziale Konstellation beziehen: auf die individualisierte Verbindung mit einer Person des anderen Geschlechts, auf die Gefühle *eines* Mädchens für *einen* spezifischen Jungen oder umgekehrt. Eine über diese etwas dürre und formale Definition hinausgehende Bestimmung von Verliebtheit scheitert an dem äußerst schillernden und vielschichtigen Charakter des Diskurses. »Verliebt« zu sein wird je nach Situation mit sehr unterschiedlichen Bedeutungen und Bewertungen ausgestattet. Diese können von dem Ärgernis einer öffentlich unterstellten Verbindung mit einem besonders unbeliebten Mitglied der Schul-

---

[7] Den Rahmen für diese Forschung bietet das DFG-Projekt »Prozesse politischer Sozialisation bei 9-12jährigen Jungen und Mädchen« unter Leitung von Juliane Jacobi. Helga Kelle und ich haben nicht nur das Material gemeinsam erhoben, sondern auch alle Interpretationen im Detail diskutiert. Insofern ist die Autorenschaft der folgenden Darstellung in gewisser Hinsicht auch eine gemeinsame.

klasse über das der Freundin offenbarte Erwählen eines neuen Schwarms bis hin zur gemeinsam bekundeten Zusammengehörigkeit eines Paares reichen. Entsprechend kann »Verliebtheit« den Status eines willkürlich ermittelten Zufallsproduktes, eines Gerüchtes, reiner Imagination oder einer gemeinsam definierten ›Wirklichkeit‹ haben. Diese verschiedenen Formen gilt es im folgenden zu unterscheiden und aufeinander zu beziehen.

Am deutlichsten läßt sich das strukturierende Prinzip des Verliebtheitsdiskurses in seiner formalisiertesten Gestalt erkennen: anhand von Spielen, deren Spielzweck eigens darin besteht, »Paare« zu kreieren. Hier steuert der Zufall die Beantwortung der zentralen Frage »wer mit wem?«. Alle Mitspieler und Mitspielerinnen ›riskieren‹, mit einem Mitglied des jeweils anderen Geschlechts assoziiert zu werden.

Aus einer großen Pause der vierten Klasse stammt die folgende Beobachtung eines jener Paarbildungsspiele.

An einem der Tische hat sich inzwischen ein Spiel entwickelt, das mein Interesse auf sich zieht. Tanja, Judith, Jasmin, Lisa und Uwe sind um ein Blatt Papier versammelt. Es geht offenbar darum, herauszubekommen, »in wen Uwe verliebt ist.« Tanja schreibt die Namen von Mädchen,[8] *die in Frage kommen, untereinander auf das Blatt: Judith, Nina, Jasmin, Tanja, Lisa, Mona und noch einen, den ich vergessen habe. Schon kommt der Einwand, dann könne sie ja alle Mädchennamen aus der Klasse aufschreiben, aber Tanja läßt es dabei bewenden. Dann ergänzt sie alle Namen mit zusätzlichen »aa« bis auf sechs Buchstaben, das sieht dann folgendermaßen aus:*

> *Judith*
> *Ninaaa*
> *Jasmin*
> *Tanjaa*
> *Lisaaa*
> *Monaaa*

Jetzt beginnt Tanja zu zählen: immer von eins bis zehn. Bei dem Namen, bei dem sie mit 10 ankommt, streicht sie einen Buchstaben durch. Ein Name nach dem anderen verschwindet. Jasmin jubelt, als sie vollständig durchgestrichen ist. Zuletzt stehen nur noch ei-

---

8 Die Namen der Beteiligten sind anonymisiert.

nige Buchstaben von Tanja und von Lisa da. Judith wirft die Frage auf, ob Tanja mogelt, aber Tanja zählt ungerührt weiter. Ihr eigener Name bleibt tatsächlich übrig. Judith sagt: »Das hast du bestimmt absichtlich gemacht.« Tanja verzieht ein wenig das Gesicht, sie scheint sauer zu sein. Judith sagt: »Und jetzt der entscheidende Kuß! Du mußt Uwe küssen.« Uwe läuft weg und Judith und Lisa laufen hinterher und wollen ihn festhalten, damit Tanja ihn küssen kann, was diese aber offensichtlich gar nicht will.

Für Spiele dieser Art ist es nicht untypisch, daß die Initiative von Mädchen ausgeht. Doch im Zusammenhang dieses Beitrages interessiert mich weniger die Feststellung einer etwaigen ›geschlechtsspezifischen Prägung‹ der Spiele, als die Frage nach der Bedeutung der Geschlechterunterscheidung für diese Spiele. Es geht mir weniger um ›Mädchen-‹ oder ›Jungenkultur‹ als um die »Kultur der Zweigeschlechtlichkeit« (Hagemann-White 1984; vgl. auch Thorne 1990).

Entscheidende Grundlage des Verliebtheitsdiskurses ist die Einteilung der Teilnehmerschaft nach Geschlechtszugehörigkeit, die sich vor allem als Unterscheidung zwischen dem »eigenen« und dem »anderen« Geschlecht darstellt. Da die Unterstellung von ›Heterosexualität‹ zu den unhinterfragten Voraussetzungen des Spiels gehört, kann der Pool für mögliche Verbindungen in diesem Fall, als es um einen Jungen geht, nur Mädchen umfassen. Die Bemerkung, Tanja könne, wenn sie nicht aufhöre, alle Mädchennamen aus der Klasse aufschreiben, verweist auf den ›Umriß‹ des Verliebtheits-Diskurses: Er umfaßt die Mitglieder der eigenen Schulklasse, alle diejenigen, die sich gegenseitig kennen.

Befremdend für den unbefangenen Beobachter ist ein Charakteristikum, das alle Spiele dieser Art kennzeichnet: Das Zufallsprinzip wird eingesetzt, um zu ermitteln, wer in wen »verliebt« ist. Das erinnert an eine Lotterie und widerspricht grundlegend den in der Erwachsenenwelt geläufigen Vorstellungen von »verliebt« sein. Was bedeutet es, wenn im Spiel der Kinder ausgezählt wird, »in wen Uwe verliebt ist«? Das Spiel unterstellt, daß Uwe in ein Mädchen aus der Gruppe verliebt sei und daß das Spiel per Zufall die Wahrheit darüber zu Tage fördern könnte. Diese Unterstellung wird nicht ›ernsthaft‹ gemacht, sondern nur für das Spiel gebraucht. Doch das Spiel entwickelt eine eigene Dynamik und verselbständigt sich gegenüber dieser Voraussetzung. Die Ergebnisse des spielerischen Ermittlungsverfahrens zeitigen durchaus

ernsthafte Wirkungen: Jasmin jubelt, als ihr Name als Ergebnis nicht mehr in Frage kommt, andererseits mutmaßt Judith, Tanja könne so manipulieren, daß ihr eigener Name herauskomme. Das Ergebnis des Spiels ist höchst ambivalenten Charakters, es scheint zugleich ›Schande‹ und ›Ehre‹ zu sein. Verblüffend ist schließlich die Operationalisierung des Ergebnisses: »Du mußt Uwe küssen.« Es ist nicht etwa so, daß Uwe diejenige küssen soll, von der ermittelt wurde, daß er in sie verliebt sei, sondern umgekehrt: das angebliche Objekt der Liebe soll küssen. Die Richtung des ermittelten Gefühls hat sich in der Durchführung des Spiels umgekehrt.
Daß das Spiel bei den Beteiligten durchaus ›echte‹ Emotionen auszulösen imstande ist, zeigt sich in der anschließenden Betreuungsstunde der Klassenlehrerin.

Tanja meldet sich, sie habe noch »eine kleine Beschwerde«, und zwar über Judith und Nina. Es geht um das Verliebtheits-Spiel in der Pause. Tanja erzählt: Sie haben Uwe gefragt, wen er aus der Klasse liebe, und er hat gesagt: »Keine« und daß sie »in zwei Monaten nochmal nachfragen« sollten. Dann haben sie ein Spiel gemacht und sie, Tanja, ist dabei herausgekommen. Da hat Judith gesagt, daß sie das »absichtlich« gemacht habe und dann noch: »Jetzt das Küßchen«. Das hat Tanja gemein gefunden. Judith hat sich zwar inzwischen entschuldigt, aber die anderen noch nicht.
Daraufhin ergreift Karin (die Lehrerin) das Wort und gibt zu bedenken, »wie verletzlich Menschen sind, wenn es um Liebe geht.« Gerade wenn sie verliebt sind, sei die Grenze von Personen noch viel früher erreicht als sonst.
Tanja meldet sich und sagt: »Karin, du quasselst da was, das stimmt gar nicht, daß ich in Uwe verliebt bin.«
Karin wiegelt ab, sie habe das ja auch nur ganz allgemein sagen wollen.
Jasmin meint: »Dann hätte sie das Spiel gar nicht machen sollen. Damit kriegt man das eh nicht richtig raus.«
Uwe sagt, das sei doch nur ein Spiel gewesen, und er finde das »nicht so schlimm«.
Björn hat noch einen Beitrag: »Bei uns ist das jetzt noch manchmal ein bißchen Spiel, aber die da gegenüber, da ist das kein Spiel mehr.« Er meint eine der Nachbargruppen, ich weiß nicht welche, aber die anderen scheinen es zu wissen. Einige bestätigen: »Die küssen sich.«
Uwe meldet sich noch einmal: »Ich möchte insgesamt noch etwas

dazu sagen: Wenn von Liebe die Rede ist, kichern alle und es ist nur noch Chaos, das finde ich doof.«
Interessant sind hier die nachträglichen Verhandlungen über die Einordnung der Aktivität aus der vorangegangenen Pause. Es handelt sich um einen klassischen Fall von »Rahmenanalyse« im Sinne Erving Goffmans (1977), die von den Teilnehmern und Teilnehmerinnen selbst durchgeführt wird.[9]
Die Lehrerin mißversteht das Gekränktsein Tanjas. Sie versucht von der konkreten Spielsituation wegzugehen und eine Meta-Thematisierung einzuführen, indem sie von »Liebe« spricht. Dagegen setzt Tanja sich vehement zur Wehr, denn diese Form der Thematisierung zu akzeptieren hieße, die Grenze zwischen Spiel und Wirklichkeit aufzugeben. Tanja besteht auf der Differenz. Bezeichnend ist dann allerdings Jasmins Bemerkung. Denn ihr Einwand, »dann hätte sie das Spiel gar nicht machen sollen. Damit kriegt man das eh nicht richtig raus« bezieht sich implizit auf die Möglichkeit, daß es darum gegangen sein könnte, »es« »rauszukriegen«. Jasmin behandelt das Spiel, als könne es ›ernst‹ gemeint gewesen sein.
Wenn ausdrücklich betont wird, daß das Spiel ein Spiel sei, wie es auch Uwe anschließend tut, ist dies ein Hinweis auf das Nicht-Selbstverständliche und Bedeutsame dieser Tatsache. Gerade hinsichtlich des heiklen Themas der Verliebtheit ist es wichtig, den Rahmen des »Spiels« eindeutig von der »Wirklichkeit« abzugrenzen. Darauf zielt auch der Beitrag Björns. Durch den Vergleich mit der Nachbargruppe, wo es »kein Spiel mehr« sei, wird die Rahmung als »Spiel« für die eigene Gruppe bestätigt. Björns Qualifizierung »manchmal ein bißchen Spiel« allerdings verweist darauf, daß die Grenze zwischen »Spiel« und »Nicht-Spiel« doch keine so eindeutige sein kann und daß hier auch Zwischenformen denkbar sein müssen.
Wenn Uwe in seinem abschließenden Versuch einer metakommunikativen Bestimmung des Gegenstandes, »wenn von Liebe die Rede ist«, größere Ernsthaftigkeit im Umgang mit dem Thema »Liebe« einklagt, zeigt dies noch einmal, wie sensibel und umstritten die Frage der richtigen Handhabung und Rahmung bei

---

9 Bezeichnenderweise wurde der Begriff des »Rahmens«, auf den Goffman zurückgreift, von Gregory Bateson (1976) anhand einer Analyse des Phänomens »Spiel« entwickelt.

Liebe _____

ich finde dich nett wen liebst du aus unserer Klasse?

1. Die folgenden Aufgaben mußt du beim Umrechnen von Rezepten lösen. Wenn du dir nicht ganz sicher bist, versuche die Situation durch eine Zeichnung zu klären.

$\frac{1}{2}$ von 550 g = Verena ☐	$\frac{1}{2}$ von 9 Zwiebeln = Shenia ☐
$\frac{3}{4}$ von 8 Eiern = Anne ☐	$\frac{3}{4}$ von 600 g = Eylem ☐
$\frac{3}{2}$ von $\frac{1}{2}$ Liter = Nina ☐	$\frac{3}{4}$ von 4 Eiern = Vinni ☐
$\frac{2}{3}$ von 150 g = Hanna ☐	$\frac{2}{3}$ von 30 Pfefferkörnern = Hanno ☐
$\frac{5}{6}$ von 3 kg = Anna ☐	$\frac{5}{6}$ von 240 g = Chrissi ☐
$\frac{1}{4}$ von $\frac{1}{2}$ Liter = Sophie ☐	$\frac{1}{4}$ von 2 Litern = Patty ☐
$\frac{1}{2}$ von $\frac{1}{4}$ Liter = Daniela ☐	$\frac{1}{2}$ von $\frac{3}{4}$ Liter = Florian Schn. ☐
$\frac{1}{3}$ von 6 Knoblauchzehen = Diana ☐	$\frac{1}{3}$ von 20 Kartoffeln = Yusef ☐

2. In der folgenden Aufgabe sollst du aus dem Anteil auf die Personenzahl im Rezept und die miteinander Essenden zurückschließen. Sieh dir zunächst das Beispiel an und begründe, warum es dort drei mögliche Lösungen gibt.

Welches Paar findest du am süßesten? kreuze an

Anteil von den im Rezept stehenden Zutaten.	Personenzahl im Rezept	Anzahl der Mitessenden
Setze $\frac{1}{4}$ Namen ein	4 (8 oder 12)	1 (2 oder 3)
Die paaren $\frac{3}{4}$ zusammen Anna	Anna	Patty
" $\frac{2}{3}$ "	Verena	Florian Schn.
" $\frac{5}{8}$ "	Hanno	Shenia
" $\frac{3}{2}$ "	Chrissi	Vinni
" $\frac{5}{4}$ "	Nina	Anne

mache Pflicht   Welche zusammen passen

Abb. 1

diesem Thema ist. In gewisser Weise allerdings konterkariert Uwe die vorangegangenen Bemühungen, für »Verliebtheit« den Rahmen »Spiel« zu etablieren.
Das verbreitetste Spiel im Zusammenhang des Verliebtheitsdiskurses ist das schlichte Erstellen von Listen potentieller »Paare«. Diese imaginierten Paare werden auf Zettel notiert, an die Tafel geschrieben oder z. B. in kreativer Zweckentfremdung auf einem mathematischen Aufgabenzettel entwickelt. (Abb. 1) Dort gilt es anzukreuzen: »Welches Paar findest du am süßesten?« Und in einer anderen Variante: »Mache Pfeile, welche zusammen passen!« Diese Praxis kann einen in ihrer Formalisierung geradezu technischen Charakter annehmen. In einem Fall setzen zwei Mädchen den »Paaren« abgekürzte Charakterisierungen der »Liebe« hinzu. Diese reichen vom »g« für groß über »sg« für sehr groß bis hin zum inflationären »ssssg«.
Der Diskurs der Verliebtheit äußert sich aber nicht nur in mehr oder weniger spektakulären Spielsituationen von der Art der beschriebenen. Er besteht auch aus Anspielungen oder spielerischen Andeutungen, die in den Ablauf eines ganz anderen Geschehens eingestreut sein können. Während das oben zitierte Spiel Tanjas einiges Aufsehen erregte und auch in der nachfolgenden Betreuungsstunde noch für Zündstoff sorgte, gibt es auch eine Form des Spielens mit dem Thema Verliebtheit, die betont beiläufig stattfindet und die Alltäglichkeit des Themas suggeriert.
Als ich mich später auf die Bank zum Sitzkreis setze, wo die meisten Kinder schon auf die Lehrerin warten, spricht Julia mich an: »Jetzt hast du Rebecca und Paul getrennt, das geht aber nicht!« Offenbar hatte ich mich dahin gesetzt, wo die beiden sonst ihre angestammten Plätze haben. Rebecca protestiert gegen Julias Spruch, und Julia ändert in: »Ein Glück, die streiten sich nämlich immer.«
Julia bezieht sich hier auf die schlichte Tatsache, daß Rebecca und Paul in der für den Sitzkreis festgelegten Sitzordnung zwei nebeneinanderliegende Plätze innehaben und unterstellt scherzhaft, daß dieser Umstand, der vermutlich auf Zufall beruht, eine weiterreichende, nämlich auf die Beziehung der beiden verweisende Bedeutung habe. Der zweite Spruch Julias weist rhetorische Raffinesse auf. Denn auch die scheinbar in ihr Gegenteil verkehrte Behauptung, Rebecca und Paul stritten sich immer, ist noch im Horizont der zunächst angedeuteten Unterstellung interpretierbar: Was sich neckt, das liebt sich.

In einer anderen Szene wird Julia selbst Opfer einer neckenden Bemerkung:
Für Julia ist keine Englisch-Beurteilung dabei. Moritz sagt großzügig: »Kannst meine haben.« Mark meint: »Du kannst doch Henriks nehmen, mußt nur den Vornamen ändern.« Julia lacht ironisch: »Ha, ha!« und sagt zu mir gewandt: »Schreib auf: Mark ist ein Arsch!«
Die Pointe von Moritz' Angebot beruht darauf, daß er der mit Abstand schlechteste Schüler der Klasse ist. Der Spruch Marks hingegen ist typisch für die Form der Anspielungen auf Verliebtheit: Die Unterstellung von Verliebtheit wird nicht direkt angesprochen, sondern noch einmal so verklausuliert, daß das Publikum eine gewisse Entschlüsselungsarbeit leisten muß, was vermutlich das Hauptvergnügen an dieser Art von Einwürfen ausmacht. Marks Bemerkung, Julia müsse nur den Vornamen ändern, impliziert, sie habe mit Henrik einen gemeinsamen Nachnamen, was heißen soll: Sie sind verheiratet. Julias Reaktion eines künstlichen Lachens stellt den Versuch dar, den humoristischen Wert von Marks Bemerkung zu bestreiten, während ihre den Ethnographen einbeziehende Replik auf ihre Verärgerung hindeutet.
Den in die laufende Interaktion eingestreuten Sprüchen und Anspielungen zum Thema Verliebtheit ist ein spezifisches Muster gemeinsam: Sie knüpfen, z. T. allerdings sehr frei assoziierend, an bestimmte situativ gegebene Konstellationen oder Bemerkungen an, denen dann ein neuer Sinn zugeschrieben wird, nämlich der, Zeichen von Verliebtheit bzw. einer Paarbeziehung zu sein. Das Prinzip ist wieder, zwei Kinder verschiedenen Geschlechts miteinander in Verbindung zu bringen. Die Anknüpfungspunkte für Anspielungen dieser Art sind vielfältig: Es kann sich um zufällige räumliche Nähe, eine flüchtige Geste oder z. B. gleichzeitige Abwesenheit handeln, die dann als Zeichen für eine intime Beziehung gedeutet werden.
Viele dieser Gelegenheiten, die es ermöglichen, eine Anspielung zu Verliebtheit anzubringen, lassen sich den von Goffman (1974) beschriebenen »Territorien des Selbst« zuordnen, wie z. B. dem »persönlichen Raum«, dem »Benutzungsraum«, dem »Besitzterritorium« oder dem »Informationsreservat«. Goffman geht davon aus, daß die bewußt zugelassene Verletzung von Territorien des Selbst die Anknüpfung einer persönlichen Beziehung bedeutet. Man muß also nur einer der im Schulalltag zahllosen zufälligen Ver-

letzungen von Territorien Absicht unterstellen, um sie als »Beziehungszeichen«, so ein anderer Begriff Goffmans (1974), deuten zu können. Die Suche nach Anknüpfungspunkten für Anspielungen kann jedoch auch soweit gehen, daß z. B. in zeitlicher Nähe zueinander liegende Geburtstage aufgegriffen und als Zeichen interpretiert werden. Der Diskurs muß in Gang gehalten werden.
Im organisatorischen Ablauf einer Schulklasse an der Laborschule geht es immer wieder darum, einzelne Schüler oder Schülerinnen zu kleineren Gruppen zusammenzustellen, die dann bestimmte Aufgaben übernehmen. In der von uns beobachteten sechsten Klasse gibt es einige »Dienste«, die wöchentlich eingeteilt und jeweils zu zweit versehen werden. Im folgenden Beispiel nutzt Katrin, der die Einteilung dieser Dienste als der Versammlungsleiterin des Tages übertragen ist, dieses Ritual, um es mit dem Verliebtheitsthema aufzuladen.
Nachdem noch weitere Punkte für die Betreuungsstunde notiert sind, teilt Katrin die Dienste ein. Als erstes ruft sie »Tafel« auf, schaut sich um und sagt: »Da mach ich Mix-Max!« und nimmt Paul und Simone. Es gibt Gelächter und Beifallsbekundungen, mir ist nicht ganz klar, ob für Katrins Spruch oder für die Zusammenstellung (was ist daran so spektakulär?). Andreas kommentiert: »Es würde mich nicht wundern, wenn ihr nicht nur die Tafel macht.« Es kommen noch verschiedene andere Sprüche, und Andreas hat noch eine weitere Idee: »...wenn Paul nicht nur die Tafel frei macht.«
Mit ihrer Ankündigung des »Mix-Max« sagt Katrin, daß sie sich nicht an die übliche Routine gleichgeschlechtlicher Paare für die Dienste halten werde, und hat damit bereits die Arena für Anspielungen und Kommentare eröffnet. Mit dieser Einleitung stellt Katrin zunächst einmal sich selbst in den Mittelpunkt der Aufmerksamkeit, indem sie sich als Initiatorin von Paaren inszeniert. Sich in dieser Weise öffentlich auf das heikle Feld des Verliebtheitsdiskurses zu wagen, ist für die Akteurin mit Prestigegewinn verbunden, wie die Reaktionen des Publikums bekunden. Es entsteht ein regelrechter Wettbewerb um die Gunst des Publikums, das besonders gelungene Sprüche mit Lachen honoriert. Andreas versucht, sich in dieser Konkurrenz zweimal mit Kommentaren zu profilieren, die sich in ihrer Anzüglichkeit steigern.
Der zitierte Protokollausschnitt dokumentiert nicht zuletzt auch meine Verständnisprobleme als Beobachter. Diese liegen vermut-

lich darin begründet, daß ich kein ›Insider‹ bin. Denn der Verliebtheitsdiskurs ist sehr stark selbstbezüglich und setzt voraus, daß man die gerade aktuellen »Paare« kennt. In den Anspielungen wird meistens auf bereits ›erarbeitete‹ Verbindungen und »Paare« zurückgegriffen. Die einzelne Anspielung beruht auf einer Geschichte zurückliegender Unterstellungen und Anspielungen, die dem Publikum auch präsent sind. Der Diskurs der Verliebtheit erzeugt eine selbständige Wirklichkeit, indem seine Ergebnisse immer wieder in den Diskurs eingespeist werden und er sich dadurch selbst reproduziert. Es entsteht ein Mikrokosmos aus Projektion und Suggestion und der Variation der immer gleichen Namen.

Zumindest eine Zeitlang wird die Unterstellung einer bestimmten Verbindung immer wieder aufgegriffen, die gerade dadurch, daß sie allen bekannt ist, ihre Funktion als Bezugspunkt des Diskurses erfüllt. Eine solche ›Verdichtung‹ des Diskurses ist z. B. angesprochen, als Dorle sich in einer Betreuungsstunde über Ralf beschwert, der sie immer mit einem »gewissen Gerücht« ärgere, von dem alle wüßten, daß es nicht stimme.

Zu den Bedingungen des Verliebtheitsdiskurses gehört die Vertrautheit der Akteure untereinander, die wichtigste Ressource des Diskurses ist die gemeinsam zu verbringende Zeit. Die Zeit mit den immer gleichen Teilnehmerinnen und Teilnehmern in der Schulklasse summiert sich zu Tausenden von Stunden, die gestaltet sein wollen. Das Zusammenleben in der Schulklasse ist sicher an der Laborschule, wo die Gruppen nahezu unverändert von der dritten bis zur zehnten Klasse zusammenbleiben, besonders intensiv. Aber auch an jeder anderen Schule, wo sich durch Sitzenbleiben und Neuzugänge die Zusammensetzung der Klasse jährlich etwas ändert, ist die schiere Quantität der gemeinsam verbrachten Zeit Bedingung für bestimmte Qualitäten des Zusammenlebens.

Die gemeinsame Interaktionsgeschichte sedimentiert sich in einem detaillierten Wissen über Charaktereigenschaften, Vorlieben und ›wunde Punkte‹ jedes einzelnen Mitglieds der Schulklasse – Ein Wissen, das im Bezug aufeinander, in den interaktiven Praktiken, wiederum Verwendung findet und fortgeschrieben wird.

So werden auch im Zuge des hier betrachteten Verliebtheitsdiskurses einzelne Kinder zu bestimmten ›Figuren‹ stilisiert, die dann ihrerseits als Projektionsfläche für den Diskurs dienen. Das ganze Thema der Verliebtheit wird zu großen Teilen anhand einzelner Protagonistinnen und Protagonisten durchgespielt. Es gibt Kinder, von denen man weiß, daß sie durch bestimmte Unterstellungen besonders gut zu ärgern sind, es gibt aber auch Kinder, die mit Verliebtheit positiv identifiziert werden. Dieses Phänomen der Konzentration von Verliebtheit auf einzelne Kinder zeigt sich noch klarer, wenn es um die ›zugegebene‹ Verliebtheit geht.

2. Geständnisse und Briefe

Im Unterschied zur unterstellten Verliebtheit, bei der es sich wesentlich um eine Form des Ärgerns und Neckens handelt, tritt bei der zugegebenen Verliebtheit das Moment der Selbstdarstellung hinzu. Man offenbart dem Freund bzw. der Freundin oder auch einer größeren Öffentlichkeit, in wen man verliebt ist. Das Thema des Verliebtseins erfährt in dieser zweiten Variante gegenüber der ersten eine andere Bewertung: Während verliebt zu sein als Form des Ärgerns negativ konnotiert ist, bekommt es in der Eigenregie einer Person neue, positive Bedeutungen.
Eine bestimmte Sorte von Techniken im Verliebtheitsdiskurs richtet sich auf das »Zugeben«, auf die Veröffentlichung der Gefühle der jeweiligen Sprecherin bzw. des Sprechers. Davon ist auch in der folgenden Passage die Rede, die einem Gruppeninterview mit fünf in Verliebtheitsspielen tonangebenden Mädchen entnommen ist:

Judith: *Es gibt ganz bestimmte Jungen, die eigentlich eher so ..., die die Tollen sind. Und dann saßen wir alle zusammen und dann geben wir auch manchmal schon zu, in wen wir verliebt sind.*

Tanja: *Wir machen das auch meistens nach der Reihe. Ja also zuerst sagt der ... also z. B. »los« ... und dann: Ich sag als letztes, ich sag als vorletztes. Und dann immer so weiter. Und irgendwann komm dann einer, der als erstes muß und dann sagen wir das immer nach der Reihe.*

(...)

Int.: *Aber das ist dann richtig?*

Judith: *Das ist schon richtig. Nur guck mal bei Uwe, der sagt dann immer, keine, ne. Also der ist dann in keine. Und dann glauben wir ihm das immer nicht.*

(?) *Und manchmal, manchmal sagen wir dann auch ...*

[*alle reden durcheinander*]
Lisa: *Manchmal ist das dann aber so, dann wollen die, daß die Mädchen zuerst machen und dann sagen sie halt, in wen sie verliebt sind. Und dann sagt Uwe immer keiner, obwohl die meisten das glauben, daß er in irgendwen verliebt ist, weil dann ... Und daß er das nur nicht sagen will. Und dann hat er schon von allen anderen das gehört. Das ist manchmal doof.*
Nina: *Ja, was auch einmal ganz witzig war, da haben wir das auch einmal gemacht, und dann kam Alexander, und gleich haben ihn ein paar Kinder gefragt, in wen er verliebt ist und da hat er gesagt, ein ganz bißchen in Tanja. Und dann hat Uwe und Malte haben das nicht gehört. Und dann haben sie später dann nochmal gefragt und dann hat er total laut geschrien. Und dann ...* =
[*jemand macht das Schreien nach*]
Nina: = *Das finde ich so peinlich irgendwie, daß der so laut rumgeschrien hat, weil er ein bißchen in Tanja ist.*

Zuzugeben, »in wen man verliebt ist«, ist eine Aktivität, auf die sich die Kinder mit einiger Regelmäßigkeit, nämlich »manchmal« einigen. Die Auskunft, daß »meistens« eine bestimmte Form gewählt werde, läßt darauf schließen, daß es sich beim »Zugeben« um ein allgemein bekanntes Ritual handelt. Das Prinzip des Spiels ist der Austausch, die Gegenseitigkeit der Mitteilung des Geheimnisses. Die formale Festlegung der Reihenfolge der Sprecherinnen erscheint als der Kunstgriff, der die Überwindung der Hemmschwelle zur Veröffentlichung der eigenen Gefühle ermöglicht – ermöglicht, indem er sie erzwingt. Die erste muß der Regel Folge leisten. Zugleich ist sie durch die Regel davor geschützt, etwa als ›exhibitionistisch‹ zu erscheinen. Man mußte ja. Denn auch wenn das Spiel so konstruiert ist, daß die eigene Mitteilung wie der Preis erscheint, den man zahlen muß, um die Geständnisse der anderen zu hören, scheint nicht entschieden, worin der größere Reiz besteht: Zu erfahren, in wen die anderen verliebt sind oder die eigene aktuelle Präferenz zu offenbaren.

Das Prinzip der Gegenseitigkeit ist entscheidend beteiligt an der Erzeugung dessen, was dann als ›Realität‹ der Gefühle mitgeteilt wird. Denn es ist nicht vorgesehen, *nicht* verliebt zu sein. Die Mitspielerinnen stehen in der Pflicht, etwas zu ›offenbaren‹. Wer keine Liebe zuzugeben hat verweigert seinen Beitrag und hat die

Geheimnisse der anderen mißbräuchlich erfahren. Das Beispiel Uwes macht dies offenkundig: Wenn er sagt, er sei nicht verliebt, setzt er sich dem Verdacht aus, »daß er das nur nicht sagen will.«
Der Bericht über das Verhalten Alexanders schließlich enthält einen Hinweis auf das prekäre Gleichgewicht zwischen Veröffentlichung und Diskretion, das es bei dem Ritual des Zugebens aufrechtzuerhalten gilt. Die Peinlichkeit, die Nina beim »Rumschreien« Alexanders empfindet, rührt wohl daher, daß Alexander das Prinzip der Veröffentlichung der eigenen Gefühle überzieht und in dieser karikierenden Übertreibung zugleich das ganze Spiel diskreditiert bzw. der Lächerlichkeit preisgibt. Geheimnisse, die »herumgeschrien« werden, sind wertlos. Das Ritual des Zugebens ist darauf angewiesen, daß eine gewisse Diskretion und Ernsthaftigkeit gewahrt werden.[10]
Es gibt Praktiken, die in ähnlicher Weise wie das Ritual des Zugebens ›Wahrheiten‹ produzieren und die als Spiele mit festen Regeln tradiert werden. »Wahrheit oder Pflicht« ist ein solches Spiel, das darin besteht, daß die Mitspielerinnen und Mitspieler sich der Reihe nach entscheiden müssen, ob sie eine »Pflicht«, d. h. eine ihnen von den anderen gestellte Aufgabe erfüllen wollen, oder ob sie eine Frage wahrheitsgemäß beantworten wollen. Eine der beliebtesten Fragen im Rahmen dieses Spiels ist die nach dem jeweiligen Objekt des Verliebtseins. Daß es alternativ zur »Pflicht« gewählt werden kann, zeigt den Charakter des Zwanges an, der das Sagen der »Wahrheit« erpreßt, eines Zwanges jedoch, dem man sich freiwillig und mit Hingabe unterwirft.
Ein solches Spiel erinnert an die Bemerkungen Michel Foucaults (1977: 79 f.) über das Geständnis als Technik der Wahrheitsproduktion. Foucault bestimmt das Geständnis als »ein Diskursritual, in dem das sprechende Subjekt mit dem Objekt der Aussage zusammenfällt« , wobei es auf eine Instanz angewiesen ist, »die das Geständnis fordert, erzwingt, abschätzt ... ein Ritual, in dem die Wahrheit sich an den Hindernissen und Widerständen bewährt, die sie überwinden mußte, um zutagezutreten«.

10 Vgl. zum Verhältnis von Veröffentlichung und Einschränkung der Öffentlichkeit Jörg Bergmann (1987), der das Phänomen des Klatsches als »Sozialform der diskreten Indiskretion« beschreibt: »Beim Klatsch wird zwar ein Geheimnis verraten, aber nur insofern, als ein gemeinsamer Freund in das Geheimnis eingeweiht und damit ein neues Geheimnis begründet wird.« (1987:210)

Abb. 2: Geheimnisse mitteilen: Eingeweihte und Außenstehende

Unmittelbar zum Geständnis gehört das Geheimnis. Geheimnisse zu enthüllen oder zu erfahren macht den Reiz von Spielen wie dem eben geschilderten aus. Darüberhinaus gehören Geheimnisse zu den wichtigsten Ressourcen für die Begründung und Gestaltung von Beziehungen. Zum Thema Freundschaft wurde uns erklärt, ein Freund sei derjenige, dem man seine Geheimnisse erzähle und dessen Geheimnisse man wisse.

Geheimnisse werden jedoch erst interessant und wertvoll, wenn andere mitbekommen, daß es ein Geheimnis gibt. Es gilt, öffentlich anzuzeigen, daß man etwas geheimhält. Eine besonders raffinierte Variante eines solchen öffentlichen Geheimnisses konnten wir im Computerraum der Laborschule beobachten:

Björn kommt und setzt sich an einen freien Rechner. Dann verdunkelt er den Bildschirm an dem Knopf, der die Helligkeit der Schrift regelt. Frido, der jetzt neben Björn sitzt, schaut, was dieser schreibt: »Jasmin ...«, liest er laut, aber Björn dreht den Bildschirm weg. Jetzt kommt Nils auf den Platz auf Björns anderer Seite. Björn dunkelt den Bildschirm wieder ab und schreibt »im Dunkeln« weiter. Björn schreibe einen »Liebesbrief«, meint Frido. Als Alexander und Malte in den Computerraum kommen, ruft Björn sie zu sich und zeigt ihnen, was er geschrieben hat. Nils und Frido müssen »weggucken«, als Björn für Malte und Alexander das Geschriebene beleuchtet. Als Björn fertig ist, läßt er sich zeigen, wie man den Computer ausmacht, und geht.

Der im Beisein anderer auf dem verdunkelten Bildschirm geschriebene Brief erscheint geradezu als ein Sinnbild des öffentlichen Geheimnisses. Da das Geheimnis jedoch verhältnismäßig wertlos wäre, wenn er es ganz für sich behielte, ruft Björn seine Freunde herein, um es ihnen zu eröffnen. Dadurch, daß Alexander und Malte eingeweiht werden, werden Nils und Frido erst recht zu Ausgeschlossenen.

Die Etablierung des Geheimnisses scheint hier direkt durch die Form seiner technischen Realisierung inspiriert: Die Erfindung des Schreibens im Dunkeln bringt Björn auf die Idee, den Brief zu schreiben, der in der Situation als Geheimnis seine Wirkung entfaltet (der Brief wird weder gedruckt noch gespeichert).

Überhaupt sind Briefe das gegebene Mittel, um öffentlich Geheimnisse anzuzeigen. Denn man kann andere Anwesende mitbekommen lassen, daß man etwas schreibt oder einen Brief übermittelt und gleichzeitig den Inhalt der Mitteilung verbergen. Zu wissen, daß das Geheimnis in schriftlich fixierter, sozusagen ›objektivierter‹ Form vorliegt, muß die Neugier besonders anreizen. Die hier beschriebene Briefkultur in der Schulklasse macht sich in spezifischer Weise jenes Merkmal des Briefes zunutze, das Georg Simmel (1993:395) die »Objektivierung des Subjektiven« nennt.

Das wird auch im folgenden Beispiel für das Wechselspiel zwischen Enthüllen und Verbergen deutlich:

Als ich dazukomme, verläßt Katrin gerade den Tisch und sagt im Gehen zu Susanna gewandt: »Ist doch egal, was er von dir denkt!« Susanna kommentiert: »Gleich weiß es die halbe Schule.« Als Ralf irgend etwas äußert, sagt Susanna zu ihm: »Du weißt doch gar nicht, worum es geht!« Susannas Tischnachbarin Michaela scheint jedoch eingeweiht. Susanna erzählt ihr: »Als er dann auftauchte – ich dachte, ich spinne ...«. Ralf fährt sie an: »Schnauze!« Susanna sagt, wieder zu Michaela gewandt: »Na gut, ich schreib es dir einfach.« Sie macht sich daran, einen Brief zu schreiben. Dabei hält sie die linke Hand, an der sie einen schwarzen Handschuh trägt, so über das gerade Geschriebene, daß die neben ihr sitzende Michaela es nicht lesen kann. Dann zeigt sie ihr doch etwas: »Guck dir mal das erste Wort an«, den Rest hält sie zu, »und jetzt das letzte«, wiederum verdeckt sie den Rest »– ganz schöner Unterschied, ne? Von der Schreibart her.« Dann faltet Susanna den Brief zusammen und adressiert ihn: »An EINE Michaela«. Sie freut sich über ihren Einfall und zeigt ihn ihrer Nachbarin.

Zwischen Susannas Ermahnung an Katrin, nicht so zu reden, daß es alle mitbekommen, und ihrem eigenen ungenierten Erzählen vor genau derselben Zuhörerschaft (Ralf, Michaela und mir) besteht ein eigentümlicher Widerspruch. Wenn es demnach gar nicht darum geht, uns als Mitwisser auszuschließen, dann ist Susannas Kommentar »Gleich weiß es die ganze Schule« darauf ausgerichtet, ihre Geschichte als geheim und spannend zu markieren. Ralf reagiert mit der Bekundung seines Desinteresses. Er unterbricht Susannas einsetzende Erzählung und begibt sich dadurch freiwillig und demonstrativ der Gelegenheit, Näheres zu erfahren. Susanna läßt sich den Spaß an der Inszenierung jedoch nicht nehmen und macht den Brief auch für Michaela, die Adressatin, mittels teilweiser Verhüllungen geheimnisvoll.

Bezeichnenderweise sind wir als Beobachter in beiden zitierten Beispielen zwar zu Zeugen der Inszenierung von Geheimnissen gemacht worden, ohne aber deren Inhalte zu erfahren. Daß wir dennoch annehmen dürfen, daß es inhaltlich beide Male um Verliebtheit geht, wird u. a. aus einer Erklärung Ankes mir gegenüber deutlich: »Ich habe keine Geheimnisse. Ich liebe keinen aus der Klasse, also habe ich auch keine Geheimnisse.«

Das Thema der Verliebtheit ist vermutlich nicht zuletzt deshalb der wesentliche Inhalt von Geheimnissen, weil die zeitlich beschränkte Gültigkeit der jeweiligen Auskunft eine große Produktivität in bezug auf Geheimnisse erlaubt. In wen man gerade verliebt ist, kann sich am nächsten Tag schon geändert haben (womit man etwas Neues zu verbergen bzw. zu erzählen hätte).

Schließlich aber läßt sich mit Georg Simmel vermuten, daß die Form des Geheimnisses auch auf seinen Inhalt zurückwirkt. Simmel (1993: 317f.) bestimmt das Geheimnis zwar als »eine soziologische Form, die völlig neutral auch über den ethischen Bedeutungen ihrer Inhalte steht«, um dann aber u. a. den folgenden Effekt dieser Form anzusprechen: »Aus dem Geheimnis nun, das alles Tiefere und Bedeutende beschattet, wächst die typische Irrung: alles Geheimnisvolle ist etwas Wesentliches und Bedeutsames.« Das Thema der Verliebtheit gewinnt ein Gutteil seiner Bedeutsamkeit aus der Form seiner Inszenierung als allgegenwärtiges Geheimnis.

Bleibt noch, auf das Phänomen zurückzukommen, daß sich viele der offenbarten Zustände von Verliebtsein, zumindest auf seiten der Mädchen, auf ein und denselben Jungen richten. Simon et al. (1992) haben in der anfangs zitierten Untersuchung über Gefühlsnormen bei Mädchen festgestellt, daß die Norm, man solle keine »romantischen« Gefühle für einen Jungen haben, der bereits besetzt ist, noch nicht gelte, solange es noch keine realisierten Paarbeziehungen in der Gruppe gebe. Was den Verliebtheitsdiskurs in den von uns beobachteten Klassen betrifft, so ist dieser Befund sogar zuzuspitzen: In einer Phase, in der vor allem die Mädchen anfangen, einander ihr jeweiliges Verliebtsein »zuzugeben«, ist das gemeinsame Interesse an demselben Jungen nicht nur unproblematisch, sondern geradezu selbstverständlich. Ein Ausschnitt aus dem bereits zitierten Gruppeninterview mit den fünf Mädchen:

Nina: Ja, eigentlich ist es eher schon so, daß nicht viele Jungen in ein und dasselbe Mädchen verliebt sind und mehrere Mädchen schon in einen Jungen verliebt sind.

Judith: Ja, zum Beispiel sind im Moment, glaube ich, vier in Daniel.
Lisa: Ich nicht mehr.
Judith: Na ja, dann drei.

Außer dem Unterschied, den Nina hier zwischen Mädchen und Jungen macht, ist hier die Form bemerkenswert, in der die Zahl der in Daniel verliebten Mädchen bilanziert wird. Das Thema »in Daniel verliebt sein« wirkt wie ein Gegenstand der Buchhaltung. Lisa scheint zu wissen, daß sie bei »vier« mitgezählt ist, bekundet, daß es für sie nicht mehr zutreffe, und Judith korrigiert prompt. Zu diesem Vorgang paßt, daß der eigentliche Gegenstand des Gesprächs in Judiths Beitrag gar nicht mehr benannt wird. Die Verknappung der Sprache ist vielsagend: »In Daniel sein« reicht hier aus, um das zur Debatte Stehende zu bezeichnen.

Aus der anderen Klasse liegt eine noch erstaunlichere Bilanz vor in Bezug auf Mark, den dortigen ›Star‹. Anke erzählt mir nämlich,

daß alle aus ihrer Gruppe einmal in Mark verliebt gewesen seien, »außer Michaela«. Ich frage überrascht nach, ob sie meine, daß Michaela als einzige nicht in Mark verliebt gewesen sei, und Anke meint: »Ja, aber ich glaub ihr das nicht.«

Einmal in Mark verliebt gewesen zu sein ist so selbstverständlich in dieser Klasse, daß Michaela sich unglaubhaft macht, wenn sie dies für sich bestreitet.

Nun ist sicher sowohl bei Daniel als auch bei Mark ein Teil ihrer Popularität dem jeweiligen Engagement im Rahmen des Verliebtheitsdiskurses zuzuschreiben. Beide gehören in ihren Klassen auch jeweils zu den ersten, die Paarbeziehungen mit Mädchen eingegangen sind. Für beide gilt, daß sie ›attraktiv‹ sind.[11] Doch darüberhinaus ist noch ein anderer Mechanismus zu vermuten: Ich habe oben das Problem skizziert, das im Übergang von einem Verliebtheitsdiskurs, der hauptsächlich als Ärgern und Necken auftritt, zu einer positiven Bewertung eigenen Verliebtseins liegt. Sich selbst als verliebt zu bekennen, ist erschwert durch den pejorativen öffentlichen Gebrauch der Unterstellung von Verliebtheit. Ein Ausweg aus diesem Dilemma scheint darin zu liegen, sich

---

11 Vgl. zum Merkmal der »Attraktivität« Holland und Eisenhart (1990: 102 ff.), die »attractiveness« als »symbolisches Kapital« im Sinne Bourdieus beschreiben.

gemeinsam in ein und denselben Jungen zu verlieben. Denn so besteht die Möglichkeit, sich gegenseitig in der eigenen Wahl zu bestätigen. Wenn mehr oder weniger alle Mädchen in Mark verliebt sind, dann erscheint dies für die einzelne weniger begründungsbedürftig. Eine Einschränkung der Optionen für Verliebtheit ist sinnvoll, solange es (noch) darum geht, diesen Zustand überhaupt zu affirmieren.

Dies ändert sich weniger, wie Simon et al. (1992) meinen, wenn Mädchen anfangen, ›reale‹ Beziehungen zu Jungen einzugehen, als im Zuge einer Neubewertung und Bejahung von Verliebtheit an sich. Wenn verliebt zu sein ein allgemein akzeptierter Zustand geworden ist, dann können die Objekte dieses Gefühles streuen.

3. Paare und Publikum

Die Inszenierung von Paarbeziehungen in der Schulklasse fügt den bislang beschriebenen Spielarten des Verliebtheitsdiskurses eine weitere hinzu. Zu der durch andere unterstellten und der selbst zugegebenen tritt die gemeinsam öffentlich erklärte und gezeigte Verliebtheit. Diese dritte Variante des Diskurses beruht auf einem anderen Umgang mit dem Topos der Verliebtheit, der dem bis hierhin behandelten in mancher Hinsicht entgegengesetzt ist. Während unterstellte und zugegebene Verliebtheit viel Spekulation, Imagination und die Bedeutsamkeit des Geheimnisses enthalten, setzt die in Paarbeziehungen ›realisierte‹ Verliebtheit voraus, daß Verliebtheit entmystifiziert und normalisiert wird.

An der Herstellung von Normalität und Selbstverständlichkeit für Paarbeziehungen sind die jeweiligen Protagonisten und Protagonistinnen und das ›Publikum‹ gleichermaßen beteiligt. Beide Seiten kooperieren in der Anbahnungsphase neuer Pärchen in diskreter Nicht-Beachtung der Paarbeziehung und der Aufrechterhaltung des anderweitigen Geschehens. (Erst wenn das Paar fest etabliert und öffentlich erklärt ist, wird es wiederum Gegenstand von Anspielungen und Neckereien, wie noch zu sehen sein wird.)

Die folgende Beobachtung stammt aus der sechsten Klasse, in der es schon verschiedene Pärchen gab und die Praxis des Miteinandergehens als solche etabliert ist. Mark und Simone sind zum Zeitpunkt dieses Protokolls ein erklärtes Paar, bei Laura und Philip sowie Katrin und Michel bin zumindest ich überrascht über die Gesten der Zusammengehörigkeit.

Als wir wieder im Kreis sitzen, fällt mir auf, daß nicht nur Simone vor Mark sitzt, sondern auch Philip vor Laura. Simone lehnt sich ganz selbstverständlich bei Mark an. Laura legt ganz leicht ihre Hand auf Philips Schulter. Katrin fragt den neben ihr sitzenden Michel: »Darf ich dich ›Kleiner‹ nennen? Hast du was dagegen?« Michel reagiert nicht ausdrücklich, so beschließt Katrin, das jetzt so zu machen. Philip wundert sich, wie groß Lauras Schuhe seien. »Größe 40«, lautet die Auskunft. Philip will Lauras Schuhe mit denen der neben ihm sitzenden Simone vergleichen. Verschiedene drücken ihr Erstaunen über die Größe der Schuhe der beiden aus. Das sei auch 40. Aber Schuhe fallen immer unterschiedlich aus, weiß jemand.

Der Tatsache, daß sich offenbar zwei neue Pärchen gefunden haben, wird – nach meinem Eindruck: gezielt – keine weitere Beachtung geschenkt. Stattdessen wird mit dem Vergleich der Schuhgrößen ein ganz anderer, bewußt unverfänglicher Fokus der allgemeinen Aufmerksamkeit etabliert. An diesem Manöver ist das ›Publikum‹, das bereitwillig das Thema der Schuhgrößen aufgreift, aktiv beteiligt. – Oder waren die neuen Paare nur für mich neu und interessant? Szenen wie diese sind schwer zu interpretieren, denn Entscheidungen über ihren Charakter hängen letztlich von der eigenen Erwartungshaltung und subjektivem Empfinden ab.

Der Deeskalation des Themas der Verliebtheit entsprechen auch Zurückhaltung und Zögern beim Identifizieren von Paarbeziehungen. So gestaltet sich ein Kurzinterview mit Dorle etwas mühsam, als ich sie nach den neuen Pärchen frage:

Georg: Habt ihr zwei neue Paare in der Gruppe? Stimmt das?
Dorle: (etwas verlegen lachend) Zwei neue Paare, wie meinste das?
Georg: Ja, ich dachte, daß / zum Beispiel /
Dorle: : / Simone /
Georg: Nee, Philip und Laura, dachte ich zum Beispiel.
Dorle: Ja, ich glaube, Philip und Laura, ich glaub's nur, und, ah, Katrin und Michel, ich glaub's aber nur. Ich weiß es nicht. Auf jeden Fall – scheint es so.
Georg: Es scheint so, ne? Sieht das so aus, oder wie?
Dorle: Ja, ich will nicht sagen, daß sie zusammen sind, aber ich weiß es aber nicht, ich glaube es nur.

Georg: Woher, woran weiß man das denn, oder wann würdest du denn sagen, du weißt das?
Dorle: Wenn sie im Sitzkreis sitzen zusammen ...
Georg: Dann glaubst du das?
Dorle: Nein, aber, ach ... du weißt schon (Lachen)
Georg: Erzähl doch mal!
Dorle: Das sieht man halt. (Lachen)
Georg: Verstehe. Aber, ich mein', warum sagst du dann, daß du es nur glaubst und nicht weißt?
Dorle: Weil ich, ähm, nicht bestimmen will, mit wem sie zusammen sind, ich meinte, dann werden sie sauer auf mich.
Georg: Ach so.

Die Zurückhaltung Dorles mag mit der Interviewsituation zusammenhängen und sich auf meine Person beziehen, dennoch halte ich die Erklärung, die Dorle am Schluß für ihr Zögern gibt, für aufschlußreich: Es beruht darauf, daß sie »nicht bestimmen will«, wer mit wem zusammen ist. »Bestimmen« müssen es die Beteiligten selbst. Dorles Sorge, fälschlich als Pärchen deklarierte Kinder könnten »sauer« auf sie sein, zeigt, daß jene Form des Verliebtheitsdiskurses, in der die Annoncierung eines Pärchens als Diffamierung gilt, durchaus noch wirksam ist. Dorle verweigert die Notierung eines festen Wissens über die Zusammensetzung neuer Pärchen trotz auch in ihren Augen eindeutiger Zeichen. Angesichts einer neuen Normalität von Paaren in der Schulklasse muß man als Nicht-Beteiligte zunächst einmal vor allem vorsichtig sein.

Die Normalität von Paarbeziehungen wird nicht nur durch gemeinsame Nicht-Beachtung und ostentatives ›Heraushalten‹ der Nicht-Beteiligten hergestellt, sondern von den Beteiligten auch bekundet und beansprucht. Michel erklärt in einem Interview:

Ja, ich denke, das (eine Paarbeziehung) fällt sowieso auf. Irgendwann weiß es die ganze Klasse. Bloß die ersten paar Wochen eben nicht. Aber ich finde nicht, daß das so Geheimnistuerei ist oder sowas. Die meisten Pärchen sagen dann, ja o.k., wir mögen uns, wir haben uns gerne und fertig, weißte. Das ist ja auch o.k.

Ignorieren und ›Übergehen‹ ist die *eine* Form des öffentlichen Umgangs mit Pärchen. Wenn ein Paar sich aber selbst als solches erklärt hat und auch entsprechend agiert, kann es durchaus (wieder) zum Gegenstand von Kommentaren und Anspielungen werden: Mark und Simone sind *das* Paar der Gruppe. Als wir mit unseren Beobachtungen in der Klasse beginnen, sind die beiden schon einige Monate zusammen. Sie wirken sehr routiniert in ihrer Beziehung und tauschen ohne Scheu in der Öffentlichkeit kleine Zärtlichkeiten aus. Die beiden verkörpern sozusagen die Normalität realisierter Paarbeziehungen in der Klasse. Philip macht mich schon während der ersten Stunde der neuen Erhebungsphase in dieser Klasse auf die Beziehung der beiden aufmerksam:

Es gibt jetzt festgelegte Sitzplätze auch für die vier Bänke, die den Sitzkreis bilden. Ich frage, wo denn noch etwas frei sei, und mir wird gezeigt, dort bei Mark und Ralf. Die beiden sitzen nicht auf der Bank, sondern in einer freien Ecke auf dem Boden. Dort setze ich mich also neben Mark auf den Boden, aber Philip, der zwei Plätze weiter sitzt, wendet ein, da setze sich eigentlich immer nach kurzer Zeit Simone hin. Simone sitzt jetzt auf dem letzten Platz auf der Bank, aber Philip erklärt, sie rutsche »nach spätestens 10 Minuten« runter zu Mark, weil sie es nicht mehr aushalte, und dann müßten sie sich »die Augen zuhalten«. Diesen Kommentar greifen andere auf und bestätigen: Ja, dann müßten sie sich alle die Augen zuhalten. Simone lacht etwas verlegen, dementiert aber nicht. Für mich findet sich dann doch noch ein Platz auf der Bank, und Simone sitzt tatsächlich wenig später neben Mark. Die beiden rücken eng zusammen und halten sich an den Händen. Ich sage, das seien aber keine 10 Minuten gewesen, und Ralf bestätigt: Nein, das sei schneller gegangen.

Diese Sequenz weist Ähnlichkeiten zu der oben analysierten Form von Anspielungen auf, die Verliebtheit lediglich unterstellt und ein ›als ob‹ zum Ausgangspunkt nimmt. Auch diese Anspielung auf die in der Klasse existierende Paarbeziehung funktioniert als Aussparung: Der eigentliche Sachverhalt, auf den sich die Bemerkungen beziehen, wird nicht genannt, sondern kunstvoll umschrieben. Dabei dürfte die Wirkung der Bemerkung, sie müßten sich die Augen zuhalten, eine paradoxe sein: Dem Sinn nach verweist sie auf ein Geschehen, das dem öffentlichen Blick nicht zuzumuten ist und offenbar die Grenzen von Sitte und Anstand verletzt. Indem es jedoch in dieser neckenden Form angesprochen wird, wird eben dieses Geschehen hereingeholt in den Kontext des öffentlich Ansprechbaren. Insofern wirkt auch ein Kommentar, der das Außergewöhnliche und Spektakuläre einer Paarbeziehung betont, zugleich in Richtung einer Normalisierung des Themas.

Dieser Effekt kann sich auch in einem ›Umschlagen‹ der Reaktionen des Publikums direkt zeigen. Als in der Betreuungsstunde über die zurückliegende Karnevalsfeier gesprochen wird, bemerkt Henrik, Mark und Simone hätten »rumgeknutscht«, woraufhin jedoch verschiedene Kinder meinen, das sei nun wirklich nichts Neues mehr.

Es zeigt sich hier, was für den gesamten Diskurs der Verliebtheit und Paarbildung gilt: Die Beteiligung in Form von Sprüchen, Anspielungen und Kommentaren beinhaltet ein gewisses Risiko. Während der oben zitierte Spruch Philips von anderen aufgegriffen und dadurch honoriert wurde, läuft Henrik mit seiner Bemerkung beim Publikum auf. Kriterium für die unterschiedlichen Reaktionen des Publikums dürften Originalität und Kontext der Sprüche sein. Außerdem spielt vermutlich eine Rolle, daß sich Philip als ein Freund Marks diesem gegenüber mehr erlauben darf.

In einer anderen Szene, in der kleinen Pause, verkündet Philip, er schreibe jetzt ein »Buch über Mark und Simone«. Daraufhin meint Mark: »Ja, Mark liebt Simone, und Simone liebt Mark, bald liegen sie im Bett und machen Sex und dann gibt es den ersten Ehestreit.« Mark selbst greift den Anlaß auf, seine Beziehung zu Simone zu kommentieren, und führt das Vorhaben Philips ad absurdum, indem er es drastisch zuspitzt und die Realität sprachlich weit ›überholt‹. Mark bietet sich selbst als Projektionsfläche für den weiteren Diskurs an, dem er jedoch zugleich ›den Wind aus den Segeln‹ nimmt. Wenn alles ausgesprochen ist, bleibt nichts mehr anzudeuten.

Die Beispiele zu dem ›öffentlichen Paar‹ Mark und Simone zeigen insgesamt, daß der Diskurs der Verliebtheit mit seiner ›Realisierung‹ in selbsterklärten Paaren nicht etwa an sein Ende kommt, sondern im Gegenteil neue Nahrung erhält. Mit der Existenz des Paares ist ein ständiger Anknüpfungspunkt für Kommentare und Anspielungen gegeben. Insbesondere wenn es um die Planung einer gemeinsamen Aktivität wie einer Klassenfahrt, einer Feier oder des »In-der-Schule-Schlafens« geht, rückt das Paar immer wieder in die exponierte Position derer, an denen das Verliebtheitsthema mit neuen Mitteln fortgeführt wird.

4. Das Andere gegenüber dem Normalen

Wenn man die Aktivitäten um Verliebtheit und Paarbildung bei den 10-12jährigen nicht mit Blick auf eine zu vollziehende »Entwicklung« betrachtet, sondern stattdessen von einer gewissen Eigenständigkeit des Phänomens ausgeht, rückt die Frage nach der Bedeutung des Verliebtheitsdiskurses für die Kinder selbst in das Zentrum der Analyse. Worin besteht die besondere Anziehungskraft des Themas der Verliebtheit?

Die vorangegangenen Beschreibungen können dahingehend zusammengefaßt werden, daß es vor allem die Form der Inszenierung des Verliebtheitsthemas als das ›Andere‹ gegenüber dem ›Normalen‹ ist, die seine Attraktivität und Dynamik ausmachen. Das für Verliebtheit konstitutive Merkmal des Außergewöhnlichen stellt sich in zumindest drei verschiedenen Dimensionen her: als Privates im Kontrast zur Öffentlichkeit der Gruppe, als Spiel und Ritual gegenüber der Selbstverständlichkeit anderer Beziehungen, und als der Bezug auf Kinder anderen Geschlechts im Gegensatz zur ›Normalität‹ des eigenen Geschlechts.

Über die verschiedenen Gestalten des Verliebtheitsdiskurses hinweg gibt es ein gemeinsames Merkmal, das ihn aus einem Großteil des übrigen Geschehens heraushebt: den Bezug auf eine persönliche, innere Welt, auf so etwas wie ›Privatsphäre‹. Die Schulklasse begründet eine permanente und weitgehende Öffentlichkeit. Eine Gruppe von Kindern lebt über so lange Zeiträume auf so engem Raum zusammen, daß die Mitglieder nicht umhin können, ein beträchtliches Wissen übereinander anzusammeln. Man weiß über Eigenarten, Vorlieben und Einstellungen aller anderen im wesentlichen Bescheid. Diesem Bereich des Öffentlichen im Sinne des allseits Bekannten gegenüber konstituiert das Thema der Verliebtheit eine Sphäre des Persönlichen und Intimen: Die *Unterstellung* von Verliebtheit in Spielen und Anspielungen setzt die Differenz zwischen dem öffentlich Sichtbaren und einem Bereich des Inneren einer Person, der der Öffentlichkeit nicht zugänglich ist, voraus; die *Veröffentlichung* eigener Verliebtheit im Ritual des Zugebens ist angewiesen auf zu Veröffentlichendes; und auch die *Darstellung* von Verliebtheit in Paarbeziehungen bezieht sich auf die Grenze zwischen Intimsphäre und Öffentlichkeit. Der Diskurs der Verliebtheit begründet in den verschiedenen Formen seiner Inszenierung das Phänomen der Intimität als das ›Andere‹ des Diskurses.

Weiterhin stellt sich das Außergewöhnliche der Verliebtheit gegenüber der Banalität des Alltags in den Formen seiner »Rahmung« (Goffman 1977) her. Verliebtheit wird in der einen oder anderen Weise als besondere Form der Beziehung aus der Selbstverständlichkeit aller anderen Beziehungen unter Schulkindern herausgehoben. Die Praxis der Anspielungen und der Zusammenstellung imaginärer Paare ist als »Spiel« aufzufassen und explizit vom »Ernst« abgegrenzt. Die verschiedenen Formen des Gestehens eigener Verliebtheit konstituieren durch ihre Verfahrensweisen und Regeln den Rahmen des ›Erzwungenen‹ für das Geständnis. (Dieser läßt dann auch Zweifel an der ›Echtheit‹ des Veröffentlichten zu: »Dann glauben wir ihm das immer nicht.«) Und die hier als ›realisierte‹ Verliebtheit bezeichnete Paarbeziehung unterscheidet sich von anderen Beziehungen durch ihren ritualisierten Charakter: Es gibt einen Anfang, es gibt ein konventionalisiertes Set an Beziehungszeichen, und es gibt ein »Schluß machen«. Das »Miteinander gehen« ist ein definierter und explizierter Zustand, der meist schon nach kurzer Zeit wieder beendet wird.

Die gravierendste Form des Außergewöhnlichen des Verliebtheitsdiskurses jedoch liegt in dem Bezug auf das jeweils andere Geschlecht. Die Trennung der Geschlechter bezeichnet eine zentrale Dimension im Alltag der Schulkinder. Das Gros der Interaktionen spielt sich zwischen Kindern gleichen Geschlechts ab, Freundschaftsbeziehungen und Cliquenbildung beziehen sich fast ausschließlich auf Kinder des eigenen Geschlechts. Dieser ›Normalität‹ der Beziehungen unter Kindern gleichen Geschlechts gegenüber schreibt der Code des Verliebtheitsdiskurses den Bezug auf das *andere* Geschlecht vor. Verschiedengeschlechtlichkeit ist unhinterfragtes und unhintergehbares Kriterium für Verliebtheit in der Kultur der von uns beobachteten 10-12 jährigen. Egal ob Verliebtheit unterstellt, zugegeben oder dargestellt wird, sie bezieht sich immer auf ein Kind des jeweils anderen Geschlechts.

Die Unterscheidung der Geschlechter wird von dem Diskurs der Verliebtheit nicht nur vorgefunden und ›benutzt‹, sondern eben auch immer wieder ›in Szene gesetzt‹ und mit neuen Bedeutungen ausgestattet. Der Verliebtheitsdiskurs, der die Mädchen und Jungen zugleich voneinander trennt und aufeinander bezieht, ist eine zentrale Form jener Interaktionen, die Barrie Thorne (1993) treffend »borderwork« nennt. Das sind Interaktionen über die

Grenze zwischen den Geschlechtern hinweg, die sich genau auf diese Grenze beziehen und dieser dadurch Relevanz verleihen. Thorne stellt auch für andere Formen des »borderwork« dessen rituellen und außeralltäglichen Charakter heraus (Thorne 1993: 84ff.).

Neben der Geschlechterunterscheidung begründet der Code des Verliebtheitsdiskurses aber noch eine weitere Form der Strukturierung der Schulklasse. Denn er schreibt nicht nur den Bezug auf das je andere Geschlecht vor, sondern bestimmt auch, daß Verliebtheit sich zu gegebener Zeit auf nur eine Person bezieht. Der Blick auf die *andere* Geschlechtsgruppe als *Geschlechtsgruppe* muß sich also individualisieren und Verliebtheit muß an einzelnen Personen konkretisiert werden. Die Konkretisierung des Verliebtheitsdiskurses an den beteiligten Personen erweist sich als einer der zentralen Mechanismen, die Unterschiede zwischen den Mitgliedern einer Schulklasse hinsichtlich Ansehen und Status produzieren.

In den Spielen zur Generierung von Paaren, beispielsweise anhand von Listen, kommt alles darauf an, wer mit wem in Verbindung gebracht wird. Auf dem Wege der ›Geständnisrituale‹ wird nicht nur das jeweilige Objekt der Verliebtheit geklärt, sondern es werden auch ganze Rangfolgen erstellt.[12] In der Realisierung von Paarbeziehungen schließlich ist den Beteiligten bewußt, daß ihr eigenes Ansehen entscheidend von der Wahl des Partners bzw. der Partnerin abhängt. Indem der Verliebtheitsdiskurs in zahllosen Variationen mit den immer gleichen Teilnehmern und Teilnehmerinnen durchgespielt wird, zeitigt er ›Ergebnisse‹ im Feld, Ergebnisse in Form etablierter Unterschiede zwischen Einzelnen und in Form interner Strukturierungen des Feldes.

In Anbetracht dieser Wirkungen des Diskurses der Verliebtheit ist es wenig überraschend, daß dieser nicht für alle Kinder gleichermaßen attraktiv ist, sondern daß er durchaus auch auf Ablehnung und Kritik trifft. Axel und Nils, zwei Jungen, die selber eher am Rande des Geschehens stehen, klagen darüber, daß der Verliebtheitsdiskurs, der ständig bereit ist, neue »Paar«-Verbindungen zu

---

12 Ich hörte zwei Mädchen sich unterhalten, wen sie »als erstes, zweites, drittes« usw. »gut finden«. Diese Praxis erinnert an das »ranking«, das von amerikanischer College-Kultur berichtet wird. So schon von Willard Waller (1937) und ähnlich von Holland und Eisenhart (1990).

unterstellen und dafür jeden Anlaß aufgreift, die Kontakte zum anderen Geschlecht erschwere:

Axel: Wenn zum Beispiel alle ... also es kann ja auch mal ein Freund und Freundin sein. Es muß ja nicht gleich verliebt sein.
Nils: Ja, das sagen so viele.
Axel: Dann sagen sie verliebt, verlobt, verheiratet. Und das finde ich nicht so gut an diesen Kindern. Ich finde nicht so gut an Uwe und Alexander, daß sie immer, wenn man mal mit Mädchen spielt, daß sie gleich sagen, verliebt, verlobt, verheiratet. Und das finde ich nicht gut.

Literatur

Bateson, Gregory (1976), »A Theory of Play and Phantasy«, in: Bruner, J. S. et al. (Hg.), *Play*, New York: Basic Books, S. 119-129.

Bergmann, Jörg (1987), *Klatsch. Zur Sozialform der diskreten Indiskretion*, Berlin: de Gruyter.

Foucault, Michel (1977), *Der Wille zum Wissen. Sexualität und Wahrheit I*, Frankfurt/Main: Suhrkamp.

Goffman, Erving (1974), *Das Individuum im öffentlichen Austausch. Mikrostudien zur öffentlichen Ordnung*, Frankfurt/Main: Suhrkamp.

Goffman, Erving (1977), *Rahmen-Analyse. Eine Versuch über die Organisation von Alltagserfahrungen*, Frankfurt/Main: Suhrkamp.

Gordon, Steven L. (1981), »The Sociology of Sentiments and Emotion«, in: Moris Rosenberg und Ralph Turner (Hg.), *Social Psychology. Sociological Perspectives*, New York, S. 562-592.

Gordon, Steven L. (1989), »The Socialisation of Children's Emotions: Emotional Culture, Competence and Exposure«, in: Carolyn Saarni und Paul Harris (Hg.), *Children's Understanding of Emotion*, Cambridge: Cambridge University Press, S. 319-349.

Holland, Dorothy C. und Margaret A. Eisenhart (1990), *Educated in Romance. Women, Achievement and College Culture*, Chicago: University of Chicago Press.

Hagemann-White, Carol (1984), *Sozialisation: weiblich-männlich?*, Opladen: Leske und Budrich.

Luhmann, Niklas (1982), *Liebe als Passion. Zur Codierung von Intimität*, Frankfurt/Main: Suhrkamp.

Kelle, Helga und Georg Breidenstein (1996), »Kinder als Akteure. Ethnographische Ansätze in der Kindheitsforschung«, *Zeitschrift für Sozialisationsforschung und Erziehungssoziologie* 16, S. 47-67.

Krappmann, Lothar und Hans Oswald (1995), *Alltag der Schulkinder. Beobachtungen und Analysen von Interaktionen und Sozialbeziehungen*, Weinheim: Juventa.

Schofield, Janet W. (1982), *Black and White in School. Trust, Tension or Tolerance*, New York: Praeger.

Simon, Robin W., Donna Eder und Cathy Evans (1992), »The Development of Feeling Norms Underlying Romantic Love among Adolescent Females«, in: *Social Psychology Quarterly* 55, S. 29-46.

Simmel, Georg (1993), *Aufsätze und Abhandlungen 1901-1908 Band II*, Frankfurt/Main: Suhrkamp.

Thorne, Barrie (1990), »Children and Gender. Constructions of Difference«, in: D. Rhode (Hg.), *Theoretical Perspectives on Sexual Difference*, New Haven: Yale University Press, S. 100-113.

Thorne, Barrie (1993), *Gender Play. Girls and Boys in School*, New Brunswick: Rutgers University Press.

Thorne, Barrie und Zella Luria (1986), »Sexuality and Gender in Children's Daily Worlds«, in: *Social Problems* 33, S. 176-189.

Waller, Willard (1937), »The Rating and Dating Complex«, in: *American Sociological Review* 2, S. 727-734.

Hubert A. Knoblauch
Zwischen den Geschlechtern?
Zur In-Szenierung, Organisation und Identität des Transvestismus[1]

1. Transvestismus, Kleidertausch und Ethnographie

Auf den ersten Blick handelt es sich beim Transvestismus um ein soziologisch marginales Phänomen, das lange Zeit unter der Rubrik »abweichendes Verhalten« abgehandelt wurde. Erst die kulturtheoretische Geschlechterdiskussion der jüngeren Zeit führte dazu, daß dem Phänomen, das als Transvestismus bezeichnet wird, eine symptomatische Bedeutung für das Verhältnis der Geschlechter in der modernen Gesellschaft zugeschrieben wurde. Es sind vor allen Dingen Vertreterinnen der Postmoderne, die dieses Phänomen in einen gewichtigen theoretischen Zusammenhang stellen. So behauptet Garber (1993: 32, 45) etwa, daß soziale Kategorien wie Klasse, Geschlecht, Sexualität und sogar Rasse und Volkszugehörigkeit von einer Krise erfaßt worden seien. Diese allgemeinere Krise führe auch zu Verwischungen im Unterschied der Geschlechter, die eine sichtbare Erscheinung »in Kleiderregeln und der Reglementierung des Aufwands« fänden. Der menschgewordene Ausdruck dieser Krise nun sei: der Transvestit. Er umschreibe »einen Raum des Möglichen, der die Kultur strukturiert und durcheinanderbringt«. Vinken sieht im Transvestiten gar den Wendepunkt der Mode: er symbolisiere die Inszeniertheit der Geschlechter, »die beste Frau ist heute der Transvestit« (1993: 46). Der Transvestismus gilt hier als ein Sinnbild der (post-)modernen Gesellschaft, deren Zeichen ihren Bezug zum Bezeichneten verlieren.

In dieser symptomatischen Rolle ähnelt der Transvestismus der theoretischen Bedeutung der Transsexualität. Denn anhand der Transsexualität wurde die Frage behandelt, wie und in welchem

[1] Für ihre kritischen Anregungen danke ich Klaus Amann, Susanne Günthner, Stefan Hirschauer, Ronald Hitzler, Maggi Kusenbach, Monia Messner und Barbara Goll. Tina Lord danke ich für seine beständige Weigerung, ein Interview zu führen.

Ausmaß das Geschlecht eine soziale Konstruktion darstellt. Nachdem es sich im Gefolge Stollers (1968) durchgesetzt hatte, zwischen »Sex« (als biologisch bestimmtem Geschlecht) und »Gender« (als dem sozialen oder kulturellen Geschlecht) zu unterscheiden, stellte sich die Frage nach der Beliebigkeit und den Grenzen dieser Konstruktion. Diese Frage wurde nun besonders am Fall von Transsexuellen thematisiert, Menschen, die ihr Geschlecht im wortwörtlichen Sinne zu konstruieren versuchen. Denn Transsexuelle fühlen sich als zum anderen Geschlecht zugehörig und suchen dies durch die chirurgische Änderung ihres Körpers zu erreichen. Die Beobachtung von Transsexualität bietet damit ein beinahe ideales Beispiel dafür, wie (Gegen-)Geschlechtlichkeit bewußt hergestellt wird. Transsexuelle müssen die Praktiken erlernen, die zum »doing being a woman/man« gehören, und sie bieten so einen »innergesellschaftlichen Zugang zur Kontingenz unserer Geschlechterwirklichkeit« (Hirschauer 1993: 24).
Herkömmlicherweise werden Transvestiten dadurch von Transsexuellen unterschieden, daß sie nicht ihr biologisches Geschlecht wechseln wollen; sie nehmen lediglich die äußere Erscheinung des anderen Geschlechtes an, verwenden also die Kleidung und das übrige Dekor des je anderen Geschlechtes. Kleidung und Dekor aber zählen auch zu den wichtigsten Identifikationsmitteln von Personen und dienen als Emblem, das die Zugehörigkeit zu sozialen Kategorien anzeigt. Durch ihre über die Flüchtigkeit der Situation hinausgehende Allgegenwärtigkeit und Permanenz (Hoffmann 1985) zählt Kleidung zu denjenigen Inszenierungsmitteln, in die die gesellschaftliche Ordnung deutlich eingeschrieben ist: soziale, ökonomische oder regionale Kategorien werden von der »Kleiderordnung« mehr oder weniger eindeutig reflektiert. Dieser emblematische Charakter der Kleidung ist besonders offensichtlich mit Blick auf den Geschlechterunterschied: Die Kleidung gilt als eines der wichtigsten Mittel zur sozialen Unterscheidung der Geschlechter (Langner 1959), und die Geschlechtlichkeit ist eine wesentliche Kategorie in der gesellschaftlichen »Kleiderordnung«. Obwohl aber der Kleidung in Betrachtungen zur Mode (also zum Wandel von Elementen der Kleidung) viel Beachtung geschenkt wurde, findet sich kaum eine Soziologie der Kleidung. Selbst die Geschlechtersoziologie schenkt diesem offensichtlichsten Mittel der Inszenierung der Geschlechter wenig Aufmerksamkeit.

Es ist nun gerade der Transvestismus, der mit dieser ›öffentlichen Seite‹ des Geschlechterverhältnisses, der ›zweiten Haut‹ der Kleidung, gleichsam ein »natürliches Experiment« durchführt. Denn indem Transvestiten die Grenzen der geschlechtlichen Kleiderordnung überspringen, zeigen sie uns, wo diese Grenzen liegen und wie scharf sie gezogen sind.

Schon in der Alltagssprache bezeichnen wir die Personen als Transvestiten, die sich die Kleidung des anderen Geschlechts anlegen. In der Auswahl der Kleidung ist freilich immer das leitend, was als geschlechtsspezifische Kleidung in einer Kultur üblich ist. Der transvestitische Omaha-Indianer legt sich den weiblichen Tragriemen an, dagegen verfügt ein Chevalier d'Eon oder ein Abbé de Choisy über den ganzen barocken Zierat aus Puder, Perücke, Parfüm und Plüschrock. Der Transvestismus beschränkt sich also keineswegs nur auf die Kleidung; er verwendet vielmehr das gesamte Repertoire der kulturellen Mittel zur Gestaltung der öffentlichen Erscheinung, also das, was man mit Goffman das *Dekor* nennen kann[2]: Kleidung, Bemalung, Schmuck, Haltung, Mimik, Gestik und andere am Körper getragene oder mit dem Körper assoziierte Gegenstände, wie z. B. Tätowierungen, Schminke, Ketten, Uhren, Handtaschen, Zigarettenmarken usw. Dabei setzt der Transvestismus voraus, daß die Elemente des Dekors geschlechtsmarkiert sind, also typischerweise einzeln oder in bestimmten Kombinationen von einem Geschlecht exklusiv verwendet werden. Die Elemente des nach Geschlechtskategorien unterschiedenen Dekors fungieren dann auch als Embleme, die ihre Bedeutung von der Geschlechtskategorie erhalten, die sie trägt (der Rock ist dann weiblich, wenn er ausschließlich von Frauen getragen wird).

Folgt man der anthropologischen Forschung, dann nimmt der Transvestismus recht unterschiedliche Formen an. So findet Baumann (1955) in seiner kulturvergleichenden Untersuchung zahlreiche Formen dessen, was er zusammenfassend den *(rituellen) Kleidertausch* nennt. In einer dem englischen »Cross-dressing« entsprechenden Bedeutung handelt es sich dabei um ein Handlungsmuster des zeitweiligen Anlegens der Kleider des anderen Geschlechts, wie wir es etwa von der Fastnacht oder von besonderen Festen kennen. Wie Dekker und van de Pol (1989) zeigen,

---

[2] Goffman (1972: 23) sieht Kleidung als Teil des »Dekors«; beides bildet ein wesentliches Element der »Szene«.

drängen auch soziale und wirtschaftliche Gründe vor allem Frauen dazu, als Transvestiten aufzutreten. Während diese Form einem verdeckten Transvestismus gleichkommt, kann das rituelle Handlungsmuster auch auf Dauer gestellt sein und eine Institution bilden, wie sie aus verschiedenen anthropologischen Diskussionen bekannt ist (Baumann 1955, Bleibtreu-Ehrenberg 1984, Williams 1986). Als gängige Beispiele für diesen *institutionalisierten Kleidertausch* werden die indianische »Berdache«, die indische Hijra oder die arabischen (weiblichen) »Mustergil« angeführt (Westphal-Hellbusch 1956). Was die Verbreitung angeht, finden Ford und Beach (1957) in 49 von 76 untersuchten Gesellschaften eine solche Institution. Im allgemeinen scheint die Institution des Kleidertauschs dort vorzuherrschen, wo die Unterschiede der Geschlechter kulturell schwach betont werden (Munroe und Whiting 1969).

Es wird oft darauf hingewiesen, daß der Transvestismus in seiner institutionalisierten Form gewichtige gesellschaftliche Funktionen erfüllt. So dienen Transvestiten in schriftlosen Gesellschaften als Mittler und rituelle Markierer der Geschlechterdifferenz und elaborieren die kulturellen Unterschiede zwischen den Geschlechtern (Baumann 1955); sie verwischen also nicht die Geschlechtergrenzen, sondern können sogar, wie Peacock (1978) am Beispiel von Transvestiten auf Java zeigt, die Opposition der Geschlechter in der Weltansicht festigen.

Wie jedoch Lipp (1986) behauptet, erfüllt der Transvestismus die Funktion der Markierung der Geschlechtergrenzen lediglich dort, wo diesen Grenzen eine entscheidende Rolle für die Ordnung der Gesellschaft zukommt. Dies treffe zwar auf verwandtschaftlich geregelte Gesellschaften zu, die sich über den »Austausch« von Frauen und Männern definieren, indem sie etwa Ehen nur mit Mitgliedern anderer Familien, Clans oder Dörfer gestatten. In der modernen Gesellschaft aber könne es keine solche Institution mehr geben: wenn der transvestitische Kleidertausch hier vorkomme, habe er doch seine symptomatische Bedeutung verloren und sei abgesunken zur »Verhaltensbeliebigkeit (wenn nicht -krankheit) von Individuen« (Lipp 1986: 551). Der heutige Transvestismus habe seine soziale Funktion eingebüßt, er sei keine Institution mehr, sondern nur noch ein psychologisches Phänomen, das in den von Institutionen übriggelassenen Freiräumen der Subjektivität überlebe.

Lipps Behauptung, der Transvestismus sei ein vorrangig psychologisch zu erklärendes Phänomen, wurde tatsächlich schon von Magnus Hirschfeld (1910) vertreten, von dem der Begriff des »Transvestitismus« stammt.[3] Hirschfeld betrachtet den männlichen Transvestiten als eine der angeborenen sexuellen Zwischenstufen, die sich zwischen den kaum realisierten Extremen des Männlichen und Weiblichen bewegen. Und auch Burchard (1961: 21) vertritt die Auffassung, daß es sich um eine »Persönlichkeitsverdoppelung«, um eine zweigeschlechtliche Persönlichkeit handele. Die meisten neueren Untersuchungen teilen diese Auffassung und gehen davon aus, daß die Identität der Transvestiten weitgehend psychisch begründet sei. Allerdings stoßen die psychologischen Erklärungsversuche auf zwei Schwierigkeiten:
Zum einen wird das Phänomen des Transvestismus, das die Psychologie erklären will, von ihr selbst mit erzeugt (und verändert). »Hermaphroditen« und Weibmänner waren lange Zeit noch sehr vage Kategorien, und die Betroffenen entschieden oft selbst, ob sie darunter gefaßt werden wollten – oder mußten (Jones und Stallybrass 1991). Im 19. Jahrhundert aber beginnen Experten die Definitionsmacht an sich zu reißen. Zunächst sind es noch wissenschaftlich-biologische Experten, die die Geschlechtsbestimmung vornehmen (Foucault 1980); später stellen sich psychologische Experten an ihre Seite, und unter ihren Händen wandelt sich das Phänomen beständig: Konnte Erich Amborn (1981) in den 30er Jahren die Autobiographie eines »Intersexuellen« schreiben, die von Hirschfelds »Zwischenstufen« geprägt war, so bezeichnen sich bei Burchard (1961) in den 60er Jahren noch die, die sich heute als Transsexuelle ansehen, als Transvestiten. Die Transsexuellen trennen sich – in der Selbstauffassung und in der wissenschaftlichen Bestimmung – erst in der Folgezeit (Hirschauer 1993) und passen sich den in der Zwischenzeit von der Psychologie amtlich niedergelegten Definitionen an. Was als Transvestit oder Transsexueller gilt, ist heute auch von der Existenz (psychologisch legitimierter) Gesetze abhängig.
Zum anderen gestehen schon Bürger-Prinz u. a. (1966: 71), daß man »keine sicheren Aussagen über die Wurzeln dieser Entwick-

---

[3] Hirschfelds Begriff des »Transvestitismus« schloß an Ellis' (1936) Begriff des Eonismus an. Der Kürze wegen sprechen wir von Transvestismus.

lung [zum Transvestismus, H. K.] machen« könne; trotz einer Reihe weiterer Untersuchungen (vgl. z. B. Buhrich 1977) gibt es noch keinerlei Aussicht auf eine stimmige Erklärung, und so stellte unlängst Docter (1990: 181) fest: es gibt keine bestimmbare Persönlichkeitsstruktur des Transvestiten – und es gibt folglich auch keine plausible psychologische Erklärung.

Angesichts der Erklärungsnot psychologischer Theorien des Transvestismus liegt es nahe zu fragen, ob denn die These der »psychologischen Verhaltensbeliebigkeit« tatsächlich aufrechterhalten werden kann. Deswegen werde ich hier von der These ausgehen, daß der Transvestismus eine moderne Institution darstellt. Dabei sollte klargestellt werden, daß ich unter Institutionen typische soziale Handlungsmuster verstehe, die soziale Identitäten – in diesem Falle die der Transvestiten – stützen. *Persönliche Identität* stellt also eine soziale Konstruktion dar[4], die sich in sozialen Interaktionen ausbildet; dabei wirken Institutionen gleichsam als Identitätsstützen. Während sich Identitäten subjektiv durch gesellschaftlich etablierte Formen des Selbstverständnisses, der Erfahrungs- und Handlungsformen auszeichnen, werden sie von einem Kontext sozialer Organisationen getragen, die das Wissen um die entsprechenden Formen bereitstellen und vermitteln. Dieser Zusammenhang findet im Falle der Transvestiten eine besondere Ausprägung. Wie ich zeigen will, weist die Identität der hier untersuchten Transvestiten zwar eine spezielle subjektive Erfahrungsstruktur auf; diese aber wird in die Form bestimmter Handlungsmuster gebracht, die sich in einem besonderen Inszenierungsstil (»Cross-acting«) und in besonderen Darstellungsmitteln (»Cross-dressing«) ausdrücken. Weder diese Inszenierungsstile noch die Darstellungsmittel werden vom Einzelnen erfunden; Transvestiten übernehmen auch nicht einfach weibliche Formen von Frauen als »role models«; vielmehr werden die kulturellen Muster des Transvestismus in Szenen vermittelt, die von Organisationen und massenmedialen Milieus getragen werden.

Um diese verschiedenen Ebenen zu erfassen, bewegt sich die folgende Ethnographie auf drei Ebenen. Auf der ersten Ebene besteht sie darin, die typischen subjektiven Deutungen des Untersuchungsbereiches zu erheben (vgl. auch Forrest 1986). Anne Honer

---

4 Ich lehne mich an Luckmanns (1980: 190ff.) Begriff der persönlichen Identität an.

(1993) charakterisiert dies als den »lebensweltlichen Forschungsansatz«, der sich besonders des Interviews bedient. Auf dieser Ebene ist auch die Selbstauffassung der Befragten als Transvestiten zentral. Auf der zweiten Ebene werden die Handlungsmuster, kulturellen Inszenierungsformen und Darstellungsmittel untersucht; dazu zählen auch sprachliche und andere kommunikative Formen sowie Interaktionsrituale, Zeremonien u. a., die mittels teilnehmender Beobachtung, der Analyse audiovisueller Daten und des ethnographischen Interviews (Spradley 1979) erhoben werden. Schließlich stellt sich auch die Frage nach dem »Sitz im Leben« der Beobachteten, ihrem Ort im sozialen Raum, in der sozialen Zeit und in einem organisatorischen Kontext. Die Klärung dieses Umfelds – das eigentliche »Feld« des Ethnographen – macht eine intensive Recherche, Vergleiche und Gespräche mit Informanten ebenso nötig wie die Verwendung von Statistiken, juristischen Texten oder sekundären Quellen.

Um die Verwendung des oben entwickelten Begriffes Transvestismus zu klären, sollte betont werden, daß er sich freilich nur auf den hier untersuchten Kulturkreis bezieht. Überdies kann er lediglich als vorläufig angesehen werden, da er auf einer Datenbasis basiert, die sicherlich ausgeweitet werden muß, und da er ein Phänomen behandelt, das sich gerade in jüngerer Zeit rasant wandelt. Dennoch erscheint mir diese vorläufige Klärung des Begriffes vermittels einer breit angelegten Ethnographie notwendig. Denn obwohl die Erforschung des Transvestismus hierzulande eingesetzt und eine Reihe bedeutender Untersuchungen hervorgebracht hat (Hirschfeld 1910; Bürger-Prinz u. a. 1961; Burchard 1966), sind die durchaus sichtbaren Ausprägungen dessen, was auch heute (im Selbst- wie im Fremdverständnis) als »Transvestismus« im deutschsprachigen Raum auftritt – im Unterschied zu den Vereinigten Staaten oder England – wenig bekannt.

Die Daten wurden zwischen 1990 und 1992 in den Vereinigten Staaten und im deutschsprachigen Raum erhoben. Der Analyse liegen sechzehn (zehn deutschsprachige, sechs amerikanische) Interviews mit männlichen Transvestiten zugrunde[5]; neben der teil-

---

[5] Zwei der Befragten leben mehr oder weniger ausschließlich als »Transvestiten« (im amerikanischen Falle: »transgender«), ohne ihre Männlichkeit operativ opfern zu wollen. Die Berufe reichen von Schüler, Friseur zu Manager und Naturwissenschaftlern; das Alter reicht von

nehmenden Beobachtung in verschiedenen Szenen nahm ich Kontakt mit einem halben Dutzend deutschsprachigen und amerikanischen Vereinigungen auf, deren Aktivitäten ebenfalls Gegenstand dieser Untersuchung sind. Die Ethnographie weist dabei spezifische, für das Feld typische Merkmale auf. Denn im Unterschied zur gängigen ethnologischen Feldforschung war ein Daueraufenthalt im Feld allein deswegen nicht möglich, weil der Transvestismus lediglich an bestimmten Lokalitäten und zu bestimmten Zeiten in Erscheinung tritt: er hat einen außerordentlich situativen Charakter, der mit dem Begriff »Szene« eingefangen werden soll. Auf den einschlägigen Schauplätzen treten im Regelfall keineswegs nur Transvestiten ›im Fummel‹ auf; vielmehr läßt das Feld üblicherweise Raum für andere, weniger involvierte Teilnehmerrollen: Interessierte, Neulinge, »Spanner« und »Signifikante Andere«. Lieferten diese Teilnehmerrollen den Raum für die Beobachtung, so zeigten sich auch die meisten der angesprochenen Transvestiten zu Interviews bereit, die indessen meistens an »neutralen« Orten und in alltäglicher Aufmachung durchgeführt wurden. Als geradezu detektivisch erwies sich dagegen die Aufgabe, die entsprechenden Veranstaltungen, Szenen und Organisationen ausfindig zu machen.

2. Über Organisationen und institutionelles Umfeld des Transvestismus

Daß der Transvestismus keineswegs eine bloß »privatistische Verhaltensbeliebigkeit« ist, zeigt schon sein institutionelles Feld. »Dieses ist lebendig und komplex, mit eigenen Organisationen, Zeitschriften und eigenem Jargon. Es offeriert zahlreiche Aktivitäten und Dienstleistungen, die die Phantasie der Transvestiten fördert. Die Zugehörigkeit zu transvestitischen Geheimgesellschaften ermöglicht insbesondere die Freiheit, sich als Frau vor anderen zu kleiden« (Talamini 1982b: 37ff; Übers. H. K.). Diese

19 bis 70 Jahren. Einige Transvestiten sind ausschließlich homosexuell, haben Erfahrung in Travestieshows als Laien oder Professionelle; andere sind heterosexuell und verheiratet oder in festen heterosexuellen Beziehungen. Zwei der Befragten haben Kinder. Wieder andere betrachten sich als asexuell.

Organisationen erfüllen mehrere Aufgaben: sie sind Sozialisationsagenten zum Erwerb der ›Weiblichkeit‹; sie liefern Informationen über gemeinsame Veranstaltungen und Kontaktmöglichkeiten; sie erlauben die Einrichtung einer ›weiblichen Privatsphäre‹, und sie unterstützen die Möglichkeit einer sozial akzeptablen Lebensführung als Transvestit.

In den USA setzte die Organisierung der Transvestiten um 1960 ein, als Virginia Prince die Zeitschrift »Transvestia« herausgab und eine »Sorority« (Foundation of Personality Expression) begründete, die später in Tri Ess (The Society for the Second Self) umbenannt wurde. Ein amerikanischer Führer aus dem Jahr 1990 enthielt eine fünfzehnseitige Liste, in der sieben USA-weit arbeitende Nonprofit-Organisationen zur »Gender Education«, über hundert regionale amerikanische Vereinigungen sowie Vereinigungen in Kanada, England, Frankreich, der Schweiz, Deutschland, Norwegen, Japan und Neuseeland aufgeführt sind. Diese Infrastruktur wird ergänzt durch internationale Hilfsorganisationen (»Gender Centers«), zehn Computer Bulletin Boards (»Genderline«) und zehn amerikanische Zeitschriften, die USA-weit oder international verbreitet werden (wie z. B. »The American Crossdresser«), sowie telefonische Beratungsdienste.[6] Es finden regelmäßig mehrtägige Kongresse und Konferenzen mit Hunderten Teilnehmern statt.

Die lokalen Vereinigungen, die oft vereinsmäßig mit Satzungen, Komitees und formaler Mitgliedschaft organisiert sind, reichen von kleinen, regelmäßig tagenden Gruppen bis zu Vereinen mit mehreren hundert Mitgliedern, die sich hauptsächlich aus Transvestiten, aber auch »Transgenders«, Transsexuellen und deren »Signifikanten Anderen« rekrutieren. Die Aktivitäten der lokalen Vereinigungen umfassen u. a. Parties, monatliche gesellige Treffen der Beteiligten, »Significant Other Support Groups«, Paartreffen, Vorträge, Öffentlichkeitsarbeit, die Herausgabe von Informationsbroschüren und Zeitschriften, den Betrieb eigener Bibliotheken, den Kontakt mit anderen Gruppen und telefonische Hilfsdienste. Dem hohen Organisationsgrad der amerikanischen

---

6 Die International Foundation for Gender Education z. B. hat ein eigenes Büro, eine telephonische »crisis line«, betreibt »peer counseling«, organisiert Treffpunkte, gibt »TV/TS Tapestry« heraus, »information booklets«, Bücher, Newsletters usw.

Vereinigungen entspricht eine dichte informelle Infrastruktur (Gaststätten, Bars, Spezial-Bekleidungsgeschäfte mit »Discreet Shopping for TV/ Cross Dressers, Transsexuals, Swingers and Fantasy People« usw.) und eine rege Kommunikation zwischen den Gruppen und mit anderen Organisationen.

Die Organisation im deutschsprachigen Bereich ist – im Unterschied auch zu England – weniger dicht; sie setzt in den 80er Jahren ein und umfaßt eine Reihe von lose miteinander verbundenen Selbsthilfe-Gruppen mit bis zu mehreren hundert Mitgliedern, die erste Versuche zur Anerkennung als Vereine unternommen haben und auch internationale Treffen veranstalten. Neben den regelmäßigen Gruppentreffen werden vereinzelt periodische Informationsbroschüren herausgebracht und größere Feiern veranstaltet. In den letzten Jahren sind mehrere kommerzielle Organisationen mit Hunderten von Mitgliedern entstanden, und mehrere »Privatclubs« bieten ihre Dienste an. Einige vertreiben spezielle »Transvestiten«-Zeitschriften (die Auflage einer Zeitschrift überschreitet 10 000 Exemplare), die den Betreibern eine ökonomische Basis sichern. Die Zeitschriften bieten (neben pornographischem Material) die Vorstellung der Mitglieder, die Ankündigung von Veranstaltungen und Treffpunkten, Kontakte und Informationen für Transvestiten und einige Transsexuelle sowie Anzeigen von Prostituierten. Die pornographische und oft auch »bizarre« Ausrichtung dieser Zeitschriften und Organisationen (von denen sich die Selbsthilfegruppen explizit absetzen) scheint ein besonderes Merkmal der deutschsprachigen Szene zu sein. Wie in den USA gliedert sich auch hier ein auf Transvestiten spezialisierter Markt von Betrieben an, die auf Transvestiten zugeschnittene Waren (Kleidung, Schuhe, Perücken) und Dienstleistungen (Schminkberatung, Epilation, psychologische Beratung) anbieten.

Bis in die 70er Jahre erschien die Geheimhaltung des Stigmas als zentrales Problem der Institution. »Der Transvestit ist verletzlich. Solange unsere Gesellschaft sexuelle Variationen als strafbar ansieht, lebt er in Furcht vor Erpressung«.[7] Der Prozeß der Organisierung bewirkte jedoch eine allmähliche Öffnung. Die Transvestiten verstehen sich zunehmend als eine zu respektierende

---

7 Beigel (1969: 110). Vor allen Dingen in den Vereinen finden sich Formen des »Stigma Managements«. Vgl. Talamini (1982b).

Minderheit, die versucht, als eine »normale Randgruppe« anerkannt zu werden (Talamini 1982b). Dies gilt nicht nur für die USA, wo sich die »Gender Community« politisch bemerkbar zu machen beginnt. Auch die deutschsprachigen Gruppierungen definieren sich vermehrt als Selbsthilfegruppen, führen Zeitungskampagnen durch und treten mit dem wachsenden Selbstbewußtsein auf, etwas Besonderes zu sein.

3. Erfahrungsstruktur, Handlungsmuster und Darstellungsmittel transvestitischer Identität

Wie Transvestiten einhellig berichten, beginnt ihre Praxis zunächst mit einer ›vorsozialen‹ *privatistischen* Stufe: dem Kleidertausch im Verborgenen, im »Closet«. Dabei handelt es sich meistens um eine private Verkleidung mit Kleidern der Mutter oder von Schwestern, um ein »spielerisches Anlegen gegengeschlechtlicher Kleidung« (Burchard 1961: 20). Viele Transvestiten berichten von einer regelrechten Geschichte des kindlichen Kleidertauschs, die als besondere Erfahrung offenbar gut erinnerlich bleibt.[8] In diesem Falle wird der Kleidertausch geheim und unter Ausschluß der Öffentlichkeit durchgeführt. Diese ›Privatisten‹, die keinerlei andere Öffentlichkeit kennen, neigen zu Schuldgefühlen, wie Uta in ihrer Anfangszeit:[9]

»... aber diese Wahnsinnsängste, um Gottes Willen, was mach ich da eigentlich, ne Schweinerei oder sowas. Des war immer ne unangenehme Begleiterscheinung. Also wo ich das jetzt wirklich sagen kann, au ja, ich zieh jetzt ne Strumpfhose drunter und genieß einfach das Gefühl und fertig – des war immer mit also irgendwie Herzklopfen und Schuldgefühlen verbunden.«

---

8 Allerdings gibt es beträchtliche biographische Unterschiede, wann diese erste Erfahrung verortet wird. In manchen Fällen wird sie in der frühen Kindheit angesetzt, meistens aber vor der Pubertät, und nur in seltenen Fällen in oder lange nach der Pubertät (Burchard 1961: 9). Docter (1990) berichtet allerdings auch von über 60jährigen »Einsteigern«, und mir selbst sind zwei Fälle bekannt, in denen erstmals im Erwachsenenalter transvestische Praktiken begonnen wurden.
9 Den im Feld üblichen Konventionen folgend werden hier weibliche Vornamen verwendet, die allerdings verändert wurden.

Der für die privatistische »Stufe« charakteristische Kleidertausch ist geprägt vom vermeintlichen Zwang zur Geheimhaltung; das Verbergen selbst führt dazu, daß Privatisten den Kleidertausch im Vergleich zu kultivierten Transvestiten nur teilweise vollziehen: der Bart bleibt, Frauenstrümpfe, ein Paar Stöckelschuhe oder ein Rock genügen – und erzeugen, im Verborgenen ausgeführt, den Eindruck des Verbotenen.

»... als es dann intensiver wurde und ich dann überging, Strümpfe anzuziehen..., dann kamen Schuldgefühle. Ja. Du bist schweinisch, du bist pervers, du bist abartig, ne, das ist ganz unnormal wie du bist, guck mal die andern an, die machen des alle nicht, du bist des Übel, was man liest, du bist allein auf der Welt...« (Udine)

Schon weil die Betroffenen völlig auf sich gestellt sind und über kein Wissen darüber verfügen, daß es ihresgleichen gibt, empfinden sie sich als moralisch verwerflich, und der Zwang zum Verbergen führt dazu, daß diesem privatistischen Cross-dressing der Hauch des Fetischistischen anhaftet, der auch von Forschern leichtfertig bestätigt wird (Docter 1990: 148). Denn diese privat betriebene Form kann auch der erste Schritt einer Transvestiten- oder Transsexuellen-Karriere sein. (Wenn die im Verborgenen sich Verkleidenden auch später noch beim Anlegen einzelner Kleidungsstücke bleiben, wird auch manchmal der Begriff »Damenwäscheträger« benutzt.)

Im Unterschied zu dieser rudimentären, sozial weitgehend unsichtbaren Form legen »kultivierte« Transvestiten jene Schuldgefühle ab und entwickeln – im Rahmen der homosexuellen Subkultur, in Selbsthilfegruppen und durch die massenmediale Information – ein eigenes Selbstbewußtsein und eine Identität. Sie orientieren sich an anderen Transvestiten, an Büchern, Zeitschriften, Bildmedien und entwickeln ein elaboriertes Dekor. Sie verfügen über ein (mehr oder weniger umfangreiches) explizites Wissen um den Transvestismus und seine Erscheinungsformen.

Wie lange der Weg in die kultivierte Form dauert, ist stark vom sozialen Umfeld abhängig. Madonna, als Kind in den Kleidern seiner Schwester entdeckt, wird von den Eltern verprügelt und verbirgt für mehr als ein Jahrzehnt seinen Kleidertausch. Andere Transvestiten dagegen treten schon früh an die Öffentlichkeit. Uschi etwa wurde in seiner Imitation weiblicher Sängerinnen, die er im Alter von etwa zwölf Jahren entwickelte (wobei er schon seit dem Kindergarten Kleidertausch praktiziert habe), tatkräftig von seinen Eltern unterstützt, führte sie bei Geburtstagsfeiern der Eltern, bei Fastnachtsveranstaltungen vor und wurde sogar zu einem Fernsehauftritt gebeten.

Die befragten Transvestiten verfügen über ein alltägliches Wissen über Transvestiten, das kommunikativ über populäre Inszenierungen, Fernsehsendungen, Zeitungsberichten oder Literatur vermittelt wird. Entsprechend prägt dieses Wissen auch die Transvestiten, die sich nicht nur – wie der erste Eindruck vermuten ließe – an Frauen, sondern auch an anderen, als Vorbilder wirkenden Transvestiten orientieren. Trotz dieser Prägung zeigt sich als Kern der transvestitischen Identität eine *besondere Erfahrungsstruktur*.

Die Erfahrung der Transvestiten ist natürlich in besonderer Weise an das weibliche Dekor geknüpft. Das erlaubt ihnen eine herausgehobene Form der Erfahrung: die Embleme des Weiblichen am eigenen Leib werden durchgängig als angenehm geschildert, das Gesamtbild aber führt zu einem Zustand, der mit ›angenehm‹ viel zu schwach beschrieben wäre. Die Erfahrung folgt vielmehr einem als aufregend empfundenen Gefühl, das in seiner Beschreibung der »Fluß-Erfahrung« von Sportlern ähnelt:

»...und da kann ich mich noch ganz genau dran erinnern wie ich's erste Mal ins Auto gestiegen bin und beschlossen hab, jetzt fährste nach X... und machst en Schaufensterbummel so richtig als Frau, mit Schminke und allem drum und dran. Wie ich damals ausgesehen hab, weiß ich nicht... also jedenfalls in die Autobahn reingebogen, aber ein Hochgefühl sondergleichen.« (Udine)

Das Motiv der besonderen Erfahrung ist oft verbunden mit der Unsicherheit, öffentlich mit weiblichem Dekor aufzutreten, und mit der Ungewißheit über die Reaktion der anderen. In dem Maße aber, wie das öffentliche Auftreten geübt und gesteigert wird, nimmt die Spannung ab. Was bleibt, ist eine als sehr angenehmes Wohlgefühl gedeutete Erfahrung.

»Ich hab mir net gefallen, ich fand mich häßlich und zu dünn und zu mager und zu verschroben und weiß der Geier was alles.... Und als Frau da hab ich mich einfach extrem wohl gefühlt – Sache haben die Leute zu mir gesagt, ›Mensch du siehst super aus...‹« (Bibi)

Dieses Wohlgefühl wird daran gebunden, daß sich Transvestiten »als Frauen« gut oder sogar besser gefallen denn »als Männer«.

»Es ist so, daß ich mich kleidungsmäßig als Frau dann trotzdem wohler fühl weil's einfach die schöneren Sache sind .... daß man sich halt wohl fühlt in Kleidung ... Ich gefall mir als Frau eigentlich fast besser.« (Sigi)

Im Unterschied zu amerikanischen Transvestiten, die den Abstand vom »männlichen Rollenstreß« betonen[10], scheint das »Wohlgefühl« bei den deutschsprachigen mit einer subjektiven »ekstatischen« Erfahrung verbunden zu sein: »als Frau« aufzutreten, kommt dem Eintritt in eine andere Wirklichkeit gleich:

»Des is irgendwie ne andere Welt (...) wenn ich die Klamotten anhab, dann ist das einfach selbstverständlich, des is wie ne Verwandlung. Ich bin eigentlich en ganz anderer Mensch.« (Pia)

Die Deutungen zeigen an, daß der Kleidertausch nicht bloß als »Rollentausch« verstanden wird, sondern in eine andere, den gewöhnlichen Alltag transzendierende Form der Selbsterfahrung und -wahrnehmung überführt.

»Bei mir sind des schon irgendwo zwei Welten ... Ich leg's jetzt nicht darauf an in meinen Alltag soviel Weiblichkeit reinzuprojizieren, daß man denkt, na ja-.« (Uta)

Der Sprung in die andere Wirklichkeit wird als eine Art Passageritus vollzogen:

»... du hocksch vor dem Spiegel und fängsch dich an zu schminken, des is en rein technischer Vorgang, und du gehst als Mann in die Garderobe rein, hockst da ne Stunde drin, schminkst dich... nachher kommsch halt rein und legsch die Knie übereinander und klimpersch mit den Augen und fertig.« (Bea)

Das Handlungsmuster, mit dem die Passage von einer Kategorie in die andere vollzogen wird, ist der *Kleidertausch*: das Anlegen des weiblichen Dekors bzw. das »Cross-dressing«. Die transvestitische Erfahrung ist weniger an Frauen als an die Embleme des

---

10 Talamini (1981) nennt neben der Erleichterung vom männlichen Rollenstreß das Rollenspiel, die Erotisierung und die Verschönerung als Motive.

Weiblichen gebunden – und diese schaffen auch die besonderen Erfahrungen:

»Ich mein Strumpfhosen, die vermitteln en Gefühl auf der Haut, was also normale Männerkleidung eigentlich nicht gibt. Als ich s'erste Mal in ne (Strumpf)hose reingeschlüpft bin, ›huch, was ist denn das‹?« (Uta)

Die Transvestiten betonen immer wieder die besondere Erfahrung des Fühlens der meist bevorzugten ungewöhnlichen Stoffe, wie Samt, Seide oder Satin. Berichtet wird auch von der Überraschung, den eigenen gespiegelten Körper in der ungewohnten Gestalt des weiblichen Körperschemas zu sehen. Schiere Begeisterung löst die Wahrnehmung der Langbeinigkeit, Vollmundigkeit oder Spindelförmigkeit des Körpers aus. Den sanften Druck der weiblichen Kleidungsstücke an ungewöhnlichen Stellen zu spüren, gilt als ebenso außerordentliche Erfahrung wie die neuen Geräusche (»Rauschen«) der Kleidung, die ›betörenden‹ Gerüche weiblicher Parfums und Deodorants (»Obsession«, »Poison«) oder schließlich die akustische Erfahrungen des Klapperns der Stöckelschuhe.
Zum Dekor gehört nicht nur die Kleidung; dazu kommt das Schminken, der Schmuck, die Schuhe, die offenbar unerläßliche Perücke. Insbesondere heterosexuelle Transvestiten orientieren sich an einer eindeutig binären Kleiderordnung. »Unisex«-Kleidung wird ebenso gemieden wie jedes »männliche« Kleidungsstück.

»Also Hosen sind z. B. total verpönt. Ich würd nie als Frau Hosen anziehen, denn aus den Hosen bin ich ja grade raus, auch keine Damenhosen, des müßte schon was ganz Tolles sein, vielleicht so neue Leggings, was es jetzt so gibt, denn aber ganz knalleng und aus Gold oder sowas oder Brokat... absolut ganz toll weiblich.« (Udine)

Transvestiten betrachten zwar die Kleiderordnung keineswegs als ausschließlich binär; allerdings erlaubt nur das als exklusiv weiblich angesehene Dekor den »Sprung« in eine erotisierte Selbsterfahrung des Anderen und die Passage in eine andere soziale Kategorie.
Dient das weibliche Dekor als Eintrittskarte in eine andere Erfahrungswelt, so gesellen sich zu dem »Cross-dressing« interaktive

Prozeduren der Zuordnung zum anderen Geschlecht, ein »Crossacting« (Lang 1990), das aus Verhaltensmustern besteht, die erlernt und als weiblich empfunden werden.[11]

»Ich beweg mich auch ganz anders, wenn ich als Frau geschminkt bin, ich sitz anders ... ich bin irgendwo aber auch irgendwie jemand anders.« (Sigi)

Bei der – für die heterosexuellen Transvestiten durchaus schwierigen – Übernahme eines weiblichen Namens, der Anrede mit weiblichen Pronomen, der »weiblichen Gestik« u.ä., handelt es sich um Umgangsformen, die in Szenen eingeübt werden und nicht um einen bloß psychologisch motivierten Vorgang. Die Annahme eines weiblichen Namens dient nicht nur der Anzeige eines anderen »Äußeren«, sondern auch als Schutz der männlichen Identität:

»und da haben wer uns [in der Gruppe] eben so angeredet, und wer neu kam der kriegte schnell einen verpaßt oder mußte sich schnell einen einfallen lassen. Und dann stellte sich das eben als zweckmäßig insofern heraus, daß es eben Leute gab, die absolut anonym bleiben wollen oder müssen aufgrund beruflicher und sonstiger Gründe, und da bot sich das eben an daß wir uns eben mit Mädchenvornamen anreden.« (Udine)

Zu diesen Konventionen zählen neben der Benutzung weiblicher Namen, weiblicher Pronomen, spezieller Codes (»TV«, »TS«, »genetische Frau«) auch die »Mutprobe«, den einmal begonnenen Kleidungstausch immer öfter, intensiver und öffentlicher zu betreiben:

»... und dann wie z. B. die Rita ... Die hat jetzt en Skiurlaub gemacht, komplett als Frau. Also wirklich von der Busreise bis (Skifahren). Und die Udine sagt auch, was jetzt noch reizen würde, wäre mal ne Flugreise, also irgendwie immer noch ne Scheibe dazulegen, daß eben der Reiz irgendwie erhalten bleibt.« (Uta)

---

11 Dies kommt auch in einem entsprechenden Phantasieskript in der transvestitischen Literatur zum Ausdruck. Ein gängiges Motiv dieser Phantastik ist die Rechtfertigung des Verkleidens etwa durch äußeren Zwang: Es handelt sich um verschiedene Motive des erzwungenen Cross-dressing, wie sie in den entsprechenden Zeitschriften literarisch ausgestaltet wird.

Nachdem Uta, ein halbes Jahr vor dem Interview, einer Transvestitengruppe beigetreten ist, entwickelt sie einen ›öffentlichen Stil‹ und ein eigenes Frauenbild:

»Früher, ich hatte eigentlich nur was gesucht, was irgendwas Weibliches – weibliches Kleidungsstück. Und nen (Frauentyp) zu entwickeln oder darzustellen, kostet einfach Geld. (...) Aber sobald's eben rausgeht und mich sieht jemand, dann find ich dann sollt's nicht irgendwie ne Parodie einer Frau sein, sondern dann sollt's eben nach Möglichkeit geschmackvoll aussehen (...) ich hab plötzlich gemerkt, ich bin nicht einfach so en seltsam verkleideter Mann, sondern ich hab ein eigenes (Frauen-)gesicht und mein Körper dazu – es kommt en gewisser Stil dabei zustande.«

Wie Docter (1990) gezeigt hat, gründet auf diesen Erfahrungen und Handlungsmustern eine besondere transvestitische *Identität*, die er als eine »Cross-Gender«-Identität von Männern, die als Frauen auftreten, aber Männer bleiben, bezeichnet. Die andere Kategorie, in die der Passageritus überführt, ist nicht »Frau«, sondern eben: »Transvestit«. Diese »Cross-Gender«-Identität wird auch in Selbstbeschreibungen betont. So erklärt Wanda: »Wir sind Transvestiten. Wir sind irgendwo in der Grauzone zwischen den Geschlechtern ... es wäre ein Alptraum, normal zu sein und zu wissen, das ist alles, was das Leben ausmacht«. Diese Identität gründet nicht nur im Kleidertausch, sondern auch in der skizzierten Erfahrungsstruktur. So fehlt etwa in den meisten Beschreibungen des Kleidertausches bei westlichen Frauen – mit wenigen Ausnahmen[12] – diese subjektiv ekstatische Komponente; Dekker und van de Pol (1989) weisen darauf hin, daß historisch Frauen Männerkleidung meist anlegten, um einen sozialen Status zu sichern; auch bei Frauen, die männliche Kleidung bevorzugen und als »Gender Blenders« wahrgenommen werden, fehlt diese Erfahrungskomponente (Devor 1989). Die Vorstellung, daß Kleidung wie eine »Kommunikation« funktioniere und so etwa die Identität prägen könne, wird dem Transvestismus also nicht gerecht: charakteristisch für den Transvestismus ist die nicht nur an das Dekor bloß ›gekoppelte‹, sondern die mit ihr wesentlich verbundene subjektive Erfahrung des Andersseins; die Kleider sind »sinnfällige beabsichtigte

---

12 So beschreibt etwa Stoller (1982) drei Fälle eines weiblichen Transvestismus, der mit einem »erotischen Fetischismus« verbunden ist.

Zeichen eines *inneren* Strebens« (Hirschfeld 1910: 258). Die Eigenart der Identität der Transvestiten besteht also nicht einfach darin, daß ein Kleidertausch vorgenommen wird; ihr Definitionsmerkmal ist die mit dem Kleidertausch einhergehende, eminent subjektive (ekstatische) Erfahrung. Die Referenz der Embleme geht, wenn man so will, nicht nur nach außen; die von der Kleidung getragene Bedeutung »weiblich« dringt ins subjektive Bewußtsein, sie hat besondere Gefühle zum subjektiven Korrelat; und auf Dauer gestellt, bildet sie die Grundlage der transvestitischen Identität.

4. Die soziale Prägung des Transvestismus: Szenen und Inszenierungsformen

Die Identität der Transvestiten wird jedoch keineswegs alleine durch »an individual's history and subjective feelings« (Docter 1990: 40) bestimmt; sie wird auch nicht nur situativ in Interaktionen generiert (West und Zimmerman 1987). Vielmehr gehen kulturelle Einflüsse in die Identität ein, die insbesondere durch das institutionelle Umfeld bedingt sind. Dies wird besonders am Vergleich zwischen deutschsprachigen und amerikanischen Transvestiten deutlich: So steht etwa amerikanischen Transvestiten die Kategorie des »Transgender(ed)« zur Verfügung , die eine ganze Lebensführung kennzeichnet. Unter diesem Titel führen Transvestiten durchgängig einen weiblichen Lebensstil, ohne aber, wie Transsexuelle, sich im ›falschen Körper‹ zu fühlen und den Körper verändern zu wollen.[13] Dies gilt etwa für Linda, einen verheirateten, als Frau lebenden 50jährigen ehemaligen Autorennfahrer, der sich selbst als »Transgendered« bezeichnet. Da Linda selbst eine Gruppe von Transvestiten leitet, versteht er »transgender« als eine Unterkategorie von »Transvestiten«.[14] Das Fehlen einer solchen Kategorie im deutschsprachigen Raum kann schwerwiegende Folgen haben: die Betroffenen sehen sich vor die Entscheidung gestellt, sich als Transsexuelle anzusehen und entsprechende kör-

13 Wie Bolin (1994) zeigt, verdrängt die politisch eingesetzte Kategorie des »Transgender« in den USA zunehmend die der Transvestiten und Transsexuellen.
14 Linda lebte etwa 5 Jahre »als Frau«, ist nun etwa die Hälfte der Zeit »in der weiblichen Rolle« und lebt auch mit seiner Frau in einer »lesbischen Beziehung«.

perliche Änderungen in Angriff zu nehmen. So gesteht die zeitweilig als Frau lebende Sonja: »Ich hatte also vor einigen Jahren mit dem Gedanken sehr stark gespielt, mich operieren zu lassen. Und dann hat mir eine Freundin gesagt, ja was willst du denn, du kannst dich ja nicht abgeben mit Männern. Da war mir dann ein Licht aufgegangen.«

Auch die Verfügbarkeit anderer »lebbarer« Kategorien transvestitischer Identität erweist sich als abhängig von sozialen Milieus. Dies gilt etwa für die im angelsächsischen Raum gebräuchliche Unterscheidung zwischen »drag queens« und »she-males«, die typischerweise am Rande der Homosexuellen-Subkultur größerer Metropolen der USA auftreten. (Drag Queens treten in einer weitgehend homosexuellen Subkultur auf, während She-Males oft auch heterosexuelle »Swinger« ansprechen.[15])

Kulturell geprägt sind auch bestimmte Konventionen des Crossacting. So benutzen Transvestiten etwa weibliche Namen nicht aus ›weibischer‹ Veranlagung, sondern weil sich dies in ihren Gruppierungen ›so gehört‹. Auch die Bevorzugung der weiblichen Toiletten sowie der wachsende »Zwang«, den einmal begonnenen Kleidungstausch immer öfter, intensiver und öffentlicher zu betreiben, muß keineswegs als ein psychologisch-exhibitionistischer Zug interpretiert werden (Brierly 1979), sondern kann als eine kulturelle Konvention in Transvestitengruppen angesehen werden.

Solche Konventionen sind Teil einer transvestitischen Kultur, in der sich erst die Identität des Transvestiten ausbilden kann. So ist auch die Auffassung, daß in der transvestitischen Identität neben dem männlichen ein weibliches Ich (»my female self«) existiere (von dem amerikanische Transvestiten mit großer Selbstverständlichkeit reden), keine psychologisch verallgemeinerbare Bewußtseinsspaltung, wie manche Forscher glauben machen (Docter 1990, Talamini 1981). Vielmehr wird die Lehre vom »weiblichen Ich« von transvestitischen Organisationen quasi als Doktrin verbreitet (Prince 1976: 63 ff.), ja zuweilen ist sie eine Voraussetzung

15 Newtons (1979) Ethnographie zeigt die fließenden Übergänge von »Street fairies«, homosexuellen transvestitischen Prostituierten, die sich um Auftritte in den Shows bemühen, »Street performers«, jüngeren Transvestiten, die daneben öffentlich Prostitution betreiben, und »Stage performers«, professionellen Travestiekünstlern, die auch vor einem »normalen« Publikum auftreten.

für den Eintritt in entsprechende Vereinigungen – z. B. in die »Society for the Second Self«.

Daß Kultur auch die Inhalte der transvestitischen Identität prägt, zeigt sich etwa an der allmählichen Änderung der sexuellen Orientierung. Die Homosexuellen-Bewegung wandte sich im Laufe der 70er und 80er Jahre zunehmend vom »femininen Stigma« ab, das vor allem die Transvestiten personifizieren (Newton 1979: xii). Damit vollzog sich auch eine organisatorische, soziale und räumliche Abgrenzung der Homosexuellen von den Transvestiten. In großen amerikanischen Transvestiten-Vereinigungen gilt die ausdrückliche (vom Begründer der ersten Organisation Virginia Prince aufgestellte) Lehre, daß Transvestiten heterosexuell seien, und die interviewten amerikanischen Transvestiten entsprechen diesen Anforderungen weitgehend (Feinbloom 1977) – im Unterschied zu ihren deutschsprachigen Pendants. (Es ist im übrigen kein Zufall, daß die offiziellen Legitimationen der Transvestitenvereinigungen in den Forschungsergebnissen zu psychologischen Merkmalen verallgemeinert wurden. Viele Forscher rekrutieren ihre Befragten aus Vereinen mit entsprechenden Satzungen, ohne diesen beschränkten Zugang methodisch zu berücksichtigen.)

Während in den USA die Ausgliederung der großteils heterosexuellen organisierten Transvestiten aus der Homosexuellen-Szene weit fortgeschritten ist (Newton 1979: XII), bleibt im deutschsprachigen Raum die sexuelle Orientierung selbst bei organisierten Transvestiten diffus. Noch ein »klarer Fall« wie Uta, ein 35jähriger, verheirateter Transvestit mit mehreren Kindern, räumt ein,

»ich kann also sagen, ich hab ne kleine Ader, die vielleicht bisexuell ist, ohne daß ich's jetzt brauche oder ausleben möchte. Aber ich könnt mir's vielleicht vorstellen. Während viele andere sagen, um Gottes Willen, ... ich kann auch nicht ausschließen, daß ich jetzt irgendwann, wenn mir einer über'n Weg läuft, der mir sympathisch ist, daß da mal was passieren kann...«

Ein deutlicheres Indiz für diese sexuelle Diffusität bietet eine Durchsicht von hundert Selbstdarstellungen deutschsprachiger Transvestiten (Altersdurchschnitt 42 Jahre) in einer bundesweit vertriebenen Transvestiten-Zeitschrift. Darunter befinden sich 26 verheiratete Transvestiten, von denen allerdings acht angeben, bisexuell zu sein, und fünf ihren Wunsch nach Geschlechtsumwandlung aus familiären Gründen zurückzuhalten. Als eindeutig homosexuell geben sich sechs zu erkennen; 25 geben keine Hinweise auf sexuelle Orientierungen; der Rest bietet ein buntes Gemisch aus sexuellen Orientierungen.

Die Erklärung dafür, daß sich diese kulturelle Prägung vor allem auf die von den Organisationen und ihrem Umfeld getragenen Vorstellungen bezieht, liegt darin, daß die Organisationen »männlicher Weiblichkeit« eine eigene soziale Lebenswelt mit eigenen Sonder-Öffentlichkeiten ausgebildet haben, in denen Transvestiten als Transvestiten auftreten können. Solche Sonder-Öffentlichkeiten können wir *Szenen* nennen. Szenen sind Lokalitäten, die sich durch besondere Inszenierungsstile und die Verwendung typischer Darstellungsmittel auszeichnen (vgl. Knoblauch 1995: 245 ff.). Von Szenen zu reden, liegt insbesondere deswegen nahe, weil sich mit den Lokalitäten auch die Inszenierungsformen und Darstellungsmittel ändern.

Im folgenden werden einige dieser Szenen und die sie prägenden Typen von Transvestiten grob skizziert.[16] Dabei muß wieder bedacht werden, daß die Trennlinien in den USA – in der Folge einer deutlicher differenzierten sozialen Organisation – klarer gezogen sind; sie unterscheiden sich auch von der Konstellation in Großbritannien, wo King (1993) die »drag community« von der »transvestite/transsexual community« und der »fetishistic, Crossdressing community« unterscheidet.

Nicht alle Szenen sind *nicht*öffentlich. Die *Bühnen-Travestie* ist zweifellos eine populäre Form, die durch Bühnenvorführungen oder Fernseh-Shows einem breiten Publikum zugänglich ist. Sie entstand vermutlich aus der Auflösung der Konvention, daß weibliche Bühnenrollen ausschließlich von Männern gespielt werden dürfen. Daraus entwickelte sich in England (viel später etwa in Italien[17]) eine komische, groteske Form der Frauendarstellung, die unter dem Namen »drag« im 19. Jahrhundert eine populäre

16 Dazu wurden öffentlich zugängliches Material sowie eigene Fotografien verwendet. Im Sinne der fotografischen Elizitierung wurde der Korpus einer Gruppe von Studenten vorgelegt, um die Typologie zu bilden und zu überprüfen (Wuggening 1988). Dabei wurde auch auf die Outfit-Studie des Spiegel (1986) zurückgegriffen.
17 Noch Balzac berichtet in mehreren Erzählungen über italienische Wandertheater in Frankreich, in denen Männer die Frauenrollen spielten.

Unterhaltungsform wurde (Ackroyd 1979: 89 ff.). In den 20er Jahren finden sich auch in Deutschland Travestieshows, Varieté-Nummern und spezielle Wäschekataloge (Rabenalt 1965). Nach dem Zweiten Weltkrieg wurde vor allen Dingen Paris für Travestie-Varietés bekannt. Neben der Groteske entstand auch eine »Glamour«-Version und zusätzlich eine (meist Play-Back-) Gesangsrolle des Drag. Während die Drag Shows bis in die 70er Jahre stark in der Homosexuellen-Subkultur verankert waren und in der medialen Öffentlichkeit komische Rollen (Charly's Tante) vorherrschten, fanden seit den 70er Jahren zunehmend »Glamour«-Transvestiten den Weg in die Öffentlichkeit (»Romy Haag«, »Mary« oder »Georgette Dee«), die sogar in (eigenen) Fernsehshows oder als »Idole« in der Werbung auftreten.

Auch außerhalb der Medien ist die Bühnentravestie nach wie vor eine populäre Form, die an festen Veranstaltungsorten auftritt oder von Wandergruppen in Diskotheken, Theatern und Kabaretts vorgeführt wird. Die »*Travestiekünstler*« machen ihre Vorführungen zwar vorwiegend vor einem »gemischten« Publikum; ihre Lebensformen siedeln sich aber meist am Rande der Homosexuellen-Öffentlichkeit an. Die von mir befragten »Travestiekünstler« bezeichneten sich selbst – sofern sie auch außerhalb des Bühnenauftritts »als Frau gehen« – als »Travestie« oder »Travestiten«. Die Inszenierungsform besteht in einer ironischen Überzeichnung (bei Parodien) weiblicher Typen oder in einer hyperbolischen Verwendung des weiblichen Dekors (falsche Augenwimpern, überhohe Stöckelschuhe, starkes Make-Up) bis hin zur Verwendung von Utensilien des (weiblichen) Show-Cabarets (Federboa, Showkostüme u. dgl.).

Die *Homosexuellen-Kultur* bietet schon traditionell eine Reihe von Szenen für Transvestiten (Hirschfeld 1991/1904). Zu den bekanntesten gehören die in verschiedenen größeren Städten jährlich stattfindenden »Tuntenbälle«, an denen auch ein breites, »heterosexuelles« Publikum Gefallen findet. Allerdings handelt es sich hier vielfach um die Inszenierung eines »Fastnachtstypus«, der exaltierte Elemente weiblicher Kleidung verwendet. Typisch dafür dürfte das »Genderfuck dressing« sein, für das Popmusiker wie David Bowie und Brian Eno das Vorbild geliefert haben (Ackroyd 1979: 120 f.). Es zeichnet sich durch eine fantastisch-übersteigerte oder ironisch-anzügliche Verwendung des weiblichen Dekors aus, wobei einzelne, aber deutliche männliche Insignien (Bart, haarige

Brust oder haarige Beine) beibehalten werden. Trotz der erwähnten Tendenz bei Homosexuellen, sich von Transvestiten abzugrenzen, gibt es daneben durchaus einen Typus des *homosexuellen Transvestiten*, der in homosexuellen Lokalitäten und bei größeren Feierlichkeiten »im Fummel« auftritt. Dabei handelt es sich im Regelfall um einen stark erotisierten Typus, der versucht, sekundäre weibliche Geschlechtsmerkmale (Beine, Hintern, Mund) stark und »verführerisch« hervorzuheben. Als Inszenierungsmittel dient das konventionelle Dekor festlicher Auftritte, das von langen, engen Kleidern bis zu Miniröcken reicht. Insbesondere in den USA zeichnet sich eine Ausdifferenzierung der homosexuellen Transvestiten ab, die sich zuweilen von den als »geistig verwirrt« eingestuften heterosexuellen Transvestiten abzugrenzen versuchen (Fournet, Forsyth und Schramm 1988).

Allerdings sind hier fließende Übergänge zu einem weiteren, recht neuen Typus festzustellen, den man *Party-Transvestiten* nennen kann. Vor allem im Rahmen der jugendkulturellen Öffentlichkeit bildete sich eine spektakuläre Partyszene aus, die Auffälligkeit und ungewöhnliches »Outfit« honoriert. Ein Beispiel dafür dürften die amerikanischen »Gender Havens« sein, Diskotheken und Bars, die einem »liberalen« Publikum, das sich aus der weiblichen und männlichen Homosexuellen-Kultur und nach Abwechslung suchenden Nachtschwärmern zusammensetzt, öffentliche Selbstdarstellung erlaubt. Auch in Deutschland ist dies im Zuge der »Vogueing«-Mode – etwa als »Wig-Parties« – bekannt geworden (und findet auch im Rahmen der »Techno-Raves« statt). In diesen Szenen treten Transvestiten (z. B. als »Dream Girls«) auf, die sich auffällig an einer modisch-avantgardistischen, erotisch-jugendlichen Frauenmode orientieren.[18]

Eine weitere Szene bilden die *Vereine und Gruppen*. Die örtlichen Gruppen haben wöchentliche oder monatliche Treffen in Nebenräumen von Gaststätten, in Wohnungen oder in Diskotheken. Die Transvestiten erscheinen dort zum Teil schon in Verkleidung; den weniger Wagemutigen werden Umkleidemöglichkeiten geboten.

---

18 Das »Vogueing« hat seinen Ursprung in der schwarzen Homosexuellen-Kultur New Yorks und leitet sich von der Nachahmung von weiblichen Models auf den Titelbildern der Modezeitschrift »Vogue« ab. Es wurde von Malcom MacLaren, dem ehemaligen Manager der Punkrock-Gruppe »Sex Pistols« aufgenommen und weltweit vermarktet.

Die Teilnehmer unterhalten sich über alltägliche Gegenstände und Anliegen der Gruppen, wobei sie weibliche Vornamen benutzen; in den Konversationen wird darauf geachtet, eine sexuelle Tönung zu vermeiden. Besondere Anlässe sind Parties in Gaststätten. Die gelegentlich in weiblicher Begleitung auftretenden Transvestiten haben hier die Gelegenheit, ihre Garderobe vorzuführen; Wahlen zur »Ballkönigin« oder »Miß Bein« ermöglichen öffentliche Auftritte. Im Unterschied zu den Party-Transvestiten meiden die *Vereinstransvestiten* einen auffälligen, aktuell modischen weiblichen Kleidungsstil. Sie legen zwar Wert auf ein ausschließlich weibliches Dekor, im Regelfall aber richten sie sich »gepflegt traditionsbewußt« aus: verhüllende Abendkleidung, seriöse Kostüme zeigen den gemäßigten »Stil« an, der vermeidet, »nuttig« oder sexuell auffordernd zu erscheinen.[19] Zu diesem Stil zählen auch einige weitere ›Requisiten‹: Statt eigener Haare werden weibliche Perücken bevorzugt, Brillenträger schaffen sich Frauenbrillen an; die Brust wird ausgestopft.

Eine deutlichere sexuelle Prägung weisen die Mitglieder *kommerzieller Organisationen* auf. Hier steht eine sexuell anzügliche weibliche Kleidung im Vordergrund, die am ehesten dem Klischee von Prostituierten entspricht. Miniröcke, hochhackige Schuhe, enge Büstiers werden aber oft auch mit Elementen aus dem Sadomasochismus verbunden (überhohe Lederstiefel und -röcke, Peitschen, Fesseln usw.). Der Übergang zum »*Bizarren*« und zur sadomasochistischen Szene ist fließend, und hier treten dann auch »Damenwäscheträger«, (männliche) Zofen oder »TV-Dominas« auf: Leder, Lack, besondere »Zofen-Kostüme« zählen zu den typischen Emblemen.

In den entsprechenden Magazinen treten Transvestiten auch als *Prostituierte* auf; und in vielen Großstädten findet sich eine Szene der öffentlichen Straßenprostitution männlicher Transvestiten. Allerdings läßt sich die Trennlinie zu Transsexuellen hier nurmehr schwer ziehen, denn prostituierte Transvestiten entsprechen meistens dem visuellen Muster weiblicher oder transsexueller Prostituierter: Hormonbehandlungen und entsprechende körperliche

---

19 Wie ein amerikanischer (Vereins-)Transvestit berichtet, befürchtete seine Mutter, als er ihr sein Faible gestand, lediglich, er könne als »bad girl« in Fischnetzstrümpfen und Minirock herumlaufen – was ihm selbst unverständlich war.

Veränderungen sind die Regel; das Dekor entspricht in einem gesteigerten Maße dem der weiblichen Prostituierten, wobei auf die Präsentation der sexuellen Reize (Busen, Körperformen) großer Wert gelegt wird.

5. Transvestiten, Kleiderordnung und Geschlechtergrenzen

Schon weil das wesentliche Darstellungsmittel der Transvestiten, die Kleidung, einem raschen modischen Wandel unterworfen ist, kann diese ethnographische Beschreibung lediglich vorläufig sein, und es muß wiederholt betont werden, daß sie keinen Anspruch auf Vollständigkeit erheben kann. Dennoch macht sie deutlich, daß es sich beim Transvestismus keineswegs um eine sozial und kulturell unberührte psychologische Verhaltensbeliebigkeit handelt. Der Kleidertausch wird zwar aus »inneren Gründen« betrieben; dabei handelt es sich jedoch nicht um bloß psychologisch bedingte Ursachen, die zu einer »Affektkultur« erweitert würden; das Motiv der Transvestiten besteht vielmehr darin, im Überschreiten der (noch bestehenden) institutionalisierten Grenzen der Kleiderordnung eine besondere ekstatische Erfahrung des Selbst zu machen. Diese Erfahrung orientiert sich nicht unmittelbar an Frauen; Ehefrauen oder Freundinnen stehen eher im Weg, und sie beklagen dies auch regelmäßig.[20] Im Unterschied zur »exzentrischen Identität« von Transsexuellen (Lindemann 1993), die sich gleichsam aus einer anderen Position betrachten, kommt es nicht zur Erfahrung des Anderen, sondern lediglich zur Erfahrung des anderen Äußeren; Transvestiten sind sich stets bewußt, daß sie keine Frauen sind. Ihr Ziel ist die andere Erfahrung des männlichen Leibs in weiblicher Gestalt, die von den kulturellen Vorgaben des institutionellen Umfeldes geprägt ist.

Wenn wir aber feststellen, daß der Transvestismus in unserer Gesellschaft auf eine vielfältige Weise institutionalisiert ist, dann

---

20 Die recht unterschiedlichen Einstellungen der Frauen zum Ritual ihrer Männer (die von wünschenswert bis gehaßt reichen) üben offenbar keinen Einfluß auf die der Transvestiten aus (Woodhouse 1989). Auch alle von Beigel (1969: 116) befragten Frauen stimmten darin überein, daß ihre Männer als Transvestiten außerordentlich eigensüchtig seien.

müssen wir zur Ausgangsfrage zurückkehren: Ist der Transvestismus Ausdruck des Zerfalls der Männlichkeit, der »Angleichung der Geschlechter« oder gar Symptom für eine allgemeinere Krise? Um diese Frage anzugehen, sollten wir die Grundzüge dessen betrachten, was der Transvestismus thematisiert und überspringt: die geschlechtsspezifische äußere Erscheinung in Kleidung und Dekor. Falls der Transvestismus nämlich als Symptom für die Ordnung der Geschlechter betrachtet werden kann, sollte besonders auf seine Form geachtet werden, ob er nämlich – wie etwa die indianische »berdache« – eine »third gender role« besetzt (Lang 1990: 45). Dieser Vergleich der hier beschriebenen Formen des Transvestismus mit vergleichbaren Institutionen des Kleidertauschs in anderen Kulturen fällt besonders deutlich aus: So folgt etwa der »Xanith«, den Wikan (1977) als ein Zwischengeschlecht beschreibt, hinsichtlich Kleiderlänge, -farbe und -schnitt weder den weiblichen noch den männlichen Mustern; vielmehr bewegt er sich hinsichtlich seines Dekors ›zwischen‹ den Geschlechtern. Tatsächlich weisen ja die Inszenierungsformen der hier beschriebenen Typen, die sich nach den jeweiligen Szenen unterscheiden, besondere emblematische Züge auf: Die Kleiderordnung der Transvestiten verwendet Embleme, die exklusiv Frauen vorbehalten sind, wie Damenperücke, Lippenstift, High Heels; sie meidet jene Kleidungsstücke, die nicht eindeutig als weiblich »codiert« sind. Die zur Schau getragene Kleiderordnung ist nicht nur exklusiv weiblich; innerhalb des weiblichen Repertoires wählt sie besondere, festtägliche Elemente aus. Dabei bringt die exaltierte Bühnenversion der »Travestiten« ebenso ein idealisiert-verzerrendes Frauenbild zum Ausdruck wie die Party-Transvestiten, die sich am Typus der extrem modebewußten Frau ausrichten; die Vereinstransvestiten stellen einen bürgerlich-gesetzten bzw. »konservativen« Frauentypus (Spiegel 1986) vor, der »soziale Macht« durch wertvolle Materialien und gehobenen Stil anzeigt, und im kommerziellen Bereich sind sexuell animierende Typen die Vorlagen. Die Embleme scheinen von drei Idealen geleitet zu sein: repräsentative Schönheit, ausgedrückt in der gehobenen Variante der Vereinstransvestiten oder in der Travestie; erotische Attraktivität, wie sie beim homosexuellen Transvestiten und bei der Party-Variante inszeniert wird; und sexuelle Anziehung, die in der pornographischen Variante oder bei Prostituierten hervorgehoben wird.
Die Transvestiten begeben sich also nicht einfach in die »status-

niedrige Frauenrolle« (Bullough 1974). Vielmehr eignen sie sich jene Embleme der Weiblichkeit an, die ihrer kulturspezifischen Idealisierung und Mythisierung dienen und somit – im Unterschied zum Hierarchieprinzip, das die Unterschiede der männlichen Kleidung quasi vertikal organisiert – dem »seductive principle« folgen (Rubinstein 1995: 83ff). Weil sie sich der idealisierten Aspekte des weiblichen Äußeren bedienen, können sie auch ihre Praxis »als Machtposition oder als Machtzuwachs« empfinden (Bürger-Prinz u. a. 1966: 40). So läßt sich auch die besondere Erfahrungskomponente dadurch erklären, daß Transvestiten ausdrücklich jene Embleme verwenden, die eindeutig als weiblich markiert sind; die positive Wertung dieser Erfahrung wiederum liegt darin begründet, daß es sich um jenen Ausschnitt der Embleme handelt, die zur Idealisierung der Weiblichkeit dienen (Goffman 1994).

Diese ausschließliche Verwendung rein weiblicher Embleme ist deswegen sehr auffällig, weil die gesellschaftliche Kleiderordnung ja keineswegs mehr streng binär zwischen Frauen und Männern scheidet; sie kennt vielmehr einen wachsenden Übergangsbereich der »Unisex-Kleidung«, der geschlechtsneutralen Sport-, Freizeit- oder Arbeitskleidung. Zwar werden die Embleme der hierarchisch strukturierten männlichen Kleidung in zunehmendem Maße für Frauen zugänglich – und dies parallel zur Erhöhung des Frauenanteils in den unterschiedlichen Gesellschaftsbereichen –, doch bleibt die Kleiderordnung in die andere Richtung hermetisch geschlossen. Der Transvestismus zehrt von dieser Geschlossenheit der Kleiderordnung, denn er verwendet genau jene Elemente, die einseitig weibliche Zeichen bleiben. Seine Funktion besteht dann aber gerade nicht darin, die Kleiderordnung – als oft übersehener, aber bedeutsamer Ausschnitt der Geschlechterordnung – zu überwinden, sondern vielmehr aufzuzeigen und dadurch zu festigen. Denn obwohl wir etwa in der Jugendkultur eine Reihe zumindest androgyner Formen finden, die sich der Embleme beider Geschlechter bedienen, wie etwa die rocktragenden Punks, Heavy-Metal-Rockfans oder »Gender Blenders« (Devor 1989), und obwohl sich in den letzten Jahren auch innerhalb der »Mainstream«-Männerkleidung Ansätze zu einer »masculine translation of female style« finden (Rubinstein 1995: 102), wird kaum eine dieser ›emblematischen Zwischenformen‹ dem Transvestismus zugerechnet, sie gelten sogar z. T. als äußerst maskulin.[21] Der Transvestismus nutzt diese vestimentären Mischcodes nicht; er bildet keine geschlechtlichen Zwischenstufen. Vielmehr zehrt er von der Rigidität der einseitig geschlossenen Kleiderordnung, er behält die Trennung von zwei Geschlechtern als »a matter of objective, institutionalized facts, i.e. moral facts« aufrecht (Garfinkel 1967). Wenn er denn tatsächlich als institutionalisiertes Symptom für das Verhältnis der Geschlechter angesehen werden darf, dann liegt der Schluß nahe, daß sich nicht die Geschlechterordnung ändert – jedenfalls was ihren Ausdruck in der Kleiderordnung angeht. Die Individuen haben lediglich die Option, innerhalb der gleichbleibenden Ordnung die Seiten zu wechseln.

Literatur

Ackroyd, Peter (1976), *Dressing Up. Transvestism and Drag: The History of an Obsession*, New York: Simon and Schuster.
Amborn, Erich (1981), *Und dennoch Ja zum Leben. Die Jugend eines Intersexuellen 1915-1933*, Schaffhausen: Meier.
Baumann, Hermann (1955), *Das doppelte Geschlecht. Studien zur Bisexualität in Ritus und Mythos*, Berlin: Reimer.
Beigel, Hugo A. (1969), »A Weekend at Alice's Wonderland«, in: *Journal of Sex Research* 5, S. 108-122.
Bem, Sandra L. (1981), »Gender Schema Theory: A Cognitive Account of Sex Typing«, in: *Psychological Review* 88, S. 354-64.
Bleibtreu-Ehrenberg, Gisela (1984), *Der Weibmann. Kultischer Geschlechtswechsel im Schamanismus*, Frankfurt/Main: Fischer.
Bolin, Anne (1994), »Transcending and transgendering: Male-to-female transsexuals, dichotomy and diversity«, in: Gilbert Herdt (Hg.), *Third Sex, Third Gender. Beyond Sexual Dimorphism in Culture and History*, New York: Zone, S. 447-486.
Brierly, H. (1979), *Transvestism: Illness, Perversion, or Choice*. New York, Pergamon.
Bürger-Prinz, Hans, Heinrich Albrecht und Hans Giese (1966), *Zur Phänomenologie des Transvestitismus bei Männern*, Stuttgart: Enke.

21 Wie schon erwähnt, bilden etwa die frühen »Gender Fuckers« eine Ausnahme, die insbesondere in der Homosexuellen-Kultur eine Tradition etablierten. Daneben finden sich in großstädtischen Milieus die erwähnten Formen der »Gender Blenders«, wie etwa der Londoner »Drag Kings« – offensichtliche Frauen, die als Männer auftreten.

Buhrich, Neil (1977), »The Discret Syndromes of Transvestism and Transsexualism«, in: *Archives of Sexual Behavior* 6, S. 483- 495.

Bullough, Vern L. (1974), »Transvestites in the Middle Ages«, in: *American Journal of Sociology* 79, S.1381- 1394.

Burchard, Johann (1961), *Struktur und Soziologie des Transvestitismus und Transsexualismus*, Stuttgart: Enke.

Dekker, Rudolf und Lotte van de Pol (1989), *Frauen in Männerkleidern. Weibliche Transvestiten und ihre Geschichte*, Berlin: Wagenbach.

Devor, Holly (1989), *Gender Blending. Confronting the Limits of Duality*, Bloomington und Indianapolis: Indiana University Press.

Docter, Richard F. (1990), *Transvestites and Transsexuals. Toward a Theory of Cross-Gender Behavior*, New York und London: Plenum.

Ellis, Havelock H. (1936), *Studies in the Psychology of Sex*. Bd. 7: *Eonism and other supplementary studies,* New York: Random House.

Feinbloom, Deborah H. (1977), *Transvestites and Transsexuals,* New York: Dell.

Flügel, John C. (1964), *The Psychology of Clothes*, London: Hogarth.

Ford, Clellan und Frank Beach (1957), *Patterns of Sexual Behavior,* New York: Harper and Row.

Forrest, Burke (1986), »Apprentice-participation. Methodology and the Study of subjective reality«, in: *Urban Life* 14, S. 431-453.

Foucault, Michel (1980), »Introduction«, in: Herculine Barbin (1980*), Being the Recently Discovered* a. *Memoirs of a 19th Century Hermaphrodite,* Brighton, Sussex: Harvester, VII-XVII.

Fournet, L. M., C. J. Forsyth und C. T. Schramm (1988), »The Process of Deviance Designation: The Case of the Homosexual Transvestite«, in: *Free Inquiry in Creative Sociology* 16, S. 177-182.

Garber, Marjorie (1993), *Verhüllte Interessen. Transvestismus und kulturelle Angst,* Frankfurt/Main: Fischer.

Garfinkel, Harold (1967), *Studies in Ethnomethodology,* Englewood Cliffs: Prentice Hall.

Goffman, Erving (1972), *Relations in Public. Microstudies of the Public Order,* Harmondsworth: Penguin.

Goffman, Erving (1994) »Das Arrangement der Geschlechter«, in: *Interaktion und Geschlecht* (herausgegeben v. H. Knoblauch), Frankfurt/Main: Campus.

Hirschauer, Stefan (1993), *Die soziale Konstruktion der Transsexualität,* Frankfurt/Main: Suhrkamp.

Hirschfeld, Magnus (1910), *Die Transvestiten. Eine Untersuchung über den erotischen Verkleidungstrieb,* Berlin: Pulvermacher.

Hirschfeld, Magnus (1991/1904), *Berlins drittes Geschlecht,* Berlin: Rosa Winkel.

Hoffmann, Hans-Joachim (1985), *Kleidersprache. Eine Psychologie der Illusion in Kleidung, Mode und Maskerade,* Frankfurt/Main: Ullstein.

Honer, Anne (1993), *Lebensweltliche Ethnographie*, Opladen: DUV.

Jones, Ann R. und Peter Stallybrass (1991), »Fetishizing Gender: Constructing the Hermaphrodite in Renaissance Europe«, in: Julia Epstein und Kristina Straub (Hg.), *Body Guards. The Cultural Politics of Gender Ambiguity*, New York und London, S. 80-111.

King, Dave (1993), *The Transvestite and the Transsexual*, Aldershot: Avebury.

Knoblauch, Hubert (1995), *Kommunikationskultur: Die kommunikative Konstruktion kultureller Kontexte*, Berlin: De Gruyter.

Lang, Sabine (1990), *Männer als Frauen – Frauen als Männer. Geschlechtsrollenwechsel bei den Indianern Nordamerikas*, Hamburg: Lang.

Langner, Lawrence (1959), *The Importance of Wearing Clothes*, London: Fiske.

Lindemann, Gesa (1993), *Das paradoxe Geschlecht. Transsexualität im Spannungsfeld von Körper, Leib und Gefühl*, Frankfurt/Main: Fischer.

Lipp, Wolfgang (1986), »Geschlechtsrollenwechsel. Formen und Funktionen am Beispiel ethnographischer Materialien«, in: *Kölner Zeitschrift für Soziologie und Sozialpsychologie* 38, S. 529-559.

Luckmann, Thomas (1980), *Lebenswelt und Gesellschaft*, Paderborn: UTB.

Newton, Esther (1979), *Mother Camp. Female Impersonators in America*, Chicago (2. Aufl.), UCP.

Munroe, R. und J. Whiting (1969), »Institutionalized Male Transvestism and Sex Distinction«, in: *American Anthropologist* I, S. 86-91.

Prince, Virginia (1976), *Understanding Cross Dressing*, Los Angeles: Chevalier Publications.

Rabenalt, Arthur M. (1965), *Mimus Eroticus. Beiträge zur Sittengeschichte der erotischen Szenik im 20. Jahrhundert*, Hamburg.

Rubinstein, Ruth P. (1995), *Dress Codes. Meanings and Messages in American Culture*. Boulder, San Francisco, Oxford: Westview Press.

Spiegel Verlag (Hg.) (1986), *Outfit*, Hamburg: Spiegel.

Spradley, James P. (1979), *The Ethnographic Interview*, New York: Holt, Rinehart and Winston.

Stoller, Robert (1968), *Sex and Gender*, New York: Science House.

Stoller, Robert (1982), »Transvestism in Women«, in: *Archives of Sexual Behavior* 11, S. 99-115.

Talamini, John T. (1981), »Transvestism: Expression of a Second Self«, in: *Free Inquiry in Creative Sociology* 9, S. 72-74.

Talamini, John T. (1982), »Transvestism: The Organization of Male Feminity«. In: *Free Inquiry in Creative Sociology* 10, S. 69- 74.

Talamini, John T. (1982b), *Boys Will Be Girls. The Hidden World of the Heterosexual Male Transvestite*, Lanham und London: University Press of America.

Vinken, Barbara (1993), *Mode nach der Mode. Kleid und Geist am Ende des 20. Jahrhunderts*, Frankfurt/Main: Fischer.

West, Candace und Don H. Zimmerman (1987), »Doing Gender«, in: *Gender and Society* 1, S. 125-151.

Westphal-Hellbusch, Sigrid (1965), »Transvestiten bei arabischen Stämmen«, in: *Sociologus* 6, S. 126-137.

Wikan, Unni (1977), »Man becomes woman: Transsexualism in Oman as a key to gender roles«, in: *Man* NF 12, S. 304-319.

Williams, Walter L. (1986), *The Spirit and the Flesh. Sexual Diversity in American Indian Culture*, Boston: Beacon Press.

Woodhouse, Annie (1989), *Fantastic Women. Sex, Gender and Transvestism*, New Brunswick: Rutgers UP.

Wuggenig, Ulf (1988), »Die Fotobefragung«, in: Henrik Krentz (Hg.), *Pragmatische Soziologie*, Opladen: Leske und Budrich.

Astrid Jacobsen
Ordnungs- und Unruhestifter
Ein privater Sicherheitsdienst observiert

Ort des Geschehens ist ein großzügig angelegtes Freizeitbad. Im Eingangsbereich toben aufgedrehte Kinder. Ein genervter Vater weiß sich offenbar nicht mehr anders zu helfen als seinen ca. fünfjährigen Kindern mit Blick auf zwei uniformierte Männer zu sagen: »Guckt mal. Die Herren da drüben gucken schon.« Die zu Erziehungszwecken als Herren Bezeichneten sind zwei junge Männer, die neben den Einlaß-Drehkreuzen stehen. Sie tragen Jeans, Straßenschuhe, weiße T-Shirts, die sie mit schwarzen Lettern als Angehörige eines Sicherheitsdienstes auszeichnen und ein am Gürtel befestigtes Funkgerät.

Nicht nur in Schwimmbädern, auch in U-Bahnstationen, Bahnhöfen, Flughäfen, in Kaufhäusern, Museen, Fußgängerzonen, bei Fußballspielen, bei Konzerten, aber auch in Militäranlagen und in Kernkraftwerken hat die Präsenz privater Sicherheitsfirmen in der Öffentlichkeit zugenommen. Wirtschaftsmagazine schwärmen von enormen Wachstumszahlen der als zukunftsträchtig beschworenen Sicherheitsbranche.[1] In einer öffentlichen Debatte im Rahmen der ›Inneren Sicherheit‹ sind private Sicherheitsdienste Gegenstand kontroverser Diskussionen. Als ›Beschützer‹ in einer zunehmend gefährlichen und gewalttätigen Welt werden sie von den Befürwortern als Beruhigung geschätzt, während ihre Kritiker in ihnen – etwa als »Schwarze Sheriffs« – die Gefahr willkürlicher Gewaltausübung sehen. Die öffentliche Debatte ist durch-

---

[1] Die Fach-Medien berichten von einem »Sicherheitsboom in den Rezessionsjahren 1992/93« (Frantz 1994), der die Anzahl der Angestellten im privaten Sicherheitssektor fast der der beschäftigten Polizisten gleichkommen läßt. Die Umsatzzahlen suggerieren eine Verdreifachung innerhalb eines Jahrzehnts. Diese Zahlen sind nicht unabhängig zu sehen von der Ausweitung des Serviceangebots. Die klassischen Dienstleistungen privater Sicherheitsfirmen – Gebäudeüberwachung, Geld- und Werttransport – sind längst ergänzt durch Angebote im Veranstaltungs-, Objekt-, Werk- und Personenschutz, in der Auslandsaufenthaltsberatung für Geschäftsleute, bis hin zur elektronischen und mechanischen Sicherheitstechnik.

zogen mit Argumenten aus der juristischen Diskussion um die Rechtmäßigkeit des Einsatzes privater Sicherheitsdienste im Einklang mit dem Grundgesetz und dem Strafgesetzbuch (vgl. Hoffmann-Riem 1977, Greifeld 1981, Mahlberg 1988). Die Rechtswissenschaft scheint jedoch die einzige Disziplin, die sich bislang mit dem Thema der privaten Sicherheit auseinandersetzt; empirische Forschungen – obwohl schon früh von juristischer Seite gefordert – sind in Deutschland nicht vorhanden.

Im Rahmen der öffentlichen Diskussionen besteht daher nur eine diffuse Vorstellung, worum es sich eigentlich bei dem Produkt handelt, das die Sicherheitsfirmen anbieten, dem von den einen so viel wirtschaftliche und politische Zukunft vorausgesagt und das von den anderen als gefährlich oder gar demokratiefeindlich gefürchtet wird. Antworten darauf sind im Geschehen selbst zu suchen, indem vor Ort durch Beobachtungen und Gespräche mit Sicherheitsexperten die Praktiken der Sicherheitswahrung in den Mittelpunkt der Forschung gestellt wird: Wie wird Sicherheit gemacht?

Einen ersten empirischen Beitrag soll diese ethnographische Studie zu einer Sicherheitsfirma im Schwimmbad leisten. Insgesamt vier Wochen habe ich das Sicherheitspersonal bei seiner Arbeit begleitet. Die daraus resultierenden Tagesprotokolle sind Grundlage der folgenden Ausführungen.

Das Sicherheitspersonal – das ich im Rahmen der gebotenen Anonymisierung ›die Watcher‹ nennen werde – sind Schüler, Auszubildende und Studenten im Alter von 17 bis 26 Jahren, die die Arbeit bei der Sicherheitsfirma ausnahmslos als Nebenjob betreiben. Sie arbeiten in zwei sich überlappenden Schichten, so daß morgens zwei Watcher, von mittags bis abends vier Watcher und in den letzten beiden Abendstunden wieder zwei Watcher den Dienst übernehmen.

Die Tätigkeit des Sicherheitspersonals im städtischen Freizeitbad fällt in den Rahmen des sogenannten »Objektschutzes«; eine von zahlreichen Serviceleistungen, die private Sicherheitsdienste anbieten. Das fragliche Bad wird seit ca. drei Jahren »gesichert«, den Erzählungen zufolge, weil es als Drogenumschlagplatz von ausländischen Jugendbanden und durch Prostitution mißbraucht wurde und das Schwimmbadpersonal sich nach einigen Vorfällen bedroht fühlte. Betreiber des Bades und damit Auftraggeber der Sicherheitsfirma ist die Stadt, genauer das für die städtischen Bä-

der zuständige Amt, zu dessen Personal auch die Schwimmbadleitung zählt.
Die Watcher sind also von der Kommune beauftragte Ordnungshüter. Ihre uniformierte Präsenz repräsentiert einen gesellschaftlichen Willen zu Stabilität und Sicherheit – ähnlich der Polizei im öffentlichen Raum (Holdaway 1984: 46ff). Sie sind ein Symbol für die öffentliche Ordnung. Im Zentrum der folgenden Betrachtungen steht die Frage, wie die Watcher ihren Auftrag ausführen. Gegenstand des ethnographischen Blickes sind die spezifischen Praktiken der interaktiven Herstellung sozialer Geordnetheit, die die Watcher zum Symbol der öffentlichen Ordnung werden lassen. Zunächst installieren sie ihre Autorität, indem sie sich den Schwimmbadraum ›gefügig‹ machen (1). Aus der Position der über-blickenden Revierhüter heraus identifizieren sie aufgrund spezifischer Merkmale bestimmte Besucher, in denen eine Gefahr für die öffentliche Ordnung gesehen wird (2). Diese Besucher werden in zwei Haupttypen differenziert, die in jeweils spezifischer Form zu Gegnern und Mitspielern im Kampf um die öffentliche Ordnung werden (3 und 4). Dabei wird sich zeigen, daß ordnungs- und unruhestiftende Elemente eine überraschende Verwandtschaftsbeziehung aufweisen (5).

1. Die Praxis des Revierens

Zu zweit – ein Watcher und ich – stehen wir am Eingang, in ein Gespräch vertieft. Plötzlich nimmt der Watcher sein Funkgerät: »Watcher-Kasse an Watcher-Streife.« – »Hört«, kommt nur kurze Zeit später aus dem Gerät. »Geht mal zur blauen Säule und guckt da mal nach.« – »Alles klar« ist die Antwort, und von oben können wir beobachten, wie zwei Watcher ruhig aber zielstrebig aus dem Umkleidebereich heraustreten und die blaue Säule ansteuern, wo sich eine Gruppe von fünf oder sechs Jugendlichen angesammelt hat.
Die vier schichthabenden Watcher übernehmen unterschiedliche Tätigkeiten, die sie ungefähr halbstündlich in einem immer neu auszuhandelnden Rotationsverfahren tauschen. Die Tätigkeiten basieren auf der räumlichen Unterteilung des Schwimmbades: Eingangs- oder Kassenbereich, Umkleidebereiche und schließlich Innenhalle und Außenbereich. Innerhalb der drei Arbeitszonen gestaltet sich die Aufgabe der Watcher unterschiedlich.

Der großzügige Eingangsbereich ist ausgestattet mit einer Cafeteria und dem Instrumentarium für die Eintrittszeremonie: einem Kassenhäuschen und Drehkreuzen für Ein- und Ausgang. Von hier aus läßt sich die weiträumige Innenhalle überblicken, die sich eine Etage tiefer, durch eine riesige Glaswand getrennt, ausbreitet.

»Watcher-Kasse« steht am Eingang, neben dem Kassenhäuschen, und betätigt die kleine Seitentür neben den Drehkreuzen für alle diejenigen, denen die Fügsamkeit des Drehkreuzes verweigert ist (z. B. Mütter mit Kindern oder BesitzerInnen ermäßigter Tikkets). Alle Badegäste müssen seinen Blick passieren; in dieser Hinsicht funktioniert er als gate-keeper, der den Zugang zum Schwimmbad überwacht. Seine Positionierung – über der Innenhalle, auf die der Über-Blick durch die gläserne Wand möglich ist – macht ihn außerdem zum Späher, der von oben die Geschehnisse der Innenhalle beobachten und die übrigen Watcher über Funk zu den sogenannten Brennpunkten leiten kann. Diese Aufgabe allerdings ist der des gate-keeping untergeordnet und wird nur dann systematisch praktiziert, wenn wenig Besucherzugänge erfolgen. Watcher-Kasse, der nur in dringenden Ausnahmefällen zur Unterstützung der übrigen Watcher abgezogen wird, übernimmt darüberhinaus die Funktion eines Stützpunktes sowohl für die Watcher wie auch für die Öffentlichkeit. Er soll einerseits mit seiner verläßlichen Dauerpräsenz die Anwesenheit der Watcher nach außen repräsentieren – in Form einer Beruhigung, Warnung, Ansprechmöglichkeit –, und andererseits als Sammel- und Koordinationsstelle dienen, von der die übrigen Watcher ausschwärmen.

Die systematische und gezielte Überwachungs- und Kontrolltätigkeit innerhalb der Badeörtlichkeiten ist dagegen Aufgabe von »Watcher-Umkleide« und »Watcher-Streife«.

Von der Eingangshalle führt eine Treppe in den darunterliegenden, riesigen Umkleidebereich, der sich auf gleicher Höhe mit der Innenhalle befindet. Er verdient den Spitznamen, den die Watcher für ihn verwenden: Katakomben – ein Gewirr aus Umkleidekabinen und Spinden unterschiedlicher Größe und Anordnung, in dem man sich leicht verlaufen kann. Dabei ist seine Benutzung reguliert: ein Bereich ausschließlich für Damen, einer gemischtgeschlechtlich, einer für Familien und einer für Behinderte.

Die räumliche Trennung der Umkleidebereiche – v. a. das Verbot von Männern im Damenbereich – antizipiert ein räumlich begrenztes Gefahrenpotential (Männer) und ein spezifisches Deliktpotential (sexuelle Belästigung). Die Unübersichtlichkeit der Umkleiden gilt als Nährboden für unsittliches Verhalten. Hier findet »Watcher-Umkleide« seinen Zuständigkeitsbereich. Gleich den anderen ›Watcher-Einheiten‹ ist auch er im Besitz eines Funkgerätes, um jederzeit Kontakt zu seinen Kollegen aufnehmen zu können. Er schlendert die Kabinengänge entlang und wirft seine Blicke in Kabinen, Ecken und Winkel.

»Watcher-Streife«, bestehend aus zwei Personen und einem Funkgerät, bewegt sich im ständigen stop and go durch die Innenhalle, den Außenbereich und ebenfalls durch den Umkleidebereich.

Die Innenhalle umfaßt im wesentlichen den Raum, der auch vom Eingangsbereich einsichtig ist: eine ganze Anzahl von Schwimm- und Spielbecken. Zwei Becken liegen etwas außerhalb, sind dementsprechend nur aus bestimmten Positionen einsichtig und gelten, ähnlich den Katakomben, als »Brennpunkte«. Solche ›gefährlichen Orte‹ sind zahlreich in der Innenhalle, bspw. die Säulen, die das zeltartige Dach tragen und an denen sich Rabauken versammeln; die Solarien und die Innen-Cafeteria, die ›Spanner‹ anziehen oder das Kinderbecken, das ›Kinderschänder‹ bevorzugen. Von der Innenhalle aus kann man im Becken oder zu Fuß den Außenbereich erreichen, der ein schmales Becken und eine große Liegefläche bietet. Getrennt sind beide Bereiche durch eine Glaswand.

Die einzelnen Arbeitszonen werden unterteilt in ›gefährliche‹ und ›ungefährliche‹ Lokalitäten, die einerseits auf ihrer Einsehbarkeit begründet sind, andererseits auf ihren Funktionen. Umkleidekabinen und Solarien z. B. bergen nackte Menschen, das Kinderbecken präsentiert begehrte Objekte der ›Kinderschänder‹. Die Räumlichkeiten bieten spezifische Gelegenheiten für die Störung der öffentlichen Ordnung.

Die Aufteilung des Raumes in Arbeitszonen und Verantwortungsbereiche differenziert die Tätigkeit der Watcher in immobile Präsenz einerseits und den permanenten Wechsel der Örtlichkeiten und der damit verbundenen Möglichkeit des variablen Sehens und Gesehen-Werdens andererseits. Die eingeschränkte Beobachtungs- und Zugriffsmöglichkeit der individuellen Watcher-Körper – die ›natürliche‹ Begrenztheit des Sehens, Hörens und der Mobilität – wird im Zusammenspiel (fast ausschließlich getragen durch die Funkverbindung) erweitert. Auf diese Weise besetzt ein

Watcher-Netz den Raum; das Schwimmbad wird durch die sichtbare Anwesenheit der Watcher zum Revier.

2. »Wir kennen unsere Pappnasen« Die Typisierung von Patienten

Wir – ein Watcher und ich – stehen an der Kasse und unterhalten uns. Durch die Drehtür kommen drei junge Männer, dunkle Hautfarbe, zwischen 16 und 20 Jahren. Ich sehe sie wohl, schenke ihnen aber keine besondere Beachtung, bin in unser Gespräch vertieft. Plötzlich nimmt der Watcher sein Funkgerät und gibt durch: »Watcher-Kasse an Watcher-Streife. Gleich kommen ein paar Patienten runter.«

Von der Masse der anwesenden Badegäste werden einige selektiert und mit dem Ettikett »Patient« versehen. Patienten sind Gäste, die »Ärger machen«. Sie sind entweder als solche bekannt, d. h. in der Vergangenheit aufgefallen, oder sie werden nach spezifischen Merkmalen selektiert. Die Watcher unterscheiden etwa zwischen ›Spannern‹, ›Fummlern‹, Dieben, ›Kinderschändern‹ und Angehörigen jugendlicher Banden.[2]

Letztere sind nach Auffassung der Watcher an folgenden Merkmalen relativ einfach zu erkennen: Sie sind jugendliche, männliche Ausländer zwischen 15 und 25 Jahren, in der Regel türkischer, albanischer, jugoslawischer oder marokkanischer Herkunft. Sie treten zu mehreren in Banden auf; wenn sie sich formieren, sind Bandenkämpfe zu erwarten. Auch sind sie oft an ihrer Gestik zu

---

2 Die Kategorie »Patient« ist in ihrer Anwendung nicht eindeutig. Zum einen umfaßt der Begriff abstrakt alle Badegäste, die von den Watchern für potentielle Unruhestifter gehalten werden. Wird allgemein von der An- oder Abwesenheit von »Patienten« gesprochen, sind vornehmlich vermeintliche Bandenmitglieder gemeint. Werden bestimmte Personen als »Patienten« bezeichnet, kann es sich sowohl um vermeintliche Bandenmitglieder als auch um vermeintliche Sexualtäter handeln. Die Bedeutung des Begriffes variiert demnach mit seinem Kontext. Begrifflich existiert eine Unterscheidung der verschiedenen Patiententypen nicht, wohl aber in den Praktiken und auch Umschreibungen. Um dieser Differenz gerecht zu werden, bezeichne ich im folgenden vermeintliche Bandenmitglieder als Bandenpatienten und vermeintliche Sexualtäter als Sexualpatienten.

identifizieren, wie ›Muskeln zeigen‹, den Hitlergruß machen oder andere aggressive Verhaltensformen.

Der *Bandenpatient* ist ein personifizierter Teil einer Ansammlung von Badegästen, dessen Körper eine bestimmte Merkmalskombination von Zeichen trägt: Alter, Geschlecht, ›Rasse‹[3], Gestik, Verhalten und Sprache sind die relevanten Kategorien, anhand derer ein Badegast als Bandenpatient betrachtet wird. Ein dunkelhäutiger Jüngling, alleine oder mit seiner Freundin, gilt als harmlos, als Patient ›außer Dienst‹. Die genannten Merkmale entfalten sich folglich erst auf dem Körper, der sich in einem Kollektiv ihm ähnlicher Körper befindet: Bandenpatienten sind Gruppendelinquenten.

Sie sind ein Konstrukt der Watcher, das im Sinne der »dokumentarischen Methode der Interpretation« (Garfinkel 1973: 199) im Hin und Her zwischen Modell und Phänomen produziert wird: Das Wissen um die spezifische Merkmalskombination, die der Bandenpatient ›besitzt‹, macht ihn identifizierbar; das ›Erkennen‹ eines Badegastes als Patient verhilft dem Modell erst zu seiner Existenz.

Sexualpatienten dagegen gelten als kaum identifizierbar, es sei denn, sie sind den Watchern persönlich bekannt, werden auf frischer Tat ertappt oder können von Badegästen identifiziert werden. Das einzige, was sonst auf Sexualpatienten hinweisen kann, ist ein ungewöhnliches Verhalten wie das von Männern, die sich in der Damenumkleide, den Duschen oder bei den Solarien aufhalten; oder die die Nähe des Kinderbeckens suchen und den

---

3 Haut- und Haarfarbe (ob hell oder dunkel) und Gesichtszüge werden als Kriterien für die Zuschreibung ›Ausländer‹ verwendet. Es geht dabei allerdings nicht um die Typisierung eines ›Ausländers‹ als Nicht-Deutscher, sondern um die Zuordnung zu einer Rasse. Amerikaner und Holländer sind nicht gemeint, wenn es um die Bezeichnung von Bandenpatienten geht. ›Ausländer‹ im Freizeitbad sind vor allem Personen, denen eine Herkunft aus Albanien, der Türkei, Marrokko und Jugoslawien zugeschrieben wird. Die Selektionskriterien sind rassistische, während die Bezeichnungspraxis eine nationale ist. Die Rassenzuschreibung beruht auf Stereotypen, die auf (eigenen) Erfahrungen aus Lebensbereichen außerhalb des Schwimmbades stammen oder einfach Bestandteil von Allgemeinwissen (bspw. des durchschnittlichen jugendlichen Großstädters) sind und praktisch für die Patientenselektion eingesetzt werden.

Kindern hinterhergucken. Die Chance, »einen zu kriegen«, wird als gering eingeschätzt: Den vermeintlichen Sexualtätern wird unterstellt, um diese Auffälligkeiten zu wissen und sie zu vermeiden.

Die diffizile Typisierbarkeit von Sexualpatienten – ›Spannern‹, ›Fummlern‹, ›Nutten‹ und ›Kinderschändern‹ – liegt also darin begründet, daß über die Äußerlichkeiten kein ausreichendes Wissen für eine Typisierung vorhanden ist.[4] Lediglich bestimmte Verhaltensmerkmale werden herangezogen, die aber nach Meinung der Watcher von den Betroffenen antizipiert und entsprechend verdeckt werden. Sexualpatienten agieren alleine; sie sind Einzeldelinquenten.

Die Unterscheidung zwischen Banden- und Sexualpatienten wird überwiegend verbal zwischen den Watchern verhandelt; entweder indem sie sich (oder mir) die typischen Merkmale, Verhaltensweisen und Aufenthaltsorte beschreiben oder aber sich gegenseitig auf passende Kandidaten aufmerksam machen. Der Austausch solcher Informationen hat die Bedeutung einer Reviersichtung. Die praktizierte Verbindung von Raum, Körpern und Wissen produziert eine situative Geordnetheit im Sinne der Verbindung eigenschaftstragender Anwesenden zu geordneten Räumen. Sie dient als Grundlage für den gezielten Umgang mit potentiell ordnungsgefährdenden Besuchern.

3. «Sie sollen wissen, daß wir sie sehen.» Der Charakterwettkampf mit Bandenpatienten

Auf Streife werden wir von einem älteren Mann angesprochen, der sich von einer halbwüchsigen Jungentruppe, die im Außenbecken vom Rand springt, belästigt fühlt. Nachdem er sie uns gezeigt hat, gehen wir hin, und Jan bittet sie, das Springen sein zu lassen. Die

---

4 Eine von den Watchern nicht ganz ernstgenommene Ausnahme macht da der ›Kinderschänder‹, der typischerweise Mitte dreißig sei, halbglatzig, Schnurrbart und einen leichten Bauch trägt. Grinsend werden mir diese Merkmale aufgezählt, mit dem Hinweis, daß es viel zu tun gäbe, wenn sie alle in diesem Sinne vermeintlichen ›Kinderschänder‹ observieren wollten. Die Typisierung wird nicht ernstgenommen und reflektiert – immer wieder Anlaß für einen Witz – die problematische Identifizierung von Sexualpatienten.

Jungs akzeptieren die Anweisung nickend. Wir schlendern langsam weiter. Drei etwas ältere, patientenverdächtige Jungen hängen am Beckenrand und grinsen uns an. Jan sagt zu ihnen, auch sie sollten aufhören zu springen. Es ist allen klar, daß die Beschuldigung nicht ernst gemeint sein kann. »Aber wir sind doch gar nicht gesprungen«, grinsen sie zurück. Jan wechselt ohne Übergang das Thema: »Du hast doch n Riß in der Badehose, am rechten Bein« und nimmt einen der Jungs ins Visier. »Woher weißt Du das?« fragt der verständnislos. Genau wie ich scheint er ziemlich irritiert. Ich, weil ich überhaupt nicht verstehe, was die Bemerkung soll; er, weil er offensichtlich wirklich ein Loch in der Badehose hat, was man aber nicht sehen kann, da er im Wasser ist. Jan feixt: »Siehst Du?«, und geht weiter.

Gezielt demonstrieren die Watcher Präsenz vor dem Publikum der Bandenpatienten. Umgekehrt sind die Watcher selbst begehrtes Publikum für die Selbstdarstellungen der Bandenpatienten: *Während wir, wie üblich, zu dritt Streife laufen, kann ich beobachten, wie sich die beiden uns bekannten Jugos am Sprungbrett vergnügen. Es ist stets nur ein Brett geöffnet, zur Zeit das Einmeterbrett. Als wir auf der Balustrade entlanglaufen, die oberhalb des Sprungbeckens verläuft, hat uns der Jugo in der Adidas-Hose schon von weitem erspäht. Uns im Blick, springt er demonstrativ hart auf dem Brett herum, ohne ins Wasser zu springen. Immer stärker biegt es sich. Sein Blick weicht nicht von uns. Bis plötzlich der eine Watcher warnend den Kopf hebt und ihn fest anschaut. Sofort drosselt der Jugo seine Sprungkraft und läßt von dem Brett ab, indem er endlich ins Wasser springt.*

Situativ organisieren Watcher und Bandenpatienten gemeinsam Inszenierungsarenen, in deren Rahmen sie sich wechselseitig Darsteller und Publikum sind. Bei der Gestaltung der Begegnung bedienen sie sich neben Gestik und verbalem Austausch v. a. des Blickwechsels als Interaktionsform. Blicke werden losgeschickt, aufgenommen, suchen und treffen sich und stellen den Beginn einer Interaktion her. Und sie ringen miteinander: Bandenpatienten fixieren die Watcher, um ihre ungeteilte Aufmerksamkeit zu erringen; Watcher gewähren beiläufige Blicke oder erzeugen blickhafte Warnungen. Schließlich werden Blicke abgebrochen und können auf diese Weise eine Interaktion beenden.

Später laufen wir am Sprungbecken vorbei. Die beiden Jugos kommen angeflitzt, fangen ein Gespräch an, tanzen fast um John herum. *Der ist zwar stehengeblieben, aber reagiert nur beiläufig und läßt seinen Blick durchs Schwimmbad schweifen. John, ein alter Watcher-Hase, und die Patienten können auf eine lange gemeinsame Schwimmbad-Karriere zurückblicken. Der Tanz um den Watcher geht weiter, sie belabern und belagern ihn regelrecht. Aber erst als sie ihn anfassen, reagiert er blitzschnell und schlägt die Hand zurück. Der Jugo mit der Adidashose, die Zurückweisung ignorierend, lenkt das Gespräch auf das Funkgerät und versucht, es zu berühren. Sofort wieder ein Schlag auf die Hand. John fordert ihn auf, doch mal zu springen. Ohne zu zögern, geht der Jugo zum Sprungbrett und steigt die Treppen hoch. Er springt, nach hartem Federn auf dem Brett, eine feste Bombe. Das Wasser spritzt bewundernswert hoch. Unterdessen läßt John wiederum seinen Blick schweifen. Selim, der auch dabeisteht und den Sprung genau beobachtet hat, nickt anerkennend. »Gut«, meint auch John beifällig. Der Jugo scheint dies befriedigt, aber ohne große Regungen zu akzeptieren. Er kommt aus dem Becken auf uns zu und erhält sofort einen warnenden Blick, der sagt: ›mach mich bloß nicht naß‹. Er erwidert den Blick mit einem wissenden Grinsen und geht wieder springen. Wir laufen eine Runde durch den Umkleidebereich, und als wir wieder am Sprungbecken vorbei kommen, sind die beiden Jugos sofort zur Stelle. »Halt mal meinen Spindschlüssel«, sagt Adidas zu John. John nimmt ohne Worte und nebenbei den Spindschlüssel, wartet, bis er gesprungen ist, und gibt ihn zurück. Beim Weitergehen erzählt er mir: »Das hatte ich schon mal. Da habe ich für einen den Schlüssel gehalten, und dann hat der mich total naß gespritzt. Da hab ich den Schlüssel einfach ins Becken geworfen. Ich laß mich doch nicht verarschen. Der hat vielleicht geguckt.«*

Wann und auf welche Weise im Tauschhandel der Aufmerksamkeiten auffordernde, warnende, freundliche, fixierende, einnehmende, ablehnende oder beiläufige Blicke geworfen werden, und wie die Blicke des Gegners zu interpretieren sind, um sie anschlußfähig zu halten[5], setzt eine »Disziplinierung der Blicke« (Goffman 1974: 75) voraus, die Bestandteil eines spezifischen

---

5 Anschlußfähigkeit soll betonen, daß es für den ›erfolgreichen‹ Verlauf einer Interaktion unerheblich ist, ob die Handlung in ihrem ursprünglich gemeinten Sinn ›richtig‹ interpretiert wird. Wichtig ist lediglich, daß die Deutung die Fortführung der Interaktion ermöglicht.

Wissensbestandes über die Regeln des Spieles zwischen Watchern und Bandenpatienten sind. Diese Spielregeln, die von den Teilnehmern situativ praktiziert werden, konstituieren einen Rahmen, innerhalb dessen Rangsysteme ausgehandelt und etabliert werden. Das Spiel ist ein »Charakterwettkampf« (Goffman 1971: 259 ff.)[6], ein interaktives Zusammenwirken von Selbstdarstellung und Fremdzuschreibung, in dessen Rahmen Prädikate wie Autorität, Ausdauer, Mut und Stolz verhandelt werden.

Die Charakterwettkämpfe kennzeichnet eine merkwürdige Ambivalenz. In ihrem Verlauf werden Kräfte gemessen, Souveränitäten herausgefordert und Kompetenzen getestet. Gleichzeitig jedoch verlaufen sie in der Regel unspektakulär, nicht was ihre Spannung, ihre Action, sondern was ihr Ziel angeht: ihr Ausgang ist vorhersehbar, ihr Verlauf ritualisiert. Es gibt weder Sieger noch Verlierer; beide Parteien bestätigen ihre Rollen wechselseitig in stiller Komplizenschaft: die Watcher als Revierautorität und die Bandenpatienten als Herausforderer dieser Autorität.

Nur selten durchbricht einer der Teilnehmer den rituellen Verlauf des Charakterwettkampfes im Rahmen wechselseitiger Aufmerksamkeitsbezeugungen und eröffnet einen ›ernsthaften‹ Charakterwettkampf, in dem Sieg und Niederlage ausgehandelt werden. Das Risiko einer in diesem Sinne verstandenen Eskalation steigt allerdings, wenn die Interaktionssituation die Erkennung einer Tat zum Anlaß hat.

Das Erkennen einer Tat durch die Watcher impliziert die Deutung einer vollzogenen Handlung als regelwidrig – sei es aufgrund eigener Beobachtung oder einer als glaubhaft befundenen Information von Zeugen oder Opfern. Es ist der erste Schritt in einem umfassenden Prozeß der Tatetablierung. Er vollzieht sich als »Miniaturversion eines kompletten Justizverfahrens« (Goffman 1974: 154), das Identifizierung, Verurteilung, Bestrafung und Resozialisierung des Abweichlers im Rahmen einer einzelnen Interaktion

---

6 »So werden soziale Situationen zu Gelegenheiten, über sich selbst günstige Informationen zu vermitteln, genauso wie sie riskant werden, wenn ungünstige Tatsachen bekannt werden. (...) Den Eindruck, den es (das Individuum, Anm. A.J.) im Umgang mit ihnen (den anderen, Anm. A.J.) macht, die Charaktereigenschaften, die sie ihm infolgedessen zuschreiben, haben eine besondere Wirkung auf seinen Ruf, denn hier haben die Zeugen einen unmittelbaren Anteil an dem, was sie bezeugen.« (Goffman 1986: 185)

umfaßt – sei es in der Gestalt langwieriger Verhandlungen oder in der eines einzigen Blickwechsels.

Zunächst gilt jedoch auch für den Verlauf der Tatetablierung: Werden die Spielregeln eingehalten – im Watcher-Jargon: gelingt es beiden Parteien, »das Gesicht zu wahren« –, so gestalten sich auch diese Situationen ›problemlos‹.

»Watcher-Kasse an Watcher-Streife«. Wir laufen gerade durch den Umkleidebereich, als der Funkspruch kommt. Selim macht sein am Gürtel befestigtes Funkgerät los, drückt die Sprechtaste und sagt: »Hört«. »Die Jugos machen wieder Ärger. Unten an der weißen Säule nehmen die kleinen Kindern immer den Ball weg.« Selim und ich machen uns auf den Weg. Angekommen, nimmt Selim den Beschuldigten beiseite und geht mit ihm in eine etwas abgelegene Ecke. Sofort kommt sein Kumpel mit einigen anderen Freunden nach, und sie beobachten die beiden aus einiger Distanz, genauso wie ich es selbst tue. Selim und der Jugo verhandeln. Dabei gestikulieren sie stark, vor allem der Jugo berührt Selim am Arm, klopft ihm auf die Schulter. Aber es ist Selim, der überwiegend redet, konzentriert und eindringlich. Sie brauchen nicht lange; schon nach kurzer Zeit kommen sie, scheinbar einvernehmlich, zu mir und den Freunden des Jugos zurück. Unsere Streife wieder aufnehmend, erzählt Selim, daß man bestimmte Regeln im Umgang mit den Jungs beachten müsse: »Ich hab dem Jugo gesagt, daß er o.k. ist, und ich keinen Ärger mit ihm will. Aber daß ich Druck vom Schwimmeister kriege. Er hat gesagt, er würde den Kids den Ball nicht wegnehmen. Dazu habe ich gar nichts gesagt. Es ist wichtig, daß er sein Gesicht wahren kann. Dann weiß der, daß Du eben auch nur Deinen Job machst.«

Die Techniken der ›Gesichts-Wahrung‹, derer der Watcher sich bedient, sind zum einen die Verhandlung unter Ausschluß der Bandenöffentlichkeit; zum anderen die Entpersonifizierung des Konflikts durch persönliche Sympathiebekundung und der Androhung von Konsequenzen durch den Verweis auf ›Sachzwänge‹, die von einem Dritten erzeugt werden. Die Akzeptanz dieser Umgangsformen oder Spielregeln durch den Bandenpatienten ratifiziert eine Interaktionsordnung, die den Rahmen für die ›reibungslose‹ Begegnung der Teilnehmer schafft.

Gelingt es den Teilnehmern nicht, ein solches Verhaltensreglement situativ zu etablieren, kommt es zu einer Eskalation:

Zu dritt, John, Ran und ich, befinden wir uns auf Streife, gerade in der Innenhalle. Plötzlich bleibt John stehen und starrt konzentriert in Richtung der Türen, die von der Innenhalle zu den Damenumkleiden führen. Davor läuft ein Junge herum, ca. 16-18 Jahre alt, Ausländer. Es ist der Albaner, der kurz zuvor im Damenumkleidebereich erwischt und rausgeschmissen worden war, wie uns Angestellte des Schwimmbades erzählt hatten. Nun verschwindet er schon wieder durch die ihm verbotene Tür. John funkt an Watcher-Umkleide und sprintet selbst los. Ran, unter Murren: »mach mal langsam«, hinterher. Ich lasse mir ein wenig mehr Zeit und kann dabei beobachten, daß die beiden Freunde des Unholds – sie waren schon beim Eintritt in das Bad als dreiköpfige Patientengruppe typisiert – die Szene grinsend verfolgen. Als ich in der Damenumkleide ankomme, stehen John und der Albaner vor der Tür zu den Damenduschen. »Ich habe ihn erwischt, als er schon halb im Duschraum drin stand«, sagt John zu uns. Der Beschuldigte bestreitet das heftig, aufgeregt laut, das sei nicht wahr. Ein wenig ungehalten antwortet John, er habe ihn doch eben erwischt. Schnell werden wir zu einer richtig kleinen Menschenansammlung, Watcher-Umkleide und zwei Frauen vom Schwimmbadpersonal sind, vorsichtig Abstand haltend, hinzugekommen. Allerdings verhandelt nur John mit dem Albaner. Er versucht, der Diskussion ein Ende zu bereiten: »Es reicht jetzt. Du verläßt jetzt das Schwimmbad«. Der Albaner wird noch wütender, als er sowieso schon ist: »Warum? Warum? Ich hab doch gar nichts gemacht.« Als John ihm an den Arm greift, wahrscheinlich um seine Aussage zu bekräftigen, reißt sich der Albaner los. Die Tür von der Innenhalle geht auf und herein kommen die beiden Freunde des Albaners. Einer von ihnen übernimmt die Verhandlung, der Beschuldigte überläßt ihm das Wort. Er scheint so etwas wie ein Wortführer zu sein. Er grinst, wirkt sehr ruhig, legt John den Arm um die Schulter und beschwichtigt: »O.k. Es wird nicht wieder passieren. Versprochen. Und wir gehen jetzt wieder schwimmen.« John geht auf die Verhandlung mit dem Anführer ein, bleibt aber hart, nein, der Ertappte müsse gehen. Die Anspannung steigt auf beiden Seiten deutlich, ebenfalls unter den Zuschauern und Zuschauerinnen. Ran mischt sich ein, versucht zu beschwichtigen, aber seine Lautstärke wirkt eher bedrohlich. Immer noch einen Kompromiß suchend, ignoriert der Albaner-Anführer Johns Hartbleiben und wendet sich ruhig und einlenkend zur Tür in Richtung Schwimmhalle, die beiden anderen Albaner im Gefolge. Sofort gehen Ran und John auf den Beschuldigten zu, um ihn aufzuhalten. Dabei vermeiden sie es, ihn direkt anzufassen, signalisieren aber körperliche Bereitschaft dazu. »Du gehst da nicht mehr rein.« Bevor die Spannung eskalieren kann, mischt sich eine der beiden anwesenden Schwimmbadangestellten ein. Sie geht direkt, freundlich bestimmt, auf den beschuldigten Albaner zu: »Jetzt hör mir mal zu.« Sofort läßt die Anspannung spürbar nach. Sie versucht ihm zu erklären, warum er sich schuldig gemacht habe, und warum er dies vorsätzlich getan haben müsse, bei so vielen Eintrittverbotsschildern, inklusive einer vorangegangenen, direkt an ihn gerichteten Verwarnung. Er versucht, sich verteidigend, sie zu unterbrechen, hört ihr dann, zunehmend ruhiger zu. Die Watcher haben der Frau die Verhandlung überlassen, da, wie sie mir später erklären, Frauen oft mehr erreichen könnten, da diese als potentielle Kampfgegner überhaupt nicht in Betracht kommen. Unterdessen führt der Albaner-Anführer seine an die Watcher gerichteten Schlichtungsversuche fort. Abrupt macht John der Situation schließlich ein Ende. »Es reicht. Schluß, aus. Du gehst jetzt.« Sofort eskaliert die Situation wieder, der Körper des beschuldigten Albaners spannt sich. Er reagiert aggressiv, auch die Geduld des Anführers scheint am Ende. Irgendwie bricht plötzlich die Situation um. Der Anführer sagt wütend, daß sie dann eben alle gehen. Damit wird es nicht ruhiger, im Gegenteil, die Atmosphäre wird immer angespannter. Wir gehen zusammen zu den Spinden der drei, auf dem Weg verscheuchen die Schwimmbad-Frauen freundlich ein paar Jungs, die zum Gaffen gekommen sind. Ich habe das Gefühl, daß jederzeit irgendeiner ausrasten könnte. Bei den Spinden angekommen, die Aggressivität noch immer stetig steigend, geht der beschuldigte Albaner John plötzlich drohend an, ein Zwischending aus bloßer Bereitschaftsdemonstration und tatsächlichem Angriff. Sofort ist Ran hinter dem Albaner und dreht ihm den linken Arm hinter den Nacken, den rechten hinter den Rücken, so daß der sich nicht mehr bewegen kann. Der so in die Mangel genommene wird knallrot im Gesicht, es ist nicht erkennbar, ob wegen der Anspannung, der Wut, der Demütigung, echtem Schmerz, oder allem zusammen. Ran sagt, seine Stimme beherrschend, zu dem dritten Watcher, der sich bisher herausgehalten hat, er solle die Zuckerstöcke holen, womit er die am Eingang deponierten Schlagstöcke meint. John wiegelt ab, er solle das bleiben lassen. Alles geht sehr schnell. Der

Albaner-Anführer fragt eine der Schwimmbad-Frauen wütend: »Was ist eigentlich hier los? Wir sind doch keine Terroristen.« Sein Eindruck ist nicht ganz von der Hand zu weisen, angesichts des Aufgebots, das wir alle zusammen darstellen. Sie reagiert nicht. Der dritte Albaner, der sich bis jetzt völlig aus dem Geschehen gehalten hat, geht auf Ran zu, der den anderen noch immer in der Mangel hat. Ran warnt ihn scharf, Abstand zu halten. Dann läßt er den Festgehaltenen los. Der geht zu seinem Spind, der Anführer ebenfalls. Die Beteiligten scheinen wieder kontrollierter, die Aggressivität flaut ab, aber deutlich ist die Anspannung zu spüren. Als die Albaner ihre Spinde aufgeschlossen haben, verlangt John das Ticket des Beschuldigten.[7] Der weigert sich, sofort bricht die Anspannung wieder auf. John rückt ihm näher, wird zischend gewarnt: »Faß mich nicht an.« Irgendwie hat John irgendwann die Karte, guckt sie an und gibt sie kommentarlos zurück. Der beschuldigte Albaner beginnt zu drohen, stellt sich erst vor Ran, dann vor John. Seine Wut quillt: »Heute Abend krieg ich Dich. Wenn Ihr rauskommt, erschieß ich Euch alle. Und Dir schneid ich die Eier ab.« Das sitzt. John verliert die Fassung. Geht den Albaner an, der ist bereit. Bevor irgend etwas passieren kann, beruhigt Ran John und der Albaner-Anführer wütend, aber sehr beherrscht, seinen Kumpel. So schnell, wie das alles passiert, kann man kaum hingucken. Nochmals eskaliert die Situation kurz, dann sagt der Albaner-Anführer knapp, daß sie noch duschen gehen wollen. John, sich wieder unter Kontrolle, sagt, daß das o.k. sei. Dann sind sie weg. John geht kraftlos drei Schritte nach vorne, sichtlich um Beherrschung ringend. Ran geht ihm nach, legt den Arm um ihn und drückt ihn: »Hey John, beruhig Dich erstmal.« Irgendwie scheinen wir alle nicht zu wissen, wohin mit der Anspannung. John schlägt vor, von den Spinden wegzugehen, um nicht noch mehr zu provozieren. Die Watcher beschließen, zur Kasse zu gehen und dort eine halbe Stunde zu warten, bis die Albaner rauskommen. Erst wenn sie bis dahin nicht erschienen sind, wollen sie sich auf die Suche begeben. Als wir oben ankommen, zie-

---

7 Die computerlesbare Eintrittskarte ist gleichermaßen als Spindkarte zu benutzen, die man als Alternative zu einem 2 DM-Stück zum Abschließen des Spindes benötigt. Außerdem ist auf ihr verzeichnet, welchen Status der Badegast hat – ermäßigt, Spartarifnutznießer, Saunagast – und wann der oder die Betreffende das Bad betreten hat und wann er es verlassen muß.

hen wir uns sogar in den abgelegenen Saunabereich zurück. Der ahnungslose Watcher am Eingang wird kurz informiert, daß er über Funk durchgeben solle, wenn die drei Albaner rauskommen. Der guckt verwundert ob unserer Aufregung. Im Saunabereich lassen wir nochmal Luft ab, wir sind alle ganz schön fertig. »Du bist aber diesmal durchgeknallt, John«, sagt Ran freundlich. »Ja. Das war Scheiße.« antwortet der unglücklich. »Aber nur zum Schluß. Irgendwann kann man eben nicht mehr.«

Die mit der Typisierung als Bandenpatienten fokussierte Aufmerksamkeit der Watcher ermöglicht das Erkennen einer Tat. Anstatt einvernehmlicher Blicke oder freundlich-provokanter Gesten kommt es in dieser Begegnung zu inhaltlichen Verhandlungen zwischen Watchern und Bandenpatienten, weil die Deutung der Situation beider Parteien differiert und ein geteiltes Set an Spielregeln nicht etabliert werden kann. Der Charakterwettkampf wird ›ernst‹.

Sein Prinzip wird nochmals deutlich: Oberflächlich betrachtet geht es um die Aushandlung von Charaktereigenschaften: um Ehre (die Drohung »Eier ab« trifft ins Schwarze), um Nervenstärke, Souveränität und Durchsetzungsfähigkeit in ›gefährlichen‹ Situationen, deren charakteristisches Merkmal die Möglichkeit, d.h. grundsätzliche Bereitschaft zu körperlichen Übergriffen ist. Dabei bezieht sich das Kräftemessen eher auf Nerven- als auf Muskelstärke. Die Geschlechterdimension des Charakterwettkampfes kommt dabei in positiver wie negativer Weise zum Ausdruck: Es sind ›männliche‹ Eigenschaften, um die sich die Teilnehmer in ihrem Spiel bemühen, in dem ›weibliche‹ Eigenschaften keinen Platz haben. Frauen wirken deeskalierend – sie stellen die nötigen Eigenschaften eines Wettkampfpartners in ihrer Selbstdarstellung gar nicht erst zur Disposition –, weil sie das Spiel unterbrechen.

Über die Konstitution der Charaktere werden die Spielregeln ausgehandelt; genauer: die Autorität, die Spielregeln zu bestimmen und durchzusetzen. Dies zeigt sich auch am Verlauf dieser Begegnung, in der es zu einer Verschiebung des Verhandlungsgegenstandes kommt. Ist zunächst die Deutung der Situation als Vergehen Thema der Aushandlung, so rücken zunehmend die Spielregeln an sich in den Vordergrund: Wer ist legitimiert, welche Entscheidungen durchzusetzen? Eben deshalb eskaliert die Situation im Einsatz körperlicher Verhandlungsmethoden.

Verbale wie physische Angriffe von Badegästen auf die Watcher werden als ganz spezifische Tat interpretiert[8], die im Gegensatz zu den übrigen Taten eine weitergehende Absicht impliziert. Auch in dieser Szene stellte der Angriff auf Watcher John nicht nur eine persönliche Beleidigung und körperliche Gefährdung dar, sondern die Herausforderung der Watcher als lokale Autorität und damit eine Bedrohung für die von ihnen repräsentierte öffentliche Ordnung. Entsprechend mahnt Ben, der Watcher-Chef[9]: »Ihr müßt immer Sieger bleiben.« Sieger-bleiben ist jedoch auf bestimmte Praktiken begrenzt. Das »Durchknallen« des Watchers John liegt außerhalb des Legitimierbaren für Watcher-Verhalten, das nicht (nur) durch die gegnerische Partei, sondern v. a. untereinander kontrolliert und sanktioniert wird.

Der Erfolg der Etablierung einer Interaktionsordnung in der Gestalt gemeinsam geteilter Spielregeln ist demnach ausschlaggebend dafür, ob die lokalen Autoritäten lediglich reproduziert oder aber herausgefordert, riskiert und ausgehandelt werden müssen. Profilieren sich die Watcher als Revierhüter, so ist die Wahrung der öffentlichen Ordnung gewiß. Gelänge es den Bandenpatienten, die Spielregeln ihrer Vorstellung durchzusetzen – hier muß spekuliert werden –, so ist die Etablierung anderer Ordnungen, die nicht die Zustimmung der Öffentlichkeit finden werden, wahrscheinlich. Der Zusammenbruch oder die Geltungslosigkeit einer öffentlichen Ordnung muß nicht zwangsläufig die soziale Geordnetheit an sich beinträchtigen, also Anomie zur Folge haben, wie schon Whyte (1943: XVI) in seiner klassischen Studie zur »Street Corner Society« demonstriert hat. Gelänge es den Bandenpatienten andere, von den Teilnehmern geteilte Spielregeln zu etablieren, d. h. soziale Geordnetheit zu ermöglichen, so könnten sie im Gewand der lokalen Autorität die geltende Ordnung dominieren.

8 Der Vergleich mit der Polizei liegt nahe: Vergehen gegen Polizisten und Polizistinnen – von Beleidigung bis hin zu Mord – werden als Widerstand gegen die Staatsmacht höher bestraft als die gleichen Vergehen gegen BürgerInnen.

9 Ben ist, neben anderen Funktionen, Leiter des Objektschutzes der Firma. Ihm formal unterstellt ist der Objektleiter, der speziell verantwortlich ist für das Schwimmbad. Dennoch spielt er eine zentrale Rolle gerade auf diesem Objekt, weil er persönlich als Pionier des Objektschutzes im Bad persönliches Interesse am Geschehen und an den Watchern zeigt.

4. »Die sind ja nicht blöd und lassen sich erwischen.« Das Ertappen von Heimlichtuern

Anders gestaltet sich der Umgang mit Sexualpatienten. Während Bandenpatienten schnell und häufig ›erkannt‹ werden, erfolgt die Identifizierung von Sexualpatienten vergleichsweise zögerlich. Begründet wird dies, wie beschrieben, mit der ›schwierigen‹ Identifizierbarkeit dieser Patienten. Sexualpatienten müssen entweder auf frischer Tat ertappt werden oder aber den Watchern bekannt sein, um überhaupt Aufmerksamkeit auf sich zu ziehen.

Siehst Du den da? Den in der blauen Badehose, der da am Rand sitzt, Nähe Therapiebecken, hinter der Säule. Siehste den? Das ist 'n Kinderschänder, den kennen wir. Aber nachweisen können wir dem fast nie was.« Ben und ich stehen im Eingangsbereich, als er mich auf den etwa 50- bis 60-jährigen Mann in der blauen Badehose aufmerksam macht. *»Wenn Du Jan und Patrick auf Streife siehst, dann sag ihnen mal, daß sie ihn ein bißchen im Auge behalten sollen.«* Ich gehe in die Innenhalle, suche die Streife und erfülle meinen Auftrag. Gemeinsam setzen wir die Streife fort, den Mann ab und zu mal ins Auge nehmend, aber ohne konzentrierte Aufmerksamkeit. Einige Zeit später ist er plötzlich von seinem Platz verschwunden, im nebenliegenden Therapiebecken finden wir ihn wieder. Mit ihm im Becken ist ein gehbehindertes Mädchen, 14 bis 16 Jahre alt, der Rollstuhl steht am Beckenrand. Der Mann hängt am Rand des Beckens und beobachtet offensichtlich und über einen längeren Zeitraum das schwimmende und tauchende Mädchen; die Tür des Therapiebecken-Raumes ist verschlossen und nur von innen zu öffnen. Die Watcher sind in erhöhte Aufmerksamkeit versetzt. Unsere Streifenroute beschränkt sich von nun an auf die Innenhalle, das Therapiebecken immer im Blick. Oft halten wir uns lange vor dem Becken auf, gucken demonstrativ rein. Ich sage, daß mir mulmig ist, die Watcher nicken: »Und man kann einfach nichts machen, wenn der auch noch so bekannt ist als Kinderschänder. Man fühlt sich machtlos, keinerlei Handhabe gegen solche Typen zu haben. Nur wenn wir ihn in flagranti erwischen, können wir was machen. Aber das kommt so gut wie nie vor.« Ich bin nicht gerade beruhigt. Mit der Zeit werden unsere Runden wieder größer, und wir halten uns auch längere Zeit in Bereichen auf, von *denen aus wir nur schlecht ins Therapiebecken sehen können. Als ich es nicht mehr aushalte, schickt Jan mich los: »Geh Du doch. Du bist eh unauffälliger als wir.« Erleichtert laufe ich los und finde die beiden sich schon wesentlich näher gekommen vor. Das Mädchen taucht inzwischen in kleinem Radius um den Mann herum, hält ihm ihren hübschen Po beim Untertauchen fast unter die Nase – auch das noch! Aufgeregt berichte ich beim Zurückkommen den Watchern von meinen neuesten Beobachtungen. Ben ist inzwischen dazu gekommen, in Zivil, sprich: in Badehose. Er will eigentlich schwimmen; stattdessen kündigt er an, daß er jetzt das Therapiebecken verdeckt (d. h. in Badehose) beobachten wird. Inzwischen reden der Mann und das Mädchen miteinander, er setzt ihr eine Tauchbrille auf. Ansonsten passiert nichts. Irgendwann gibt auch Ben auf. Kurz darauf verläßt das Mädchen das Therapiebecken und fährt in Richtung Behindertenumkleide. Wir folgen ihr und postieren uns versteckt am einzigen Zugang zur Umkleide. Wir warten eine Weile, treiben uns dann ein wenig im Umkreis herum. Schließlich gehen wir zurück in die Innenhalle, der Mann ist immer noch im Therapiebecken. Für uns ist damit der Fall erledigt.*

Die Aufmerksamkeit der Watcher auf den als Sexualpatienten typisierten Badegast wird in verschiedener Weise praktiziert. Zunächst wird er beiläufig, aber gezielt beobachtet, dann demonstrativ. Die Delegation der Beobachtungstätigkeit an mich ist der Beginn einer Strategieveränderung. Der Patient soll unbemerkt überwacht werden, was schließlich in der verdeckten Beobachtung (in Zivil) gipfelt. Die Etablierung von Normalität – nicht Gegenstand gezielter Observation zu sein – soll den Täter in Sicherheit wiegen, um ihn auf frischer Tat ertappen zu können.

Anders als die Bandenpatienten zeigen Sexualpatienten Desinteresse an den Watchern: Entweder bemerken sie die anfänglichen demonstrativen Anwesenheitsbezeugungen nicht oder aber sie ignorieren sie. Sie sehen aus wie ›normale‹ Badegäste und suchen die Handlungen, die zu Taten werden können, zu verdecken und der Öffentlichkeit zu entziehen. Auch die Watcher unternehmen über die offene Observation hinaus keinerlei Bemühungen, eine Interaktion zu eröffnen. Sie wird selbst dann vermieden, wenn Einzeldelinquenten anhand persönlicher Merkmale wiedererkannt werden. Der Umgang mit Sexualpatienten ist so lange auf ihre Beobachtung beschränkt, bis es zu einem konkreten Tatverdacht kommt. Die Interaktion wird erst dann eröffnet, wenn die Watcher eine Tat erkannt haben und den Täter mit der Tat konfrontieren.

Ein Mädchen, ca. 10 Jahre alt, hatte sich mit der Unterstützung ihres schon erwachsenen Bruders bei uns beschwert, daß ein Mann versucht hatte, in ihre Toilettenkabine zu kommen. Anhand ihrer Beschreibung entdeckte Ben schließlich einen Badegast, der als Täter in Frage kam. Mit dem Mädchen im Schlepptau nähern wir uns dem Mann, der mit einem kleinen Jungen an einem Tisch im Restaurant sitzt. Kurz bevor wir ihn erreichen, entfernt sich der Junge. Ben spricht den Mann höflich an: Das Mädchen habe sich auf dem Klo von ihm belästigt gefühlt. Der Beschuldigte macht große Augen, schüttelt den Kopf. Ben bittet das Mädchen zu erzählen, was passiert ist. Sie wiederholt die Geschichte, er fordert den Mann auf, das Schwimmbad zu verlassen. Der wehrt sich nicht. Der kleine Junge kommt zurück und fragt, was denn passiert sei. Der Beschuldigte redet ihn mit Namen an und sagt, daß sie gehen müßten. In einigem Abstand folgen wir den beiden in die Umkleide, stationieren uns an den beiden möglichen Ausgängen und warten, bis sie den Umkleidebereich in Richtung Kassenaufgang verlassen. Watcher-Kasse wird über Funk informiert und bestätigt uns kurz darauf, daß die beiden das Schwimmbad verlassen haben.

Auf die freundliche Bestimmtheit der Watcher reagieren Sexualpatienten i.d.R. mit einer widerspruchslosen Fügsamkeit gegenüber der von den Watchern beanspruchten Autorität. Beide Parteien verhalten sich so, daß die Interaktion möglichst problemlos und schnell wieder beendet werden kann.

Die Heimlichkeit der Tat und das Meiden der Watcher sind Formen der Inszenierung von Normalität durch die Einzeldelinquenten. Auf der Basis des Wissens um die Eigenschaften eines ›normalen‹ Badegastes sind sie bemüht, in der Masse der Besucher unterzugehen. Im Gegensatz zu der stimulierenden Wirkung der quasi-öffentlichen Aufmerksamkeit der Watcher auf die Bandenpatienten wirkt die Ent-Deckung der Einzeldelinquenten, also ihre Ver-Öffentlichung, bereits negativ sanktionierend, z. B. in Form von Entlarvung oder Beschämung.

5. Die kollaborative Herstellung öffentlicher Ordnung

Es sind vor allem Differenzierungspraktiken, die die Ordnungstätigkeit des im Schwimmbad mit Objektschutz beauftragten Personals ausmachen. Zunächst dient die Aufteilung und Besetzung des Raumes der Schaffung eines geordneten und damit kontrollierbaren Reviers, das die Grundlage der Selektion ›gefährlicher‹ von ›normalen‹ Badegästen darstellt. Die weitergehende Einordnung der ›gefährlichen‹ Badegäste in Einzel- und Gruppendelinquenten anhand der ihnen zugeschriebenen typischen Taten entscheidet über das Ausmaß an Observation, den Zugriff und die Art der Täterinteraktion.

In ihrer Position als Symbol der öffentlichen Ordnung bringen die Watcher zwei Patiententypen hervor, deren Praktiken sich komplementär verschieden zu ›Öffentlichkeit‹ verhalten. Sexualpatienten vermeiden öffentliche Taten. Sie bewegen sich auf dem Pfad der bürgerlichen Tugenden, den sie nur zeitweise heimlich verlassen, um dann unbemerkt wieder auf ihn zurückzukehren. Auf diese Weise nehmen sie teil an der Aufrechterhaltung und Wahrung der öffentlichen Ordnung. Erst ihre Entlarvung macht ihre Handlungen zu Angriffen auf diese Ordnung.

Das Tun der Bandenpatienten dagegen ist auf öffentliche Beobachtung angewiesen. Sie fordern die Aufmerksamkeit der Watcher heraus, kündigen ihre Taten an, bieten Möglichkeiten und Chancen zum Eingreifen der Ordnungs-Kräfte. Diese ihrerseits nutzen und provozieren die Angebote zur demonstrativen Verteidigung der öffentlichen Ordnung in der Mikrowelt des Schwimmbades. Auf diese Weise werden die Bandenpatienten – in direkter Opposition zu den Watchern – zum Symbol der öffentlichen Un-Ordnung. Der Kampf um die öffentliche Ordnung gestaltet sich als Charakterwettkampf, in dessen Rahmen die Aktivitäten der Gruppendelinquenten nicht verhindert, sondern gebunden und gerichtet werden: potentiell ordnungsgefährdende Handlungen werden in ordnungsstabilisierende transformiert. Im Charakterwettkampf bestätigen sich beide Parteien durch Herausforderung ohne großes Risiko wechselseitig ihre Symbolhaftigkeit.

Durch die maßgebliche Beteiligung an den Charakterwettkämpfen gestalten die Ordnungs-Kräfte vornehmlich ihr Betätigungsfeld. Gemeinsam mit den Gruppendelinquenten nehmen sie an einem Bandenkampf auf einem Nebenschauplatz der Öffentlichkeit des Schwimmbades teil, der die Watcher selbst zur Bande werden läßt. Gekennzeichnet ist dieser Bandenkampf in der Regel durch eine mehr oder weniger kollegiale, routinierte Zusammenarbeit der Gegner, die nicht nur kumpelhafte Gesten, Small Talks und Deals erlaubt, sondern auch die Rekrutierung der eigenen Mitglieder von den Gegnern: Ein Watcher war ehemaliges Mitglied einer Bande, die auf einem anderen Objekt ihr Unwesen trieb. Aber die Bandenspiele finden für die Watcher ihre Grenzen dort, wo die Legitimierbarkeit ihrer Aktivitäten vor einer potentiellen Öffentlichkeit endet. So ist die Kontrolle physischer Gewalt (nicht »durchzuknallen«) nötig, weil sich die Watcher in der Wahl der Mittel von den Delinquenten unterscheiden müssen.

Die Ambivalenz der Watcher-Position liegt demnach in der Zugehörigkeit und gleichzeitigen Nicht-Zugehörigkeit zu einer Bande. Sie prägt die Praktiken der kommunal delegierten Sicherheitswahrung im halböffentlichen Raum des Bades, zu dem die staatlichen Ordnungskräfte ohne spezifischen Grund keinen Zugang haben. Der Einsatz des privaten Sicherheitsdienstes im Schwimmbad wie an vergleichbaren Orten stellt demnach eine Ausdifferenzierung und Verfeinerung staatlicher Kontrolle dar.

Ähnlich der Polizei kennzeichnet den privaten Sicherheitsdienst eine sichtbare Symbolik, die von jedem wahrgenommen wird, wie der in Erziehungsfragen in Schwierigkeiten geratene Vater in der Eingangsszene zeigt. Auch die Orientierung auf ebenso sichtbare Verletzungen der öffentlichen Ordnung erinnern an den immer wieder an die Polizei geäußerten Vorwurf, sie stigmatisiere und diskriminiere Minderheiten wie Obdachlose oder Andersfarbige. Ihnen gemeinsam ist, daß sie die Andersartigkeit auf der Körperoberfläche tragen, die – ob von den Betroffenen beabsichtigt oder nicht – als Zeichen des Angriffs auf die öffentliche Ordnung interpretiert werden.

Dieses Phänomen liegt im Wesen der öffentlichen Ordnung selbst begründet: Nicht nur die Verteidigung, auch der Angriff muß öffentlicher Natur sein. Entweder sind die als Delikte interpretierten Handlungen per se öffentlich, oder aber die Aufgabe der Ordnungs-Kräfte besteht zunächst in ihrer Ver-Öffentlichung. Die für diese Aufgabe verwendeten Typisierungen sind dabei Grundlage für die Wahrung der öffentlichen Ordnung. Allerdings, so ist zu vermuten, besitzen sie nicht nur ermöglichenden, sondern auch beschränkenden Charakter. Welche Phänomene entgehen den Watchern gerade aufgrund der praktizierten Typisierungen und welche Gelegenheiten zur Wahrung der öffentlichen Ordnung werden dadurch verspielt?

Eines zumindest scheint gewiß: Die öffentliche Ordnung braucht ein gewisses Maß an öffentlicher Mißachtung, um die Sichtbarkeit und Sicherbarkeit ihrer Existenz zu ermöglichen. Diese Auffassung spricht gegen ein naturalistisches Verständnis von Ordnung und Sicherheit, wie sie Grundlage der Sicherheitsarbeit der privaten Sicherheitsfirmen oder der Polizei ist. Öffentliche Ordnung ist nicht dann gewährleistet, wenn ›nichts‹ passiert, sondern erweist sich als Ausdruck von Regelmäßigkeiten im öffentlichen Verkehr, deren sich das Publikum in einem Räuber-und-Gendarm-Spiel vergewissern muß.

Literatur

Frantz, Jürgen (1994), »Die Wachtmeister«, in: *Manager Magazin* 11, S. 188-197.

Garfinkel, Harold (1973), »Das Alltagswissen über und innerhalb sozialer Strukturen«, in: *Arbeitsgruppe Bielefelder Soziologen: Alltagswissen, Interaktion und gesellschaftliche Wirklichkeit Bd. 1, Symbolischer Interaktionismus und Ethnomethodologie*, Hamburg: Rowohlt, S. 189-262.

Goffman, Erving (1974), *Das Individuum im öffentlichen Austausch. Mikrostudien zur öffentlichen Ordnung*, Frankfurt/Main: Suhrkamp.

Goffman, Erving (1971), *Interaktionsrituale. Über Verhalten in direkter Kommunikation*, Frankfurt/Main: Suhrkamp.

Greifeld, Andreas (1981), »Öffentliche Sachherrschaft und Polizeimonopol. – Gewerbliche Ordnungskräfte im Dienst des Staates«, in: *Die Öffentliche Verwaltung* 23, S. 906-913.

Hoffmann-Riem, Wolfgang (1977), »Übergang der Polizeigewalt auf Private? Überlegungen zur Entwicklung gewerblicher Sicherheitskräfte«, in: *Zeitschrift für Rechtspolitik* 11: S. 277-284.

Holdaway, Simon (1984), *Inside the British Police: A Force at Work*, Oxford: Blackwell.

Whyte, William F. (1943), *Street Corner Society: The Social Structure of an Italian Slum*, Chicago: University of Chicago Press.

Helga Kelle
»Wir und die anderen«
Die interaktive Herstellung
von Schulklassen durch Kinder

Das Tischgespräch kreist um einen Jungen aus einer anderen Gruppe. Michaela äußert sich abfällig, der passe doch drei Mal in seine Hosen, Laura sagt, der sei so »doo-of«, Julia meint, wenn der wütend werde, dann werde er zu einem »Monster«. Ralf sagt auch noch etwas dazu, alle unterstreichen ihre Worte mit besonders expressiven Gesten, sie scheinen ernsthaft genervt von dem Typ. Nur Simone sagt nichts dazu.

Unmittelbar nach der ersten Lektüre der Beschreibung dieser Szene hielt ich zunächst die Qualifizierung »besonders expressive Gesten« für einen Hinweis im eigenen Material auf ungewöhnliche Darstellungen unter Schulkindern, die in Zukunft, im Sinne unseres Forschungsprojekts[1] und im Interesse an sozialen Differenzierungspraktiken, dichter zu beschreiben wären. Erst im Zusammenhang mit anderen Szenen wurde mir klar, daß sich die besondere Expressivität, die ich hier zu kennzeichnen versuchte, auf »einen Jungen aus einer anderen Gruppe« bezog. Über die Kinder aus *anderen* Klassen redet man anders als über die *eigenen*: nicht unbedingt kritischer oder abfälliger, aber in der Regel ›befremdeter‹. Diese ›Befremdung‹ ist Ausdruck der Distinktionen zwischen Schülern und Schülerinnen verschiedener Schulklassen.

Das Feld teilnehmender Beobachtung für diesen Beitrag ist die Laborschule Bielefeld. Die Kriterien und Muster, nach denen

[1] Der Beitrag ist im Zusammenhang des DFG-Forschungsprojektes »Prozesse politischer Sozialisation bei 9-12jährigen Jungen und Mädchen« entstanden, das ich zusammen mit Juliane Jacobi und Georg Breidenstein durchführe. Von Georg Breidenstein stammen nicht nur manche der zitierten Beobachtungssequenzen und Interviewausschnitte, sondern auch hilfreiche Kommentare zu früheren Fassungen dieses Aufsatzes. – Zu den Methoden vgl. Breidenstein/Kelle (1994). Zu ethnographischer Forschung mit Kindern s. a. Fine (1988).

Schulen ihre Schülerschaft sortieren, sind bekannt und gelten im wesentlichen auch für die Laborschule: Kinder werden zu relativ altershomogenen Jahrgängen zusammengefaßt, diese werden in eine Reihe paralleler Klassen unterteilt, die Laborschule z. B. ist dreizügig. Seit Einführung der Koedukation ist das Geschlecht nicht länger Trennungs-, sondern ›Mischungs‹kriterium für die Klassenzusammensetzung. Die Summe der altershomogenen Jahrgänge bildet, je nach Schultyp, unterschiedliche Ordnungen von numerierten Klassen; an der Laborschule, in die Kinder bereits mit 5 Jahren eingeschult werden, geht die numerische Ordnung von 0 bis 10.

Parallel zur Einteilung der Personen erfolgt eine Parzellierung des Schulraums in Klassenräume. Darüber hinaus ordnet die Schule Zeiträume: Der Schultag zerfällt in festgelegte Unterrichtsstunden, Pausen und Freizeit, die Woche besteht aus Schultagen und schulfreien Tagen, das Schuljahr unterteilt sich in Unterrichtszeiten und Ferien. Eine Schulklasse erhält Identität sowohl durch die Teilnehmerschaft als auch durch einen spezifischen Raum und einen spezifischen Zeitraum ihrer Zusammengehörigkeit.

Die offene Laborschularchitektur markiert nun einen bedeutsamen Unterschied zu anderen Schulen. Sie verfügt zwar über geschlossene Funktionsräume und Labore, solche Räume, die an anderen Schulen Klassenräume heißen, gibt es aber nicht. In der Laborschule stehen einzelnen Schulklassen statt dessen für die Dauer zweier Schuljahre fest zugewiesene »Flächen« zur Verfügung. Diese »Flächen« sind variabel gegeneinander abgegrenzt durch Schränke, Regale und Stellwände.[2]

Das Interesse dieses Beitrags gilt der Frage, was Schüler und Schülerinnen untereinander aus der beschriebenen ›Schulordnung‹ machen. Wie übersetzen die Kinder die täglich vorgefundene in eine gelebte Ordnung? Wie statten sie untereinander die Sortierung

---

2 Außerdem gibt es zwei Ebenen der Architektur: die Grundfläche ist von sogenannten »Wichs« (das sind erhöhte, offene Galerien) durchzogen, »Flächen« für Schulklassen gibt es auf beiden Ebenen. – Der Schulraum insgesamt teilt sich auf in immer zugängliche Transit-Räume wie die »Schulstraße«, beschränkt zugängliche öffentliche Räume wie die Bibliothek oder die Mensa, spezielle Unterrichtsräume wie Labore, unterschiedlich reglementierte Freizeiträume wie »Schulzoo« und »Disco« und eben die »Flächen der Gruppen« – so nennt die Laborschule ihre Schulklassen.

Abb. 1: Laborschulkinder auf ihrer »Fläche«, die durch Schränke, Regale und Stellwände abgegrenzt ist

der Schülerschaft mit Bedeutungen aus, welchen Stellenwert haben also die schulischen ›Klassifikationen‹ in den alltagskulturellen Praktiken der Kinder?

Betrachtet man die vorgefundene Ordnung als Interaktionsressource und nicht bereits selbst als Erzeugung von Klassen-Kollektiven, dann ist zu fragen, wie die Kinder diese Ressource für Praktiken der Identifikation mit den *eigenen* (Angehörigen derselben Klasse) und Praktiken der Abgrenzung von den *anderen* (Angehörigen anderer Klassen) nutzen. Anders ausgedrückt: Beobachtet wird die Konstituierung von »Gruppen« an ihrer Grenzpolitik. Die Laborschule wurde nicht trotz, sondern wegen ihres »open-classroom«-Charakters für unsere Untersuchung ausgewählt: wo Mauern als steinerne Formen der Abgrenzung zwischen Klassen fehlen, lassen sich Abgrenzungspraktiken besonders gut beobachten.

Schulorganisatorisch sind Klassen über relative Altershomogenität definiert. Die Frage, wie Kinder diese institutionelle Vorgabe von Gleich- und Verschiedenaltrigkeit für ihre Distinktionen bedeutsam machen, wird für die Beschreibung der Abgrenzungspraktiken zwischen Klassen mit zwei weiteren analytischen Fragen verbunden. Zum einen: wie stellen Kinder in unmittelbaren Interaktionen Klassengrenzen dar? Und zum anderen: wie gewinnen Unterschiede zwischen Klassen im Diskurs unter Kindern an Substanz?

Mit meiner Fragestellung knüpfe ich an interaktionistische Kindheitsethnographien an, die zumeist auf Beobachtungen in Schulen basieren und die die soziologische oder sozialpsychologische Bedeutsamkeit von Gleichaltrigenkulturen herausstellen (vgl. Krappmann/Oswald 1995; Thorne 1993; Corsaro/Eder 1990). Das Interesse an Gleichaltrigeninteraktionen ergibt sich aus der Kritik an einer »adultistischen« Sozialisationsforschung, die Kinder lediglich als werdende Erwachsene und zukünftige Gesellschaftsmitglieder und nicht als eigenständige soziale Akteure begreift. Die genannten ethnographischen Arbeiten neigen m.E. jedoch ihrerseits in ihrer jeweiligen Fokussierung – auf dyadische Interaktionen und Beziehungen bei Krappmann und Oswald, auf Geschlechterspiele bei Thorne und auf »peer-culture« allgemein bei Corsaro und Eder[3] – dazu, den Aspekt der Eigenständigkeit von Kinderkulturen oder -welten überzubetonen und das institutionelle setting der Beobachtungen in der Analyse zu vernachlässigen. Hier setzt der vorliegende Beitrag an: Kinder sind nicht nur im Verhältnis zueinander Akteure, sondern auch in je spezifischen institutionellen Kontexten.[4]

So stellt im Schulkontext z.B. die feste Zugehörigkeit zu einer Klasse eine Interaktionsressource dar, die nicht immer wieder situativ ausgehandelt wird. Zu fragen ist nicht nur ganz allgemein, wie Kinder Interaktionen untereinander gestalten, sondern auch, wie sie ›Schule machen‹, indem sie z.B. Klassen interaktiv darstel-

---

3 Corsaro und Eder bieten einen Überblick über die breite US-amerikanische und ethnographische »peer-culture«-Forschung und werden hier stellvertretend für die Studien genannt, die sie referieren. Zu einer eingehenderen Behandlung der ethnographischen Gleichaltrigenforschung vgl. Kelle und Breidenstein (1996).
4 Auch Zeiher und Zeiher (1994) gehen mit ihrem handlungstheoretischen Ansatz auf die Grenzen und Möglichkeiten des Handelns von Kindern ein, die außerhalb einer spezifischen ›Gleichaltrigeninteraktionsordnung‹ liegen. Sie sind aber wiederum nicht an einer Ethnographie der Interaktionen interessiert und konzentrieren sich inhaltlich auf die Freizeitaktivitäten von Kindern.

len, im Diskurs mit Eigenschaften ausstatten und voneinander unterscheiden.

1. Grenzen markieren (1): Die »Fläche« als Territorium

In Unterrichtssituationen ist das Recht auf Verfügung über die eigene Fläche unbestritten und institutionalisiert. Die schulischen Reglementierungen der Laborschule sehen aber für die Pausen vor, daß man sich als SchülerIn auch auf anderen Flächen bewegen darf. Diese Erlaubnis von seiten der LehrerInnen scheint die Interaktionen unter SchülerInnen jedoch nicht zu bestimmen.
Zwei Jungen aus einer anderen Gruppe kommen vorbei und streben auf die Tür in der Ecke der Fläche unserer Gruppe zu: »Dürfen wir hier kurz durch?« Die in ihrem Weg liegende Mona sagt: »Nein«. Als sie erkennt, daß sie die beiden nicht wird aufhalten können, modifiziert sie: »Aber nicht rennen!« ...
Einige Jungen aus einer anderen Gruppe rennen durch. Mona schreit: »Manno, hier dürfen wir nicht rennen, ihr Kackfürze!« ...
Wieder kommen einige »fremde« Kinder durch, ich glaube, es sind die gleichen wie vorhin. Mona schimpft: »Ihr dürft hier nicht langrennen! Wie oft soll ich das noch sagen? Arschlöcher! Krüppel!«
Diese Szenen vermitteln vordergründig den Eindruck einer gewissen Vergeblichkeit der Interventionen Monas. Sie erhebt den Anspruch zu bestimmen, wer in der Pause über die Fläche ihrer Gruppe gehen darf und wer nicht. Die Kinder der Laborschule versuchen immer wieder, mit überaus mäßigem Erfolg, den Angehörigen der eigenen Gruppe das exklusive Recht an der Verfügung über die eigene Fläche zu sichern. Doch diese Interpretation der ›Vergeblichkeit‹ greift zu kurz.
Betrachten wir die Szenen als rituellen Ablauf. Kommt es zum Grenzübertritt auf die Flächen anderer Gruppen, bewegt man sich auf unsicherem Terrain; mit ihrer einleitenden Frage signalisieren die beiden Jungen in obigem Beispiel zunächst, daß sie das Territorium von Monas Gruppe anerkennen. Mona macht von dem ihr scheinbar eingeräumten Verbotsrecht Gebrauch und sagt »nein« – könnte sie etwas anderes sagen, wenn sie schon gefragt wird? -, wovon sich die beiden anderen aber nicht abhalten lassen.

Mona erkennt sehr schnell, daß die Achtung des räumlichen Territoriums ihrer Gruppe auf seiten der beiden anderen ihre Grenzen hat und sich nicht vollständig wird durchsetzen lassen, also setzt sie ihre Ansprüche tiefer an: sie möchte dann wenigstens Einfluß darauf nehmen, in welcher Weise diese ihre Fläche überqueren. Sie reklamiert gewissermaßen ein ›habituelles Territorium‹. In der nächsten Szene dann kennzeichnet sie ihre Ansprüche als Verbot durch die Institution, »wir dürfen« nicht rennen. Im Beobachtungsprotokoll fehlt die Reaktion der anderen, aber daran, wie Mona sich auch in der dann folgenden Szene echauffiert, können wir ablesen, daß ihre Interventionen wenig bis nichts bewirken. In wüsten Beschimpfungen macht sie ihrem Ärger über ihren mangelnden Einfluß Luft. Das soll nicht heißen, daß sie tatsächlich damit gerechnet hat, daß sie die anderen Kinder maßregeln kann; vielmehr wirkt das Schimpfen durchaus lustvoll und nicht etwa als zu vermeidendes Ergebnis. Bei nächster Gelegenheit wird Mona ähnliche territoriale Ansprüche erheben, *obwohl sie um die vordergründige Erfolglosigkeit dieser Versuche weiß*, denn der Zweck der Erzeugung eines symbolischen kollektiven Territoriums wird auch so erfüllt. Auf seiten der beiden Jungen könnte man den Ablauf der Szenen als ›Achtung durch Mißachtung‹ charakterisieren, sie leiten ihre Mißachtung durch eine achtende Frage ein und spielen auf diese Weise mit beiden Bedeutungen. Diese Form der Konstruktion kollektiver Territorien bietet in ihrer Doppelbödigkeit interaktive Vorteile, denn die Asymmetrie zwischen den Interagierenden, die sie errichtet, wird auch gleich wieder überschritten.

In dem zitierten Beispiel taucht bereits »die Tür« auf. Das Fehlen geschlossener Räume in der Laborschule bedeutet auch, daß es wenig Türen gibt. Die Tatsache, daß die Fläche einer von uns beobachteten Gruppe in einer hinteren Ecke eine Tür aufweist, birgt im Rahmen der Laborschule ungewöhnliche Privilegierungschancen und Chancen der Darstellung und Verteidigung eines Territoriums. Denn die Tür ist nur von der Seite der Fläche her zu öffnen.

Auf der anderen Seite der Tür sind jetzt wieder mal andere Kinder, die darum bitten, daß sie geöffnet wird. Das Turnspiel, das gerade noch lief, ist damit zuende, alle Beteiligten sammeln sich vor der geschlossenen Tür. Malte spricht den Text eines Anrufbeantworters, um zu suggerieren, daß auf dieser Seite der Tür gar keine

Kinder sind, die sie öffnen könnten. Nina fragt mehrmals nach, wer dort sei, denn durchgelassen zu werden ist ein Privileg, das die Kinder dieser Gruppe gewähren können und nicht jedem zuteil werden lassen. Nina sagt denn auch: »Ihr dürft nicht.« Als die Kinder auf der anderen Seite sagen »wir müssen aber!«, antwortet Uta: »Keiner muß, keiner darf!« Nina will jetzt genau herausbekommen, wer auf der anderen Seite steht: »Janina oder Nora, wer denn nun?« Doch auch als sie weiß, wer es ist, ändert sie ihre Meinung nicht: »Ihr dürft leider nicht durch.« Sie sagt dies in einem gespielt bedauernden Ton.

Auch aus anderen Szenen geht hervor, daß der einzige Grund, andere als die Angehörigen der eigenen Gruppe »durchzulassen«, der ist, daß man diese gut kennt. Bekanntschaft berechtigt zum Erhalt eines Transitvisums. Die Praxis des Durchlassens scheidet die Schülerschaft also in Bekannte mit und Unbekannte ohne besondere Ansprüche. Nur die Angehörigen der Gruppe können durchlassen: nur ihr Gebrauch der Tür in beide Richtungen ist selbstverständlich, muß nicht eigens ausgehandelt werden, während andere das Recht, durchgelassen zu werden, von ›ortsansässigen‹ Gruppenmitgliedern verliehen bekommen können. Die Gruppenzugehörigkeit allein, für die man nichts leisten, können oder sein muß und die als gegeben hingenommen wird, entscheidet in diesem Fall über Privilegierung und Disprivilegierung. So verschafft die Verortung – die Zuordnung der Gruppe zu einer bestimmten Fläche – lokale soziale Vorteile gegenüber *anderen*, und die Vorteile schaffen ihrerseits ›Verortung‹ im Sinne von Identifikation: das Durchlassenkönnen zeitigt vor allem auch eine Wirkung in der Gruppe, insofern es als kollektive Praxis inszeniert wird.

Während sich die Kinder gegenüber Bekannten eher solidarisch verhalten, spielen sie gegenüber Unbekannten in bezug auf das Durchlassen ihre Macht aus, die ihnen als privilegierten ›Türöffnern‹ zuwächst. Durch das Hinauszögern der Entscheidung über das Öffnen der Tür bringen sie andere in die Position von Bittstellern. Nicht selten werden solche Kinder, die Durchlaß begehren, ausführlich befragt, wodurch suggeriert wird, daß sie eine Chance auf Gewährung ihrer Bitte haben. Solche Befragungen enden dann aber meist – wie in obigem Beispiel – damit, daß die Tür geschlossen bleibt. Die Kontrolle des Durchlasses bedeutet Macht und bringt Spaß bei der Machtausübung, und so stellt sie einen festen Bestandteil der Pausenaktivitäten dar.

Die Unterschiede zwischen Gruppen liegen zunächst auf der Ebene der spezifischen räumlichen Gegebenheiten und der Chancen, Vor- und Nachteile, die sie bieten. Dazu gehört die Ausstattung, die unterschiedlich und Anlaß zu Neid, Abgrenzung oder auch verstärkten gemeinsamen Aktivitäten sein kann – auch hier geht es um die Erlangung und Sicherung von Zugangskontrolle. Als eine 6. Klasse z. B. einen ganzen Satz neuer Gesellschaftsspiele anschafft, ist in den folgenden Wochen zu beobachten, daß sich vermehrt Kinder aus der Nachbargruppe in der Pause auf der Fläche dieser Gruppe tummeln. Auf dieser Ebene manifestieren sich Unterschiede an Aktivitätsmöglichkeiten. Diese Unterschiede bringen zusammen mit der festen Gruppenzuordnung ›Besitzstandswahrungen‹ unter den Kindern hervor. Abgrenzungspraktiken haben so gesehen eine materielle Grundlage in Form von Räumen und Ausstattungen. Wenn diese besonders attraktiv sind, kann man auf die Idee kommen, Profit daraus zu schlagen. Im folgenden Protokollausschnitt geht es darum, daß die Gruppe einmal in der Schule schlafen will.

Malte sagt dann zum Thema, er finde, sie sollten auf ihrer eigenen Fläche schlafen und nicht woanders in der Laborschule, wie das manche der anderen Gruppen machten. Wie sich herausstellt, wählen andere Gruppen dafür gerne die Fläche unserer Gruppe, weil sie am gemütlichsten und abgeschlossensten ist. So entsteht die Idee, man könne in solchen Fällen ja auch »Miete« für die Fläche nehmen.

Das ›materialistische‹ Argument soll hier allerdings darauf beschränkt werden, daß dem gegebenen Material ein Ressourcencharakter in bezug auf Grenzdarstellungen zukommt. Die materiellen Unterschiede zwischen Gruppen sind meist zu geringfügig, als daß ihr Wert anders veranschlagt werden könnte. Vielmehr werden die Gruppenterritorien *in jedem Fall* als verteidigungswürdig konstituiert und zunächst zufällig zusammengesetzte Gruppen bilden eine kollektive Verteidigungspraxis aus.

Hier korrespondieren unsere ethnographischen Beobachtungen mit Ergebnissen aus ganz anderen methodischen Kontexten: mit den sozialpsychologischen Experimenten, die Tajfel u. a. (1978; 1982) durchführten. Die sogenannten »minimal intergroup experiments« reduzierten die Bedingungen für Gruppenidentifikationen auf ein Minimum, indem sie z. B. die Zugehörigkeit zu einer Experimentalgruppe durch Münzwürfe ermittelten und indem sie unmittelbare Interaktionen, Interessenkonflikte oder Möglichkeiten vorgängiger Feindseligkeit zwischen Angehörigen verschiedener Gruppen sowie jegliche Hinweise auf experimentell »erwünschtes« Verhalten ausschlossen. Trotz dieser Minimalisierung der Bedingungen, also trotz der Inhaltsleere der Zugehörigkeit zu einer Gruppe, bevorteilten die Versuchspersonen die Angehörigen ihrer in-group, z. B. bei vorzunehmenden Geldzuteilungen. Man kann gegen diese Experimente einwenden, daß gerade die künstliche Erzeugung dieser Inhaltsleere Realitätsferne produziert; trotzdem stellen sie eine Probe auf das Exempel dar, mit wie wenig ›Stoff‹ Gruppenidentifikationen auskommen können, auch wenn sie es in ›natürlichen‹ settings normalerweise nicht tun. Tajfel (1978: 39f.) weist auf dieser Basis ältere sozialpsychologische Ansätze zurück, die Beziehungen zwischen Gruppen als Funktion von individuell verankerten Vorurteilen, Motivationen oder Interessen begreifen.

Die Territorialisierungspraktiken unter LaborschülerInnen vermitteln ebenfalls den Eindruck, daß nicht spezifische Qualitäten des Territoriums und damit spezifische Interessen der Angehörigen der Gruppe im Vordergrund der Verteidigung stehen. Zwar wird ein je spezifischer Raum verteidigt, dies aber gewissermaßen unter allen Umständen. Die je spezifischen Ressourcen werden genutzt, man könnte aber sagen, daß deren Bedeutungen erst in den Abgrenzungspraktiken geschaffen werden. Die Fläche mit der Tür bietet besondere Ressourcen für Grenzdarstellungen, die in anderer Form aber auch auf anderen Flächen zu beobachten sind. Vorteile gegenüber anderen sind nicht vorgängig oder substantiell, sondern müssen fortlaufend interaktiv erarbeitet werden.

Schulorganisatorisch tritt neben die räumliche Zuordnungspraxis die zeitliche Ordnung des Schultages, die zwischen Unterricht und Pausen unterscheidet, wobei *andere* während des Unterrichts notwendig *abwesende andere* sind. Die Möglichkeiten zum Kontakt mit Angehörigen anderer Gruppen liegen also in solchen Schulzeiten, die in geringerem Maße der pädagogischen Kontrolle unterliegen als Unterrichtszeiten. Auch mit der besonderen Rahmung der Kontaktmöglichkeiten verbinden sich bestimmte territoriale Praktiken unter SchülerInnen. Die vielfältigeren Möglichkeiten in den unterrichtsfreien Zeiten scheinen mit der Kultivierung recht stabiler Arrangements zu korrespondieren: die Pausen verbringt man unter Freunden, in der Clique oder auch allein. Die

Abb. 2: Darstellung und Verteidigung eines Territoriums

meisten bleiben dabei eng auf »ihre« Gruppe, deren Fläche oder Mitglieder, bezogen.

Kommt es aber wie in obigen Beispielen zum Kontakt zu *anderen*, so gestaltet sich dieser häufig als »borderwork« (Thorne 1993). Thorne hat den Begriff zur Beschreibung von »Geschlechterspielen« unter Schulkindern entwickelt, bei denen die Interaktionen ebenfalls auf einer zuverlässigen und nicht eigens auszuhandelnden Unterscheidung von *eigenen* und *anderen* aufbauen können. Ähnlich wie bei Geschlechterspielen geht es auch bei den Interaktionen zwischen Angehörigen verschiedener Schulklassen meist nicht um eine wasserdichte Abgrenzung der räumlichen Territorien, sondern um deren Permeabilität, um den thrill der ›Arbeit an der Grenze‹. Unter der Voraussetzung der unhinterfragten Zugehörigkeit zu einer Seite (Mädchen oder Junge, Gruppenmitglied oder nicht) geht es nicht darum, Grenzübertritte zu vermeiden, sondern mit diesen zu spielen oder sie gar zu provozieren und sich darüber die Möglichkeiten der Darstellung des eigenen kollektiven Territoriums zu sichern. Die Interaktionen über die Grenze hinweg machen die Grenze sichtbar.

2. Grenzen markieren (2): Reden über die »anderen«

Eine Zentrierung auch der außerunterrichtlichen Aktivitäten auf die eigene Gruppe ist nicht nur an den Formen der Raumaneignung und -verteidigung und der Konzentration der Aktivitäten auf die eigene »Fläche« abzulesen, sondern auch an anderen Praktiken, die wesentlich diskursiv vermittelte Unterschiede zwischen den *eigenen* und den *anderen* machen. Diskursiv meint hier nicht nur sprachlich vermittelt, sondern bezieht sich auch auf Reflexionen im nachhinein, in denen zurückliegende Interaktionen von den Kindern – in verändertem Kontext – wieder aufgegriffen werden, als Referenz dienen.

Ein beliebter, fast jedes Mal in Anspruch genommener Tagesordnungspunkt der »Betreuungsstunden« einer der beiden von uns im 4. Schuljahr beobachteten Gruppen ist die »Beschwerde«. »Betreuungsstunden« oder kurz »Betreuung«[5] sind die Stunden, die die Schule explizit für die Regelung von Gruppenangelegenheiten, in Anwesenheit der Lehrerin, vorsieht. Was eine Gruppenangelegenheit ist, wird je ausgehandelt. »Beschwerden« können sich auf Angehörige der eigenen Gruppe beziehen – sie tun dies in den meisten von uns beobachteten Fällen – und führen dann zur öffentlichen Verhandlung von Konflikten zwischen zwei oder mehr Beteiligten an Ort und Stelle. Anders verhält es sich mit Beschwerden über Angehörige anderer Gruppen.

Thomas hat die erste Beschwerde und fängt an: »Da hat aber Axel auch noch etwas dazu zu sagen.« Dann erzählt er, daß ihnen gestern beim Essen in der Mensa Große, »so Jugendliche«, türkisches Geld angeboten hätten, das sie tauschen wollten. Als er sich weigerte, hätten sie ihn »voll am Hals gepackt«. Dann hätten sie das Geld in Axels Essen geworfen. Axel protestiert: »Das ist mehr meine Beschwerde! Die ham das ja in mein Essen reingeschmissen.« Frido schaltet sich ein: »Die wollten das auch in mein Essen schmeißen, ham aber nicht getroffen, weil ich weggezogen habe.« Dann erzählt Frido, daß er Axel von seinem Essen als Ersatz angeboten habe. Außerdem betont er, er könne die Täter »genau erkennen«. (Wohl auch, um seine Funktion für diese wichtige Beschwerde zu unterstreichen.) Uwe drängelt schon: »Nächste Be-

---

[5] Diese Namensgebung bezieht sich auf den Begriff »BetreuungslehrerIn«, das ist das Pendant zur KlassenlehrerIn.

schwerde!« Aber Karin, die Lehrerin, sagt noch abschließend zu der Mensa-Beschwerde, es wäre viel günstiger gewesen, gleich der Mensa-Aufsicht Bescheid zu sagen, die dann hätte eingreifen können.

Thomas und Axel werfen hier »so Jugendlichen« Verletzungen ihrer »Territorien des Selbst« (Goffman 1974: 54ff) vor, und zwar durch körperliche Gewalt in Thomas' Fall und durch Kontamination seines Essens in Axels Fall. In den Augen der Geschädigten moralisch besonders verwerflich sind diese Verletzungen ihrer persönlichen Territorien deshalb, weil sie von älteren Schülern verübt wurden, die ihre Macht und Stärke jüngeren gegenüber ausgenutzt haben.

Da die Beschuldigten nicht zur Stelle sind, als der Mensa-Vorfall in der Gruppe als Beschwerde verhandelt wird, können die Sachverhalte des Vorfalls auch nicht geklärt werden, indem die verschiedenen Perspektiven hier und jetzt gehört würden. Die Bedeutung einer solchen Beschwerde in diesem Rahmen muß demnach eine andere sein. Die Abfolge der Redebeiträge, die Konkurrenz darum, wer die Beschwerde als seine reklamieren darf, vermittelt den Eindruck, daß es offenbar attraktiv ist, »Beschwerden zu nehmen«. (Der Ausdruck wird von Florian im Gruppeninterview mehrmals verwendet und besagt genau besehen, daß man etwas *bekommt*, wenn man sich beschwert). Schließlich meldet auch noch Frido seine Ansprüche als ebenfalls von Schaden Bedrohter an und bringt sich auf diese Weise ins Gespräch. Wenn es so interessant ist, davon zu erzählen, daß man bei einer doch eher unerfreulichen Begebenheit dabeigewesen ist, so stellt sich die Frage, worin diese Attraktivität genau liegt.

Besonders attraktiv für die Berichterstattung von individuellen Konflikten ist der spezifische Rahmen, die Betreuungsstunde. Die Jungen in unserem Beispiel suchen die Kinder ihrer Gruppe in der geschilderten Auseinandersetzung zu Verbündeten zu machen, zunächst einmal einfach dadurch, daß sie diese zu Mitwissern machen. Die Mitwisserschaft zieht die Verpflichtung nach sich, entweder Partei zu ergreifen oder anders zu reagieren. Die Rahmung als »Betreuungsstunde« etabliert hier eine Bühne, die Reaktionen sind gruppenöffentlich, nämlich für alle Gruppenmitglieder hör- und sichtbar. Die Einrichtung der »Betreuungsstunde« – im schlichten Sinne der räumlichen Versammlung aller Mitglieder – liefert eine institutionelle Basis für die Konstituierung einer Gruppenöffentlichkeit, die die Gruppe erst zum Kollektiv machen kann.

Die Beschwerdeführer zielen auf dieser Basis darauf, daß die Gruppe als ganze sich verletzt fühlen soll, da einzelne ihrer Mitglieder (»einer von uns«) verletzt wurden. Die persönliche ›Hülle‹ (im Sinne von Goffman) wird als Teil eines kollektiven ›Körpers‹ inszeniert. Während Konflikte innerhalb der Gruppe diese in der Regel in Fraktionen spalten, ermöglichen Beschwerden über andere eine kollektive moralische Empörung und die Mobilisierung eines Wir-Gefühls. Dem Tenor der Beschwerden über »andere« liegt die Unterstellung geringerer moralischer Integrität im Vergleich zur eigenen Gruppe zugrunde. Die Bereitwilligkeit, mit der man sich auf die Seite von Kindern aus der eigenen Gruppe stellt, entwickelt darüber hinaus im Laufe der Jahre eine selbstreferentielle Dynamik. In der gemeinsamen Gruppengeschichte (vom 3. bis zum 10. Schuljahr) kommt es immer wieder zu Situationen, in denen Solidarität nachgefragt wird. Die Geschichte gemeinsamer Erfahrungen kann so zu einem eigenen Bezugspunkt in aktuellen Auseinandersetzungen werden.

Adressat der Beschwerden ist neben den MitschülerInnen ganz maßgeblich auch die Lehrerin, von der erwartet wird, daß sie im schulalltäglichen Management der Konflikte als Anwältin der Angehörigen ihrer Gruppe auftritt. Im konkreten Fall ist es aber interessant, daß zumindest einer der Mitschüler, Uwe, seine zustimmende Empörung verweigert – »nächste Beschwerde!« –, und daß die Lehrerin problematisiert, daß die Beteiligten gleich zur Mensaaufsicht hätten gehen sollen. Beide reagieren m.E. darauf, daß die Beteiligten in ihrer Darstellung um die Redebeiträge konkurrieren und einen ›verräterischen‹ argumentativen Aufwand betreiben, um ihre Beschwerde vorzubringen. In den Interaktionen im Zuge von »Beschwerden« werden legitime von weniger legitimen Inanspruchnahmen der Gruppe als moralischer Instanz unterschieden. Hier sind es Selbstdarstellungsinteressen in der Versammlung, die das Interesse an der Ahndung von Ungerechtigkeit überlagern und die bei LehrerInnen und empfindlichen MitschülerInnen nicht gut ankommen. Unter dem Deckmantel der Adressierung des Kollektivs und der Betreungslehrerin in Fragen von Regelverletzungen steht manchmal im Vordergrund, beide doch nur zu Publikum zu machen. Ich möchte noch einen Schritt weiter gehen: In manchen Situationen bringen individuelle Darstellungsinteressen das Kollektiv ausschließlich in seiner Eigenschaft als Publikum hervor. Denn Beschwerden *über andere* in den Versammlungen bleiben für die Ebene der Konfliktregelung *mit* den *anderen* oft merkwürdig folgenlos. Die ›innenpolitischen‹ Bedeutungen von Beschwerden kommen in solchen Fällen ohne die konkreten anderen aus. Der Anspruch jedoch, moralische oder aktive Unterstützung durch die Gruppe zu verdienen, wird manchmal nicht überzeugend genug dargestellt und infolgedessen als Mißbrauch der Gruppenöffentlichkeit und damit des Kollektivs sanktioniert.

Die gruppenöffentliche »Beschwerde« über einzelne andere stellt eine ganz besondere Form des Diskurses über andere dar, sie ist eine relativ starke und relativ selten angewandte Maßnahme. Davor und daneben kommt es zu vielen kleinen und beiläufigen Erzählungen über andere Gruppen oder deren Angehörige mit kollektivierenden und distinktiven Untertönen. Diese ›verfestigen‹ sich manchmal zu ablehnenden, ungläubigen oder denunziatorischen Haltungen der ganzen Gruppe. Besonders gebündelte Erzählungen von dieser Art haben wir in Einzelinterviews gehört, die etwas anderes sind als ›natürliche Gespräche‹ im Feld, insofern die Darstellungen für die Interviewer erfolgen. Aber gerade die unabhängig voneinander geäußerten übereinstimmenden Einschätzungen deuten darauf hin, daß die Kinder sich auch alltagskulturell auf diese verständigen.

Dorle: ... weil die Grünen[6], die sind halt so ein bißchen blöd.
Georg: Wie? Was heißt das denn? Warum sind die denn blöd? Das hab ich noch nie so richtig verstanden.
Dorle: Nein? Die sind eingebildet.
Georg: Aha. Wie? Worauf bilden die sich was ein?
Dorle: Daß sie die besten sind [leise gesprochen].
Georg: In welcher Hinsicht?
Dorle: Die wären halt die Weitesten und die Coolsten und die Stärksten [besonders betont] und ... die Größten.

6 Da diese anonymisierten Gruppennamen nicht die Art widerspiegeln, in der die Laborschule ihren Gruppen Namen gibt, sei diese hier kurz beschrieben. Die drei Gruppen eines Jahrgangs bekommen Farbnamen, die sich meist an eine Grundfarbe anlehnen. So heißen drei Gruppen eines Jahrgangs z. B. »Lila«, »Violett« und »Flieder«, während die Gruppen eines anderen Jahrgangs mit drei Grüntönen bezeichnet werden. Ein Effekt dieser Farbnamensgebung ist, daß die Gruppen vom 3. bis zum 10. Schuljahr einen Namen behalten.

Katrin: ... äh die Grünen mögen wir zum Beispiel nicht so gern. Ähm die sind ... die sind eben anders. Die sind so ... ach ich bin brav und ich weiß nicht ...

Mark: (Von den Grünen) finden wir eigentlich alle aus der Gruppe zum Kotzen. Die sind irgendwie so doof.

In bezug auf eine der Parallelgruppen, die Grünen, sind sich die Kinder der befragten Gruppe zwar nicht einig über deren kulturelles Profil – das Spektrum der Charakteristika reicht von »eingebildet« über »brav« bis einfach »doof« –, einig ist man sich aber hinsichtlich der Konsequenzen: »wir« mögen »die« nicht. Für die Parallelgruppe, die man lieber mag, die Gelben, wird dagegen weniger von kollektiven Eigenschaften berichtet als von gemeinsam unternommenen Aktivitäten.

Besonders bedeutsam für die kollektivierenden Tendenzen des negativen Redens über andere Gruppen ist aber das implizite Wissen der meisten Kinder darum, daß sie nicht substantielle Wesensunterschiede zwischen Gruppen allgemein oder zwischen Angehörigen verschiedener Gruppen zu verteidigen haben. In der folgenden Situation mit der Beobachterin und einem Kind wird dieses Wissen ungewöhnlicherweise deutlich.

Lisa fragt, ob sie das Buch werden kaufen können, daß wir über sie schreiben oder ob wir ihnen die Teile über sie kopieren können. Als ich ihr erkläre, daß es wahrscheinlich keine einzelnen Teile über die einzelnen Gruppen geben wird, meint Lisa, das finde sie aber blöd. Ich frage zurück, ob die Gruppen denn so unterschiedlich sind. Lisa führt mir an verschiedenen Beispielen vor, daß »die anderen« ganz anders sind als ihre Gruppe. Dabei ist uns beiden von Anfang an irgendwie klar, daß Lisa dies ironisch meint. Zuerst einmal seien die anderen einfach viel »dööfer«. Sie tobten z. B. nicht, das sei bescheuert, und es sei immer total ordentlich auf deren Fläche. Ihre Fläche sei die einzige mit Tür, da würden die anderen immer klopfen und sie würden sie klopfen lassen. Ich werfe ein, daß sie aber auch häufig öffnen. »Nur manchmal«, ist Lisas Einschätzung. Die würden dann immer über die Fläche rennen, ohne es zu dürfen: »Nur wir dürfen das!« Desweiteren kippelten die anderen auch nicht und fielen demzufolge auch nicht um, all das machten aber die Kinder ihrer Gruppe, und das mache »voll Spaß«. Und wenn sie Fangen spielen, werfen sie Stühle um, das sollten wir jetzt mal spielen. Lisa wirft mehrmals einen Stuhl um und versucht mich hochzuziehen und zum Spielen zu bewegen. Ich habe aber keine Lust. Schließlich kommt Uta dazu und zieht mich samt Stuhl ein paar Meter weit durch den Raum.

Lisa führt ironisch vor, daß alltäglich oft behauptet wird, daß andere anders *sind*. Sie treibt die ironische Überzeichnung auf die Spitze, indem sie andere Gruppen als brav und die eigene Gruppe als wild typisiert. Damit konterkariert sie implizit auch eine LehrerInnenperspektive: aus ihrer Sicht als Schülerin sind all die Eigenschaften und Aktivitäten einer Gruppe besonders schätzenswert, die LehrerInnen ein Greuel sind – so gibt jedenfalls ihre Darstellung vor. Die Stilisierung der Differenzen von Gruppen und von SchülerIn- und LehrerInperspektive mündet aber im Grunde in eine Botschaft: es ist alles Schein – aber mit vermeintlichen Unterschieden läßt sich spielen. Das Wissen um die Substanzlosigkeit verhindert nicht den Gebrauch der Zuschreibungen. Lisa verlagert ihre Darstellung dann recht schnell hin zur Beschreibung von Privilegien (das »Türöffnen«): auf dieser Ebene kann die Behauptung von Unterschieden einer ›ernsthaften‹ Überprüfung standhalten.

Während die gruppeninterne Rede Personen namentlich identifiziert und differenziert, finden sich kollektivierende Verallgemeinerungen vor allem in den Bezeichnungen für Nichtgruppenmitglieder. Distinktionen – so Bourdieu (1987) – werden nicht selten dort besonders scharf vorgenommen, wo einem die anderen relativ nahestehen, im Schulkontext ist das relativ nah in bezug auf den physischen Raum, die soziale Rolle oder das Alter. Daß über *andere* häufig herabsetzend und pauschal geredet wird, stellt eine Bestätigung und Aneignung der institutionell vorgenommenen Sortierung der Schülerschaft dar: man ist als SchülerIn nicht freiwillig in eine bestimmte Gruppe gekommen, aber nur in seltenen Fällen würde man freiwillig in eine andere Gruppe wechseln. Die gegebene Gruppe wird über Distinktionsrhetoriken mit einem bestimmten Profil ausgestattet und zur bestmöglichen gemacht. So wird Gruppenzugehörigkeit normativ aufgeladen, auch wenn die meisten wissen, wie Lisa vorführt, daß die anderen in wesentlichen Dingen gar nicht anders sind.

Identifikations- und Distinktionspraktiken können auch als Kontextualisierungspraktiken beschrieben werden: Ohne andere gäbe es *die* Gruppe gar nicht. Darin liegt die Ambivalenz der hier be-

schriebenen Distinktionen: sie arbeiten mit der Behauptung wesentlicher, nämlich normativ zu betrachtender Unterschiede, und sie sind doch hoffnungslos in Relationen und Kontexte verstrickt, die jeder Essentialisierung zuwider laufen. Diese Ambivalenz kommt in Lisas ironischer Darstellung zum Ausdruck.
Der normative Diskurs über Unterschiede hat seine Bedeutung darin, daß er Argumente liefert für die Sicherung kollektiver Territorien. Diese haben ihre Attraktivität gegenüber den personenbezogenen Territorien, die Goffman (1974) beschreibt, in einem größeren ›Spielraum‹. Über kollektive und kollektivierende Geringschätzungen hält man sich *andere* ›vom Leib‹ der Gruppe.[7]

3. Beziehungsmuster im Altersklassensystem

Die Beziehungen zu spezifischen anderen Gruppen stellen die Kinder als habitualisiert und ritualisiert dar, wie sich bereits an der Charakterisierung der »Grünen« sehen ließ. Die Nutzung des Kriteriums Alter für Beziehungsdarstellungen steht in engem Zusammenhang mit dem der Gruppenzugehörigkeit, da die Gruppen altershomogen zusammengesetzt sind. Als unmittelbarer Kontext der eigenen Klasse funktioniert derselbe Jahrgang mit den Parallelklassen. Die »Fünfer« oder »Siebener« oder auch die »Nuller« (Einschulung mit fünf Jahren) sind stehende Begriffe in der Laborschule und konstruieren sprachlich eine Einheit: jeder weiß, wer damit gemeint ist – und vor allem, in welcher Beziehung man zu ihnen steht.
Am Ende einer Beobachtungsphase in einer Gruppe des 6. Jahrgangs haben wir 19 ethnographische Einzelinterviews (Spradley 1979) durchgeführt, das sind bis auf eines alle Kinder aus der Gruppe. Eine Frage lautete: »Wie ist euer Verhältnis zu den anderen Gruppen?« Diese Frage fordert abstrakte und allgemeine Beschreibungen heraus, und so antworten die Kinder zunächst in Formulierungen wie den folgenden:
Dorle: *Die Grünen werden wir sozusagen gezwungen. Mit de-*

---

7 Bereits Simmel (1890: 33) schreibt: »daß das Nebeneinander zum Miteinander ... werde, ist unzählige mal dem gemeinsamen, freiwilligen oder erzwungenen Verhalten einem Dritten gegenüber zuzuschreiben«. Und am Beispiel religiöser Gemeinschaften spricht Simmel von einer »Verbindung aller Glieder einer Gemeinde zu e i n e m Leibe« (ebd.: 81).

>   nen verstehen wir uns gar nicht. Und mit den Gelben ...
>   in der Pause spielen die mit uns. Aber zu denen haben
>   wir ein besseres Verhältnis.
>
> Moritz: Ja zu den Grünen haben wir überhaupt kein Verhältnis.
> Georg: Aha.
> Moritz: Eigentlich nicht so. Aber zu den Gelben schon.
>
> Stefani: Na ja, zu den Gelben eigentlich gut. Aber zu den Grünen da sind wir also ... [lacht]. Das ist wie Krieg bei uns. Die Grünen und wir.
>
> Paul   Ja, mit der Gelb, der Nachbargruppe, also da ist es eigentlich gut. Da machen wir schon mehr mit. Aber die Grün da sind einige bei, die mögen wir nicht so. Also die meisten. Weil die sind auch immer ziemlich frech und so.

Es mag bezweifelt werden, ob »ein Verhältnis zu anderen Gruppen haben« eine Teilnehmerkategorie darstellt. Wichtiger als die Frage nach der ›Natürlichkeit‹ der Kategorie ist an diesen Äußerungen aber die interpretative Dynamik in der Interviewsituation: Von den Interviewern nicht so spezifisch gemeint, interpretieren alle befragten Kinder die Frage so, daß die anderen Gruppen desselben Jahrgangs gemeint sind. Sie bringen damit eine unmittelbarere Relevanz des Verhältnisses zu den Gruppen desselben Jahrgangs als zu anderen Gruppen zum Ausdruck.

Nach der allgemeinen Eröffnung der Verhältnisse kommt es zu konkreteren Beschreibungen. Die Liste der den Grünen zugeschriebenen negativen Eigenschaften soll hier nicht noch verlängert werden, statt dessen seien bemerkenswerte Beschreibungen des spezifischen Verhältnisses zitiert.

> Michel: ... Also nicht, daß wir uns jetzt immer blöde anmachen also ... die finden uns blöde und wir finden sie blöd, weißte.
> Helga: Das ist eine geklärte Sache.
> Michel: Ja. So ist es [beide lachen].
>
> Georg: Wie kommt das denn?
> Stefani: Weiß ich nicht. Die ärgern uns immer. Wir ärgern die immer.
>
> Katrin: Ich weiß nicht, vielleicht weil wir sie nicht so von ihrer

> Art so her mögen. Und sie mögen uns, von unserer Art
> nicht so unbedingt.

Mark: Die ärgern uns immer und wir ärgern die immer.

Diese Beschreibungen zeigen das Bemühen, das Verhältnis zu den Grünen als ganz und gar schlecht, aber auch als durch und durch symmetrisch zu charakterisieren. Die Beziehung erscheint feindselig, aber einvernehmlich. Sie wird als ritualisierte Feindschaft präsentiert.

Dagegen die Beziehung zu den Gelben:

Moritz: Die (Gelben) kommen ja manchmal auch immer, dann spielen wir mit denen.

Katrin: Okay wir ... unsere Nachbargruppe, die Gelb, haben wir immer ein gutes Verhältnis zu. Okay wir wissen, ich meine, wir wissen, daß die nett sind. Die haben auch sozusagen unsere Art so ein bißchen ne. Auch so stürmerisch und so. Und mit denen haben wir auch schon mehr unternommen. Vielleicht auch weil die neben uns sind ne. Auch die ganze Zeit.

Paul: Ja, mit der Gelb, der Nachbargruppe, also da ist es eigentlich gut. Da machen wir schon mehr mit.

Die guten Beziehungen zu den Gelben vermitteln sich in der Darstellung der Kinder im wesentlichen über gemeinsame Aktivitäten und ›Nachbarschaft‹. Es entsteht der Eindruck eines Miteinanders, das weitgehend ohne kollektivierende Eigenschaftszuschreibungen auskommt. Einzig die »Nettigkeit« der Gelben wird mehrfach angeführt.

Auch in bezug auf die Grünen gibt es detaillierte Hinweise auf gemeinsame Praktiken.

Georg: Warum habt ihr zu den Grünen kein Verhältnis?

Moritz: Weiß ich nich, weil wenn wir da manchmal langgehen, dann motzen se [sehr undeutlich gesprochen] obwohl wir gar nichts gemacht haben und so, na ja.

Stefani: Ja, also die lassen einen die Treppe nicht runter und dann werden sie weggeschubst und alles sowas.

Paul: Ja, also wenn man da jetzt so vorbeigeht zum Beispiel, weil die sind dann immer da, wo es zum Haupteingang raus geht, vor den Fächern, dann immer so Beinstellen oder (? Schopfen ?) oder sowas halt.

Mark: *Und wenn man einen ärgert, dann kommt die ganze Gruppe an und schlägt auf einen ein und sowas. Brutal sind die viel mehr als wir.*

Hier klingen noch einmal schon bekannte Ansprüche auf kollektive räumliche Territorien an. Die Gebietsansprüche, so wird den Grünen unterstellt, werden auf einen Durchgang ausgedehnt, zwangsläufig kommt es zu Konflikten, die als Darstellungsressourcen für die ritualisierte Feindschaft funktionieren. Auch der Zusatz »und sowas« vermittelt den Eindruck, daß man hier nur einen kleinen Ausschnitt aus einem umfänglicheren Repertoire mitgeteilt bekommt. Es scheint hier weniger um Verletzungen der Territorien der Individuen zu gehen, die geeignet sind, zur Sache der ganzen Klasse gemacht zu werden. Vielmehr wird von »rituellen Verletzungen« (Goffman) berichtet, bei denen die Kinder in erster Linie Vertreter ihrer Klasse und erst in zweiter Linie Individuen sind.

Wie sich in obigen Ausschnitten bereits andeutet, hat Katrin die elaboriertesten Vorstellungen davon, warum die spezifischen Beziehungen so sind, wie sie sind.

Katrin: *Wir sind mehr so, wir und die Gelb interessieren mehr so flippige Gruppen so ein bißchen, ausgeflippt und auf Punkkonzerte und all sowas. Und und Grün so ein bißchen ruhiger, ziemlich streberisch. So wie wir finden. Muß natürlich nicht so sein. »Ja, vielleicht mal vielleicht mal ins Theater gehen und oh das« [verstellt die Stimme, klingt affektierter] Vielleicht ... das kann sogar sein, daß die genauso sind wie wir und daß wir irgendwas nicht so sehen wollen.*

Das kulturelle Profil der Klassen akzentuiert Katrin hier an kollektiven kulturellen Vorlieben. Sie markiert ihre Darstellung der Grünen deutlich als Meinung, wenn nicht gar als Gaukelei. Sie unterstellt am Ende ihrer Ausführungen sogar eine voluntaristische Richtung der Imageerzeugung durch ihre Klasse in bezug auf die Grünen. Wie schon im Falle von Lisas ironischer Darstellung der ›Unterschiede‹ zwischen Gruppen wird auch hier deren soziale Gemachtheit und Relationalität durchschaut bzw. offengelegt. Trotz dieser Reflexivität reproduziert Katrin im selben Atemzug spezifische Images, weil sie in der ›Ordnung der Klassen‹, vor allem aber für die eigene Positionierung gebraucht werden.

In diesem Jahrgang ist ein typisches Schema am Werke. Meist sei es so, so die Auskunft von Lehrerinnen, daß sich von drei Gruppen eines Jahrgangs zwei ganz gut verstünden, während diese beiden gemeinsam die dritte Gruppe ablehnten. Die Dreizügigkeit produziert eine marginale Gruppe. Die Ablehnung kann über die Bewertung von Eigenschaften funktionieren, die man den anderen zunächst selbst zugeschrieben hat. Wahrscheinlicher ist jedoch, daß eine Relation aufgemacht wird: Von den zur Verfügung stehenden Vergleichsmöglichkeiten sind die einen nett*er*, die anderen sind döof*er*. Von dieser Grundunterscheidung gehen Akkumulationseffekte aus: Sowohl die ›Nettigkeit‹ der Gelben als auch die ›Doofheit‹ der Grünen nimmt mit dem Fortschreiten der Beziehungsgeschichte zu. Die Anfangsunterscheidung wird immer wieder interaktiv ›wahrgemacht‹ und gewinnt auf diese Weise an Substanz.

Die anderen Gruppen desselben Schuljahrgangs sind diejenigen, mit denen man auch von anderen unmittelbar verglichen wird. Die Parallelgruppen geben den Maßstab ab, an dem die eigene Gruppe gemessen wird. Man konkurriert unmittelbarer mit diesen um bestimmte Images als mit irgendwelchen anderen Gruppen, weil die Gruppenimages unter SchülerInnen nicht nur insofern an das Alter gebunden sind, als es die Gruppenzugehörigkeit regelt, sondern auch deshalb, weil mit Bezug auf das Alter Entwicklungsstufen konstruiert werden, die ein spezifisches Verhalten mit ganz unterschiedlichen Bedeutungen ausstatten. Anders herum formuliert: jede Form öffentlichen Ausdrucks unter SchülerInnen wird neben anderen Dingen auch danach beurteilt, ob es altersangemessen wirkt. Diese Altersangemessenheit kann lokal anhand der Vergleichsmöglichkeiten mit Parallelgruppen austariert werden, im weiteren Kontext wird sie über die Distinktionen zu anderen Altersgruppen konkretisiert. Im Verhältnis zu denen werden dann die drei Gruppen eines Jahrgangs zu *den eigenen*.[8]

Der Abstand zu den anderen Jahrgängen ist über Alter definiert, drückt sich aber auch in räumlichen Zuordnungen aus. Meist sind

---

8 Man müßte hieran anschließend verschiedene Qualitäten der Konstruktion von eigenen unterscheiden. Nicht alle nominell eigenen formieren ein Kollektiv im Sinne gemeinsamer Praxis, die Angehörigen eines Schuljahrgangs haben z. B. oftmals wenig miteinander zu tun.

›Altersnachbarn‹ auch Nachbarn in bezug auf die Flächenaufteilung. Ob man einzelne Jahrgänge noch als in Gruppen aufgeteilte wahrnimmt oder nur noch pauschal als die »Zehner« oder die »Zweier«, hängt wesentlich mit der räumlichen Nähe, den Berührungspunkten im Schulalltag zusammen. Während andere Gruppen eines Jahrgangs bedingt als die eigenen erlebt werden können, sind die »Kleineren« und die »Größeren« nur noch in bezug auf das Kriterium der Schulzugehörigkeit als eigene konstruierbar. Wenn es zweifellos auch so etwas gibt wie ›Laborschulidentifikation‹, so sind doch die Gelegenheiten, diese zur Darstellung zu bringen, sehr viel dünner gesät als die Möglichkeiten, im Schulalltag intern Unterschiede zu machen und mit verschiedenen Kriterien *andere* zu konstruieren.

Mit dem altersbezogenen Abstand der Gruppen verändert sich die Rede über *andere*, es greifen zwei Kriterien der Abgrenzung. Während es beim Verhältnis zu den »Gelben« und zu den »Grünen« um Beziehungen zu potentiell gleichen und nur zufällig anderen geht, also einerseits um so etwas wie symmetrische Beziehungen und andererseits um distinktive Feinheiten, werden die Relationen zu anderen Altersgruppen per se anders definiert.

Matheunterricht. Katrin holt ein Quadrat mit einem Sechseck in der Mitte, Ralf einen Würfel aus dem Sack, den Ulla, die Lehrerin, mitgebracht hat. Jetzt kommen 3 Kinder aus Haus 1 in die Gruppe, weil dort wegen Krankheit ›Betreuungsnotstand‹ ist, Ulla fordert sie auf, sich mit in den Stuhlkreis zu setzen. Mark, der neben mir sitzt, meint: »Jetzt werden wir denen mal die Regeln von Haus 2 beibringen.«[9]

In unserem Beispiel nimmt Marks Bezug zu den jüngeren Gästen paternalistische Züge an. Daran läßt sich ablesen, daß Alter wie von selbst Vorsprünge zu schaffen und damit Vorteile zu verschaffen scheint. Tatsächlich tut es dies aber erst dann, wenn es, wie in diesem Beispiel, situativ bedeutsam gemacht wird. In diesem Zu-

---

9 In »Haus 1« sind die Schuljahrgänge 0 bis 2 untergebracht, in »Haus 2« die Jahrgänge 3 bis 10. Der Übergang ins 3. Schuljahr ist für LaborschülerInnen mit dem Übergang an eine weiterführende Schule für andere SchülerInnen vergleichbar. Sie verlassen dann Haus 1, in dem es altersheterogene Gruppen gibt, um fortan den altershomogenen Gruppen in Haus 2 anzugehören. Viele der Gruppenidentifikationsprozesse erfahren an dieser Stelle eine Zäsur, wenn sie nicht überhaupt erst hier anfangen.

sammenhang funktioniert die Gruppenzugehörigkeit als eine Art Ausweisdokument, denn Sechstklässler sehen manchmal wie Viertklässler aus und umgekehrt. Im Kontakt mit weniger Bekannten wird die Kenntnis der Klassenzugehörigkeit wichtig, weil sie die Gestaltung von Interaktionen und Aushandlungsprozessen gewissermaßen abkürzen kann, da man auf habitualisierte Formen der Darstellung der Altersdifferenzen zurückgreifen kann.
Im gegebenen Fall handelt es sich um Informations- und Erfahrungsvorsprünge in bezug auf Haus 2, die Mark geltend macht – wobei er im 4. Schuljahr auch noch nicht gerade ein alter Hase ist. In Erinnerung an die Beschreibung eines Konflikts mit »Großen« weiter oben kann der Katalog der ›Vorsprünge‹, die reklamiert oder deren Ausnutzung angeprangert werden, erweitert werden um körperliche, rhetorische und interaktive Kompetenzen. Die gruppenübergreifenden Differenzen in bezug auf all diese Fähigkeiten wollen an den Stellen gemanagt sein, an denen sie sichtbar und relevant werden, im Kontakt zwischen bekanntermaßen differenten – da von der Schule klassifizierten – Personen. Für diese Begegnungen gibt es rituelle Ausgleichshandlungen[10] zur Sicherung der wechselseitigen Achtung: mit seinem gönnerhaften Spruch benennt Mark eine Differenz und macht sie relevant, gleichzeitig signalisiert er, daß er zur Verkleinerung des Abstandes beitragen will, indem »die« in seine Regelkenntnisse einzuweihen ankündigt. Er setzt sich in ein Verhältnis zu den jüngeren Kindern, das außerdem an Ort und Stelle eine neue Differenz hervorbringt. Mit dem Wort »beibringen« rahmt er ein Lehrer-Schüler-Verhältnis. Solche Ausgleichshandlungen von seiten derer, die sich im Vorsprung wähnen, sind ambivalent. Sie betonen die Differenz, die sie zu verkleinern beanspruchen, oder bringen zur Entschädigung des Ausgleichenden eine neue Differenz hervor.
Neben Ausgleichshandlungen von seiten der älteren gibt es auch –

10 Goffman (1994: 61) spricht von »rituellen Verletzungen« als »rituellen Ressourcen«: »Deshalb kann überall das, was uns als Anmaßung erscheinen mag, wenn es uns vorenthalten wird, als eine Höflichkeit oder ein Zeichen von Zuneigung aufgefaßt werden, wenn wir es anbieten; unsere rituellen Verletzungen können auch rituelle Ressourcen für uns sein.« – Was ich als »rituelle Ausgleichshandlungen« bezeichne, kann in dieser Terminologie als rituelle Prävention von Verletzungen betrachtet werden.

wie in der oben beschriebenen Beschwerde über »Große« unterstellt wird – solche Situationen, in denen Große ihre Vorteile ausnutzen. Die Differenzen in den Aktionsmöglichkeiten stellen sich dann als Machtdifferenzen in Interaktionen dar. Doch auch für diese Differenzdarstellungen gibt es einen Ausgleich: es wird als moralisch besonders verwerflich angesehen, sich an kleineren zu ›vergreifen‹.

Die Beziehungen und die Erwartungen an Interaktionen lassen sich auch aus der Perspektive von Jüngeren beschreiben. Wo Ältere im Interesse eines friedfertigen Umgangs miteinander die besonderen Schutzbedürfnisse von Jüngeren anzuerkennen haben, da steht Jüngeren eine gewisse Ehrfurcht gut zu Gesicht, wenn sie direkt mit Älteren zu tun haben. Es wird erwartet, daß sie für ihren Teil eher passiv und defensiv agieren, um die etablierten Differenzen zu achten. Tun sie dies nicht, wie im Fall der Drittklässler, die fortlaufend die von uns beobachtete Gruppe des 6. Jahrgangs, die auf der Nachbarfläche untergebracht ist, mit Beschimpfungen provozieren, so haben sie eine ähnlich gelagerte moralische Empörung und Anrufung moralischer Instanzen auf seiten der Geschädigten zu erwarten, wie ich sie für den umgekehrten Fall beschrieben habe.

Die Praktiken der Konfliktbearbeitung zwischen verschiedenaltrigen SchülerInnen beziehen häufig die PädagogInnen ein, ein Hinweis auf gewisse Interaktionshemmungen zwischen jahrgangsdifferenten Kindern (»Henrik: Ich klopp' mich nich mit den Kleinen«), die sowohl ihre Ursache als auch ihre Wirkung in der normativen Aufladung der Altersdifferenz haben.

Henrik: Wir sind auch mal zur Schulleitung gegangen und haben gesagt so, daß ... die lassen uns irgendwie nicht über die Fläche und dann sind die mal dahin gegangen zu den Kindern und haben das erklärt, daß die ... in den Pausen über alle Flächen oder weiß Gott worüber gehen dürfen. Und dann haben die gesagt, ja wieso die machen uns doch blöd an. Das stimmt überhaupt nicht. Wir sind da einfach rübergegangen. Und da haben die uns immer Stühle ... geworfen also ... hingeworfen und bedroht. Und dann haben wir das auch gesagt, daß die mit Stühlen dann immer uns bedrohen. Da meinten die, das würden wir nie machen. Und Schläger [Spitzname für einen Praktikanten, H.K.] macht auch nie was, wenn die Kleinen dann die Stühle ... also hat damals nie was gemacht, als die Kleinen dann ähm die Stühle immer uns losgegangen sind mit Stühlen. Der stand da nur immer und hat gesagt, jetzt geht von der Fläche zu uns. Aber selbst sind die immer über unsere Fläche gegangen und er selbst stand auch immer bei uns auf der Fläche, hat dumm rumgeguckt. Aber wir durften nicht auf deren Fläche.

Im konkreten Fall wurde nach einer Phase der Eskalation der Konflikte eine gemeinsame Versammlung der beiden Gruppen anberaumt, zu der es dann kurz vor den Ferien allerdings doch nicht mehr kam. Bleibt noch nachzutragen, daß die »Kleinen« auf der Fläche mit der »Tür« untergebracht sind, die wieder einen nicht unerheblichen Anteil an den Konflikten hat.

An früherer Stelle erwähnte ich, daß die Kinder mit Bezug auf ihre Gruppe Maßstäbe für die Altersangemessenheit ihrer Selbstdarstellungen entwickeln. Jetzt zeigt sich, daß diese Altersangemessenheit im Rahmen der Schulkultur als ein Knotenpunkt verschiedenster Relationen beschrieben werden kann, und nicht etwa als ein Set an objektiven Verhaltensweisen. Mittels ethnographischer Forschung kann die Tendenz von Sozialisationsforschung und Entwicklungspsychologie, Altersdifferenzen zu objektivieren und zu universalisieren, korrigiert werden (vgl. auch die Kritik bei Prout/James 1990; Alanen 1988). Phasenmodelle werden der Variabilität und Komplexität der Relationen in konkreten sozialen Feldern nicht gerecht: Im Schulkontext bedeutet z. B. Sechstklässler zu sein im Verhältnis zu Dritt- und zu Neuntklässlern etwas sehr unterschiedliches. Die Differenzierung der Schulgruppen nach Alter macht eben das Kriterium Alter zu einer Bedeutungsressource für die Beziehungsordnung der Gruppen. Erst dadurch scheint es in Interaktionen, wie beschrieben, als ob Alter wie von selbst Differenzen mit sich bringe.

Wieder muß unterschieden werden zwischen unmittelbaren Interaktionen und dem Diskurs über *andere* in deren Abwesenheit. Während unmittelbare Interaktionen konfliktträchtig sind und geeignet, bestehende wechselseitige Zuschreibungen zu unterminieren oder herauszufordern, ist es das Geschäft des Redens über *andere*, diese Etiketten zunächst einmal zu produzieren. Der Diskurs über *andere* vereindeutigt Relationen, die im direkten Kontakt viel uneindeutiger wirken und den Charakter von »borderwork« annehmen. Die eigene Gruppe ist dagegen der exklusive Ort, an dem man *andere* konstruieren kann, wie es einem beliebt. In Interaktionen zwischen Verschiedenen dann arbeiten sich die

Beteiligten an den spezifischen Distinktionspolitiken ab, die sich in den sprachlichen Konstruktionen von *anderen* zeigen.[11]

Darüber hinaus kommt es zu weitergehenden Symbolisierungen der Beziehungen. So können z. B. »Achter« in der Sicht von »Sechsern« idealisiert werden, weil es diese als attraktiv betrachten, selbst zu »Achtern« zu werden, ohne daß konkrete »Achter« als Vorbild dienen. Die Altersstaffelung wird als Entwicklungsaufgabe begriffen und angenommen, die Jahrgangszugehörigkeit bekommt eine emblematische Bedeutung innerhalb der Schulorganisation, die nur wenig mit unmittelbaren Interaktionen zwischen Angehörigen verschiedener Jahrgänge, die über das aneinander Vorbeigehen auf der Schulstraße hinausgehen, zu tun haben muß. Diese Prozesse werden ganz entscheidend durch altersbezogene Privilegien forciert, die sich wiederum im wesentlichen auf Zugänge zu Räumen konzentrieren: ab dem 3. Schuljahr gehört man »Haus 2« an, ab ca. dem 5. Schuljahr darf man in der Pause in die nebenan liegende Uni gehen, und für die »Schuldisco«, die in den Pausen geöffnet ist, gibt es ein ausgeklügeltes System, das nicht nur regelt, ab welchem Alter SchülerInnen in die Disco dürfen, sondern auch in welchem Alter wie oft in der Woche und zu welchen Zeiten, dies zum Schutz der Interessen der Älteren, für die die Disco zu den Zeiten, in denen vermehrt Jüngere dort auftauchen, an Attraktivität verliert. So werden »Achter« in der Sicht von »Sechsern« zu Repräsentanten von Privilegien, die letztere selbst anstreben und quasi naturwüchsig erreichen werden, und doch funktionieren sie als eine Art Belohnung, die das Älterwerden als erstrebenswert erscheinen läßt. Bemerkenswert ist auch die Egozentrik der Perspektive der Schüler und SchülerInnen: man sieht es nicht so, daß die Passagen, die man im Laufe der Schulzeit durchläuft, einen fortlaufend zu *anderen* machen; vielmehr unterliegt die Eingrenzung der *eigenen* einer je situativen Definition.

Bezeichnend ist, daß die Privilegien gar nicht unbedingt genutzt werden, wenn man schließlich in ihren Genuß kommt. Diejenigen aber, die sie nutzen, werden peinlich genau darauf achten, daß der Ausschluß von »Kleinen« sichergestellt wird.

---

11 Zum Problem der Relationalität von kollektiven Stigmatisierungen vgl. auch Elias/Scotson (1993: 13 f.).

4. Ausblick

Als Schüler oder Schülerin ist man nicht nur Teil eines Klassenkollektivs, sondern auch Mitglied in vielen anderen, ineinandergeschachtelten Kollektiven, man hat in der Schule nicht nur einen »Platz«, sondern viele symbolische und materiale Plätze. Neben der Klassen- und Jahrgangszugehörigkeit werden für die Binnendifferenzierung von Klassen andere Kriterien situativ relevant: Die Unterscheidung von *eigenen* und *anderen* funktioniert auch bei Tisch- und Arbeitsgemeinschaften sowie Mannschaften o.ä. Auch Mädchen und Jungen werden an vielen Stellen zu *eigenen* und *anderen* gemacht (vgl. Breidenstein in diesem Band). Solche Kontraste und Detaillierungen in bezug auf kollektive Identifikationen und Distinktionen sollen hier aber nicht mehr ausgeführt werden.

Die Bedeutungen der Schulklasse für die Kinder wirken widersprüchlich. Auf der einen Seite nutzen sie die zunächst unfreiwillige und zufällige Zugehörigkeit zu einer Klasse auf eine selbstverständliche Art für Gruppenidentifikationen – die meist pädagogisch unterstützt werden –, so daß es auf theoretischer Ebene nahezuliegen scheint, von einem allgemeinen und universellen Bedürfnis nach Kollektiven auszugehen. Auch wenn man auf der weniger spekulativen Ebene der Beobachtung kultureller Praxis bleibt, so verdichtet sich der Eindruck, daß die meisten Kinder mit großer Selbstverständlichkeit eine Bindung an »ihre« Klasse zum Ausdruck bringen und diese damit zu einem Kollektiv im Sinne gemeinsamer (Bezeichnungs-)Praxis machen. Dieser Aspekt ist nicht neu und wird von der Pädagogik genutzt.

Auf der anderen Seite stehen die Zufälligkeit der Zugehörigkeit und Zusammensetzung und die Heterogenität der Teilnehmerschaft dafür, daß Klassen insofern ›substanzlos‹ sind, als sie nicht eine Gemeinschaft von ›Identischen‹ oder Gleichen darstellen. Die Identitätspolitiken können sich z. B. nicht auf ein kollektives Stigma als ihre Voraussetzung beziehen. Diese Substanzlosigkeit in bezug auf allen gemeinsame Identitätsmerkmale und damit auch Differenzmerkmale zu anderen schlägt sich sowohl in den räumlichen Territorialisierungspraktiken als auch in den Versuchen nieder, ein kollektives kulturelles Profil – in Abgrenzung zu anderen Gruppen – zu konstruieren. Die »Flächen«, die man alle zwei Jahre wechselt, markieren nicht Regionen im Sinne einer ethnischen Besonderheit und historischen Gewordenheit, sondern kontingente Territorien, deren Inhaltlichkeit sich auf die ›nackten‹ Abgrenzungsressourcen reduziert. Und die Darstellungen von klassenspezifischen Habitus werden von den Kindern selbst verschiedentlich reflexiv oder ironisch gebrochen oder diskursiv bearbeitet; es gibt ein implizites Wissen um die Substanzlosigkeit der kollektiven Unterschiedszuschreibungen, die auf der Klassifikation der Institution Schule aufbauen. Es ist, als zwinge die kontingente, dann aber dauerhafte Einteilung dazu, vorab nicht erkennbare Unterschiede zwischen Klassen zugleich zu erzeugen und wieder zu leugnen. Die alltagskulturellen Dilemmata der Kinder zeigen, daß Klassen in ihrer Gegenwärtigkeit ambivalent sind. Ihr ›Wesen‹ besteht letztlich in der kollektiven Erarbeitung von Privilegien und in der Geschichte gemeinsamer Zugehörigkeit und Praxis.

Die angesprochenen Dilemmata zeigen sich vor allem im Verhältnis zwischen Klassen desselben Jahrgangs. Kommen Altersunterschiede als Ressource für interaktive Differenzierungen hinzu, ist die Tendenz zur Substantialisierung der Unterschiede ungebrochener. Dies mag daran liegen, daß »Alter« – vergleichbar mit »Geschlecht« – bedingt dem Körper eingeschrieben ist, den man immer und überall dabei hat. Alters- und Geschlechtsdarstellungen sind damit in gewisser Weise unabhängig von spezifischen örtlichen und zeitlichen Kontexten. Der differenzierende Umgang mit Altersbedeutungen in unmittelbaren Interaktionen zwischen SchülerInnen legt aber den Schluß nahe: man hat sein Alter nicht, sondern stellt es in Relation zu Jüngeren und Älteren dar; auch hier läßt sich wieder für Geschlecht eine Parallele aufmachen.

Vor diesem Hintergrund wird die universalisierende Tendenz von entwicklungspsychologischen Modellen zu Altersdifferenzen fragwürdig, denn die Annahme von Alters›substanzen‹ wird der Variabilität von Altersbedeutungen in der sozialen Wirklichkeit nicht gerecht. Auch die sozialisationstheoretische und abstrakte Dichotomie von inneren (psychischen) und äußeren (sozialen) Prozessen ist zu kritisieren, denn diese Form der Begriffsbildung schreibt den Subjekten zu, was erst in sozialer Interaktion und Relation mit Bedeutung ausgestattet wird. Ethnographische (Kindheits-)Forschung greift dagegen die alltäglich zu beobachtenden ›Kontextualisierungspraktiken‹ für die Theoriebildung auf.

Literatur

Alanen, Leena (1988), »Rethinking Childhood«, in: *Acta Sociologica* 1, S. 53-67.

Bergmann, Jörg (1987), *Klatsch. Zur Sozialform der diskreten Indiskretion*, Berlin/New York: de Gruyter.

Bourdieu, Pierre (1987), *Die feinen Unterschiede. Kritik der gesellschaftlichen Urteilskraft*, Frankfurt/Main: Suhrkamp.

Breidenstein, Georg und Helga Kelle (1994), *Materialien, Methoden-Manuale und ethnographische Texte*, unveröffentl. Materialband, Universität Bielefeld.

Breidenstein, Georg und Helga Kelle (1996), »Jungen und Mädchen in Gruppen: die interaktive Herstellung sozialer Unterschiede«, in: Klaus-Dieter Lenzen und Klaus-Jürgen Tillmann (Hg.), *Gleichheit und Differenz*, Impuls Bd. 28 (Veröffentlichungen der Laborschule), Bielefeld.

Corsaro, William A. und Donna Eder (1990), »Children's peer cultures«, in: *Annual Review of Sociology* 16, S. 197-220.

Elias, Norbert und John L. Scotson (1993), *Etablierte und Außenseiter*, Frankfurt/Main: Suhrkamp.

Fine, Gary Alan (1988), *Knowing Children: Participant Observations with Minors*, Qualitative Research Methods Vol. 15., Newbury Park, Calif.: Sage.

Goffman, Erving (1974), »Die Territorien des Selbst«, in: ders., *Das Individuum im öffentlichen Austausch*, Frankfurt/Main: Suhrkamp.

Goffman, Erving (1971), *Interaktionsrituale. Über Verhalten in direkter Kommunikation*, Frankfurt/Main: Suhrkamp.

Goffman, Erving (1994), »Die Interaktionsordnung«, in: ders., *Interaktion und Geschlecht*, Frankfurt/Main: Campus.

Hentig, Hartmut von (1990), *Die Bielefelder Laborschule. Aufgaben, Prinzipien, Einrichtungen*, Bielefeld.

Kelle, Helga und Georg Breidenstein (1996), »Kinder als Akteure. Ethnographische Ansätze in der Kindheitsforschung«, in: *Zeitschrift für Sozialisationsforschung und Erziehungssoziologie* 16, S. 47-67.

Krappmann, Lothar und Hans Oswald (1995), *Alltag der Schulkinder*, Weinheim: Juventa.

Oswald, Hans (1993), »Gruppenformationen von Kindern«, in: Manfred Markefka und Bernhard Nauck (Hg.), *Handbuch der Kindheitsforschung*, Neuwied, Kriftel, Berlin: Luchterhand.

Prout, Alan und Allison James (Hg.) (1990), *Constructing and Reconstructing Childhood: New Directions in the Sociological Study of Childhood*, London, New York, Philadelphia: Falmer Press.

Simmel, Georg (1890), *Über sociale Differenzierung*, Leipzig: Duncker & Humblot.

Spradley, James (1980), *Participant Observation*, London: Holt, Rinehart and Winston.
Spradley, James (1979), *The Ethnographic Interview*, London: Holt, Rinehart and Winston.
Tajfel, Henri (Hg.) (1978), *Differentiation between Groups. Studies in the Psychology of Intergroup Relations*, London: Cambridge University Press.
Tajfel, Henri (Hg.) (1982), *Social Identity and Intergroup Relations*, London: Cambridge University Press.
Thorne, Barrie (1993), *Gender Play. Girls and Boys in School*, New Brunswick, New York: Rutgers University Press.
Youniss, James (1994), *Soziale Konstruktion und psychische Entwicklung*, Frankfurt/Main: Suhrkamp.
Zeiher, Helga und Hartmut J. Zeiher (1994), *Orte und Zeiten der Kinder. Soziales Leben im Alltag von Großstadtkindern*, Weinheim, München: Juventa.

Thomas Scheffer
Der administrative Blick
Über den Gebrauch des Passes in der Ausländerbehörde

Der Aufenthalt von Migranten in Deutschland wird seit Jahren von heftigen Kontroversen begleitet: denken wir nur an die Asyldebatte oder den Streit um eine ›sozialverträgliche‹ Steuerung der Zuwanderung. Technokraten, Menschenrechtler und Systemkritiker behandeln – wie Mediziner Patienten – die von Fremden heimgesuchte Nation: sie raten zur Langzeitdiät, verschreiben Ruhe oder Radikalkuren.
Solchen Verlautbarungen soll hier keine weitere hinzugefügt werden. Auch erhebe ich diese nicht selbst zum Thema eines Vergleichs oder einer Dekonstruktion. Ich konzentriere mich auf das, was sich unterhalb dieser Diskurse in der maßgeblichen Ausländerverwaltung tut: z. B. bei der Vergabe von Aufenthaltsgenehmigungen, bei der Erhebung von Fällen oder bei der Ausweisung von ›Abgelehnten‹. Methodologisch entspricht dies der Anstrengung, das soziale Geschehen an Ort und Stelle in den Blick zu nehmen und so dem auf die Spur zu kommen, was in programmatischen Diskursen ignoriert oder vorausgesetzt wird. Diese Herangehensweise hat Michel Foucault vorexerziert: In »Überwachen und Strafen« unterläuft er die Reformdiskurse zur Humanisierung des Strafvollzugs und spürt in Quellentexten dem nach, was er als ›Mikrophysik‹ sich ausbreitender Machttechnologien beschreibt (Foucault 1977). Ich möchte hier allerdings – weniger beeindruckt von den Schaltplänen der Administration als Foucault – nicht den Siegeszug einer obsiegenden Machttechnologie darstellen, sondern die Bedingungen ihrer aktuellen Wirksamkeit ergründen.
Dazu habe ich ethnographische Strategien der Annäherung gewählt: ich habe nicht ein weites Feld aus der Vogelperspektive erkundet, sondern mich für eine Weile unters Volk gemischt; nicht in autorisierten Werken gelesen, wie es sich wohl ›im Großen und Ganzen‹ verhält, sondern die Kämpfe, Spiele und Aufführungen im Kontext erfahren. Dieser Empirismus läßt gängige Erwartungen unerfüllt. Ich bemühe mich weder um (alarmierende oder

beschwichtigende) ›so ist es überall‹-Aussagen, noch um die Lösung drängender ausländerpolitischer Streitfragen. Ebensowenig möchte ich kausale Erklärungen oder verstehende Nachvollzüge liefern. Ich beschränke mich auf die ›handwerkliche‹ Frage, *wie* ein universelles Instrumentarium situativ gehandhabt wird und für (allerlei) praktische Probleme Anwendung findet. Dieses Instrument ist der *Paß* als Identitätsdokument.

Mit dieser Fragestellung gerät zunächst ein allgemeines Grundproblem von Verwaltung – also nicht allein der von Ausländern – in den Blick, welches sich in den Verfahren immer dann stellt, wenn ein Individuum mit ›seinem‹ Fall verknüpft werden soll. Die ausführende Gewalt vergewissert sich, mit wem sie es zu tun hat, um einer Person die Rechte und Pflichten zuzuschreiben, die ihr dem Fall gemäß auch zukommen.

Solange eine Person am Ort bekannt ist ›wie ein bunter Hund‹, versteht sich die treffende Adressierung von selbst. Was ist aber in Bürokratien, die ganze Bevölkerungen verwalten, was mit Territorialstaaten, die unüberschaubare »vorgestellte Gemeinschaften« (Anderson 1988) regieren? Die treffende Zuschreibung der Urteile wird mit der Moderne, angesichts der Masse anonymer, freigesetzter, entwurzelter Individuen zur Herausforderung: Wie läßt sich die Verbindung zwischen Gesetzes-Texten und diesen fremden Mobilien herstellen?

Das Problem der Identifizierung stellt sich nun in einer Ausländerbehörde[1] in zugespitzter Form. Hier gilt die Identität der Klienten als fraglich, manchmal als ungeklärt oder falsch. Den Ausländern wird schon im Ausländerrecht und seinen Verwaltungsvorschriften Identitätsanmaßung zugetraut, also die Verwendung falscher Namen und Aufenthaltsgenehmigungen, um sich dem Gesetz zu entziehen.

Doch es genügt nicht (weder den PraktikerInnen, noch mir als

---

1 Eine Ausländerbehörde ist bestellt – nach Maßgabe der Bundesgesetzgebung (sog. Ausländergesetz/AuslG) und entsprechend der Weisungen des Bundeslandes (sog. Durchführungsverordnungen) – Aufenthaltsgenehmigungen für Ausländer zu erteilen oder zu entziehen. Als Ausländer werden nicht-deutsche EinwohnerInnen bezeichnet, deren Aufenthalt in der BRD prinzipiell genehmigungspflichtig ist. Das Ausländer-Sein bezeichnet formal also keine ethnische oder rassische Qualität, sondern zunächst die formale Position im Staat: als Einwohner ohne Vollmitgliedschaft.

Ethnographen), Paß-, Melde- und Ausländergesetze zu studieren. Als Handlungsanweisungen sind diese Texte selbst noch Teil der Schwierigkeiten und Probleme, die im Amtsalltag zu bearbeiten sind. Ich beziehe mich im folgenden also auf von mir beobachtete Identitätsprüfungen, die jeweils um eine Paßvorlage gruppiert sind.
Ich werde aussagekräftige Situationen (Normal- wie Grenzfälle) analysieren, die ich jeweils als Szenen vorausschicke. Ähnlich einer Zeitlupe und einem Mikroskop soll diese Analytik eine minutiöse und detaillierte Auflösung der sozialen Verwicklungen liefern. Ich werde den Handlungsfluß in vereinzelte Handgriffe des Verwaltens zergliedern, was die beteiligten Amtspersonen vielleicht in einem seltsam kalten Licht erscheinen läßt: mehr als Techniker und Maschinisten denn als motivierte und mitfühlende Interaktionspartner.
Grundlage dieser Studie ist eine Ethnographie einer ostdeutschen Ausländerbehörde (vgl. Scheffer 1995). Im Sommer 1993 habe ich sechs Wochen den dortigen Amtsbetrieb begleitet. In der Behörde arbeiten vier Kräfte. Eine Sachbearbeiterin sammelt die allgemeinen Aufenthaltsanträge (vom befristeten Arbeits- oder Studiumsaufenthalt bis hin zum zweckungebundenen Daueraufenthalt); die Kollegin nimmt die Anträge auf Einbürgerung entgegen; ein Sachbearbeiter verlängert die Aufenthaltsgestattungen von Asylbewerbern. Diese Drei besetzen als ›gate-keeper‹ die publikumsnahen »Grenzstellen« (Luhmann 1964) der Behörde. Sie sind die Handwerkerinnen, die an ihren Werkbänken mit professioneller Kunstfertigkeit aus Publikumskontakten Schriftstücke produzieren. Die Leiterin entscheidet schließlich – in einem publikumsabgewandten Raum – über die ›vorne‹ entgegengenommenen Anträge: also über die Verlängerung oder Beendigung legaler Aufenthalte.

1. Am Passagepunkt

Die folgende Szene habe ich aus mehreren Beobachtungsprotokollen komponiert. Es treten verschiedene Behördengänger auf, während die Amtsperson und ich hinterm Schreibtisch ›sitzen bleiben‹. Ich bin beisitzender Beobachter des tagtäglichen Betriebs, der mal als Zeuge von seiten des Personals, als zuständige

Amtsperson von seiten unkundiger Klienten oder auch – von beiden Seiten – als störender Fremdkörper (»Und was machen Sie denn hier?« oder »Können Sie nicht bei der Kollegin sitzen?«) angesprochen wird. In der Regel erscheine ich – weil ich bereits im Büro, hinterm Schreibtisch und neben der Sachbearbeiterin sitze – als Mitglied der Behörde.

– *Vor dem Büro*

Wartende stehen rum. Die zwei Stühle an der Wand neben der ersten Bürotür bleiben leer. Eine Frau benutzt die Fensterbank als Schreibunterlage. Die Fenster sind vergittert. Die Gardinen machen es ein wenig freundlicher. Neben jeder Tür eine Hinweistafel mit dem Titel des Sachgebiets und dem Namen der Amtsperson.

– *Einlaß geben*

Draußen: »Allgemeines Ausländerrecht«, erst anklopfen, dann warten, ob sich im Raum wer regt. Es ist im Milchglas der Tür schwerlich zu erkennen, was drinnen vor sich geht: ›Ist jemand drin? Muß ich noch warten?‹ Zaghaftes Klopfen. Eine Frauenstimme aus dem Büro bittet »Herein!« Drinnen: Die Amtsperson blickt (wie ich) erwartungsvoll zur Tür. ›Endlich Kundschaft!‹ grinst sie mich an. Ich sitze daneben, mein Notizbuch auf den Knien.

Frau Hartwig und ich verfolgen gemeinsam in der Mattscheibe die Bewegungen einer Silhouette. ›Warum kommt diese Person nicht rein?‹ Nochmal das Signal, jetzt lauter: »HEREIN!«

– *Positionen*

Hinter dem wuchtigen Schreibtisch thront die Amtsperson. Aufrecht, die Hände vor sich auf dem Tisch, die Sinne gerichtet, empfängt sie den Eintretenden. Der Schreibtisch ist freigeräumt. Akten und Papiere hat sie in großen Schubladen verschwinden lassen. Die wenigen Ordner und Bücher sind zu einer Reihe vorgestellt.

Vor dem Schreibtisch zwei Holzstühle. Sie grüßt knapp und verweist auf die Plätze: »Bitte setzen Sie sich!«

– *Ort und Inventar*

Alles ist bereit: die leergeräumte Arbeitsplatte, die aufmerksame Amtsperson hinterm Schreibtisch und der hingesetzte Behördengänger davor, seine Akte in der Hängeregistratur und die Formulare in der Ablage. Der schlichte Raum wird zur Kulisse: die vergilbte Tapete, die zwei Leuchtstoffröhren, die hohen Fenster mit Blick auf die Eisenbahnböschung, das Telefon, der Urlaubskalender, der Stahlschrank für die Karteikarten, der Meldecomputer in der Ecke, die Aktenwand. Der Schreibtisch rückt ins Zentrum der 20 qm Büro.

– *Die Eröffnung*

Die Sachbearbeiterin dirigiert: »Ich brauche einmal Ihren Paß, bitte. ( ) Ja, ja Ihren Paß!« Ersteinmal kommt die Paßvorlage. Auch wenn der Sitzende mit einem Anliegen losstürmt (»Ich will doch nur fragen, ob ...«), sie fordert den Ausweis.

In der Regel wird dieser Bitte ohne Umschweife nachgekommen. Viele Klienten halten den Paß schon bereit und reichen ihn ungefragt. Auch ich bin überrascht, als jemand sich nicht sofort (wie erwartet) ausweist.

»Da ist sie eisern«, grinst ihre Kollegin von nebenan. Eisern überhört sie die Fragen »des Bürgers«, so als könne sie nur mit seinem Ausweispapier die Fragen verstehen. Vorher-Fragen schenkt sie kein Gehör.

Die Amtsperson insistiert: »BITTE den Paß!« Sie streckt ihre Schreibhand über den Tisch und fixiert diesen Menschen, der sich doch tatsächlich ziert: »Warum muß ich IHNEN meinen Paß geben?« Ihre Überzeugung überspringt derlei Widerstände: »Wer in eine Behörde kommt, hat seinen Paß vorzulegen ... Das ist in jeder Behörde so!« Widerwillig und verärgert reicht der ›Ich-helfe-doch-nur-meinem-Kollegen‹ oder der ›Ich-hab ja-nur-eine-Frage‹ schließlich das Papier.

Hat diese Person denn was zu verbergen? So unnütz und überzogen mir dieses Ritual erschien, z. B. wenn jemand nur um eine ›kleine‹ Auskunft bittet – wie bei dem Ehepaar, das das Gewerbeamt sucht und der Mann sich zunächst ausweisen muß –, so gering schätzte ich anfangs den Preis der Paßvorlage für den Betroffenen.

– *Der prüfende Blick*

Von nervösem Tischgeklopfe, bösen Blicken oder verbalen Attakken läßt sich die Amtsperson nicht antreiben. Sie blättert den Ausweis – nun wohl erst recht – von vorne nach hinten und zurück. Ihr prüfender Blick studiert ihn mit Sorgfalt.

In ihrem Gesicht suche ich vergeblich Zeichen einer Wertung. Das Gesicht des Klienten verrät Verunsicherung: ›Kann es nun endlich losgehen? Was will die von mir?‹

Solange sie den Paß liest, hängt die Situation in der Schwebe. Einstieg wie Richtung der weiteren Bearbeitung bestimmt sie anhand

der Prüfung; ganz so, als sei der Behördengänger Anhängsel dieses gewichtigen Papiers.
Dabei ist die Kontrolle des Dokuments nicht einfach glimpfliche Routine: Einmal kassiert die tüchtige Amtsperson ein ungültiges Papier, einmal unterstellt sie – zu Recht, wie sich herausstellt – die Verwendung eines fremden Ausweises, öfter entdeckt sie einen (nahenden) Fristverzug.

– *Die Identitätsfeststellung*

Als Amtsperson verkündet sie, den Ausweis noch beiläufig blätternd, dem beunruhigten Paßträger das Ergebnis ihrer Schau: »Ihr Aufenthalt ist ja abgelaufen!« oder »Das ist ja ein altes DDR-Papier. Den muß ich einbehalten« oder »Das ist doch nicht Ihr Paß ... Das sind Sie doch nicht, oder?«
Schließlich überrascht sie uns – den hingehaltenen Behördengänger und den befremdeten Zuschauer – nach dem Paßstudium mit einem (entwaffnenden) »Na und? Was wollen sie jetzt?« Sie reicht den Paß zurück über den Schreibtisch und erteilt das Wort.
Die Ausländerbehörde überträgt mit der Kontrolle des Zugangs interne Relevanzen auf die eingehenden Passanten. Beim Zutritt wird vermittelt, in welcher Hinsicht das eingehende Individuum bedient oder bearbeitet wird. Ich will ein solches Einlaßregime in Anlehnung an Callon und Law (1989) als den *obligatorischen Passagepunkt* der Ausländerbehörde bezeichnen. Es wird eine Definition des Passanten – als Klient und Agent eines Falles – durchgesetzt und für die anschließende Bearbeitung festgestellt.
Anhand der Eintrittsszenerie lassen sich drei wesentliche Selektionsschritte unterscheiden. Diese müssen vom Personal jedesmal angewandt bzw. vollzogen werden:
– eine *räumlich vermittelte Kontrolle des Zutritts* (die geschlossene Tür des zuständigen Büros, die Meldung und Anfrage per Anklopfen, die Eintrittserlaubnis durch die amtliche Stimme),
– eine *technisch vermittelte Zulassungsprüfung* (die Paßvorlage als ausschlaggebende Prüffolie und anerkannter Identitätsbeleg),
– die *schematische Kontaktaufnahme* (die vorgegebenen Wortbeiträge bzw. die Zurücksetzung ›abschweifender oder vorauseilender‹ Äußerungen).
Diesen Selektionen entsprechen Kooperationen, die vom Behördengänger erwartet und (regelmäßig) geleistet werden: Als Passant soll er mit seinem Kommen das Zusammentreffen mit der Behörde ermöglichen (termingerecht den Weg ins richtige Büro

finden); als verantwortlicher Paßträger soll er sein Dokument mitführen und vorlegen (seine Personalien belegen); als Klient soll er den vorgegebenen Relevanzen folgen (sich zur rechten Zeit zum Thema äußern). Die Amtsperson wacht über die Einhaltung der Verhaltensnormen und ist – um sich ›als Amtsperson‹ kenntlich zu machen – zugleich an eigene Verhaltensnormen gebunden: Es darf erwartet werden, daß sie in den offiziellen Sprechzeiten anwesend ist und Klienten im Büro, hinterm Schreibtisch sitzend empfängt, daß sie sich auf den Eintretenden konzentriert (nicht etwa Zeitung liest oder frühstückt).

Die Paßvorlage ist beim Zugangsmanagement offenbar von zentralem Interesse. Der Paß wird wie selbstverständlich und zuweilen mit Vehemenz verlangt. Die Amtsperson erfragt den Paß, noch bevor sie den Behördengänger zum Grund seines Kommens hört. Wird die Vorlage verweigert, setzt die Amtsperson ein Krisenszenario in Gang: Sie unterstreicht den normalen Charakter der Paßschau (»Wer in eine Behörde geht, hat sich auszuweisen!«); überzeugt dies nicht, wiederholt sie die Aufforderung zur Paßvorlage mit wachsendem Nachdruck (»Ihren Paß, BITTE!«); schließlich wird die Vorlage des Passes befohlen (»Sie haben hier Ihren Paß vorzulegen!«).

Der Zulassungsprüfung stehen einzelne Klienten skeptisch bis ablehnend gegenüber: sie leugnen ihr Klient-Sein (z.B. »Ich bin doch nur mitgekommen!«), sie kritisieren die Verhältnismäßigkeit (z.B. »Ich wollte doch nur ...!« oder »Mich kennt hier jeder!«) oder beklagen ›reine Böswilligkeit‹. Eine Geschichte, die mir die Sachbearbeiterinnen erzählen, zeigt, wie gegen Widerstand vorgegangen wird.

Die Geschichte vom ›abgeknöpften DDR-Ausweis‹
Aufgeregt fängt die Sachbearbeiterin an: »Die kamen rein und suchten eigentlich wohl das Gewerbeamt. Also, die haben nach dem Weg gefragt.« Die Kollegin (von den Einbürgerungen) bleibt in der Zwischentür stehen und steigt mit ein: »Also dieser Vietnamese, der hatte so einen alten DDR-Ausweis, die sind seit Juni aus dem Verkehr gezogen, mußten hier abgegeben werden.«
»Der wollte doch erst gar nix vorzeigen, hat protestiert. Und da schrie er, ich würde meine Arbeit verlieren, dafür würde er sorgen. Geschimpft hat der und gedroht. Seine Frau hat da nur gelächelt, der war das peinlich!«
»Tja, die Arbeit haste immer noch«, schmunzelt die Kollegin. »Wir

waren nachher zu viert und der hat einfach nicht aufgehört rumzuschreien, so richtig laut«, erzählt die betroffene Frau Hartwig weiter: *»Und selbst unsere Amtsleiterin hat der beschimpft.«*
»Der wußte ja gar nicht daß die das is, hat immer die Chefin verlangt, dabei stand die ja da«, amüsiert sich die Kollegin – und wartet auf den Fortgang. *»Ich hab dann«*, fährt die ›Heldin‹ fort, *»die lange Schere vor mir auf den Schreibtisch gelegt, weil ich hatte da schon Angst, wenn der so vor einem steht!«*
Das Behördengarn (*»Da hätten Sie dabei sein müssen!«*) wird weiter von den Ermunterungen ihrer Kollegin (*»Ja, das war was!«*) begleitet. Die Beschimpfte und Bedrohte, so schließt die Story, habe sich nicht einschüchtern lassen, nicht nachgegeben, sei standhaft geblieben: *»Den Ausweis habe ich einbehalten!«*

Die Amtsperson waltet einer gate-keeping-Funktion. Sie wacht über den ordentlichen Eintritt. An ihr kommt der Klient nicht vorbei, will er Kontakt zur Ausländerbehörde aufnehmen. Als Vorposten weiß sie sich ›zur Not‹ verstärkt durch die Kollegin im Nebenzimmer – und durch weiteres Personal aus dem Rückraum des Amtes. Komplementär zur erhobenen Ausweispflicht behauptet die Sachbearbeiterin ihre unbedingte Aufsichtspflicht gegenüber dem Passanten.

Was passiert in der besprochenen Eingangsszenerie? Die Amtsperson verfolgt, indem sie die Vorlage des Passes verlangt, eine bestimmte Methode, sich ein Bild vom Fall *dieses* Klienten zu machen. Nicht das mündlich Vorgebrachte des Eintretenden interessiert zunächst, sondern das über *diese* Person offiziell Niedergeschriebene.[2] Der Paß soll ihr zeigen, um was für einen Fall *und* um wessen Fall es sich handelt. Sie studiert die Stempel und Angaben im Paß wie ein Arzt die Karteikarte des Kranken zur Visite. Sie meidet, wie dieser, die mündliche Verhandlung, solange sie nicht auf eine gesicherte Grundlage gestellt ist. Mit dieser Methode orientiert sie sich ›über den Fall‹: was ansteht und was möglich ist.

---

2 Im kommunalen Büro des Ausländerbeauftragten wird dagegen auf die Paßvorlage verzichtet. Die Beratungsgespräche beginnen dort mit der Frage nach dem Problem des Klienten – ohne Kenntnis der Personalien.

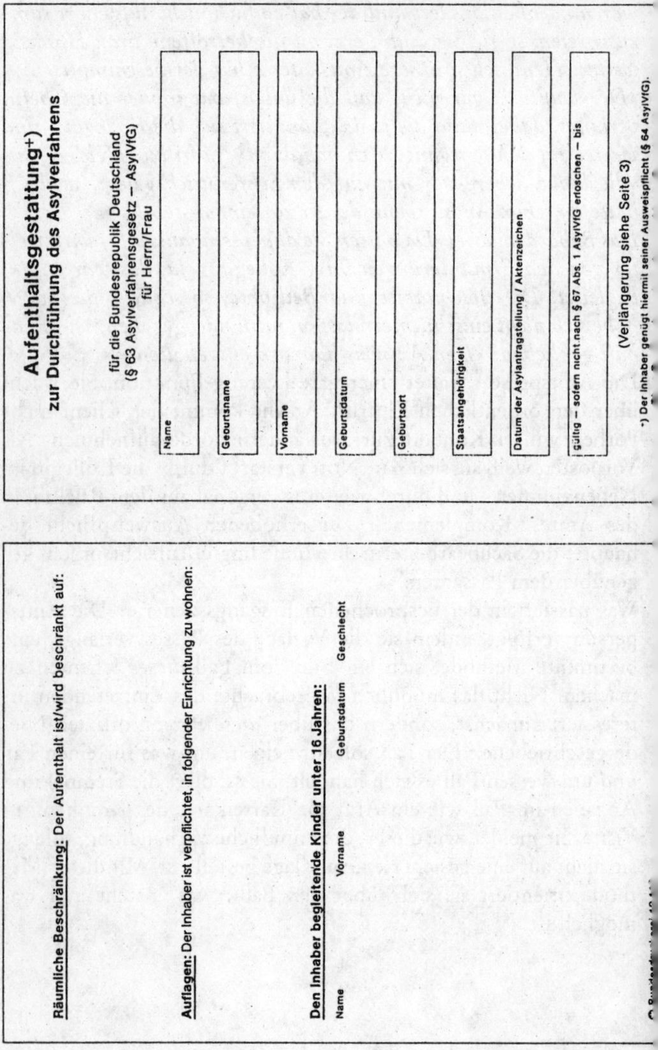
Aufenthaltsgestattung+)
zur Durchführung des Asylverfahrens

für die Bundesrepublik Deutschland
(§ 63 Asylverfahrensgesetz – AsylVfG)
für Herrn/Frau

Name

Geburtsname

Vorname

Geburtsdatum

Geburtsort

Staatsangehörigkeit

Datum der Asylantragstellung / Aktenzeichen

gültig – sofern nicht nach § 67 Abs. 1 AsylVfG erloschen – bis

(Verlängerung siehe Seite 3)

+) Der Inhaber genügt hiermit seiner Ausweispflicht (§ 64 AsylVfG).

Räumliche Beschränkung: Der Aufenthalt ist/wird beschränkt auf:

Auflagen: Der Inhaber ist verpflichtet, in folgender Einrichtung zu wohnen:

Den Inhaber begleitende Kinder unter 16 Jahren:

Name	Vorname	Geburtsdatum	Geschlecht

Abb. 1: Amtliches Muster einer Aufenthaltsgestattung

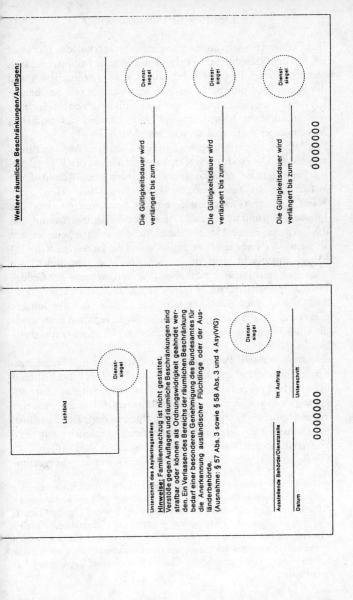

2. Der Paß als Identitätspapier

Der Paß ist das – offenbar unumgängliche – technische Hilfsmittel, mit dem sich die Amtsperson ein Bild vom Fall macht. Doch was genau zeigt dieses Bild? Ich will diese Frage zunächst anhand der Konzeption des Passes, an dem ›was er zeigen soll‹ bearbeiten. Ich tue dies an einem speziell zur Durchführung von Asylverfahren entworfenen Identitätspapier[3] bzw. anhand des amtlichen Musters einer Aufenthaltsgestattung (Abb. 1):

Die Aufenthaltsgestattung wird für die Dauer des Asylverfahrens ausgestellt. Der (rechtmäßige) Inhaber erfüllt mit der Vorlage dieses Papiers seine Ausweispflicht innerhalb der BRD. Auf der Vorderseite der Gestattung sind die *Personalien* (Geschlecht, Name, Geburtsname, -datum und -ort, Staatsangehörigkeit) des Inhabers benannt sowie das Datum der Asylantragstellung und das dazu vergebene Aktenzeichen. Auf der zweiten Seite werden als *Identitätsbelege* ein Portraitphoto und die Unterschrift des Inhabers angebracht. Auf den Seiten drei und vier finden sich Aussagen zum *Status* des Inhabers: die Verlängerung der Gültigkeitsdauer (befristet auf je vier Wochen, bis zur rechtskräftigen Ausweisung oder Anerkennung), das Gebiet, das der Inhaber nicht ohne Erlaubnis der Ausländerbehörde verlassen darf, sowie die Unterkunft, die dem Asylbewerber verpflichtend vorgeschrieben ist.

Wie verhalten sich Personalien, Identitätsbelege und Statusangaben zueinander? Der Inhaber wird durch seinen Paß nicht bloß benannt und gekennzeichnet. Seine Identität erhält einen Satz angehängter Aussagen zum Status des Inhabers: Ob er arbeiten, eine Wohnung nehmen, noch in der BRD bleiben darf. Das Benennen per Paß ist selbst – wie im alltäglichen Sprachgebrauch – nur »eine Vorbereitung zur Beschreibung« (Wittgenstein 1971: 46).

Die Benennung wird im Hinblick auf die Verwendung vorgenom-

---

[3] Gemäß der gültigen Verwaltungsvorschrift zur Ausführung des § 3 Abs. 4 des Ausländergesetzes vom 10.5.1977 müssen »ausländische Pässe enthalten: a) Namen und Vornamen; b) Tag und Ort der Geburt; c) Angabe über die Staatsangehörigkeit; d) ein Lichtbild, das die einwandfreie Feststellung der Personengleichheit mit dem Inhaber zuläßt und die Unterschrift des Inhabers; e) die Bezeichnung der ausstellenden Behörde ...; f) die Angabe der Gültigkeitsdauer und des Geltungsbereichs.«

men. So stellen die Asylbehörden eine Gestattung, anders als Paßämter einen Personalausweis[4], auch ohne Nachweise über den ›wahren Namen‹ des Bewerbers aus. Die Gestattung kann freihändig, ohne diese Beweisführung garantieren, daß das Verfahren und etwaige Folgeverfahren ›ab jetzt‹ an der gleichen Person vollzogen werden. Entscheidend ist, daß die weitere Bearbeitung – egal unter welchen Vorzeichen – treffend zugeschrieben wird. Die Aufgabenstellung entspricht einer kriminaltaktischen: »Mit einem Wort, eine Person so kennzeichnen, dass sie jederzeit auch sicher erkannt werden kann.«(Bertillon 1895: LXXVI)[5].

Wie zeigt nun der Paß, daß eine Person mit dem – wie auch immer – benannten Paßinhaber identisch ist? Die Gestattung stellt hierzu eine Reihe von Evidenzkriterien bereit, um die Identität mit der Paßvorlage zu belegen. Als ›gute Gründe‹ sind nach der Gebrauchsanweisung vorgesehen:

– das *Lichtbild* vom Gesicht des Inhabers. Es ist gemäß der Verwaltungsvorschrift zum Paßgesetz »mit einem vom Bundeskriminalamt empfohlenen Spezialklebestoff einzukleben sowie zu ösen und zu rastern« (6.8.4. Verwaltungsvorschrift zum Paßgesetz/PaßVerwV). Dieses fixierte Bild kann mit dem aktuellen Aussehen des Gegenüber verglichen werden. Abgelichtet und damit konserviert wird eine als prägnant geltende Ansicht des Individuums, die von diesem alltäglich zur Schau gestellt wird. (Diese Unterstellung greift z. B. nicht bei Verschleierung[6] oder

---

4 In der Verwaltungsvorschrift zum Paßgesetz wird das persönliche Erscheinen des Paßbewerbers verlangt. »Bestehen Zweifel über die Person, hat die Paßbehörde geeignete Nachweise zu fordern. In Betracht kommen insbesondere mitgeführte Ausweispapiere, Personenstandsurkunden, Staatsangehörigkeitsurkunden, frühere Paßanträge, Ernennungsurkunden, kirchliche Bescheinigungen (Taufscheine) sowie die Anhörung von Erkennungszeugen.« (6.5.2.) Kann die Identität »nicht zweifelsfrei festgestellt werden, so sind mit Einverständnis des Paßbewerbers erkennungsdienstliche Maßnahmen zu veranlassen«. (6.5.5.)

5 Der Kriminologe Alphons Bertillon hat Merkmalsreihen aus zehn definierten Körpermaßen entwickelt, die jeweils nur einem Individuum zueigen sein sollen. Diese »anthropometrischen Signalements« waren Ergebnis wissenschaftlich-standardisierter Messungen. Sie wurden auf Signalementskarten festgehalten, zentral archiviert und zur Identifizierung mit aktuellen Messungen abgeglichen (vgl. dazu Scheffer 1996).

6 Mohamed Magani berichtet, wie die »unsichtbaren Frauen« eines algerischen Dorfes hinter Schleiern Gesicht und Körper verbargen, um so

Maskierung.) Die konservierte Momentaufnahme hat Mängel, weil das Aussehen mit der Alterung, der Tagesform oder der aktuellen Selbstgestaltung variiert. (Fahndungsphotos werden deshalb mit Brillen- oder Bart-Folien variiert.) Als grober Nachvollzug der Alterung werden deutsche Paßpapiere für Jüngere (bis 26 Jahre) auf 5 Jahre und für Ältere (ab 26 Jahre) auf 10 Jahre befristet. Das Lichtbild ist also nur ›beschränkt haltbar‹.
– die *Unterschrift im Paß*. Die niedergelegte Ur-Schrift kann mit der aktuellen Schrift auf einem Formular oder einer Schriftprobe verglichen werden. Diese Methode setzt ebenfalls eine sichtbare Konstanz – hier der Handschrift – voraus sowie die Schreibfähigkeit des Klienten. In der Verwaltungsvorschrift heißt es dazu: »Die Unterschrift erfüllt die Funktion eines Identitätsmerkmals. Sie soll so geleistet werden, wie der Paßbewerber dies im tagtäglichen Leben zu tun pflegt. ... Bei schreibunkundigen oder schreibunfähigen Paßbewerbern hat die Paßbehörde in das Unterschriftsfeld des Grundblanketts einen waagerechten Strich zu setzen.« (6.2.4. PaßVerwV)

Es scheint mir sinnvoll, diese Evidenzkriterien mit der härteren Methode der Kriminalistik zu vergleichen. Nicht nur, weil sich das Paßkonzept so näher bestimmen läßt; auch weil »zivile und kriminalistische Identifizierung« eng verwoben sind, wie Noiriel (1994) für die Geschichte französischer Asylpolitik zeigt. Für die Kriminalistik hat eine Personenbeschreibung z.B. durch Zeugen »die geringste Beweiskraft, weil sie von subjektiven Erfahrungswerten der die Beschreibung abgebenden und/oder entgegennehmenden Person abhängt« (Wieczorek 1977: 104). Beweiskraft erhält dagegen die Fingerschau, als Hauptbestandteil der erkennungsdienstlichen Behandlung, weil nur hier folgende Kriterien als erfüllt gelten:

– *Einmaligkeit*, weil »das Papillarleistenbild einer bestimmten Person nicht mit dem ( ) einer anderen Person identisch ist« (ebd.);

zur Wahl zu schreiten und derart »den Feind täuschten, der sie mit dem Tode und schlimmster körperlicher Mißhandlung bedrohte, falls es ihnen einfallen sollte, sich an den Wahlen zu beteiligen.« (FAZ vom 19.3.1996) Mit dieser Finte wendeten sie ein Gebot des Fundamentalismus gegen ihn selbst.

- *Unveränderlichkeit*, weil »sich das Papillarleistenbild eines Menschen von der Geburt bis zum Tod ... nicht verändert« (ebd.);
- *Klassifizierbarkeit* »innerhalb personenbezogener Recherchier- und Auskunftssysteme – was die rasche Beweismöglichkeit anlangt – unübertroffen wertvoll und computerfreundlich.« (ebd.)

Daran gemessen hat das Lichtbild im Paß »keinen besonders hohen Beweiswert, sondern nur einen relativen Identifizierungswert, weil sich das Aussehen eines Menschen entweder auf natürliche Weise oder durch Manipulation ändern kann.« (ebd.) Die kriminalistische Methodologie differenziert strikt und prinzipiell: zwischen Abbild-Abbild-Relationen (z.B. Fingerabdrücken), die deckungsgleich und deshalb beweiskräftig sein können und Abbild-Bild-Relationen (z.B. das Lichtbild oder der gemalte Steckbrief), die immer nur (Un-)Ähnlichkeiten aufweisen. Doch auch der kriminalistische Beweis, so ließe sich mit Wittgenstein gegen die scharfe Abgrenzung argumentieren, ist nicht lückenlos: Er beruht nicht nur auf einer – durchaus fragwürdigen[7] – inneren Übereinstimmung, sondern ebenso auf sozial eingespielten Praktiken, diese *überzeugend* vorzuführen. Ob Fingerabgleich oder Paßvorlage, beide Konzepte setzen Normen, wie sich etwas als wahr zeigen läßt und wo Zweifel anzubringen sind.

Nicht nur in der Art der Identitätsmerkmale unterscheiden sich zivile und kriminalistische Methodologie. Auch die Beziehung von Dokument und dokumentierter Person ist verschieden. Nehmen wir die Kriminalistik: hier ist die Fingerabdruckdatei nur für die Kriminalpolizei verfügbar, als verdecktes Fahndungsinstrument, welches zentral gespeichert und zur Kontrolle abgerufen wird. Der Paß befindet sich dagegen vorschriftsmäßig im Besitz der Person, die ihn als Beleg ihrer Identität mitzuführen hat.

Indem die Signalementskarte den Gekennzeichneten begleitet, stellt sich das Problem der Fälschung. Der Paß muß, soll ihm Vertrauen geschenkt werden, selbst einer Prüfung unterzogen werden. Zu prüfen ist, ob er ›echt‹ ist, ob Merkmale durch »Waschen, Radieren, Abschaben« (Ceccaldi 1971: 102) oder »Überdecken, Hinzufügen und Übertragen« (ebd.: 104) verändert wurden oder der Paß in Gänze gefälscht wurde. Erst mit den be-

---

[7] Fingerbilder lassen sich nicht gänzlich zur Deckung bringen; auch sie müssen ›genähert‹ werden (vgl. dazu Stelzer 1978: 230 ff.)

sonderen Sicherungen am Dokument können die Belege die polizeilichen Archive verlassen und die mobilen Rechtssubjekte begleiten: z. B. werden Linienführungen und Farbkompositionen eingedruckt, die mit Speziallampen kontrolliert werden können. Die so fabrizierte *Orginalität des Papiers* erlaubt, so die Verwaltungsvorschrift, die »widerlegbare Vermutung« – nicht den Beweis –, daß das, was er zeigt, sich tatsächlich auch so verhält.
Gilt eine Paßvorlage als mißbräuchlich, konsultiert die Behörde die Kriminalpolizei als zuständigen Erkennungsdienst. Diese Kopplung von ziviler und kriminalistischer Identifizierung ist für Asylverfahren obligatorisch. Wegen vermuteter sog. Identitätsanmaßung (z. B. bei »Mehrfachanträgen«) werden bei jeder Antragstellung Lichtbilder und Fingerabdrücke genommen.[8] Die Asylbewerber werden auf dem Inhaberpapier für den Amtsbetrieb *und* in der Fingerabdruckdatei beim Bundeskriminalamt ›verewigt‹. Diese stigmatisierende Handhabung überrascht weniger, wenn wir uns das Konzept des Passes vergegenwärtigen. Denn der Paß hat als Inhaberpapier einen weiteren Nachteil: Jeder könnte sich einfach seines (störenden) Passes entledigen und so alle Spuren verwischen – würden nicht Gegenstücke mit der kompletten Kennung im staatlichen Archiv vorgehalten. Jeder Paß hat sein Duplikat.[9]
Das Paßkonzept läßt sich so zusammenfassen: Im Paß werden Momentaufnahmen bzw. Spuren eines Körpers bestimmten Personalien zugeordnet. Der ursprüngliche Bezeichnungsakt ist im Paß und einem archivierten Gegenstück gespeichert und so von raumzeitlichen Bindungen befreit. Nach dem Konzept kann nun

8 Einen vergleichbaren Generalverdacht konstatiert Feuerhelm (1987) in seiner Arbeit über Polizei und ›Zigeuner‹: »Unterstellt wird eine generelle Strategie zur Verschleierung der wahren Personalien« (204). Die erkennungsdienstliche Behandlung wird von Polizisten als »einzig sichere Art der Identitätsfeststellung bei diesen Personen bezeichnet« (205).
9 Für jeden Bundesbürger wird ein Personalausweisregister geführt. Das Register enthält neben Lichtbild, Unterschrift des Ausweisinhabers und Bearbeitungsvermerken über die beigebrachten Nachweise: die Personalien sowie weitere Körpermerkmale (Größe, Farbe der Augen) und die gegenwärtige Anschrift, außerdem die Seriennummer und das Gültigkeitsdatum des Personalausweises und die ausstellende Behörde (vgl. § 2a Gesetz über Personalausweise vom 21.4.86).

die ursprüngliche Zuordnung beliebig wiederholt werden. Mit Blick auf die im Paß dokumentierten Identitätsmerkmale wird die sich ausweisende Person – wiedererkannt.

3. Die Identifizierung

Der Paß versichert als standardisierte Identifizierungsvorrichtung, daß jemand Unbekanntes nach vollzogener Identitätsfeststellung tatsächlich erkannt ist. Untersuchen wir aber diese Feststellung selbst – und nicht ihre bereinigten Resultate –, so entdecken wir, wie mit dem Gebrauch des Passes notwendig auch Spekulation, Interpretation und allerlei Kunstgriffe am Werke sind:
Die zwei Gesichter
»Irgendwie ist er das nicht!« Häufiger als sonst wandert der Blick der Sachbearbeiterin zwischen diesem Mann und dem Paß hin und her. Er wolle, so läßt er von seinem sprachkundigen Begleiter erklären, »eine Aufenthaltsbefugnis wegen Erlaß«.
Die Sachbearbeiterin ringt mit einem dumpfen Verdacht: »Paßphoto und Gesicht passen nicht zusammen!« Und zum Photo: »Dieses Gesicht kenn ich doch, aber der hier ist das nicht.« All das murmelt sie halblaut und unschlüssig zur Kollegin. Die unterbricht ihre Aktensuche und wendet sich diskret dem Geschehen zu.
Die Sachbearbeiterin bemüht erstmal das übliche Programm. Sie erläutert die formalen Bedingungen für die Befugnis: Wohnung, Arbeit, kein Strafverfahren. Während sie den Übersetzer übersetzen läßt, wendet sie sich vom Klienten ab und hält ihrer Kollegin den Paß vor. Mal ist sie sich sicher: »Das ›is‹a nich, nee also, das is ein anderer!«; mal eher zögerlich: »Ach, diese Vietnamesen sehen auch alle gleich aus!«
Auch mir hält sie das Photo hin: »Gucken Sie doch mal, so als Unbeteiligter! Is er das? Is er doch nicht, oder?« Die Begegnung zerbricht in zwei konspirative Lager mit eigenen Geheimsprachen. Die einen murmeln amtsdeutsch, die anderen beraten auf vietnamesisch. Ich zeige mich so unschlüssig wie die Kollegin – weil ich mir über die Folgen eines Urteils unklar bin und tatsächlich nichts erkenne.
Irgendwas muß jetzt passieren. »Wir müssen«, wendet sich Frau Hartwig an die beiden Gäste, »den Paß zur Überprüfung einbe-

halten!« Sie sucht Zeit, um in dieser Sache Klarheit zu gewinnen. Sie stellt dem ›Vietnamesen‹ eine Empfangsbestätigung aus, die er bei Polizeikontrollen vorlegen soll. Sie läßt sich vom Klienten »zur Vorbereitung des Antrages« die Adresse aufschreiben, und verabschiedet die beiden.

»So, den hab ich erstmal!« Sie wedelt mit dem Paß. Sie spricht aufgeregt von ›dem da auf dem Photo‹, den sie von irgendwo kennt: »Der war erst letzte Woche hier, so ein Netter, Lustiger – ganz anders als der. ( ) Dieser war so ruhig, so ganz anders.« Sie beschreibt uns aufgeregt die Unterschiede, die jetzt offenbar vor ihrem geistigen Auge immer deutlicher hervortreten.

»Ich habe ihn extra noch was schreiben lassen!« erklärt sie stolz. Sie hält die Schriftprobe über die Paßsignatur: »Die Unterschrift ist anders.« »Für Laien schwer festzustellen«, meint die Kollegin. Wieder bin auch ich unschlüssig.

»Wie soll das jetzt überprüft werden?«, will sie wissen. Ihre Kollegin ist sich nicht sicher: »Das müßte man dem BKA vorlegen, die haben da Spezialisten. Aber das kann lange dauern.« Die Sachbearbeiterin räumt die Papiere unter den Deckel der Akte und hält der Kollegin den Packen hin: »Guck mal, ob du da was rausbekommst.«

Identifizierung und Entlarvung erweisen sich hier als zweifelhaft und umständlich. Von der Amtsperson ist Kompetenz und Engagement gefordert, die über das Lesen von dokumentierten und vorgefundenen Merkmalen hinausreicht. Ich will anhand der Szene zunächst allgemeine Eigenschaften der Identifizierung herausarbeiten.

Die Kontrolle ist sporadisch: Die Paßvorlage ist in der Regel eine mechanische Verrichtung, die ohne größere Aufmerksamkeit vollzogen wird. Die im Paß enthaltenen Prüfkriterien werden überflogen und nicht etwa Punkt für Punkt abgeglichen.

Der prüfende Blick muß erst alarmiert werden: Zunächst sind die Prüfungen auf den ›Paß an sich‹, auf seine Adäquatheit gerichtet. (Z. B. wurde ein blauer Ausweis abgelehnt, weil aus ihm keine staatliche Autorität hervorging.) Im Normalvollzug gilt die praxisleitende Vergewisserung, daß wer einen Paß vorzeigt, seine Identität auch bewiesen hat, bzw. wer sich hier verweigert, seine ›wahre Identität‹ verschleiern will. Die Bereitschaft, nach Eintritt ins Büro einen Paß vorzulegen, ist selbst erstes Kriterium der Identitätsprüfung.

Der auslösende Verdacht ist diffus: Über die Intensität der Prüfung entscheidet ein Anfangszweifel, eine Ahnung, die sich zunächst kaum formulieren läßt: »Irgendwie ist das ein anderer!« Den auslösenden Zweifel liefert hier ein diffuses Personengedächtnis der Sachbearbeiterin. Sie erkennt die Differenz ›zweier Gesichter‹ nicht im Abgleich des Dokumentierten mit dem Aktuellen als vielmehr mittels nur mühsam aufgerufener Eindrücke, die sie mit einer weiteren Person verbindet, die der auf dem Paßphoto ähnelt. Die Erinnerung gleicht einem Déjà-vu-Erlebnis und liefert Auslöser und Folie der aktuellen Prüfung.
Der Anfangsverdacht wird interaktiv getestet: Die Amtsperson deutet den Interaktionsverlauf im Lichte ihres Zweifels. Sie bemüht ihn als Prüfungskriterium. Sie hält dazu in der Bearbeitung inne, mustert Ausweis und Gesicht, tuschelt unumwunden mit der Kollegin über ihren Verdacht und vermehrt die Blickkontakte zum Kontrahenten. All dies ist dazu angetan, einen Schuldbewußten zu verunsichern und sein Selbstkonzept zu stören.[10] Diese Destabilisierung wird versucht, ohne allerdings beunruhigte Reaktionen des Gegenüber hervorrufen zu können. Der Mißerfolg zerstreut nicht ihren Verdacht, weil die Amtsperson nun eine besondere Verschlagenheit und Geschicklichkeit des Verdächtigen unterstellt.
Der Identifizierung dient das Personengedächtnis des Vorpostens: Der prüfende Blick bewegt sich nicht zwischen den dokumentierten Kennzeichen und dem Gegenüber, sondern im Vergleich mit einem Dritten, der in der Erinnerung präsent ist. Erst diese Erinnerung liefert Charakteristika, die als Kriterien abgeprüft werden: das ›Original‹ hat gelacht, war fröhlich und höflich (dieser stumm und zurückhaltend) und sah auch (irgendwie) anders aus. Bei wechselndem Personal hätte die Prüfung womöglich ohne Beanstandung stattgefunden. Die Amtsperson hätte anhand der prompten Vorlage, des orginalen Paßpapiers oder allgemeiner Ähnlichkeiten mit dem Paßbild die Identität festgestellt.
Voraussetzung für die Akkumulation von Erinnerungsbildern ist

---

10 In der Verstrickungsstrategie geht der Verhörende »davon aus, daß Widersprüche in der Darstellung des Vernommenen hervorgebracht werden können, wenn es nur gelingt, den Vernommenen aus dem Gleichgewicht zu bringen und seine zurechtgelegte Geschichte durch geschickte Manöver aufzubrechen« (Holly 1981: 301).

also die kontinuierliche Postierung einer Amtsperson bei einem überschaubaren Klientenkreis. Auf ihrem Posten kann sie »meine Leute« oder »meine Schäfchen« regelmäßig erleben und in ihrem Verhalten studieren.[11] Das Personen-Gedächtnis liefert Anhaltspunkte für die Verteilung von Zweifel und Vertrauen in die ordnungsgemäße Ausweisung. Die Behörde bedient sich so traditioneller Methoden der sozialen Identifizierung, also der Herstellung des Ausländers als bekannte Person.
Die dokumentierten Kennzeichen und die aktuelle Prüffolie sind wesensfremd: Während die Kennzeichen im Paß vom ruhenden Körper entnommen werden, hat die Amtsperson es ›hier und jetzt‹ mit einem bewegten und kommunizierenden Individuum zu tun. Diesem müssen erst noch identifizierende Merkmale zugeschrieben werden – unter Mißachtung der Charakteristika, die sich in Begegnungen aufdrängen: Benehmen, Gesten, Redensarten etc. Es treten im Einzelfall Besonderheiten in den Vordergrund, die nicht (als Identitätsbelege) zum Abgleich vorgesehen sind. Die Eindrücke eines Gegenüber müssen also erst in die Sprache des Passes übersetzt werden.
Um die Notwendigkeit von kunstfertigen Anpassungen an und die Relevanz von Widrigkeiten und Widerständen in Situationen für den Akt der Identitätsprüfung zu zeigen, fahre ich zunächst mit der Geschichte der ›zwei Gesichter‹ fort. Dabei werden nicht nur Grenzen der Identifizierung von Angesicht zu Angesicht aufgezeigt, sondern auch Grenzen der juristischen Verwertung der Prüfung: Inwieweit kann der administrative Blick entlarven?
Fortsetzung: Die zwei Gesichter
Daß die Sachbearbeiterin mit ihrem Zweifel richtig liegt, zeigen die nächsten Vorkommnisse: Zunächst sucht der rechtmäßige Paßinhaber das Amt auf, um den eingezogenen Paß abzuholen. Er wird ohne seinen Paß fortgeschickt und aufgefordert, gemeinsam mit ›diesem Anderen‹ vorzusprechen. Kurze Zeit später erscheinen tatsächlich beide im Amt.

11 Die im Vergleich zu westdeutschen Ausländerbehörden eher beschauliche Fallzahl legt eine höhere Wirksamkeit und Bedeutung des Personengedächtnisses nahe. In großen Ausländerbehörden wird die Eingangskontrolle an zentralen Pforten geleistet (vgl. Schuleri-Hartje 1985). Ein solcher Vorposten hätte wegen der großen Zahl und Oberflächlichkeit der Kontakte kaum die Möglichkeit, ein dichtes Gedächtnis zu erarbeiten.

»Mach du das mal, is ja schließlich dein Gebiet!« bittet die Sachbearbeiterin noch schnell ihre Kollegin. Sie schließt das Büro auf und winkt die beiden Wartenden hinein. Sie wundert sich, daß alles so glatt läuft: *»Die sind doch tatsächlich gekommen!«*
Die Verstärkung stellt sich hinter Frau Hartwig und redet auf die Vietnamesen ein. Sie hält von oben eine knappe Anklagerede. Mit Vehemenz verwirft sie schüchterne Widerworte: *»Sie brauchen sich jetzt nicht rauszureden!«* und *»Wir waren alle drei dabei!«*. (Sie schließt mich ›als Zeugen‹ ein, was mir unangenehm ist.) Sie malt eine eindeutige Version der Vorkommnisse: Betrug, Mißbrauch, Komplizenschaft. Sie werde *»diesen Fall zur Strafanzeige bringen«* und *»das wird Auswirkungen auf ihren Antrag haben«*.
Die ›Komplizen‹ wirken eingeschüchtert. Der rechtmäßige Paßinhaber beschränkt sich auf gelegentliches Leugnen, *»daß alles nur ein Mißverständnis ist«*. Sein Freund wollte ihm nur helfen, versichert er: *»Ich bin krank gewesen und da ist mein Freund gegangen, um den Antrag zu stellen.«* Der Andere wendet sich ab und zu in der Geheimsprache an den Kumpan.
Während der ›Betrug‹ gebrandmarkt wird, kümmert sich die Sachbearbeiterin um den eingereichten Antrag. Sie nimmt die zwei geforderten Paßbilder entgegen und überfliegt die Eintragungen im Formular. Den ›Ertappten‹ bittet sie, den eigenen Namen samt Adresse auf einen Zettel zu schreiben. Sie nimmt den Zettel und telefoniert nebenan mit dem zuständigen Ausländeramt. *»Die will ich mal fragen, ob es den wirklich gibt«*, tuschelt sie zur Kollegin.
Tatsächlich ist der Name dort registriert. Die Akte enthält, so der kleine Triumph, bereits einen Vorgang falscher Vorlage. *»Da haben Sie ja Erfahrung drin«*, höhnt die Anklägerin: *»Das ist jetzt schon* DAS ZWEITE MAL *bei Ihnen!«*[12] Sie schiebt den Paß zurück über den Schreibtisch. Die Angeklagten tauschen kurze Äußerungen. *»Er sagt nein«*, übersetzt der ›Richtige‹. Die beiden werden entlassen.
Erst in der publikumsfreien Zeit vor Feierabend finden die Amts-

---

12 Holly bezeichnet diese Verhörtechnik als »Diskrepanzaufweisstrategie«. Hierzu gehören »zum einen Vorhalte früherer Aussagen, zum andern Konfrontationen mit Ermittlungsergebnissen« (1981: 300). Letztere demonstrieren, »daß die andere Seite ... vielleicht längst alles weiß, was abzustreiten oder zu vertuschen deshalb keinen Sinn mehr macht« (ebd.).

kräfte Zeit, mögliche Konsequenzen aus der ›falschen Paßvorlage‹ zu diskutieren. Die Sachbearbeiterin will ein Ordnungsgeld verhängen. Die Kollegin sieht da »keine Möglichkeit«, weil gegen den ›Richtigen‹ nur nichtige Ordnungswidrigkeiten vorlägen. Diese würden eh nicht weiter verfolgt. Gegen den ›Falschen‹ soll aber eine Strafanzeige wg. Dokumentenfälschung ergehen.
Gleich nach dieser Abstimmung macht sich Frau Hartwig daran, die Ereignisse auf einem Gesprächsnotiz-Block festzuhalten, damit »das später noch nachvollzogen werden kann«. Es sei schwer, gesteht sie, alles so niederzuschreiben, daß auch noch Dritte es verstehen könnten. »Das kenn ich!«, scherze ich. Leider gewährt sie mir keinen Einblick in ihr Beobachtungsprotokoll.
Ich habe im Text die Bezeichnungen für die beiden Klienten jeweils mit Anführungszeichen versehen, um zu signalisieren, daß es sich um behördliche Zuschreibungen handelt. Die Fährte – die betrügerische Falschvorlage – wird, ist einmal die ›Witterung aufgenommen‹, bis zur Urteilsfindung verfolgt. Alternative Versionen, wie ein Mißverständnis oder Irrtum, kommen im Eifer des Gefechts nicht in Betracht. Mit dem Fortgang der Geschichte läßt sich nun auch die Analyse weiterverfolgen:
Das Prüfergebnis kann den ›Ertappten‹ nicht überführen. Die Entdeckung eines nicht-identischen Passes ist nicht gleichbedeutend mit einer Entlarvung. Der Vorlegende ist für die Amtspersonen zwar schuldig, doch bleiben auch andere Versionen plausibel: Es ist möglich, daß der ›Falsche‹ für seinen Bekannten die Antragsformulare holen wollte und dazu dessen Paß vorlegte; es ist möglich, daß er gar die Antragstellung vollziehen sollte, um dem Freund den Ämtergang zu ersparen; es ist auch möglich, daß er tatsächlich ›unter falscher Flagge‹ einen Status erschwindeln wollte. Was das Amtspersonal als Betrug unterstellt, ist für Dritte – z. B. für Ethnographen oder Kriminalisten – auch anders interpretierbar. Warum ist dies praktisch relevant?
Wenn es zur Anzeige kommt, hat das Amt erst die Staatsanwaltschaft, dann das Gericht zu überzeugen: z. B. mit einem Geständnis vor Zeugen, einer gefälschten Unterschrift unter den Antrag oder einer Anzeige des Paßinhabers über den Verlust seines Papiers. Diese Argumentation vermag die Behörde – wenn überhaupt – nur zu leisten, wenn sie selbst andere Situationsdefinitionen erwägt.
Es sei, so berichtet mir die Leiterin ein Jahr später, noch zu kei-

nem Gerichtstermin gekommen. Und dies, so stöhnt sie, sei kein Einzelfall. Sie führt dies auf die Überlastung der Staatsanwaltschaft zurück: »Die haben ja auch Wichtigeres zu tun.« In einigen Fällen ›falscher Paßvorlage‹ würde außerdem von einer Verurteilung abgesehen – und das in Fällen, die ihrer Meinung nach »wirklich eindeutig sind«. Sie ist ratlos: »Gegen die Vietnamesen haben wir keine Chance!«

Die amtliche Version fußt auf Normalitätsunterstellungen. Die Amtsperson geht selbstverständlich davon aus, daß ›wie immer‹ und ›hier üblich‹ die Person, die den Paß vorlegt, damit auch die eigene Identität belegen will. Sie kann also aus gutem Grund vermuten, daß auch hier ein solcher Nachweis versucht wurde. Diese Unterstellung schließt kulturfremde Varianten aus: vielleicht ist es ›dort‹ üblich, den Paß dem Verwandten oder Vertrauten mitzugeben, ihn überbringen oder vorlegen zu lassen, ihn geringer zu schätzen etc. Solche Klienten, die die hiesigen Regeln der Paßvorlage nicht kennen, können sich in ihnen verfangen. Sie stellen dann eine Identität her, die sie weder behaupten wollten noch belegen könnten.

Ein Problem besteht im Unvermögen, Gesichter ›anderer Rassen‹ zu identifizieren. »Die Vietnamesen tauschen oft untereinander ihre Pässe!« weiß die Sachbearbeiterin aus Erfahrung: »Die können das ja auch gut machen, weil die alle gleich aussehen. Kann ja keiner auseinanderhalten!«[13] Die Amtsperson erkennt Vietnamesen als Mitglied einer ›fremden Rasse‹ – und nur verschwommen als Individuen.

Ich konnte diese Gesichter noch weniger auseinanderhalten als die Amtskräfte. Oft blieb nur eine Ahnung, der Person schon mal begegnet zu sein: in der Stadt, auf dem Markt, beim Ausländerbeauftragten oder hier in der Ausländerbehörde? Diese black outs hatten zur Folge, daß ich z.B. bei Vietnamesen in meinen Rapports nur zufällig – z.B. wenn jemand öfter am Tag das Amt aufsuchte – Fortsetzungsgeschichten nachvollzogen habe. Sicher kam oft derselbe – für mich – als Neuer ins Amt. ›Vertraute Gesichter‹ waren dagegen anschlußfähig und begründeten aufeinander bezogene Protokolle bzw. Serien.

---

13 Auch die von Feuerhelm interviewten Polizisten sagen, daß Ausweise ›bei denen‹ nichts nützen, weil »die Zigeuner alle gleich aussehen« (1987: 204).

Das Besondere reduziert sich hier auf eine grobe Andersartigkeit, auf das (für uns) Untypische des Äußerlichen: ›ihre‹ Hautfarbe, Augenform, Haarfarbe etc. Der identifizierende Blick versagt am allzu Offensichtlichen[14] – und flüchtet in die Klassifizierung. Das Bild vom ›Anderen‹ bleibt grob, lückenhaft und diffus; so als wäre es (in düsteren Farben) getüncht, nicht (Punkt für Punkt) gezeichnet.

In der Klassifizierung hat eine Rasse ›alles in allem‹ nur ein Gesicht (und einen Charakter). Entsprechend wird ein ›Schwarzer‹ oder ein ›Vietnamese‹ auch bei wiederholten Treffen nicht als identische Person erkannt, sondern als Vertreter einer Rasse. Ein übliches Gesicht begrüßt die Amtsperson dagegen schon beim zweiten Besuch ›persönlich‹. Der administrative (und ethnographische) Blick ist kulturell eingeübt und deshalb beschränkt.

Die unterstellte Fähigkeit, eine Person an ihrer Hülle zu erkennen, ist also in bezug auf bestimmte Merkmalsgruppen gestört. So wie man in der Regel nur eine Schrift entziffern kann, wenn man behauptet ›ich kann lesen!‹ – und andere Schriften (z.B. chinesisch) nur noch einer Sprache oder einer Sprachfamilie zuordnet. Im Beispiel wird diese Sehstörung offensiv als ethnologisches Wissen gewendet, als begründetes Mißtrauen und Hintergrundwissen über ›Vietnamesen, die untereinander Pässe tauschen‹. Bei Gestalten, die nicht zu erkennen sind, ist das Vertrauen in die ordentliche Paßvorlage zerrüttet. Sie werden im doppelten Sinn zu ›charakterlosen Fremden‹: unbekannt und skrupellos. Diese Verkettung beschreibt den lebenspraktischen Rassismus, der aus gehöriger Distanz an vielsagende, (uns) beeindruckende Körpermerkmale erstaunlich intime Kenntnisse und Befürchtungen anhängt. In dieser Weise verschafft die Sichtweise des Rassismus ihren Nutzern en passant eine weitreichende Orientierung.

---

14 Strategische Täuschungsmanöver des Äußeren setzen an dieser Blendung an. So mimt der Ganove ein Gebrechen (z.B. ein steifes Knie, einen Sprachfehler), um die Aufmerksamkeit potentieller Zeugen abzulenken. Weil das Besondere offensichtlich ist, läßt es die Identität der mimenden Person im Dunkeln. Die Person bleibt unerkannt, wenn die Besonderheit (das Hinken, das Stottern) beeindruckt.

4. Die Nutzungsweisen des Passes

Der Klient spielt als Paßinhaber, anders als der im Kriminallabor abgedruckte, vermessene und gespeicherte Verdächtige, einen aktiven Part bei der Identifizierung. Als Paßträger übernimmt er Verantwortung für seine persönliche Identität. Diese Kooperation wird ihm abverlangt, will er die im Verfahren erstreitbaren Rechte wahrnehmen. Der Paßinhaber kann erwarten, daß ihm angesichts der Belege – und nur mit diesen – geglaubt wird, wenn er Name und Status vorbringt.

Auf der Bühne des Verwaltungsverfahrens erscheinen die Klienten also nicht bloß als gerasterte Objekte einer produktiven Macht; sie übernehmen Selbst-Verwaltungen. Die folgende Szene zeigt, wie eine Selbst-Verwaltung aufgrund der Paßschau angeraten wird und dabei die Identifizierung in den Hintergrund tritt.

Der Handkuß

Der stattliche Alte segelt ins Amtszimmer. Noch bevor er Platz nimmt, ergreift er die Hand der Sachbearbeiterin und haucht einen galanten Handkuß. (»Wieder hat er mich übertölpelt«, mosert Frau Hartwig später und beteuert mir, daß sie diese aufdringliche Art gar nicht schätzt.) Der Herr ist gebürtiger Pole und arbeitet als Schauspieler schon seit etlichen Jahren am städtischen Theater. Er will eine Einbürgerung beantragen und fragt, was zu tun ist. Frau Hartwig erbittet – obgleich er ihr nur zu gut bekannt ist – zunächst seinen Paß. Bei der Durchsicht stößt die Sachbearbeiterin (»Das gibt's doch nicht!«) auf den Stempel mit der befristeten Aufenthaltserlaubnis. »Hör mal, siebzehn Jahre hier und immer noch jährliche Befristung«, wendet sie sich an ihre Kollegin, die gerade in der Kartei wühlt. Die kann es nicht glauben: »Zeig mal!« »Da müssen Sie erstmal die Unbefristete beantragen«, rät Frau Solm, das Papier zurückreichend. Das längere Einbürgerungsverfahren könne parallel laufen. Frau Hartwig schiebt ihm die Antragsformulare rüber. Das Formular für die ›Unbefristete‹ wird sofort angegangen – als gelte es, das Versäumte nachzuholen. Frau Hartwig liest das Formular ›auf dem Kopf‹ und erklärt, was am besten einzutragen ist: »Ausbildung außerhalb des Heimatstaates?« »Nein, hab ich nicht!« »Dann kreuzen Sie hier an.« Sie zeigt das richtige Kästchen. Schritt für Schritt und ohne Hast wird das Formular durchgearbeitet.

»Was brauche ich jetzt noch?« fragt er dankbar. »Warten Sie, ich

schreib Ihnen das auf. Sie müssen noch eine Begründung schreiben, warum Sie eingebürgert werden wollen. ... Und bringen Sie den anderen Antrag ausgefüllt mit. Aber bitte noch nicht unterschreiben.« Während sie erzählt, notiert sie eine Reihe von nötigen Bescheinigungen auf ein Blatt. *»Was Sie nicht schaffen, machen wir gemeinsam.«*

Hier ist der Paß vor allem Statuspapier: Er gibt Auskunft, wie es um den Fall steht und was zu tun ist. Am eingestempelten Aufenthalt wird über das weitere Vorgehen beraten. Der ordentliche Klient ist aufgerufen, seinen Paß vorzuführen, hierbei Termine einzuhalten, biographische Detailkenntnisse zu sammeln, Auskünfte von Dritten einzuholen, Interviews zu geben etc. Der Selbst-Verwalter legt dazu private Ordner an, verwahrt amtliche Schreiben, studiert Gesetze. Der Klient ist gehalten, wie der Athlet als Trainer des eigenen Körpers, den Fall – und das heißt zuerst das Paßpapier – zu hegen und zu pflegen. Er hat Siege wie Niederlagen auf die eigene Kappe zu nehmen.[15]

Der Paß steht im Zentrum der Selbst-Verwaltung, weil er die Zuständigkeit des Inhabers dokumentiert. Das gesamte Verfahren hängt am Paß: wenn er fehlt, muß er beschafft werden; wenn er abläuft, muß über die Verlängerung entschieden werden; soll der ungenehmigte Aufenthalt beendet werden, so geht dies nicht ohne Paß. Spätestens hier kann es ratsam sein, sich neue Papiere zu beschaffen, ähnlich einem Ganoven, der sich ein Alibi besorgt.

Weil der Paß Identitätsbelege, Personalien und Statusangaben vereinigt, kann er am Passagepunkt der Ausländerbehörde vielfältig benutzt werden. Ich will die Nutzungsweisen in einer idealen Hierarchie auflisten. Die Liste reicht von obligatorischen Vorbereitungen bis zu weiterführenden Orientierungen:

– Der Paß dient als *Eintrittskarte* in die Bearbeitung. Indem er vorgelegt wird, zeigt der Passant, daß er sich dem Amt als Fall zur Verfügung stellt. Er inszeniert sich als williger Klient, der hier die übliche Behandlung in Anspruch nimmt bzw. sich dieser aussetzt. Die Einwilligung des Klienten ist bereits ein Prüfkriterium.

---

15 Von dieser Verstrickung des Klienten ins Verfahren geht nach Luhmann (1969) eine legitimierende Wirkung aus. Der Klient wird eher bereit sein, Ergebnisse zu akzeptieren bzw. diese dem eigenen Fehlverhalten anzulasten.

– Der Paß ist ein *Anhaltspunkt* in der Einführung, der eine strenge Prüfung signalisiert und so Raum schafft, Zweifel und Einwände anzubringen. Ohne Paßvorlage könnte die Grenzstelle gar nicht zeigen, daß und warum sie Vertrauen schenkt *oder* entzieht.
– Der Paß ist eine *Pflichtübung*, die mit Bravour (»Natürlich habe ich meinen Paß dabei!«) vorgeführt wird oder aber zur Schande des Selbst-Verwalters gereicht, der nicht einmal ›an den Paß denkt‹.
– Der Paß dient der *ontologischen Vergewisserung* einer Identität. Er bezeugt dem Amt die biographische Existenz des Unbekannten. Für den Inhaber leistet der Paß nötige Überzeugungsarbeit. Der Paß gibt eine formale Antwort auf die (verwirrende) Frage, ›ob es diese Person wirklich gibt‹.[16]
– Der Paß kann als *Alarmierer* dienen, der das Amt vor Täuschung oder Mißbrauch warnt. Das routinemäßige Vertrauen in die ordentliche Identifizierung weicht dann einem bloßen Verdacht.
– Der Paß gilt als *Signalementskarte*, indem er Identitätsmerkmale aufführt, die ein sicheres Wiedererkennen des Paßinhabers leisten sollen.
– Der Paß erteilt dem, der sich erfolgreich mit ihm ausgewiesen hat, *Prokura* (für den Fall zu sprechen und zu schreiben).
– Der Paß ist das *Etikett* des Klienten im Sinne einer Fallklassifikation (entsprechend interner Zuständigkeitsverteilung) und einer typisierten oder stigmatisierten Menschengruppierung (entsprechend angehängter Eigenheiten, z. B. der Asylbewerber).
– Der Verfahrensstand kann dem Paß, gleich einem *Ergebnisprotokoll* zur bisherigen Fallgeschichte entnommen werden. (Als ausführliches Verlaufsprotokoll fungiert die Akte.) Dieses Protokoll wird ohne weiteres zur Kenntnis genommen.
– Der Paß läßt sich wie eine *Prüfplakette* lesen, an der die Amtsperson feststellt, ob der Fall ordnungsgemäß geführt ist: ob Fristen versäumt oder räumliche Beschränkungen verletzt wer-

---

16 Dies illustriert B. Traven in seiner »Geschichte eines amerikanischen Seemanns«. Der Seemann diskutiert mit ›seinem Konsul‹: »Vielleicht bestreiten Sie gar, daß ich überhaupt geboren bin? Richtig. Das bestreite ich. Die Tatsache, daß Sie hier vor mir stehen, ist kein Beweis für mich, daß Sie geboren sind. Ich habe es zu glauben. ...« (1954: 46 f.)

den. Hier klärt die Amtsperson im Vorfeld, ob Mängel zu beheben sind, bevor vom Klienten weiteres beantragt wird.
- Der Paß fungiert als *mitgeführte Karteikarte* eines Falles. Es finden sich neben der Benennung von Kennzeichen (in der Präambel), auch der Aufenthaltsstatus mit den Beschränkungen (im Anhang). Die Paßvorlage dient dazu, wesentliche Informationen schnell und verläßlich zu überblicken und so auf Anfrage des Klienten Vor-Entscheidungen zu fundieren.
- Der Paß dient als *Laufzettel* durch die Instanzen. Klient wie Amt können davon ausgehen, daß der Fall nicht verlorengeht. Ein Fall soll immer an der gleichen Person und bei der zuständigen Stelle exerziert werden. Der Paß wirkt wie ein Band, daß zwischen ihm und seiner Akte geknüpft ist.
- Der gültige Paß ist *Schutzbrief* des Klienten, indem es dem Identifizierten das Recht verbrieft, sich im staatlichen Territorium aufhalten zu dürfen. Umgekehrt ist er *Freibrief* für ausländerbehördliche Regulationen und Eingriffe.
- Der Paß kann vom Amt als *Trophäe* einbehalten werden. Mit diesem Faustpfand wird dem Amt ein besonderer Zugriff auf den Paßinhaber ermöglicht. Ohne Paß (und ohne Paßersatz) kann der Klient ›draußen‹ nicht seiner Ausweispflicht genügen oder legal ausreisen. Heimatpapiere werden in der Behörde zur Durchsetzung der Ausreisepflicht einbehalten.

Diese sicher noch unvollständige Reihe beginnt mit Feststellungen des Klient-Seins und der Identität, welche ›im Zweifel‹ alle weiteren Nutzungen ausschließen. Der Paß kann als Karteikarte, Ergebnisprotokoll, Etikett usw. erst gelesen werden, wenn gilt, daß diese Person Inhaber des Passes ist. Erst dann können Statusangaben auf die Person angewandt werden. In diesem Sinne besitzt die Identitätsfeststellung Priorität.

Erst mit vollzogener Identifizierung kann der Ausländer als beschriebener Körper und der Fall als verkörperter Text behandelt werden, bei dem der Aufenthalt nach dem Gesetz beurteilt wird. Es folgt die Reihung unscheinbarer Passagepunkte: mit weiteren Vor- und Zwischenprüfungen, mit feingliedrigen Normen und beiläufigen Selektionen. Erst im schriftlichen Bescheid verschwindet diese Subjustiz zwischen den Zeilen der veröffentlichten Gesetzesanwendung. Dann gilt es erneut, eine Identität von Fall und Person festzustellen, um dem Urteil einen Körper zu liefern, an dem es vollzogen werden kann.

5. Schluß

Wie werden Gesetzes-Texte und Rechtsperson verknüpft und die Verwaltungsentscheidungen treffend adressiert? Michel de Certeau gibt auf diese Fragen in seiner Analyse der modernen Regierungsform eine pointierte Antwort. In einer an Foucault angelehnten Metaphorik skizziert er sie als »Einschreibung des Gesetzes auf den Körper« (1988: Kap.10):
»Es gibt kein Recht, das sich nicht auf Körpern einschreibt. Es hat Gewalt über den Körper. Sogar die Idee eines Individuums, das innerhalb einer Gruppe isoliert werden kann, ist aus einer Notwendigkeit entstanden: nämlich für das Strafrecht die Notwendigkeit von Körpern, die durch eine Strafe gekennzeichnet werden können. ( ) Von der Geburt bis zur Trauer bemächtigt das Recht sich der Körper, um sie zu Text zu machen.« (1988: 253 f.)
Diese Unterdrückung der Körper besorgen »Schreibwerkzeuge« (Handschellen, Zellen, Schlagstöcke), »die dazu bestimmt sind«, so Certeau, »dem Untertanen die Stärke des Gesetzes einzugravieren, ihn zu tätowieren, um ihn zu einem Beweis für die Regel zu machen« (1988: 256). Jeder Untertan wird nach einer tabula rasa vom Gesetzestext besetzt. In der Metapher Certeaus ist das Gesetz absolut: es obsiegt auf Dauer über die wirren Verhältnisse, es funktioniert unabhängig von den Kooperationen der Teilnehmer, es begräbt die Gegenwehr der Untertanen, ihre Finten und Ausflüchte unter einem rigorosen Akt der Gewalt.
Ist der Paß nun ein solches »Schreibwerkzeug«, das das Gesetz auf die Körper »graviert«? Mit Blick auf den Gebrauch des Passes verbietet es sich, auch wenn dies (wegen seiner Eindeutigkeit) verlockend erscheint, die tatsächliche Wirkung mit der visionären Technologie gleichzusetzen. Weder werden die beschriebenen Behördengänger zu irgendeinem Zeitpunkt verkörperte Texte, noch lassen sich Gesetze derart verkörpern. Es bleiben Menschen und Bücher, Fleisch und Papier – getrennte Stoffe, die immer wieder vermittelt werden müssen.
Wir dürfen also, um die Funktion des Passes zur Identifizierung richtig abzuschätzen, Text und Körper nicht vorschnell ineinander auflösen. Weil Text und Körper nicht identisch sind, erhält der Paß seine Funktion als ein ›schlagendes Argument‹ – für Klient *und* Amtsperson –, eine persönliche Identität zu belegen. Er muß, um die Identität vorführen zu können, gleich einem Werkzeug

oder einer Formel, im Bedarfsfall gekonnt durch die Teilnehmer benutzt werden. Diese Nutzung funktioniert nicht ohne kompetente Vor-Urteile, ohne willkürliche Setzungen: um die Situationen angemessen zu erfassen, um Zweifel und Vertrauen zu verteilen, um bloße Äußerlichkeiten zu gewichten. Die Spekulation situiert und justiert die Identifizierungsvorrichtung.

Das Identität-Machen in Situationen ist problematisch. Hierzu muß man, das sollte diese Studie zeigen, nicht schon gewiefte Verschleierungsexperten oder Anarchisten unterstellen. Für Ungereimtheiten sorgen z. B.: vietnamesische Gesichter und amtsdeutsche Augenpaare, platte Photographien und zappelige Kandidaten. Die oben diskutierten Sehstörungen verweisen auf die Widerständigkeit der Körper, sich ›auf dem Papier‹ abbilden zu lassen und die (kulturelle) Beschränktheit der administrativen Blicke, diese Versionen zu lesen.

Der Paß ist ein situativ gebundenes Erkennungsinstrument und als solches weder unpraktikabel noch omnipotent. Wir können beides beobachten: Ein Scheitern des Ideals standardisierter Identifizierung *und* die Leistung, inmitten alltäglicher Wirren, mit einer ›gewissen Sicherheit‹, Menschen und Fälle zu verbinden. Erst wenn die Analyse beide Bewegungen einschließt – gleich einer Kritik *und* Würdigung des Instrumentes –, kann die methodische Fabrikation von Personen und Fällen im staatlichen Betrieb nachvollzogen werden.

Literatur

Anderson, Benedict (1988), *Die Erfindung der Nation: zur Karriere eines erfolgreichen Konzepts*, Frankfurt/Main und New York: Campus.

Bertillon, Alphons (1895), *Das anthropometrische Signalement*, Bern/Leipzig: Siebert.

BMI/Bundesminister des Innern (1991), *Das neue Ausländergesetz* (Druckschrift vom 1. 7. 91), Bonn.

Callon, Michel und John Law (1989), »On the Construction of Sociotechnical Networks: Content and Context revisited«, in: *Knowledge and Society: Studies in the Sociology of Science Past and Present*, Band 7, Greenwich/London: JAI Press.

Ceccaldi, Pierre François (1971), *Hinter den Kulissen der Kriminalistik*, München: Humboldt.

Certeau, Michel de (1988), *Die Kunst des Handelns*, Berlin: Merve.
Feuerhelm, Wolfgang (1987), *Polizei und ›Zigeuner‹ – Strategien, Handlungsmuster und Alltagstheorien im polizeilichen Umgang mit Sinti und Roma*, Stuttgart: Enke.
Foucault, Michel (1977), *Überwachen und Strafen, Die Geburt des Gefängnisses*, Frankfurt(Main): Suhrkamp.
Goffman, Erving (1967), *Stigma. Über Techniken der Bewältigung beschädigter Identität*, Frankfurt/Main: Suhrkamp.
Holly, Werner (1981), »Der doppelte Boden von Verhören. Sprachliche Strategien von Verhörenden«, in: Wolfgang Frier (Hg.) *Pragmatik, Theorie und Praxis*, Amsterdam: Rodopi.
Luhmann, Niklas (1964), *Funktionen und Folgen formaler Organisation*, Berlin: Duncker & Humblot.
Luhmann, Niklas (1978), *Legitimation durch Verfahren*, Frankfurt/Main: Suhrkamp.
Noiriel, Gérard (1994), *Die Tyrannei des Nationalen: Sozialgeschichte des Asylrechts in Europa*, Lüneburg: zu Klampen.
Scheffer, Thomas (1995), *Aufenthaltsgenehmigung, Studien zur Praxis der Ausländerverwaltung*, Bielefeld, in: Bielefelder Arbeiten zur Verwaltungssoziologie 1995/1, Bielefeld.
Scheffer, Thomas (1996), »Who is who – eine kleine Geschichte der Identifizierung«, in: *Kommune* 4/96.
Schuleri-Hartje, Ulla-Kristina, Paul von Kodolitsch und Jochen Schulz zur Wiesch (Hg.) (1985), *Ausländer und Verwaltung – Untersuchungen zum Fortbildungsbedarf in Behörden*, Stuttgart: Robert-Bosch-Stiftung.
Stelzer, Ehrenfried (1978), *Allgemeine kriminalistische Theorie und Methodologie*, Sozialistische Kriminalistik Bd.1, Berlin: VEB Dt. Verlag der Wissenschaften.
Traven, B. (1954), *Das Totenschiff. Die Geschichte eines amerikanischen Seemanns*, Hamburg: Rowohlt.
Wieczorek, Eberhard (1977), *Kriminalistik – Kurzlehrbuch zur Verbrechensbekämpfung*, Stuttgart: Boorberg.
Wittgenstein Ludwig (1971), *Philosophische Untersuchungen*, Frankfurt/Main: Suhrkamp.

Katharina Peters
Warten auf Godot
Eine Skizze ostdeutscher Bürokratie
im Transformationsprozeß

Dieser Aufsatz soll einen Beitrag zur sogenannten ›Transformationsforschung‹ aus ethnographischer Perspektive leisten. Der Transformationsprozeß bezeichnet die Jahre nach der politischen Wende, mit der die ehemalige DDR zum Gebiet der BRD beitrat (vgl. zur Transformationsforschung in Deutschland Meyer 1992). Als ›deutscher Sonderweg‹ wird an diesem Prozeß hervorgehoben, daß er nicht wie andere postsozialistische Staaten als langsame Reformierung vonstatten geht, sondern als sozialer Großversuch, ähnlich einem ›Experiment‹ (Giesen 1991), zwei Staaten in kürzester Zeit zusammenführt. Dieser Aufsatz soll die Bewerkstelligung von Transformation anhand einer Skizze bürokratischer Praktiken in der Übergangszeit darstellen.

In westdeutschen verwaltungssoziologischen Studien zur Transformationsforschung haben sich entlang der Begriffe ›Transformation‹ und ›Transition‹ Herangehensweisen herausgebildet, die die Praxis öffentlicher Verwaltung in den neuen Bundesländern als verwaltungstechnische und kulturelle Differenz thematisieren. Westliche und östliche Verwaltungspraxis werden miteinander verglichen und lassen sich in Form einer Defizitliste darstellen:[1]

Materielle Kapazitäten: In den neuen Bundesländern sind weder gesetzliche noch materielle und organisatorische Grundlagen gegeben, um nach westdeutschem Recht verwalten zu können.

Personelle Kapazitäten: Die personellen Kapazitäten, die für die Umsetzung westdeutscher Verwaltungspraxis benötigt werden, sind in den östlichen Bundesländern nicht vorhanden. In vielen Bereichen gibt es die entsprechenden Fachberufe nicht (angefangen von Sozialarbeitern über Vermessungstechniker bis hin zu Verwaltungsjuristen) oder aber sie beziehen sich auf Verwaltungspraktiken, die mit Einführung der westdeutschen Gesetzgebung wegfallen. Es müssen also in großem Maße Umschulungen, Qua-

[1] vgl. dazu Wollmann (1994), König (1991) und Bernet (1991).

lifizierungsmaßnahmen und personelle Umstrukturierungen stattfinden.

Kulturelle Kapazitäten: Das Verwaltungspersonal muß neu gebildet, beurteilt und eingestuft werden. Anstelle einer parteigeschulten Rekrutierung müssen bei der neuen Verwaltung fachliche Qualifikationen im Vordergrund stehen. Während ostdeutschen Arbeitnehmern eine kulturelle ›Chaosqualifikation‹ (Marz 1992)[2] weiterhin positiv ›angerechnet‹ wird, wird andererseits eine Vorstellung sowohl von Mitarbeiterinnen wie von Bürgerinnen als ›Befehlsempfänger‹ kritisiert (König 1991: 38). Im Gegensatz zu einem zentralistischen System müssen Kreativität, spontane und selbständige Mitarbeiterinnen über den inoffiziellen Ausgleich von Mangelerscheinungen hinaus legitimer Bestandteil der Arbeit werden (Scheytt 1992: 28).

Die vergleichende Bestandsaufnahme legt nahe, daß Transformation da stattfindet, wo sich technische und kulturelle Differenzen vom ostdeutschen zum westdeutschen System hin mindern. Von außen angelegte Maßstäbe wie Gebietsreformen, das Inkrafttreten von Gesetzen, das Institutionalisieren neuer Verwaltungsstrukturen etc. können in laufenden Vergleichen angelegt werden und in Aussagen über den Stand des ›Zusammenwachsens‹ münden. Technische und personelle Kapazitäten lassen sich aufsummieren und gegenüberstellen. Die Defizitliste fehlender Voraussetzungen und der Anpassungsbedarf der Verwaltungspraxis ostdeutscher an westdeutsche Bundesländer wird zum Standard, der bestimmt, wann Transformation als erfolgreich durchgeführt gilt: »Die westdeutschen Standards sind angemessen, die ostdeutsche Verwaltungspraxis ist heranzuführen« (Scheytt 1993: 419).

Die so definierte Transformation findet ihren Niederschlag in einem verwaltungspraktischen Vorgehen, das mit einem entsprechenden offiziellen ›Beitrittsvokabular‹ behaftet ist: ›Verwaltungshilfe‹ und ›Aufbau Ost‹ bezeichnen das Programm, in dem Bürokratinnen aus Westverwaltungen als Beraterinnen in ostdeutsche Kommunen kommen, um die Neukonstituierung der Verwaltung zu unterstützen. Die westlichen Bundesländer fungieren dabei als ›Entwicklungshelfer‹: Die planerisch und gestalterisch

---

2 Die Chaosqualifikation bezeichnet Flexibilität und Erfindungsreichtum, mit denen im Schatten der offiziellen Planwirtschaft eine ständige Kette an Störungen gemindert und ausgeglichen wurde.

wichtigen Posten (Leitungsfunktionen und Rechtsämter) füllen sich mit westlichen Beamtinnen. Im Jargon heißt die Gehaltszulage, die sie für ihre Bereitschaft zur Entwicklungshilfe bekommen, ›Buschzulage‹. Die Bezeichnungspraxen, die sich auch in den wissenschaftlichen Untersuchungen wiederfinden, legen Vergleiche zu Kolonialbewegungen nahe: Die ›neuen Länder‹ erscheinen als unbelastete, als geschichtslose Territorien, die besiedelt werden müssen. Die Kultur der ›Einheimischen‹ wird analysiert und als Minderheit einer nicht weiter beschriebenen imaginierten Mehrheit gegenübergestellt.[3] Bestandsaufnahmen über Angleichung oder Auseinanderdriften habitualisierter Differenzen (›kulturelle Kapazitäten‹) werden in der Verwaltungsforschung eher am Rande und vor allem auf der Basis von Meinungsforschungsergebnissen und Untersuchungen zum Wertewandel betrachtet. Ihre Beiträge bewegen sich zwischen den Themenkomplexen allgemeiner wirtschaftlicher und politischer Gesinnung einerseits und subjektiver Lebensbewältigung andererseits. Hier wird nach vorher entwickelten Kriterien – vor allem mit dem Instrumentarium des Interviews – die Befindlichkeit von Befragten zum aktuellen Zeitpunkt erhoben und mit Daten der Vorjahre bzw. Monate verglichen.[4] In der Surveyforschung wird

3 Marsden (1994) zeigt am Beispiel des Wortes ›einheimisch‹ auf, wie im Technologietransfer von westlichen Staaten in sogenannte Dritte Welt-Staaten bestehende kulturelle und historische Kontexte durch rhetorische Figuren überdeckt werden. Das Wort ›einheimisch‹, so Marsden, ist ein Verhältniswort: Von Einheimischen zu reden bedeutet, ein Verhältnis der Integration mit zu thematisieren. Integriert werden muß eine lokale in eine allgemeine, nicht weiter bezeichnete Kultur.
4 Meinungsforschungen arbeiten mit kurzen Zeiteinheiten – ähnlich einem Wetterbericht: »Die Stimmungsentwicklung verlief im Westen seit der zweiten Jahreshälfte 1992 wesentlich dramatischer als im Osten. Nach einem stabilen optimistischen Stimmungshoch bis in das Jahr 1990 ist der Optimismus im Westen deutlich eingebrochen und hatte sich bis Ende 1993 nicht erholt. Die Zukunftserwartungen entwickelten sich – trotz höheren Wohlstandes und geringerer Arbeitslosigkeit – im Westen viel schlechter als in Ostdeutschland...« (Noelle-Neumann 1993: 4ff) Mit statistischen Abbildungen in Zeitreihen werden Wertetypen entwickelt und getrennt nach Ost- und Westdeutschland graphisch abgebildet und kommentiert (Gensicke 1995). Forschungen zum Wertewandel greifen auf längerfristige Entwicklungen zurück: Umgangsformen mit der Transformation erklärt Pollack (1993) beispielsweise auf

Transformation als Einführung neuer Standards behandelt, wobei der Umgang als Differenz zwischen zwei Polen beschrieben wird: dem ›Alten‹ und dem ›Neuen‹, dem ›Falschen‹ und dem ›Richtigen‹, dem ›Osten‹ und dem ›Westen‹. Das ›Dazwischen‹ bleibt im Dunkel: Die Surveyforschung nimmt das *Gegenwärtige* nicht zu Kenntnis.

Ethnographische Methoden der Beobachtung arbeiten im Gegensatz dazu jenseits standardisierter Kriterienkataloge. Es geht in diesem Aufsatz nicht um die Ablösung alter durch neue personelle, materielle und kulturelle Ressourcen, sondern um ein *Nachzeichnen des Umgangs mit ihrem Fehlen*. Transformation ist mehr als eine Ablösung, es ist eine gelebte Praxis. Wie kann man sich diese vorstellen – welche Formen nimmt sie an? Woran orientiert sich eine Arbeit, bei der der alte Rahmen wegfällt, ohne daß ein neuer geschaffen ist? Welche Sicherheiten werden angesichts der neuen Verunsicherung aktiviert, um weiter Verwaltungsarbeit leisten zu können? Welche Dynamik löst der ›Unterbau‹ von Verwaltungen aus und verändert so die Pläne und Ergebnisse einer Transformation?

Offiziell als ›Praktikantin‹ angemeldet, erhielt ich Erlaubnis, zwei Monate lang im Liegenschaftsamt einer thüringischen Kommune Beobachtungen machen zu dürfen. Zeitpunkt meiner Erhebung ist das Jahr 1993, vier Jahre nach dem ›Fall der Mauer‹ und zwei Jahre nach Einrichtung des Liegenschaftsamtes. Das Amt gehört zur Stadt G.dorf, einem provinziellen Oberzentrum in Thüringen und ist zuständig für die Verwaltung der Grundstücke in städtischem Eigentum, ihren An- und Verkauf. Der Verwaltungsbereich der Liegenschaften erschien mir für die Forschungsfrage vor allem deshalb relevant, weil er erst seit der Wiedereinführung des Privateigentums zu einem relevanten und für die Kommune gewinnträchtigen Amtsgut wird. Daher gibt es in G.dorf all das nicht, was eine westdeutsche Liegenschaftsakte braucht: die Grundstücke sind nicht vermessen, bei einem Großteil läßt sich nichts Eindeutiges über ihre Eigentümerschaft sagen, die städtischen Bo-

der Basis von Bildungs- und Berufsverläufen. Er entwirft das Bild einer weitverbreiteten pragmatisch-technischen Gesinnung in Ostdeutschland. Diese sei vor allem auf die überwiegend polytechnischen und naturwissenschaftlich-technischen Bildungsverläufe der DDR-Arbeitnehmer zurückzuführen. Aus dieser Prägung ergebe sich eine pragmatische Einstellung zur Bewältigung des Umbruchs.

denbestände müssen erst zurückgefordert werden, die Zuständigkeiten zwischen den föderativen Ebenen Bund (Treuhand), Land und Kommune sind ungeklärt. Die Beschäftigten des Liegenschaftsamtes kommen aus verschiedenen Verwaltungseinrichtungen, nicht nur der ehemaligen Stadtverwaltung, sondern auch dem ehemaligen Rat des Bezirkes. Sie bilden mit ihren verschiedenen persönlichen Biographien das neue Amt.

Das Pausenamt

> Wladimir: Also? Gehen wir?
> Estragon: Gehen wir!
> Sie gehen nicht von der Stelle
> Samuel Beckett

Der Flur des Liegenschaftsamtes: Linoleumboden, ein paar Aktenschränke aus Blech, ein verlorener Stuhl vor der farblosen Wand, eine geschlossene Tür hinter der nächsten. Kein Bild, kein Laut, kein Leben. Das einzige menschliche Zeichen ist der Kaffeeduft, der vom Ende des Ganges her zu ahnen ist. Was und wer sich hinter den geschlossenen Türen verbirgt, das erschließt sich mir vor allem durch die ›Kaffeepause‹.

Die Pausengruppe wird von zwei Sekretärinnen, der stellvertretenden Amtsleiterin und fünf Sachbearbeiterinnen gestellt (der Amtsleiter trinkt den ganzen Tag über Kaffee und hat keinen Anschluß an die Pausengruppe). An meinem zweiten Tag nehme ich zum ersten Mal an dieser Kaffeerunde teil. Ich halte mich – da ich nach der Beobachtung einer Besprechung noch mit Aufzeichnungen beschäftigt bin – in dem nüchternen, unbewohnt wirkenden Zimmer des Amtsleiters (der im Urlaub ist) auf. Die Mitarbeiterinnen trudeln ein, um ihre Morgenpause zu machen. Ebenso wortkarg, wie am Vortag meine ›Zimmerkolleginnen‹ mit ihrer Tasse und Stulle (nein, thüringisch: ›Fettbemme‹) in diesen Raum verschwunden waren, als ich von der Toilette zu meinem Schreibtisch zurückkehrte, wird meine Präsenz an diesem Tag akzeptiert (»Wollen Sie auch ›nen Kaffee? – Da draußen im Schrank, linke Tür, finden Sie Kaffeetassen«). Die Sekretärin führt Strichliste über die Anwesenheit – für die Kaffeekasse.

Die ganze Veranstaltung mutet seltsam unverbindlich an: Statt gemeinsam den Tisch zu decken, bringt jede die eigene Tasse mit, abgewaschen wird ebenfalls getrennt. Es wird weder gemeinsam angefangen noch gemeinsam aufgehört, und überdies sucht sich die Gruppe ausgerechnet den unwirtlichsten Raum des Amtes aus, in dem noch nicht einmal eine von ihnen ›zu Hause‹ ist. Das Zimmer des Amtsleiters läßt sich eher als ›bestückt‹ denn als eingerichtet bezeichnen. Ein großer kalter Raum, geprägt von einer dunklen, schweren Wohnzimmerwand, die nicht wirkt, als hätte sie über eine Büromöbelbestellung Eingang ins Amt gefunden, ein ebenso massiver Schreibtisch, der – schräg gestellt – ein gutes Drittel des Büros bestimmt, und ein langer unscheinbarer Sitzungstisch mit Stühlen drumherum. In diesen Raum sind die Telefonleitungen des Vorzimmers durchstellbar, eine Gegebenheit, die, wie deutlich werden wird, von großer Bedeutung für die Kaffeepause ist.

Ich habe mich bisher erst mit drei der Angestellten unterhalten. Trotzdem kommen aus der Runde jetzt keine Nachfragen, was ich denn überhaupt im Amt zu tun habe, wer ich sei und woher ich käme. Ich werde während der Gespräche nicht mit einbezogen: über das neue Angebot des Quelle-Katalogs, das gerade beendete Telefongespräch, die neue Sofagarnitur einer Mitarbeiterin, den Schulanfang der Kinder, den Besuch bei den Schwiegereltern, die auf das Land gezogen sind und ihre Schwierigkeiten damit haben, die neue Waschmaschine über den Sandweg angeliefert zu bekommen. Zu den meisten Themen könnte ich ohnehin nichts sagen. Aber auch im Blickkontakt werde ich gemieden. Mein Lächeln geht ins Leere. Ich ziehe mich auf meinem Stuhl weiter zurück, versuche mich zu entspannen. Was will ich hier bloß?

Frau Steiner, die stellvertretende Amtsleiterin, erzählt von der Sitzung am Vortag. »*Ach, die war gestern! Deswegen! Auf der Treppe hab ich nämlich den Kulturamtsleiter und zwei andere getroffen. Da hab ich noch gedacht, was die hier wohl so spät wollen! Wer waren die anderen, die kenn ich nicht? So'n Großer, jung, kurzes schwarzes Haar..? Herr Rann? So sieht der aus?! Hab ich mir ja viel älter vorgestellt. Und der soll so unmöglich sein*«?

Nacheinander werden die einzelnen Personen gemeinsam durchgegangen, es wird zusammengetragen, wer wie ist, wer was von wem gehört hat... In diesem Sinne ist auch der Amtsleiter Klatschobjekt:

Er sei auch über fachfremde Kontakte auf seinen Stuhl gekommen,

den er jetzt motivations- und kompetenzlos besetze. Er sei faul.
»Nimmt er mich vor der Sitzung beiseite und sagt: Frau Steiner, um viertel vor sechs muß ich gehen, Sie machen das hier doch zu Ende, nicht wahr? Lädt sich die ganzen Leute ein und will mich mit denen sitzen lassen.«
Die Sekretärin ergänzt: »Der ist jetzt bei jeder Sitzung früher gegangen.«
Frau Steiner feixt, daß die Sitzung ja schon um fünf zu Ende war, und daß Herr Arndt sich ganz umsonst im vorhinein entschuldigt habe!
Als nächstes Thema – gut anschlußfähig – steht die wegen Krankheit nicht anwesende Kollegin auf der Tagesordnung:
Sie sei total überfordert mit ihrer Arbeit. Nicht nur im Amt, auch außerhalb häuften sich die Beschwerden über sie. Und Ordnung in ihre Akten bekomme die auch nicht. Sowas von dreckig, da habe sich selbst der Chef geekelt.(Und das habe viel zu bedeuten, denn erstens sei er natürlich selber unordentlich, und zweitens bildeten die zwei, nach Aussage der Gruppe, ein Gespann: Die abwesende Kollegin sei nämlich, so erfahre ich aus Einzelgesprächen, die speziell präferierte ›Zuarbeiterin‹ für den Chef, weil sie bei ›krummen Kaufverträgen‹ mitmache). »Letztens hab ich, als ich geguckt habe, ob der Kaufvertrag Turmstr. bei ihr liegt, eine schimmelige Gabel zwischen den Akten gefunden.«
Das Gesprächsthema endet damit, daß sich die Kolleginnen untereinander bestätigen, die Krankheitsvertretung nicht automatisch mit zu übernehmen und auch die an sie herangetragenen Beschwerden über Frau Meier nicht an den Amtsleiter weiterzugeben:
»Sollen die Leute sich doch beim Chef offiziell beschweren. Soll er ihr das doch selber sagen.«
Das Kaffeetrinken im Liegenschaftsamt in G.dorf wirkt auf den ersten Blick wie eine Pause von der Arbeit. Und es liegt nahe, die dominante Kommunikationsform in der Pause als Klatsch zu bezeichnen. In Abwesenheit der jeweiligen ›Klatschobjekte‹ wird eine Vergemeinschaftungsfunktion für die anwesende Gruppe erzeugt (Bergmann 1987). Auf den zweiten Blick jedoch geht die Funktion der Kaffeepause des Liegenschaftsamtes weit darüber hinaus. Sie ist nicht nur Klatschgelegenheit und ›Reden über Verwaltung‹, sie entfaltet ihre Wirkung auch als Informationsforum, wo die individuellen Arbeitsformen eine Bühne finden und miteinander konfrontiert werden.

Trotz des Gefühls, geschnitten zu werden, fühle ich mich wie bei einer Eingangsprüfung. So unangenehm diese Atmosphäre für mich ist, so interessant ist die Situation: Telefonate für das Amt kommen in diesem Zimmer an und werden von den jeweils verlangten Mitarbeiterinnen – am Schreibtisch stehend – geführt. Die Kolleginnen hören – während sie sich an einem oder mehreren Gesprächen gleichzeitig beteiligen – mit einem Ohr zu und nutzen die zufällige Gelegenheit zu erfahren, woran die Telefonierende gerade arbeitet.
Ein Telefonanruf für Frau Steiner während der Kaffeepause läßt ihre Kollegin aufhorchen. Mit wem sie gerade telefoniert habe? Und ob das der Mann sei, der schon zweimal bei ihr in der Sprechstunde war? Na und ob er das angebotene Grundstück endlich gekauft habe? Frau Steiner bejaht. Da schaltet Frau Schier sich ins Gespräch ein: Habe sie gerade richtig gehört? Das Haus würde verkauft? Aber sie habe doch gestern gerade den Mietvertrag dafür bearbeitet und abgeschlossen!

Die Formen des Informationsaustausches in der Kaffeepause sind unsystematisch und kommen zu spät, um die Arbeit aufeinander abzustimmen. Klassische Organisationsforschungen thematisieren Pausen als ›informales Handeln‹, welches formale Strukturen ergänzt (Treutner 1992). Wissenssoziologische Ansätze nutzen sie als Rahmen, in dem Organisationsordnungen auf dem Silbertablett präsentiert werden (Rosen 1992): in einem anderen Kontext als dem der Arbeit werden symbolische Ordnungen explizit demonstriert oder auch explizit außer Kraft gesetzt. Ich hingegen nehme die Kaffeepause im folgenden als Knotenpunkt und Veranschaulichung des Transformationsprozesses im ›Laboratorium Amt‹ in den Blick. Die Kaffeepause entfaltet ihre Wirkung als provisorische Herstellung und Aufrechterhaltung eines Amtes, als einziger Bündelungspunkt individualistischer Arbeitsformen, deren Gestalt nicht als gemeinsame Praxis darstellbar ist.

Privatämter

Ich frage mich, ob wir nicht besser allein geblieben wären,
jeder für sich. (...)
Das ist nicht sicher.
Nichts ist sicher.
Wir können noch auseinander gehen, wenn du meinst,
daß es besser wäre.
Jetzt lohnt es sich nicht mehr.
Nein, jetzt lohnt es sich nicht mehr.
Also, wir gehen?
Gehen wir!
Sie gehen nicht von der Stelle.

Liegenschaftsakten, wie sie die westliche Gesetzgebung fordert, gibt es, wie gesagt nicht, sie müssen erst geschaffen werden. Dadurch, daß 40 Jahre lang Boden nicht als Eigentum dokumentiert und bürokratisch mobilisiert wurde, ist er heute im wahrsten Sinne des Wortes eine ›Immobilie‹. Erst mit der Einführung von Kriterien westlicher Verwaltungspraxis entsteht der bürokratische Zugriff auf Boden von neuem. Der Gegenstand der Arbeit muß hergestellt werden, bevor er bearbeitet werden kann. Dies geschieht im Liegenschaftsamt nicht in einheitlicher Weise. Wie ein privates Wohnzimmer werden mir manche Büros präsentiert. Die Akten sind nur von der bearbeitenden Person erschließbar. Sie stellen kein Kollektivgut, sondern einen privaten Wissensposten dar. Die Selbständigkeit, die dadurch geschaffen wird, verläßt sich nicht auf offizielle Strukturen, sondern auf persönliche Vertrautheiten.

Frau Lahn hat ihr Büro erst vor einem 3/4 Jahr übernommen. Indem sie die Regale mit einer Handbewegung umreißt, sagt sie, sie habe keine Ahnung, was da stehe, weil sie die Ordnungsprinzipien ihrer Vorgänger nicht durchschaue. Es ist Sprechstunde. Ein Investor kommt zu Besuch. Beide begrüßen sich herzlich und beginnen eine Fachsimpelei über die Entwicklungsaussichten des neuen Gewerbegebietes in G.dorf. Der Herr hat sich dort um ein Grundstück bemüht, dessen gestiegener Kaufpreis nun von beiden gemeinsam rekonstruiert wird. Frau Lahn bekräftigt anhand der Zahl der Bewerber noch einmal, wie attraktiv das Grundstück sei, und daß sie es nicht mehr lange ›freihalten‹ könne. Daraufhin unterbreitet ihr der Besucher, daß seine Firma sich über das Ent-

gegenkommen der Stadt sehr gefreut habe, ihnen zwei Grundstücke anzubieten, und man habe sich jetzt für das andere und gegen dieses entschieden. Frau Lahn ist verblüfft. Sie weiß nichts von einem weiteren Angebot, was sie vor ihrem Besuch auch nicht verbirgt. In freundschaftlichem Ton klärt der Besucher sie auf, worum es sich dabei handelt. Beide sind peinlich berührt. Während der Besucher zu beschwichtigen sucht, auf seinen beschränkten Einfluß, dieselben Spielchen in der eigenen Branche verweist, legt Frau Lahn dem Besucher immer neue Begründungen für die Situation vor: Das sei ein internes Problem der Abstimmung, das habe man im Haus zu klären. Der Herr könne ja nichts dafür, aber für sie sei das schwer verdaulich. Die Konsequenz, etwas durchzuziehen, fehle in diesem Amt eben. Sie sei in erster Linie da, um ihre Arbeit zu bewältigen, aber wenn zwei Angebote unabhängig voneinander aus einem Amt kämen, da wisse ja kein Investor, woran er wäre. Wie die Verquickung gelaufen sei, sei ihr unklar, man wisse eben nicht, was im Nebenzimmer passiere. Und sie tue alles, um sich das nicht selber zuzuschreiben. Und es tue ihr leid. Und es sei frustrierend. Und sie könne verstehen, wenn er das andere Grundstück nähme.

Die einzelnen Büros werden zu Privatämtern, die zwar nebeneinander gelegen, aber nicht untereinander verknüpft sind. Aber nicht nur innerhalb dieser Räume, auch außerhalb des Amtes üben die Mitarbeiterinnen des Liegenschaftsamtes vor allem ein persönliches Amt aus:

Ich begleite die stellvertretende Amtsleiterin zur wöchentlichen Koordinationssitzung mit einigen Fachämtern. Einleitend in der Sitzung und bei den diversen Vorgängen, fällt immer wieder diskret aber deutlich die Rüge der schlechten Zuarbeit des Liegenschaftsamtes. Schließlich kommt auch die direkte Frage: »Frau Steiner, an Ihnen liegt es doch wohl nicht. An Herrn Tausend auch nicht, ist es Herr Arndt«? » Naja, der fragt nichts, glaubt alles, klärt nichts. Ich trau mich ja kaum noch hierher«, ist Frau Steiners öffentliches Bekenntnis vor den 13 Kolleginnen.

Die Arbeit jeder Einzelnen sucht sich wechselnde Verbindlichkeiten jenseits der Amtszusammenhänge. Privatämter entstehen gegenüber Außenstehenden am Telefon (»Glauben Sie mir, hier läuft gar nichts!«), in amtsübergreifenden Sitzungen als disqualifizierende Bemerkungen über einzelne Mitarbeiterinnen des Amtes (»Sie kennen doch unseren Herrn Arndt! Muß ich da noch mehr sagen?«), und inneramtlich in Zweiergesprächen im Büro. Indem die korrekt arbeitenden Mitarbeiterinnen die Unzuverlässigkeit der anderen beteuern, verstärken sie ihre persönliche Vertrauenswürdigkeit.

Mit Frau Schier zusammen fahre ich zu einer ehemaligen Augenklinik, wo zwei Kolleginnen des Liegenschaftsamtes bereits vor 1¹/₂ Jahren den Klinikbetrieb beim Auszug ›abgenommen‹ haben. Zu einer Abnahme gehört, sich der ordnungsgemäßen Räumung zu vergewissern und das Gebäude zu sichern. Nach der langen Zeit des Leerstandes wird das Gebäude nun an den Alteigentümer ›übergeben‹. Zu diesem Zweck gibt es einen gemeinsamen Ortstermin mit dem Amt für Vermögensfragen. Vor unserer Abfahrt erzählen in der Kaffeepause die zwei Kolleginnen, die die Abnahme damals vorgenommen haben, eine Abenteuergeschichte über ihre Erinnerungen an den damaligen Zustand des Hauses. Als Frau Schier und ich mit den Vertretern des anderen Amtes die alte Villa betreten, ist die Tür nicht verschlossen, Wasser, Strom und Telefon nicht abgestellt. Offensichtlich gab es in der Zwischenzeit auch heimliche Untermieter. Ein altes Röntgengerät und allerlei medizinischer Müll befinden sich noch in den Räumen. Frau Schier ist das vor den Kollegen des Vermögensamtes sehr peinlich. Sie distanziert sich von der unsauberen Abnahme durch die Kolleginnen. Bei unserer Rückkehr läßt sie sich gegenüber der Bürokollegin über die nicht durchgeführte Arbeit aus. Dann begibt sie sich auf die Suche nach dem Abnahmeprotokoll, einer Strom,- Wasser,- und Telefonrechnung. Nichts ist auffindbar. Lediglich nach den Protokollen fragend, wendet sie sich an die Kolleginnen. Eine rät ihr, doch in der Klinik danach zu forschen.

In den Büros wird die persönliche Arbeit so korrekt und so weit es geht ohne Einbindung in das Amt getätigt und ansonsten mit Verweis auf die gelähmten Mühlen verschoben und vertröstet. Die Kaffeepause hingegen wird zu dem Moment, wo Mißstände auf den Tisch gelangen. Bearbeitet werden sie hier im Verweis auf das, was Wolff als ›Hort bürgerlicher Tugenden‹ bezeichnet.[5]

---

[5] Diese Bezeichnung greift auf eine Formulierung zurück, mit der Wolff den Beurteilungshintergrund von Sozialarbeitern bei ihrer Arbeit umschreibt.

Die Kaffeepause als Hort bürgerlicher Tugenden

> Wir wollen unsere Zeit nicht bei unnützen Reden verlieren.
> *Pause. Ungestüm.*
> Wir wollen etwas tun, solange sich die Gelegenheit bietet! Uns braucht man nicht alle Tage. Es ist offen gesagt nicht so, als brauchte man gerade uns. Andere würden die Sache ebensogut, wenn nicht besser, machen (...) Was tun wir hier, das muß man sich fragen. Wir haben das Glück, es zu wissen. Ja, in dieser ungeheuren Verwirrung ist eines klar: wir warten darauf, daß Godot kommt.

Tugendhaft arbeiten wird zum gemeinsamen Nenner, unter dem in der Kaffeepause die Privatämter in Übereinstimmung gebracht werden. Hier wird im Kontext der jeweiligen Geschichte das Rechtmäßige und Unrechtmäßige, das Gute und Böse, das Faule und Fleißige postuliert und klar voneinander getrennt. Die eigenen Bemühungen sind das Gute, die äußeren Umstände das Böse, die eigene Einstellung die ›richtige‹, die anderen die ›Faulen‹, die eigene Arbeit der Tropfen auf den heißen Stein. So findet die Privatamtsarbeit von Frau Lahn, die im vorigen Abschnitt dargestellt wurde, ihren Niederschlag folgendermaßen:

Lief wieder prima gestern: Es gibt doch nichts Schöneres, als von Bürgern so richtig vorgeführt zu werden! Gestern war der Behr bei mir. Der für diesen Wessi mit der Fensterproduktion arbeitet. Endlich mal ›nen gutaussehenden‹ Mann im Amt ((Zwischenkommentare der anderen)). Und wir sind so am Plauschen über die Kaufbedingungen für das Grundstück Risaer Straße. ›Da brauch ich schließlich ne definitive Antwort‹, sag ich Herrn Behr. ›Das Grundstück kann ich nicht sehr viel länger für Sie freihalten.‹ Und ich sach noch, ›ist ein gutes Grundstück, von der Lage, den Verkehrsverbindungen und so‹. Da gab es auch hundert Bewerber drauf. Nur ziehen bei den meisten die Banken nicht mit. Meint der Behr, sein Chef habe sich das überlegt, wegen des hohen Quadratmeterpreises und so.. da würde er doch lieber das ANDERE Angebot im Gewerbegebiet annehmen. Wo die jetzt doch in Gang kämen mit dem Bauen.
Mir klingelts in den Ohren. Das andere Angebot! Davon wußt ich

wieder nichts. War das NETT! Erfahr ich von Herrn Behr, wie zuvorkommend unsere Frau Meier im Zimmer nebenan arbeitet. Die war so freundlich, parallele Kaufverhandlungen zu führen. Da soll noch einer sagen, wir wären nicht fleißig. War die reinste Freude, so vor Herrn Behr dazustehen und mir von ihm erklären lassen zu müssen, wer hier im Amt ihm unabhängig von mir noch alles Angebote macht. Aber ich reg mich nicht mehr auf darüber. Lohnt sich doch gar nicht. Soll's mir doch egal sein. Ich mach hier meine Arbeit und sonst nischt.[6]

Die Kaffeepausengeschichten handeln von mißlingenden und peinlichen Amtsverläufen. Verpackt in ironische, sarkastische und zynische Wendungen führen sie immer zu der einen Moral: »Trau keinem«. »Verlaß dich nur auf dich allein«. »Es hilft nichts, da mußt du durch«. Es sind Defizitgeschichten, die dann erzählt werden, wenn das Objekt des Verweises (sei es eine Person, ein Hilfsmittel, eine Verordnung) nicht verfügbar ist. Die Defizitgeschichten stellen dar, daß jegliche ordnende Gewißheit im Amt fehlt.

Die Mitarbeiterinnen finden in der Kaffeepause eine Form, mit den Mißständen der Amtes umzugehen. Bis zu zwei Stunden am Tag (die Mittagspause, die für Einkäufe oder Einzelaktivitäten genutzt wird, nicht eingerechnet) bringen sie damit zu, sich anhand von unsystematischen und zufallsbedingten Anlässen gegenseitig zu informieren und ob der schlechten Bedingungen im Amt zu vergewissern. Die Gemengelage von ungeklärten rechtlichen und technischen Grundvoraussetzungen wird durch die nicht existierende Führung und Anleitung im Amt potenziert. Die formale inneramtliche Hierarchie- und Kompetenzordnung läßt sich im Amt kaum wiederfinden: Der Amtsleiter verteilt weder die Aufträge entsprechend der offiziellen Arbeitsplatzbeschreibungen, noch läßt er die Mitarbeiterinnen wissen, woran ihre Kolleginnen arbeiten. Gemeinsame Arbeitsbesprechungen finden zweimal jährlich statt. Die Antwort auf diesen Zustand ist eben die Kaffeepause: Urlaubsvertretungen und die Koordination von Terminen, Erzählungen über die Erlebnisse der letzten Tage, Telefonanrufe,

---

6 Die Ironie macht sich an Wortkombinationen in Verbindung mit außertextlichen Komponenten wie Tonfall, Satzmelodie, Mimik etc. fest. Es ist bedauerlich, daß ich ironische Codes hier nur stark reduziert darstellen kann. Ideal wäre es, zumindest ein Daumenkino von Gesichtsausdrücken zur Veranschaulichung mit beizulegen.

Anliegen von BürgerInnen oder Kolleginnen, sie alle werden am Kaffeetisch und in der offenen Tür zum Flur bearbeitet.
Ein Mann erscheint im Vorraum zum Pausenzimmer. Frau Schier steht auf, geht zur geöffneten Tür und fragt den Besucher, was er denn wolle. Die Tür schließt sie nicht hinter sich, sowohl die Gruppe wie auch der Mann haben die Möglichkeit zu beobachten, was im jeweils anderen Raum vor sich geht. Er wolle nach zwei Grundstücken fragen, ob die sich in städtischer Hand befänden? Laut überlegt Frau Schier, indem sie die Straßennamen wiederholt. Ja, das eine würde beim Vermögensamt bearbeitet, da müsse er sich an dieses wenden. Und das andere? Eine Kollegin springt ein. Welches Grundstück? Mit Rückgriff auf ihr Gedächtnis kommen die Kolleginnen zu keiner Antwort. Nun beginnt das Aktensuchspiel: Im Blechschrank im Flur findet die Sekretärin die Akte nicht. Frau Schier schaut bei sich im Zimmer nach. Dort ist die Akte auch nicht. Der Mann wird gebeten, doch nächste Woche noch einmal nachzufragen. »Da müssen wir wieder bei der Wirtschaftsförderung betteln gehen«, klagt Frau Steiner.
Das Wirtschaftsdezernat hat einen Computer mit der Auflistung der Flurstücke. Im Liegenschaftsamt wird diese Technik heiß ersehnt und mit vielen Erwartungen verbunden: Ähnlich dem Amtsleiter wird dem Computer zugeschrieben, daß er Ordnung, Zuverlässigkeit und Kontrolle ins Amt bringen soll. Das so bezeichnete »Betteln gehen« ist eine der schlimmsten diesbezüglichen Zumutungen für die Beschäftigten. Es bedeutet, sich der Gefahr auszusetzen, von anderen Ämtern und Behörden abgewiesen oder hingehalten zu werden, falsche, veraltete, nicht relevante Informationen zu bekommen. Jede einzelne Mitarbeiterin versucht, diesem Schreckensbild zu entgehen, indem die Kontakte zu alten Bekannten, die andere Stellen in der Stadtverwaltung bekleiden, gepflegt werden. Feste persönliche Vertrauenspartner sind die Basis für Privatämter, deren die Mitarbeiter walten. Was aber in der Privatamtsarbeit als Fleiß- und Knochenarbeit gewertet wird, wird in der Kaffeepause zur Mystifizierung. Formulierungen wie »angeblich sind das alte Bekannte«, »es soll schon Gespräche gegeben haben«, »man sagt, der sei anderswo nicht gewollt«, »ich weiß *nichts*, ich erzähle nur, was ich gehört habe«, bestimmen die Informationsweitergabe. Sie sind keine diskrete Ergänzung des formalen Informationsnetzes, vielmehr ersetzen sie dieses.
Es soll ein Vorstellungsgespräch im Amt stattfinden. Vom Personal-

amt wird mitgeteilt, daß ich dabei nicht anwesend sein dürfe. Diese Nachricht wird in der Pausengruppe kommentiert, indem die Herkunft der Leiterin angeführt wird. Die Frau habe keine Ahnung von ihrem Fach. Man sagt, sie sei die eine von den zwei persönlichen Freunden, die der Bürgermeister aus seinem Heimatort ›mitgebracht‹ habe. Und beide hat er auf entscheidende Stellen gesetzt. Also was die schon verbockt habe, sei unglaublich!

Dem erneuten Drängen einer Mitarbeiterin auf das städtische Unterschriftsrecht für den Verkauf von Grundstücken begegnet ihre Vorgesetzte mit der Aussage: »Angeblich hat der Dezernent was dagegen. Ich bin nicht einmal sicher, ob er gefragt worden ist«. So plötzlich, wie das Gespräch aufkommt, ist es auch wieder vom Tisch.
Auftretende Ereignisse werden im Lichte mysteriöser Seilschaften wahrgenommen und interpretiert.
»Wozu reiben wir uns überhaupt noch auf«?
»Na, weil wir's sonst ausbaden müssen! Auf wen fällt die ganze Kungelei denn zurück? Doch auf uns! Die Politiker gehen doch wieder«.
»Die ›Großen‹, die leisten sich was, die kümmert's ja nicht. Heut ist der da und morgen der nächste. Aber dann steht meine Unterschrift da, und die sind weg.«
Ohne ausreichende Rechtsgrundlage (schließlich ist die Rückführung von Boden aus Volks- in Privateigentum auch für das westliche Recht ein unbekannter Sonderfall), ohne Aktenfundus, ohne geklärte Kompetenzzuteilung, ohne Führungspersönlichkeit und ohne qualifiziertes Personal wird die Kaffeepause zu dem Ort, an dem sich die Ordnung des Amtes widerspiegelt: Nicht vom Publikumsverkehr abgeschirmt, sondern vielmehr im Hinblick auf Öffentlichkeit ausgelegt, avanciert die Kaffeepause zu einer Institution. Hier bündelt sich Unmut, ungerichtete Information, Öffentlichkeit des Amtes und amtsinterne Kommunikation.
Die bürgerlichen Tugenden[7], die als Verweisfolie verhandelt wer-

---

7 Ähnlich einem moralischen Teppich (Peters 1994: 35 ff.) ist Bürgerlichkeit hier in der amerikanischen Denktradition definiert: Bürgerlichkeit und bürgerliches Leben sind materielles Substrat eines ständigen Vermittlungs- und Interaktionsprozesses zwischen Individuum und Gesellschaft (Jaeger 1994: 8).

den, sind Tapferkeit, Fleiß, Sauberkeit und Integrität. An ihnen macht sich ein gemeinsames Amtlichkeitsverständnis fest. Mit bürgerlichen Tugenden werden permanent fiktive Vorwürfe widerlegt, die an die Arbeit der anwesenden Angestellten gerichtet werden *könnten*. Sie setzen sich ab von der unrechtmäßigen Arbeit in den höheren Chargen der Verwaltung: den alten Seilschaften und den ›Wessis‹. Der Maßstab, den die Kaffeepause entwickelt, ist einer, der der Situation verhaftet bleibt. Er ließe sich nicht in schriftlichen Paragraphen fixieren. Das, was in einem Bericht als löbliches Privatamt hervorgehoben wird, ist im anderen Kontext eine zu verachtende Seilschaft.

Als Institution übernimmt die Kaffeepause keine weitreichenden Ordnungsfunktionen. Sie findet ihre Einschränkung und Unverbindlichkeit in der Existenz der Privatämter. Sie bleibt einer Informalität verhaftet, die daraus entsteht, daß die MitarbeiterInnen Wissen und Wahrnehmung als individuelle (nicht gruppenspezifische) Posten behandeln. Unter vier, manchmal auch unter sechs Augen erzählen mir die einzelnen Mitarbeiterinnen von ihren fehlgeschlagenen Anstrengungen, sich der Kaffeepause zu entziehen.

Drei Jahre lang besteht das Kaffeepausen-Amt, bevor es aufgelöst und in andere Ämter integriert wird. Die Arbeit wird auch in dieser Zeit bewältigt: Als Leistungsvernetzung zwischen Einzelpersonen und unter Mithilfe anderer Fachämter. Eben diesen Fachämtern werden nach drei Jahren die Inhalte des Liegenschaftsamtes zugeschlagen.

Transformation als Warte-Arbeit

> Warten wir ab, bis wir genau Bescheid wissen. (...)
> Worum haben wir ihn eigentlich gebeten? (...)
> Nu ja ... Eigentlich nichts Bestimmtes.
> Eine Art Gesuch.
> Ganz recht.
> Eine vage Bitte.
> Wenn du willst.
> Und was hat er geantwortet?
> Er würde mal sehen.
> Er könne nichts versprechen.
> Er müsse überlegen.
> Mit klarem Kopf.
> Seine Familie um Rat fragen.
> Seine Freunde.
> Seine Agenten.
> Seine Korrespondenten.
> Seine Register.
> Sein Bankkonto.
> Bevor er sich äußern könne.
> Das ist klar.
> Nicht wahr?
> Es scheint mir so.
> Mir auch.

Transformation wurde für den skizzierten Fall nicht, wie in Meinungsforschungen und Forschungen zum Wertewandel, als kultureller Vergleich zwischen Ost- und Westdeutschland thematisiert, sondern als kulturelle Handhabung institutioneller Umbrüche. Im Falle des Liegenschaftsamtes stellt sich diese Handhabung folgendermaßen dar: Wo personelle, materielle und kulturelle Kapazitäten fehlen, wird das Amt, das vor allem Liegenschaften bearbeitet, zum Amt, das fast ausschließlich die Bearbeitungsmöglichkeiten bearbeitet. Dies geschieht, indem die ›Verwaltbarmachung‹ von Liegenschaften an Hierarchien, gemeinsame Ordnungsschemata und Gesetzlichkeiten verwiesen wird. Das Warten und Verweisen auf Abwesendes wird zur Hauptaktivität des Amtes. Die Orte und Zeiten der Transformationsarbeit sind andere, als in den Plänen vorgesehen: viel mehr als das Büro wird der Pausenraum zum Arbeitsplatz, viel mehr als die Zeit am eigenen Schreibtisch wird die Zeit ›vor der Kaffeetasse‹ zur Arbeitszeit.

Die institutionellen Gemeinsamkeiten, die sich aus der Umbruchsituation entwickeln, sind ein geteilter Kanon an Tugenden. Fleiß, Sauberkeit und Integrität werden zu Garanten der Arbeit, wo materielle, personelle und organisatorische Stützen fehlen.
Wartearbeit, wie sie am Falle des Liegenschaftsamtes beschrieben ist, ist sicher nur eine Seite der Medaille: Während sich Transformation hier mit ›Ausharren‹ gleichsetzen läßt, stellt es sich in anderen Teileinheiten der Kommunalverwaltung als rasanter Wandel dar. Diese Beschreibung hat nicht die Intention, eine spezifische Verwaltungskultur vor ihrem Ableben museal aufzubereiten. Während Reformpläne ihre Begründung auf dem einmaligen historischen Stellenwert aufbauen, der ihrer Etablierung und Begleitung zugrunde liegt, beansprucht die ethnographische Skizze systematische Bedeutung. Denn die deutsche Vereinigung, wie sie in der Einleitung als Gegenstand von Reforminteressen beschrieben ist, findet ihre Parallelen in der derzeitigen Reformwelle, die die öffentliche Verwaltung in Deutschland inzwischen eingeholt hat: Ähnlich der Transformation, wie sie als historischer Umbruch von der Plan-zur Marktwirtschaft formuliert ist, werden fünf Jahre später in den deutschen Kommunen Defizitlisten erstellt, in denen die gleichen Zuschreibungsmuster Verwendung finden, um eine *betriebswirtschaftliche* Reform der Städte zu begründen: So wird in ›Wendezeiten‹ die Kultur der Verwaltung auch in den alten Bundesländern als veraltet und ideologisch überkommen einer modernen Organisationskultur gegenübergestellt.
Materielle Kapazitäten: Der öffentlichen Verwaltung fehlen die Grundlagen, ihre Leistungen mittels Kostenrechnung da erheben zu können, wo sie anfallen. Dies ist aber notwendig, um effizient und politisch steuerbar verwalten zu können.
Personelle Kapazitäten: Das Personal der öffentlichen Verwaltung ist auf der Grundlage beamtenrechtlicher Arbeitsverträge und tarifrechtlicher Beförderungszeiträume nicht flexibel genug und keinen leistungsbezogenen Anreizsystemen ausgesetzt. Eine effiziente Verwaltung ist aber gerade darauf angewiesen.
Kulturelle Kapazitäten: In den ›gerechneten‹ Städten wird Personal benötigt, das betriebswirtschaftlich denken kann. Diese Qualifikationen sind in der juristischen Verwaltungslehre zu wenig ausgeprägt. Statt Beamter werden Dienstleister benötigt, statt Bürgern gibt es heute Kunden. Das habitualisierte Selbstverständ-

nis der Mitarbeiterinnen wird im Bezug darauf als ideologisch überkommen bezeichnet.

Die Gegenüberstellung beider institutioneller Umbrüche macht deutlich, daß das Planen und Initiieren von Reformen den spezifischen Kontext zum Instrument macht: Es macht die gewachsene Praxis begründungsbedürftig und ein neues Modell zum Leitbild.

Demgegenüber zeigen ethnographische Verwaltungsarbeiten Muster auf, die den Umgang mit institutionellen Umbrüchen verständlich machen. Transformation zeigt sich hier in Gestalt von Ausharren und Wartearbeit. Solche Beschreibungsmuster finden sich in den offiziellen Zeit- und Organisationsplänen von Reformen natürlich nicht wieder. Um aber die Plantätigkeiten nicht ins Leere laufen zu lassen, ist es wichtig, einen Blick für das Gegenwärtige, das Naheliegende zu entwickeln. Nur so können die Bahnen, die eine Reform sich bricht, soziologisch mitvollzogen werden.

Literatur

Bergmann, Jörg (1987), *Klatsch. Zur Sozialform der diskreten Indiskretion*, Berlin – New York: de Gruyter.

Beckett, Samuel (1960), *Warten auf Godot*, Frankfurt/Main: Suhrkamp.

Bernet, Wolfgang und H. Lechler, (1990), *Die DDR-Verwaltung im Umbau*. Schriften des WIÖD 11, Regensburg: Walhalla und Praetorius.

Bernet, Wolfgang (1991), *Verwaltungen im Übergang: vom zentralen Verwaltungsstaat in die dezentrale Demokratie. Ein Cappenberger Gespräch*, Stuttgart: Kohlhammer.

Gensicke, Thomas (1995), »Pragmatisch und optimistisch: Über die Bewältigung des Umbruchs in den neuen Bundesländern«, in: H. Bertram (Hg.), *Ostdeutschland im Wandel: Lebensverhältnisse – politische Einstellungen*, KPSW Bd. 7, Opladen: Leske+Budrich

Giesen, Bernd und Claus Leggewie (Hg.) (1991), *Experiment Vereinigung. Ein sozialer Großversuch,* Berlin: Rotbuch.

Jaeger, Friedrich (1994), »Bürgerlichkeit: Deutsche und amerikanische Philosophien einer Lebensform«, in: Klaus Tenfelde und Hans-Ulrich Wehler (Hg.), *Wege zur Geschichte des Bürgertums,* Göttingen: Vandenhoek und Ruprecht.

König, Klaus (1991a), *Zur Transformation einer real-sozialistischen in eine klassisch-europäische Verwaltung*, Speyerer Forschungsberichte Nr. 99.

König, Klaus (1991b), »Zum Verwaltungssystem der DDR«, in Klaus König (Hg.), *Verwaltungsstrukturen in der DDR*, Baden-Baden: Nomos.

Marsden, David (1994), »Indigenous Management and the Management of Indigenous knowledge«, in: Susan Wright (Hg.), *Anthropology of Organizations*, New York: Routledge.

Marz, Lutz (1992), »Dispositionskosten des Transformationsprozesses. Werden mentale Orientierungsnöte zum wirtschaftlichen Problem?« In: *Aus Politik und Zeitgeschichte* Band 24.

Meyer, Hansgünther (Hg.) (1992), *Soziologen-Tag Leipzig 1991. Soziologie in Deutschland und die Transformation großer gesellschaftlicher Systeme*, Berlin: Akademie-Verlag.

Noelle-Neumann, Elisabeth (1993), *Zum Solidarpakt fehlt das Nationalgefühl – Passen sich die Westdeutschen den Ostdeutschen an?* Dokumentation eines Beitrages in der FAZ Nr.115, Allensbach: Verlag für Demoskopie.

Peters, Katharina (1994), *Amtlich geprüft. Ethnographische Studien zum bürokratischen Alltag*, Diplomarbeit an der Fakultät für Soziologie, Universität Bielefeld.

Pollack, Detlef (1993), »Wertwandel und religiöser Wandel in Ostdeutschland«, in: *Berliner Debatte INITIAL* Nr. 4

Rosen, Michael (1992), »Breakfast at Spiro's: Dramaturgy and Dominance«, in: Peter J. Frost, u. a. (Hg.), *Reframing Organizational Culture*, London–New Delhi: Sage.

Scheytt, Oliver (1992), »Reorganisation der kommunalen Selbstverwaltung«, in Christof Rühl (Hg.), *Probleme der Einheit*, Bd.5, Marburg: Metropolis.

Scheytt, Oliver (1993), »Kommunalpolitik«, in: Werner Weidenfeld und Karl-Rudolf Korte (Hg.), *Handbuch zur deutschen Einheit*, Bonn: Bundeszentrale für politische Bildung.

Treutner, Eckhard (1992), »Ausprägungen und Grenzen informalen Verwaltungshandelns«, in: Arthur Benz und Wolfgang Seibel (Hg.), *Zwischen Cooperation und Korruption*, Baden-Baden: Nomos.

Wolff, Stefan (1983), *Die Produktion von Fürsorglichkeit*, Bielefeld: AJZ-Verlag.

Wollmann, Helmuth (1994), »Kommunalpolitik und -verwaltung in Ostdeutschland im Umbruch und Übergang«, in: ders. und Roland Roth (Hg.), *Kommunalpolitik – Politisches Handeln in den Gemeinden*, Bonn: Bundeszentrale für politische Bildung.

Christoph Maeder
»Schwachi und schwierigi Lüüt«
Inoffizielle Insassenkategorien
im offenen Strafvollzug

Die alltägliche Ordnung im Gefängnis ist, wie in anderen Kontexten, eine ausgehandelte Ordnung (McDermott und King 1988; Fine 1984). In prominenten soziologischen Untersuchungen zum Gefängnis als einer sozialen Organisation werden die Ergebnisse solcher Aushandlungsprozesse präsentiert. Es handelt sich dabei um Beschreibungen der grundlegenden Anpassungsmodi von Insassen an die auferlegte Alltagsorganisation (Goffman 1961, 1973), zugeschriebener Verhaltenserwartungen an Häftlinge im Sinn von sozialen Rollen unter den Bedingungen absichtsvoller Deprivation (Sykes 1956, 1958), verdichtend rekonstruierter Verhaltensmuster von Gefangenen (Irwin 1970, 1980) oder anhand eines analytischen Modells formulierte Insassenkategorisierungen (Cohen und Taylor 1972).[1] Diese soziologischen Befunde verweisen darauf, daß man im Gefängnis, wie in jeder anderen Organisation auch, zunächst und vor allem wissen muß, mit wem man es zu tun hat. Dieses gemeinsame Wissen der Mitglieder einer Organisationskultur um die dazugehörigen Akteure wird in einer spezialisierten Sprache symbolisiert und indiziert das Repertoire des angemessenen und kompetenten Handelns.[2]

Anhand von Material aus einer ethnographischen Untersuchung über den offenen Strafvollzug (siehe dazu: Maeder und Brosziewski 1993; Maeder 1994, 1995) wird hier der Frage nachgegangen, welches »folk-knowledge« (Spradley 1979: 94) es dem Anstaltspersonal ermöglicht, mit den Insassen so umzugehen, daß

[1] Eine umfassende Literaturübersicht zur englischsprachigen Gefängnisforschung, aus der, von wenigen Ausnahmen abgesehen, die soziologischen Konzepte zu dieser Einrichtung stammen, gibt Ditchfield 1990. Ein kürzerer Überblick über die zentralen Erkenntnisse zum Gefängnis als einer Sozialisationsagentur findet sich bei Morgan 1994.

[2] Ausführlicher beschrieben und in das ethnographische Projekt der kognitiven Anthropologie eingebettet ist diese methodologische Ausgangsposition in: Maeder und Brosziewski 1997.

typischerweise das entsteht, was als geregelter Gefängnisalltag wahrgenommen werden kann.³ Dabei soll eine organisatorische Binnendifferenzierung von Typisierungen sichtbar gemacht werden, die das einfache Gefängnisstereotyp von *dem* Insassen durch eine subtilere Betrachtung von Rollen in diesem Organisationstyp nahelegt.

Eine erste Annäherung: Die Anstalt

Im St. Gallischen Rheintal, kurz bevor der Alpenrhein seine letzte große Geländekammer in Richtung Bodensee verläßt, liegt auf dem Boden der Gemeinde Salez-Sennwald die kantonale Strafanstalt Saxerriet. Die Einrichtung wurde in den frühen sechziger Jahren als eine sogenannte Reformanstalt für erstmalig gerichtlich verurteilte, männliche Straftäter aus dem Einzugsgebiet des Ostschweizerischen Strafvollzugskonkordats in Betrieb genommen. Auf dem insgesamt 80 Hektar weiten Anstaltsgelände finden sich keine materiellen Anzeichen, die auf ein Gefängnis verweisen. Es gibt keine umschließenden Mauern, keine Gitter, keine Uniformen, keine Waffen und auch keine Sträflingskleidung. Erst bei genauem Hinhören und Hinschauen bemerkt das aufmerksame Ohr und das wache Auge, daß hier nicht nur ein landwirtschaftlich-gewerblicher Musterbetrieb, sondern auch der »offene Strafvollzug« betrieben wird.⁴

3 Das Material, über das hier berichtet wird, stammt aus einer seit 1992 laufenden Forschungsarbeit in der kantonalen Strafvollzugsanstalt Saxerriet im Auftrag des Eidgenössischen Justiz- und Polizeidepartementes. Die Daten wurden mittels teilnehmender Beobachtung und offener Gespräche im Rahmen der Evaluation einer neuen Vollzugsform, des sogenannten »Zusatzprogramms« gewonnen. Die zunächst informell geführten Gespräche mit Insassen und Personal im Rahmen teilnehmender Beobachtung wurden mit der Zeit durch ethnographische Interviews (Spradley 1979; Werner und Schoepfle 1986) ergänzt, um die verwendeten Begrifflichkeiten systematisch als Wissenskategorien der Mitglieder dieser Organisation zu erschließen.
4 Das »offene«, mauerlose Gefängnis als Einrichung zur Unterbringung von Straftätern ist eine späte Entwicklung innerhalb des Gefängnissystems. Der Hauptgrund dafür liegt darin, daß während der Zeit, in der das Gefängnis sich als Institution herausgebildet hat, die sichere Einschließung an erster Stelle der Zielfunktion gestanden hat. Die Rehabi-

Mit der Zeit, niemand weiß genau wann und warum, wurde das Konzept der Erstmaligenanstalt aufgegeben. Heute werden praktisch nur noch Häftlinge aus geschlossenen Anstalten hierher überstellt, die dort als nicht mehr ausbruchsgefährdet gelten. Dies trifft nach Aussage der Praktiker dann zu, wenn ein Sträfling aus zwei Hafturlauben pünktlich selber in eine Anstalt zurückgekehrt ist und sich in den normalen Alltag integrieren läßt. Heute unterscheidet sich die Insassenpopulation zumindest entlang der Deliktdimension nicht mehr von denjenigen anderer, auch geschlossener Einrichtungen. Dies kommt beispielsweise darin zum Ausdruck, daß rund die Hälfte der Häftlinge wegen eines oder mehrerer Delikte gegen Leib und Leben verurteilt ist. Die durchschnittliche Strafdauer der hier einsitzenden Männer betrug 1994 etwa sechs Jahre, und der Ausländeranteil hat sich um die 30%-Marke eingependelt. Das Gefängnis mit seinen 110 Plätzen wird seit 1969 ununterbrochen von einem pädagogisch inspirierten Direktor geleitet, was sich unter anderem darin zeigt, daß es mittlerweile fünf verschiedene, untereinander gekoppelte Regimes gibt, die in der Anstalt als »Vollzugsformen« bezeichnet werden.

Das am häufigsten angewendete Regime ist der »*Normalvollzug*«, in dem die Insassen tagsüber in den betriebseigenen Werkstätten und der Landwirtschaft arbeiten. Gegen Ende ihrer Haftzeit gelangen die meisten Häftlinge in die »*Halbfreiheit*«, in der sie im »Haus Feld«, am Rand des weiten Anstaltsgeländes, ein Zimmer beziehen und sich selbständig zur Arbeit außerhalb der Anstalt begeben. Die einzigen vier Zellen der Anstalt, in denen in tradi-

---

litation von Straftätern wurde der sicheren Verwahrung prinzipiell untergeordnet (siehe dazu insbesondere: Melossi und Pavarini 1981: 47-62). Die problematischen Erfahrungen, die mit dieser sicheren Verwahrung gemacht wurden, bewogen humanistisch gesinnte Strafvollzugspraktiker immer wieder dazu, nach Alternativen zu suchen. Ab 1930 entstanden so in England, ab 1940 in den USA die ersten offenen Strafvollzugsanstalten. In ihnen steht, gemäß der Devise »You cannot train a man for freedom under conditions of captivity« (nach Jones et. al. 1977: 5) die Rehabilitation an erster Stelle. Offener und geschlossener Strafvollzug stehen jedoch immer in einem engen Austauschverhältnis miteinander. In allen Gefängnissystemen mit dieser Differenzierung werden Insassen, die sich im offenen Gefängnis nicht bewähren, in den geschlossenen Vollzug überstellt und der offene Strafvollzug gilt als eine privilegierte Behandlung.

tioneller Art und Weise eingeschlossen werden kann, gehören zu der für disziplinarische Zwecke eingerichteten »*Isolation*«. Seit 1991 gibt es außerdem ein spezielles Programm, das sich an nicht mehr voll arbeitsfähige Männer richtet: »das *Zusatzprogramm* für leistungsschwache Insassen«. In ihm werden zwischen acht und zwölf Gefangene, die morgens ebenfalls im Normalvollzug anzutreffen sind, durch speziell ausgebildetes Teilzeitpersonal in Nachmittagskursen mit gestalterischen und hauswirtschaftlichen Kursangeboten betreut. Die Hälfte des Personals in diesem Programm sind Frauen. Als schließlich letzte mögliche Vollzugsart gilt hier die selten durchgeführte und nur der Vollständigkeit halber erwähnte »*Halbgefangenschaft*«. In ihr müssen die Verurteilten nur auf dem Anstaltsgelände übernachten, gehen aber ansonsten ihrer Berufsarbeit nach und sind insbesondere am Wochenende nicht im Gefängnis.

Diese einführend skizzierte Beschreibung einer Strafvollzugsanstalt situiert diese Organisation in einem geographischen Raum, liefert eine Charakterisierung der Insassenpopulation entlang eines kriminologischen Kriteriums, verweist auf eine stattgefundene Verschiebung in der Zuweisungspraxis und gibt einige wenige Merkmale der formalen Organisation dieses offenen Strafvollzugs wieder. Es wird außerdem einsichtig, daß diese Anstalt vom üblichen Gefängniscliché insofern abweicht, als hier im Männerstrafvollzug einige wenige Frauen beschäftigt sind und die Verantwortlichen sich aktiv um eine Weiterentwicklung der Strafvollzugsformen bemühen. Für jemand, der sich in dieser Organisation als ein Insasse bewegen muß oder der dort seiner Berufsarbeit nachgeht wie das Personal, ist eine solche Beschreibung jedoch zweifellos zu grob. Diese Personen müssen engere Raster über die Anstalt legen und feinere Beschreibungen ihrer Umgebung produzieren. Sie kennen die Symbole, die die bedeutsamen Aspekte des Alltags repräsentieren. So wissen sie beispielsweise über die physischen Eigenschaften der Einrichtung genauer Bescheid, die Alltagsroutinen und auch die Abweichungen davon sind ihnen bekannt und insbesondere die auftretenden Personen werden gekannt und mit organisationstypischen Bezeichnungen benannt. Die folgenden Ausführungen beschreiben einen Auszug aus einem solchen Wissensbestand der Anstalt. Dabei wird hier absichtsvoll und im Unterschied zu den meisten bekannten Arbeiten über Gefängniseinrichtungen die Perspektive des Personals übernommen. Von ihm, genauer von seinem Wissen und den darauf gestützten Handlungen im Alltag hängt es nämlich zum größten Teil ab, ob ein Gefängnis mit seinen asymmetrischen sozialen Beziehungen zwischen Insassen und Personal in der Münze des gelebten Alltags eine Ordnung darstellt, die kaum durch physische Gewaltausübung, sondern vielmehr durch einen ›sorgfältigen‹ Umgang des Personals mit unterschiedlichsten Insassen geprägt ist.[5]

Mitgliedschaftskategorien als sozial organisierte Beschreibung

Nach Aussage des kaufmännischen Verwalters und Vizedirektors der Anstalt ist eine »Sorte von Insassen« in der Anstalt seit Jahren kontinuierlich im Zunehmen begriffen: die schwachen und schwierigen Leute. Während »der Normale« sich im Anstaltsalltag gegenüber dem Personal unauffällig verhalte und die Anstaltsroutinen nicht offen störe, bereiteten die 15% bis 20% der Insassen, die nicht mehr als »Normale« gelten könnten, vielfältige Schwierigkeiten und würden das Personal in mancherlei Hinsicht immer wieder herausfordern. Diese Zahlen, Schätzwerte, die auch von anderen Personalangehörigen bestätigt wurden, sollte man aber – so der Informant – nicht mit dem Ausmaß der Schwierigkeiten gleichsetzen. Ein einziger wirklich renitenter oder anderweitig »schwieriger« Insasse könne vorübergehend eine ganze Gruppe bei der Arbeit nachhaltig stören, oder in einer Freizeitveranstaltung von der vorgesehenen Anstaltsordnung abbringen.
Unsere Untersuchung hat für die Herstellung solcher und anderer Insassentypen insgesamt fünf Bedeutungsdimensionen ergeben.

---

[5] Die Beschreibung physischer Gewaltanwendung des Personals gegen Insassen ist insbesondere in populären Gefängnisromanen ein beliebter Topos. Beispiele dafür sind die Geschichten des »Papillon« über die Gefangenenkolonien in Französisch-Guayana (Charrière 1972) oder die Erfahrungen des Ich-Erzählers im Gefängnis von »Shawshank« in Neu-England (King 1992). Doch gerade dieser Sensationscharakter von Gewalt im Gefängnis ist ein erster Hinweis auf deren relative Seltenheit. Denn was alltäglich als normal betrachtet wird, ist in den wenigsten Fällen der Stoff, aus dem die Sensationen für Romane dieses Genres gewoben werden.

Das Personal gruppiert die unterschiedlichen Insassen entlang von Krankheit, Arbeitsfähigkeit, Drogenkonsum, Kooperation mit dem Personal und eingeschätzter Gefährlichkeit. Es ordnet sie damit zu Insassentypen mit je eigenen Merkmalsattributen und behandelt sie auch dementsprechend unterschiedlich. Die Begriffe, die dabei zur Beschreibung von Insassen verwendet werden, gehören in ein explizites, aber inoffizielles Begriffslexikon des Personals der Anstalt.

Das einfachste und aufgrund der herrschenden Arbeitsorientierung beim Personal und der Anstaltsorganisation als Gewerbebetrieb auch naheliegendste Kriterium ist die Bewertung der Arbeitsfähigkeit. Wenn jemand, aus welchem Grund auch immer, nicht so arbeiten kann oder will, wie dies die Werkmeister oder andere Angehörige des Personals gerne hätten, dann gilt er in der Anstalt als »schwach« und damit zumindest potentiell auch als »schwierig«. Die »Normalen« können, wenn sie ab und zu ihre Arbeit nicht korrekt machen, mit motivierenden Gesprächen oder Sanktionsroutinen wie Rückstufung im Taglohn, Reduktion von Urlauben und Ausgängen, Versetzung zu einer anderen Arbeit oder gar der Zuteilung zu einem anderen Regime, wieder in das ordentliche Arbeitsleben in der Anstalt integriert werden. Diese Maßnahmen greifen bei den »Schwachen und Schwierigen« nun gerade nicht. Man kann sie zwar auch disziplinieren, aber die korrektive Wirkung der Strafmaßnahmen ist in ihren Konsequenzen schlecht vorhersehbar, wenig wirkungsvoll oder wird gar, weil sich »Schwache und Schwierige« meistens auch auf eine Krankheit berufen können, als kontraproduktiv, als nicht mehr sinnvoll und als moralisch nicht mehr »machbar« eingeschätzt. Insbesondere dann, wenn ärztliche Diagnosen eine Krankheit bestätigen, fällt die Bereitschaft des Personals, zu disziplinarischen Maßnahmen zu greifen, rapide ab. Dabei ist zu beachten, daß die Arbeitsfähigkeit oder die Krankheit je für sich allein zwar wichtige, aber keine hinreichenden Kriterien für die Etikettierung sind. Wenn ein »Normaler« beispielsweise eine Grippe hat, dann gilt er noch lange nicht als »schwach«, »schwierig« oder gar beides. Er ist dann einfach vorübergehend ein »Kranker«, von dem angenommen wird, daß er wieder gesund wird. Kranke werden bis zu ihrer Gesundung auf die »Box«, d. h. in ihre Zelle geschickt. Bei einem »Schwierigen« ist dies, wie folgende Beschreibung eines konkreten Vorfalles verdeutlicht, gar nicht möglich.

Die Mittagspause geht zu Ende. Gegen 14 Uhr treffen die Teilnehmer des Zusatzprogrammes im Aufenthaltsraum des Pavillons ein. Die Betreuerin für das Nachmittagsprogramm »Ernährung« beginnt am Tisch mit zwei Insassen zu besprechen, was heute gekocht werden soll, und sie verteilt die anstehenden Arbeiten. Bruno, der sich besonders engagiert zeigt in der Auswahl des zu backenden Kuchens, erhält die Zusicherung, daß er zusammen mit der Betreuerin ins Dorf fahren darf, um die nötigen Zutaten einzukaufen. Tobias verspricht, in der Zwischenzeit das Gemüse und den Salat für das Nachtessen zu waschen. Er erhebt sich vom Tisch und beginnt mit der Vorbereitung der Rüstarbeiten. Die Betreuerin Karin stellt mit Bruno diskutierenderweise eine Einkaufsliste zusammen. Unterdessen belegen vier weitere Insassen die Polstergruppe am anderen Ende des Raumes. Drei davon rauchen und diskutieren angeregt. Der vierte liegt teilnahmslos auf einer Bank der Polstergruppe. Es ist nicht klar, ob er schläft. Jedenfalls hat er die Augen geschlossen. Nur ab und zu stöhnt oder seufzt er leise vor sich hin. Die Betreuerin des Korbflechtens betritt den Raum und fordert die vier auf, jetzt aber »hurtig« zur Arbeit im Nebenzimmer zu kommen, es sei schon 14 Uhr gewesen. Die drei beenden abrupt ihr Gespräch, drücken ihre Zigaretten aus und verlassen den Raum, der vierte bleibt regungslos liegen.

Inzwischen ist die Einkaufsliste fertig. Die Betreuerin Karin bemerkt, daß Urs noch auf dem Sofa liegt. Sie ruft quer durch den Raum seinen Namen. Urs reagiert nicht. Karin läßt den Bruno stehen und bewegt sich zu Urs. Sie fordert ihn auf, aufzustehen und zur Arbeit zu gehen. Urs nickt müde mit dem Kopf, murrt etwas und schaut Karin mit verdrehten Augen kurz an. Er bleibt aber liegen. Karin fragt ihn: »Was ist los? Sag mal Urs, was ist los«. Urs zeigt keine Reaktion. Karin verläßt nun schnell den Raum, um den Leiter des Zusatzprogramms, Gerd, aus seinem Büro nebenan zu holen. Gerd und Karin betreten gemeinsam den Raum. Karin sagt zu Gerd, sie gehe jetzt mit Bruno einkaufen, und verläßt mit Bruno zusammen den Raum. Gerd versucht nun mit Urs zu sprechen. Er fordert ihn auf zu sagen, was los sei. Urs reagiert wieder nicht. Gerd tippt Urs an die Schulter, worauf der Angetippte am ganzen Körper stark zusammenzuckt und in eine Sitzposition übergeht. Er stiert ins Leere, Speichel läuft aus seinem Mund auf Hemd und Hose, er beginnt am ganzen Körper zu zittern. Gerd fragt in einem väterlichen Ton erneut: »Was ist los?«.

Urs beginnt nun noch mit dem Kopf hin und her zu schwenken. Nach einigen Sekunden läßt er sich zur Seite kippen und bleibt mit geschlossenen Augen liegen und stöhnt. Speichel läuft aus seinem Mundwinkel auf das Sofa. Gerd fragt nun: »Geht's?«. Urs murmelt leise: »laß mich«. Gerd läßt Urs nun liegen und fordert mich auf – ich beobachte die Szene vom Waschtrog aus mit dem Gemüse rüstenden Tobias –, in sein Büro zu kommen. Tobias ruft mir beim Hinausgehen nach: »der ist ausgebrannt, total ausgebrannt, jetzt kannst du aber vom Gerd etwas hören. Als nächstes ›saicht‹ der noch die Hosen«. Ich verlasse den Raum und gehe mit Gerd in sein Büro. Gerd holt aus seiner Hängeregistratur ein dickes Dossier. Beim Absitzen macht er eine Geste der Ratlosigkeit, indem er die Atemluft laut hörbar ausbläst. Er beginnt das Dossier aufzublättern und abzulesen: »Geboren am 11. April 1964, Schweizer, 29 Monate wegen diversen Verstößen gegen das Betäubungsmittelgesetz, diversen kleinen Diebstählen und Gelderschwindelung. HIV-positiv. Der hat niemanden mehr, absolut niemanden mehr, nicht einmal der Pfarrer Treichler in Rehdorf will den noch aufnehmen«.

Ein »Schwacher« ist Urs hier aus verschiedenen Gründen. Er ist kaum ansprechbar, er hat die Kontrolle über seinen Speichelfluß verloren, und er reagiert auch auf gutgemeintes Zureden nur mehr unwirsch-hilflos oder gar nicht mehr. Zudem ist die Einschätzung des Mitinsassen, daß er demnächst seine Hosen nässe, zwar nicht eingetroffen, aber so richtig ausschließen mochte diese zusätzliche Komplikation in der Situation niemand. Ein Bündel von Schwierigkeiten liegt für das Personal darin, diesen Mann interaktiv überhaupt wieder in das Leben, d. h. in eine irgendeine Tätigkeit einzubinden. Darunter darf man sich nichts Großartiges vorstellen. Ihn vom Sofa an den Eßtisch zu bewegen und ihn dazu zu bringen, einen Kaffee zu trinken, wäre hier bereits ein Erfolg. Urs ist ein prototypischer »Uusbrännter« (Ausgebrannter). So werden diejenigen Männer in der Anstalt bezeichnet, die infolge ihres Konsums von harten Drogen ihre Gesundheit und damit auch die Arbeitsfähigkeit verloren haben. Die meisten von ihnen »haben den Käfer«, d. h., sind HIV-positiv oder leiden an anderen schweren Krankheiten, wie z. B. Krebs, Multiple Sklerose und Hämophilie. Durch diese unheilbaren Krankheiten, die dem Personal aus den Akten und den Besprechungen, den Mitinsassen durch Anschauung und teilweise auch durch Auskunft der Betroffenen

bekannt sind, werden diese Insassen vor den Anforderungen des
›normalen‹ Gefängnisalltags teilweise geschützt. Das Personal erwartet von solchen Insassen keine wirkliche Arbeit mehr, sondern ist bereits zufrieden, wenn sie den übrigen Betrieb nicht lahmlegen oder allzusehr stören. Falls es ab und zu gelingt, einen Ausgebrannten zu einer angebotenen Beschäftigung zu bewegen, wird dieses »Mitmachen« eher als »Bäschele« (sinngemäß: kleines Basteln zum Zeitvertrieb) denn als Arbeit bezeichnet. Infolge des Cocktails aus Methadon, Psychopharmaka und dem in der Anstalt beliebten Schlafmittel »Chloralsirup«, mit dem sich diese Insassen am Abend gerne »zudröhnen«, sind sie zudem vielfach auch tagsüber in ihren Reaktionen verlangsamt und schlecht ansprechbar.

Auf einer zweiten Ebene, im aktenmäßigen Rückblick des Leiters des Zusatzprogrammes, ist dieser Mann auch ein Ausgebrannter, weil er »draußen« niemanden mehr hat. Nicht einmal mehr ein Pfarrer, bei dem er hin und wieder im Urlaub untergekommen war, wollte noch etwas von ihm wissen, denn ihm hatte Urs aus der Wohnung 750 Franken gestohlen und anschließend »auf der Gasse verknallt«. Die Eltern von Urs, die einzigen Personen, mit denen er nach eigenen Aussagen außerhalb des Gefängnisses noch regelmäßige Beziehungen hätte haben wollen, möchten von ihrem durch Fixen heruntergekommenen Sohn schon lange nichts mehr hören: Sie verweigern jeden Kontakt mit ihm und wären, nach der Einschätzung des Leiters des Zusatzprogramms, auch völlig überfordert mit ihm. Urs ist dadurch dem Zusatzprogramm gewissermaßen zugewachsen wie ein Pflegekind einer Familie – und dennoch: Am Samstag sollte Urs aus der Anstalt entlassen werden: ins Nichts. Dieses Wissen bedrückte nicht nur den Leiter des Zusatzprogramms, sondern auch den zuständigen Sozialarbeiter. Doch nach dessen Einschätzung sei da einfach »nichts« mehr zu machen gewesen. Der Urs habe schon alles ausprobiert, was es gebe. Er habe alle Einrichtungen, von der Psychiatrie über Entzugsheime, Bezirksgefängnisse usw., bereits mehr als einmal durchlaufen und sei immer wieder zielsicher in der Gasse gelandet. Alle Personen in der Anstalt, die auf diesen Fall angesprochen wurden, waren mehr oder weniger ratlos. Jemand bemerkte, daß dies wieder einmal ein typischer Fall sei. Der Mann werde wie eine heiße Kartoffel hin- und hergeschoben, weil einfach niemand mehr etwas machen könne. Ein Mitinsasse, der die Lage offenbar

recht gut kannte, empfahl anderthalb Stunden später beim Kaffee
– Urs lag noch immer auf dem Sofa – der solle sich doch einfach
»so verladen mit Gift«, daß er nicht mehr aufwache. Für den
bleibe nur noch der »goldene Schuß«. Dies werde allerdings an
der mangelnden Zahlungskraft von Urs scheitern, bemerkte sarkastisch ein anderer Insasse. Urs, der den ganzen Nachmittag auf
der Couch im Aufenthaltsraum liegen blieb, wurde dann tatsächlich am folgenden Samstag aus der Anstalt entlassen.
Anders werden die nicht ausgebrannten »Drögeler«, die Insassen,
die harte Drogen konsumieren, beschrieben. Sie sind körperlich
meist noch relativ fit, und sie können durchaus den Arbeiten im
Programm folgen. Allerdings nur, wenn sie weder »verladen«
noch völlig »trocken« sind. Ab und zu konsumieren sie, zusätzlich zum ärztlich verschriebenen Methadon, noch andere pharmakologisch wirksame Stoffe, die in der Anstalt ab und zu reichlich
und manchmal knapp oder gar nicht zu ergattern sind. Sie werden
dann »schwierig«, weil sie im »verladenen« Zustand Sprechprobleme, Gleichgewichtsstörungen und Konzentrationsschwierigkeiten haben. Das Personal weiß nie genau, in welcher Kombination und an welcher Stelle im Anstaltsalltag, d. h. zu welchem
Zeitpunkt diese Insassen »abfahren«. Noch schwieriger als ein
»verladener« Drögeler sind für das Personal die Männer, die einen
»Affen« haben, die an zuwenig Drogen oder Medikamente herankommen. Solche Insassen haben Schweißausbrüche und sind motorisch auffällig und unruhig: Sie »tigern«, wie es im Anstaltsjargon heißt. Gemeint ist damit ein hypernervöses Bewegungsmuster: sie sind dauernd in Bewegung, gehen im Raum auf und ab
oder fingern nervös an irgendwelchen greifbaren Gegenständen
herum. Ab und zu versuchen sie auch, mit einer nur für Minuten
dauernden Anstrengung, die vorgesehenen Arbeiten in rasendem
Tempo zu erledigen. Diese schlecht vorhersehbaren Schwankungen der »Drögeler« machen es für alle schwierig, mit diesen
Insassen umzugehen.
Hinzu kommt, daß die »Drögeler« wegen ihres Bedarfs an Betäubungsmitteln und Medikamenten, der ihre finanziellen Möglichkeiten in der Regel übersteigt, von dem Personal und den anderen
Insassen auch als »falschi Chaibe« (sinngemäß: unredliche Kerle)
und als »Bschiisser« (Betrüger) verdächtigt werden. Ihnen wird
von den anderen Insassen kaum auch nur ein momentanes Vertrauen zugestanden. Es konnte regelmäßig beobachtet werden,

daß einem »Drögeler« von anderen, »sauberen« Insassen keine Zigaretten ausgeliehen werden. Auf die Nachfrage, weshalb dem so sei, antwortete ein nicht süchtiger Insasse, daß man den »Drögelern« einfach nie trauen dürfe. Wenn man ihnen Zigaretten geben wolle, dann müsse man diese schenken. Von denen käme nie etwas zurück, denn die würden jeden Rappen ins »Gift« stekken. Aus diesem Grund, weil man, aus Erfahrung gewitzt, jedem Drogenabhängigen unterstellt, er würde betrügen und klauen, sind sie auch bei den übrigen Insassen wenig beliebt. »Wegen denen haben wir doch die ganzen Schikanen mit den Kontrollen« vermutete einmal ein Informant. Die dabei sitzenden Fixer, notabene die Mehrzahl der Anwesenden, bestritten dies nicht einmal, sondern verlegten sich unisono darauf, den anderen zu erklären, daß der Alkohol die Droge Nummer eins sei und den größten Schaden »im Volk« anrichte. Aus leidvoller Erfahrung mit diesen Insassen weiß das Personal, daß die Kooperation mit »Drögelern« allermeistens nur eine vorläufige ist, die jederzeit unvermittelt abbrechen kann. Ein solcher Insasse kann, sofern er »eine gute Phase hat«, ein paar Tage lang problemlos in die Arbeit eingebunden werden, und plötzlich hat er einen »Affen«, ist »verladen« und »tigert«.

Die Konsumenten harter Drogen und deren Subkategorie der Ausgebrannten machen über die Hälfte der Insassen des Zusatzprogramms seit seiner Eröffnung aus. Von den insgesamt 35 Insassen der ersten beiden Betriebsjahre waren 20 sogenannte »Drögeler« und davon war die Hälfte »ausgebrannt«.[6] Die drogenabhängigen Insassen im Zusatzprogramm verursachen die

---

6 Einer der »Ausgebrannten« ist während seiner Haftzeit an AIDS verstorben. Er wurde auf eigenen Wunsch aus dem Spital in die Strafanstalt zurückverlegt, wo er noch zwei Wochen vom Personal des Zusatzprogramms gepflegt wurde und wo er auch sterben wollte. Einen Tag vor seinem Tod mußte er aus medizinischen Gründen – die Anstalt ist für die Pflege Schwerstkranker nicht eingerichtet – doch noch in ein Spital verlegt werden. Die Betreuung war nur deshalb möglich, weil die Anstaltsleitung bereit gewesen war, einen Menschen aufzunehmen, dessen expliziter Wunsch darin bestand, in der Anstalt sterben zu dürfen. Andere Überlegungen seitens der Anstaltsleitung, die durchaus auch angestellt wurden – daß sich z.B. die Statistik der Anstalt verschlechtere, wenn ein Todesfall ausgewiesen werden müsse –, wurden von den zuständigen Personen als weniger wichtig bezeichnet.

meisten Probleme für das Personal. Sie sind psychisch und physisch instabil, bilden eine eigene, für ›Nicht-Drögeler‹ verschlossene Gruppe, und wenn sie nicht bereits Ausgebrannte sind, so werden sie zumindest als gefährdet eingeschätzt, solche zu werden. Für die Mitinsassen sind die Drögeler aller Couleurs einfach »lästige und falsche Sauchaiben«.

Die »Schlauen« und die »Simulanten« sind eine von den Drogenkonsumenten deutlich abgegrenzte Spielart der Typisierung von Insassen durch das Personal. Ihre Verlegung in das Zusatzprogramm begründet sich nicht wie bei den Drogenkonsumenten aus Sucht und körperlichem Verfall, sondern z. B. durch in Unfällen versteifte Gliedmaßen, unklare Rückenbeschwerden, medikamentös zu behandelnde Magengeschwüre, cerebrale Shunts oder Herzschrittmacher. Sie haben alle eine seitens der Anstalt wohldokumentierte Krankheit, die sie meistens auch eloquent zu vertreten wissen. In vier von sieben Fällen beziehen sie eine Rente der staatlichen Invalidenversicherung. Ihnen gegenüber hegt das Personal den offen geäußerten Generalverdacht, daß sie eigentlich schon »richtig« arbeiten könnten, wenn sie wollten. Bei der Arbeit, so geht die Rede unter dem Personal, »nehmen sie es locker« oder »sie teilen ihre Arbeit schön ein«. Dieser Insassentyp ist für das Personal deshalb schwierig, weil es diesen Insassen in beschränktem Maße gelingt, das Gefängnis, entgegen der vorgesehenen Ordnung, für sich selber zu optimieren. Über ihre Krankheit als kommunikative Ressource auferlegen diese Insassen dem Personal vielfältige, für Außenstehende zumeist unbedeutend klein erscheinende, aber im Anstaltsleben eben doch wichtige Verstöße gegen die Anstaltsordnung. Dadurch erreichen sie eine moralisch gestützte normative Verunsicherung beim Personal, das in dilemmatische Situationen gerät. Falls es die ›gewünschte‹ Ordnung eines gegenüber außen sichtbar störungsfreien Betriebsablaufs aufrechterhalten will, muß es bei diesen Insassen Verschiedenes tolerieren, was es eigentlich nicht zulassen darf oder möchte. Wenn beispielsweise ein »Schlauer« sich für das Abwaschen des Pausengeschirrs mehr Zeit nimmt, als ihm seitens der Tagesplanung zugestanden wird und er sich deshalb bei der Wiederaufnahme der Arbeit verspätet, dann wird dies von den übrigen Insassen sofort registriert und gezielt eingesetzt. Sie berufen sich auf diese Verspätung des anderen, wenn sie selber auch einmal eine »ruhige Kugel schieben« wollen. Falls das Personal aber Druck auszuüben versucht, werden sofort körperliche Einschränkungen und Gebrechen geltend gemacht. Es wird mit Sprüchen wie »Wir sind doch keine Viecher« an die Menschlichkeit appelliert oder mit der Feststellung »Nur kein Streß, schließlich sind wir hier im Knast« die Zeitperspektive der Insassen dazu benützt, das Personal abzublocken.

Der »King« ist ein Vertreter dieses Insassentyps. Der Mann, der wegen Mordes an seiner Freundin zu einer langen Haftstrafe von 15 Jahren verurteilt wurde, hat insgesamt 14 Monate im Zusatzprogramm verbracht und sich dort nie etwas disziplinarisch zuschulden kommen lassen. Seine ›Schlauheit‹ bestand geradezu darin, nicht offen gegen die Anstaltsordnung zu verstoßen und sich so den bürokratisch verwalteten Sanktionsroutinen zu entziehen. Seine Arbeitsleistung war gemäß der Beurteilung durch die Zuständigen mäßig, aber sie gab auch nie zu folgenreicher Beanstandung Anlaß. Der aktenmäßige Einweisungsgrund in das Zusatzprogramm lag in einer psychiatrisch diagnostizierten »Klaustrophobie«. Aus diesem Grund galt dieser Häftling als nicht mehr hafterstehungsfähig in einem geschlossenen Gefängnis, und er wurde in den offenen Strafvollzug überstellt. Er selber führte seine Angst auf eine Operation zurück, bei der ihm eine Hirnzyste wegoperiert wurde. Dabei wurde ihm ein Druckausgleichsventil, ein sogenannter Shunt, der Hirnflüßigkeit in den Rumpf ableitet, eingepflanzt. Die Kombination von ärztlich attestierter, neurotischer Angst und Shunt machten ihn für das Personal zu einem sehr »schwierigen Fall«. Er erreichte, daß seine Zelle in der Nacht nicht mehr abgeschlossen wurde, weil er ansonsten einen klaustrophobischen Anfall bekomme und dann nicht mehr wisse, was er tue. Dieses »Nicht-mehr-Wissen«, was er tue, wurde vom Personal als verdeckte Selbstmorddrohung durchaus ernst genommen. Er drohte seinen Kopf so gegen die Wand zu schlagen, daß das eingepflanzte Ventil beschädigt werde. Dabei war ihm bewußt, wie er ganz offen mitteilte, daß ein Selbstmord oder auch nur eine gelungene schwere Selbstverletzung für das Personal äußerst folgenreich ist. In einem solchen Fall wäre eine richterliche Untersuchung des Ereignisses vorzunehmen, und der Normalbetrieb der Anstalt würde dadurch für Tage, wenn nicht Wochen massiv gestört werden.

Mit der Zeit ist es diesem Insassen nach und nach gelungen, sich einen so großen Handlungsspielraum zu schaffen, daß er vom

Personal als »der King« bezeichnet wurde. Er hatte ein beträchtliches Paket an informellen Privilegien zusammengetragen. Nicht nur wurde seine Zelle nicht mehr verschlossen, er kontrollierte auch die Sitzordnung am Pausentisch und bewegte sich am zugeteilten Arbeitsplatz weitgehend nach eigenem Geschmack. Von den Insassen und dem Personal wurde ihm zudem unterstellt, daß er einen Teil des Drogenhandels in die Anstalt hinein kontrollieren würde. Obwohl ihm dies nie nachgewiesen werden konnte, ist auch dieses Verdachtsmoment wesentlich zur Charakterisierung des Insassentyps »Schlauer«, der sich sein Leben auch unter Gefängnisbedingungen nur begrenzt von anderen einrichten läßt. Nach 14 Monaten wurde er aus der Anstalt entfernt, weil die Summe seiner »Sondertouren« in der Form zugestandener Ausnahmeregelungen in der Sicht des Direktors für die übrigen Insassen und das Personal einfach nicht mehr erträglich gewesen sei. Die Verlegung des »King« geschah gegen seinen Willen. Dies tat er im nächsten Gefängnis denn auch deutlich kund, indem er dort binnen Stundenfrist nach seiner Überstellung ein Lavabo aus der Wand riß und das Mobiliar seiner Zelle zertrümmerte. Daraufhin wurde er in die Psychiatrie verlegt, die ihn aber auch nicht halten konnte oder wollte. Als Weiterweisungsgrund wurde von der psychiatrischen Klinik »Gemeingefährlichkeit« geltend gemacht, weil er Bettzeug anzündete. Schließlich »landete« er in einer anderen offenen Strafanstalt in einem Nachbarkanton. Nach Auskunft eines Informanten, der den dortigen Anstaltsdirektor persönlich kennt und sich bei ihm nach diesem Insassen erkundigt hat, geht es ihm dort »prächtig«: er sei dort jetzt die rechte Hand des Küchenchefs und bereits wieder »King«.

Ein weiterer Typus sind die umgangssprachlich als »armi Sieche« (sinngemäß: arme Kranke mit einer abwertenden Konnotation) oder einfach als »Fertige« bezeichneten Insassen. Ähnlich wie den ausgebrannten Drögelern wird ihnen von niemandem mehr viel zugetraut und zugemutet. Die Spannweite der körperlichen und geistigen Versehrtheit bei diesen Insassen ist recht groß. Ein als geistig leicht behindert bezeichnetes Dorforiginal aus dem St. Galler Oberland gehört ebenso in diese Kategorie, wie ein aus der Psychiatrie überstellter Mann oder der zu lebenslänglicher Haft verurteilte Gastarbeiter aus Ex-Jugoslawien. Gemeinsam ist ihnen allen, daß sie vom Standpunkt einer bürgerlichen Existenz aus als prinzipiell hoffnungslose Fälle gelten. Sie sind in den

Augen des Personals irreversibel sozial abgestiegen und am Tiefpunkt ihrer Lebenslaufbahn angelangt, von dem aus kein Weg mehr in ein »richtiges Leben« führen kann. Ihr Leben ist insofern »fertig«, als bei ihnen auch mit allen verfügbaren Maßnahmen und Hilfen kaum mehr reelle Chancen für eine nachhaltige Verbesserung ihrer Lebensverhältnisse gesehen werden. Da bei diesen Insassen durchwegs auch psychiatrisch zugeschriebene Diagnosen, wie »Debilität«, »Depression«, »Psychose« und »Neurose« im Spiel sind, zeigt das Personal diesen Insassen gegenüber ein mitmenschlich begründetes Nachsehen und relativ große Geduld. Diese »armen Siechen« zehren gewissermaßen ein Gnadenbrot in der Anstalt, solange sie sich umgänglich geben. Bei ihnen werden routinemäßig Handlungen durchgelassen, die bei anderen keinesfalls toleriert würden. So teilte das bereits erwähnte Dorforiginal lachend und mit großer Freude jedem, der es wissen wollte mit, daß er hier keinen Streich arbeiten werde. Er ließ sich in der Tat nie beschäftigen, sondern gesellte sich den andern bei der Arbeit einfach zu. Aufforderungen seitens des Personals, er solle jetzt doch einmal »mitmachen«, ließ er jeweils wortreich ins Leere laufen. Jede solche Einladung oder Aufforderung löste eine längere Diskussion mit ihm aus, und mit der Zeit wurde das Personal seiner Einwände und Ausflüchte überdrüssig und ließ ihn mit Arbeitsanforderungen in Ruhe. Im Gegenzug zeigte er sich dafür erkenntlich, indem er die anderen Insassen nicht mehr durch seine Auseinandersetzungen mit dem Personal von ihren Arbeiten ablenkte. Seine Kooperation mit dem Personal bestand darin, daß er mithalf, den Eindruck des Arbeitens gegenüber außenstehenden Personen aufrecht zu erhalten. Wann immer jemand von »außen« kam, tat er sofort so, als würde er gleich zu arbeiten beginnen. Dafür ließ man ihn als »geistig leicht Behinderten« innerhalb der Arbeitsgruppe gewähren.

Auf eine andere Art »fertig« galt Slobodan: Seine fünfzehnjährige Haftstrafe für den Mord an seiner Gattin und nach deren Ende die gegen ihn verhängte Landesverweisung in ein aktuelles Bürgerkriegsland, zusammen mit seinem schlechten Gesundheitszustand, ließen bei niemandem mehr Hoffnungen für ihn aufkommen. Seine Arbeitsleistung und sein übriges Verhalten wurde vom Personal immer im Rekurs auf dieses »fertig sein« gewürdigt und als gut bezeichnet. Die übrigen Insassen empfahlen Slobodan, sobald er seine Probleme in einem Gespräch thematisieren wollte, er solle sich doch umbringen. Im Jargon lautet diese Aufforderung: »Du hast doch nur noch die Kugel«.

Als schließlich letzten, klar identifizierbaren Insassentyp beim Personal findet man die »Normalen«. Um genau zu sein, muß hier unterschieden werden zwischen dem »Normalen« als dem Insassentyp, der in jeder Vollzugsform vorkommt, und denjenigen Insassen, die explizit dem Regime des »Normalvollzugs« unterworfen werden. Der »Normale« im Zusatzprogramm ist die Verkörperung des zwar nicht hundertprozentig gesunden, aber auch nicht akut kranken Gefangenen. Er mag zwar eine ärztlich diagnostizierte Krankheit, wie z. B. ein Herzleiden haben, aber er setzt dieses Wissen nicht dauernd offen zur Erlangung irgendwelcher Vorteile ein, wie die »Schlauen und Simulanten«. Bei der Arbeit ist er, gleich wie sein Namensvetter in anderen Regimes, bei der Sache. Er hält sich an Vorgaben des Betriebs. Die Pausenzeiten werden korrekt eingehalten, die auszuführenden Tätigkeiten für die Gruppe, wie Wischen oder Abtrocknen, werden pflichtgemäß erledigt. Er lehnt die Drogen der »Giftler« offen ab und vermeidet offenes Fraternisieren mit anderen Insassen und dem Personal. Im Gegensatz zu allen bisher beschriebenen Insassentypen ist für den »Normalen« das Gefängnis keine Art letztes Haltebecken oder eine vermutete Endstation. Ihm werden auch »draußen« noch durchaus Perspektiven zugestanden. Er ist entweder verheiratet oder hat andere feste Beziehungen außerhalb des Gefängnisses, für seinen Urlaub kann er ein klares Ziel angeben, und seine Bezugspersonen gehen nicht auf ein sozialarbeiterisches Engagement zurück.

Die Gefährlichkeit von Insassen ist ein Beurteilungs- und Zuschreibungsmerkmal, das alle Gefangenen betrifft und als Attributdimension quer zu der bisher beschriebenen Insassenkategorisierung verläuft. »Den Gefährlichen« findet man nicht in diesem Feld, vielmehr wird jeder Insassentyp vom Personal auch im Hinblick auf seine Gefährlichkeit beurteilt. Für diese Beurteilung ausschlaggebend ist insbesondere das gerichtlich festgestellte Delikt. Ein verurteilter Mörder gilt allen fast immer als potentiell gefährlich, man hegt jedenfalls den durchaus offen zugestandenen Verdacht, daß er »es« jederzeit wieder tun könnte. Eng mit der Deliktbeurteilung verbunden ist die Einschätzung der »Friedlichkeit«. Wenn sich jemand gegenüber anderen auch in angespannteren Situationen, wie beispielsweise bei kleineren Wortgefechten, nicht aus der Ruhe bringen läßt, dann gilt er als friedlich. Falls er sich aber schnell ereifert und »den Laden aufheizt«, wird ihm das Attribut der »Friedlichkeit« entzogen, weil man »mit dem ja nicht vernünftig« reden kann. Daraus ergeben sich die für Außenstehende doch merkwürdigen »friedlichen Mörder« oder die »heißen Einbrecher«, die das Personal auseinanderhalten muß. »Friedliche Mörder«, d. h. wegen Mord Einsitzende, die sich umgänglich geben, gelten als unheimliche Mitbewohner. »Heiße Einbrecher« werden als lästig geschildert. Auffallend bei der Gefährlichkeitsbeurteilung ist, daß es sich bei ihr um einen Aspekt des Gefängnislebens handelt, der für das alltägliche Zusammenleben mit dem Personal (nicht den Insassen!) von eher untergeordneter Bedeutung ist. Es hält sich zugute mit jedem Insassen zurechtzukommen, auch mit gefährlichen. Der für die Sicherheit in der Anstalt zuständige Mann hat dies für sich und seine Mitarbeiter einmal folgendermaßen zusammengefaßt: »Schließlich haben wir Erfahrung, wir schauen ja nicht auf die blauen Augen, sondern darauf, was einer hier tut, und dann reagieren wir entsprechend. Wir sagen ihm, er solle sich gefälligst recht aufführen, und das hat dann noch immer geklappt«. Die Gefährlichkeitsbeurteilung eines Insassen zielt, was hier nicht weiter ausgeführt werden kann, nach draußen, in den Urlaub und andere Sphären, in denen die Insassen ›allein‹ sind.

Die genannten fünf Insassentypen, die »Ausgebrannten«, die »Drögeler«, die »Schlauen und Simulanten«, die »Fertigen« und die »Normalen« sind als Idealtypen zu verstehen. Obwohl sich für jeden Typus im Material und im Feld zwei bis drei richtiggehend prototypische Vertreter finden, weisen nicht alle Insassen die hier rekonstruierten Attribute vollständig und exklusiv auf. Die Typisierung muß auch laufend aktualisiert werden, weil sich die Insassen im Verlaufe ihrer Haftzeit verändern.

In einem Fall konnte ein exemplarischer sozialer Abstieg vom »Normalen« zum »Drögeler« beobachtet und dokumentiert werden. Der Mann hatte zwar nach eigenen Angaben schon immer Haschisch und ab und zu auch Kokain konsumiert. »Mit der Pumpe« schloß er aber erst in seiner Gefängniszeit persönliche Bekanntschaft. Am Anfang seiner Zeit im Saxerriet wurde er als »Normaler« eingeschätzt, bis sich herausstellte, daß er bei der Arbeit immer alles vergaß, was ihm aufgetragen wurde. Als gelernter Mechaniker benötigte er einen ganzen Vormittag, um drei

Fahrräder mit dem Hochdruckreiniger abzuspritzen. Er war derart vergeßlich, daß er, nachdem ihm der Werkmeister den »Job« aufgetragen hatte, sich zwar eines Fahrrades bemächtigte, aber danach bereits seinen Kollegen an der Werkbank fragen mußte, was er denn jetzt eigentlich tun müsse mit dem »Göppel« da. Anfänglich hatte das Personal den Verdacht geschöpft, daß es sich bei diesem Insassen möglicherweise um einen ganz »Schlauen« handelte, der nur auf eine »ruhige Kugel« aus sei. Doch seitdem er weinend vor dem Verwalter der Anstalt, dem Werkmeister und den anderen Insassen darum gebeten hatte, nicht mehr mit Fahrrädern arbeiten zu müssen, weil er »nichts mehr zusammenbringe«, wurde allen klar, daß er nicht »spielte«, sondern in einer echten Krise steckte.

In einem sehr beschränkten Maße eröffnen sich durch diese Insassentypisierung auch soziale Aufstiegskarrieren. Ein Insasse, der als »Ausgebrannter« in die Anstalt eingetreten ist, machte den Aufstieg zum normalen »Drögeler«. Bei seiner Ankunft im Gefängnis konnte er, wegen völlig zerfallener Zähne und diversen Abszessen im Mund, keine gewöhnliche Kost mehr essen und war völlig abgemagert. Von den anderen Insassen wurde er wegen seines »Verfaulungsgestank aus der Schnorre« gemieden. Nach einigen Monaten im Zusatzprogramm gelang ihm der Übergang in den Normalvollzug, und das letzte Mal, als er interviewt werden konnte, stand er kurz vor seiner Versetzung in die Halbfreiheit und damit vor seiner Entlassung. Den Verantwortlichen im Gefängnis war es gelungen, vom Fürsorgeamt und aus einem anstaltseigenen Fonds die 20000.– Franken für eine komplette Gebiß-Sanierung in Vollnarkose zusammenzutreiben. Nach Aussage dieses Insassen wird er diese Wohltat dem »Bubu und seiner gottverdammten Scheißcrew« nie vergessen, denn sonst wäre er »einfach wegen zuwenig Food krepiert«.[7] Soziale Auf- und Abstiege konnten einzig bei den Drögelern festgestellt werden. Die anderen Insassenkategorien wurden – außer nach seltenen, anfänglichen Fehleinschätzungen eines Insassen durch das Personal – nie gewechselt.

---

7 »Bubu« ist der Spitzname der Insassen für den Anstaltsdirektor.

Ein narratives Kontrollarsenal

Die Vorstellung, das Personal im offenen Strafvollzug stünde einer homogenen Gruppe von Insassen gegenüber und hätte vor Ort die Möglichkeit, einfach eine Ordnung durchzusetzen, ist unzureichend. Der Grund dafür liegt darin, daß Menschen auch in extremen Daseinslagen ein Minimum an Entscheidungsfreiheit behalten und diese situativ auch kompetent einsetzen (siehe dazu auch: Crozier und Friedberg 1993: 25). Deshalb gilt auch für den offenen Strafvollzug, was von Sykes aus dem geschlossenen Gefängnis berichtet und von Wieder (1974: 123) in anderen Anstaltstypen gefunden wurde: Das Personal ist »engaged in a continous struggle to maintain order« (Sykes 1958: 42). Die Aufrechterhaltung der alltäglichen Interaktionsordnung (Goffman 1983) im offenen Strafvollzug bedarf eines feingewobenen Repertoires von Insassenbeschreibungen seitens des Personals. Sein Umgang mit Gefangenen stützt sich auf ein inoffizielles, aber in einer lokalen Begrifflichkeit gefestigtes und allen bekanntes Typisierungswissen über die Insassen.[8]

Entlang den dem Personal auferlegten Relevanzen der Herstellung eines funktionierenden Anstaltsbetriebes werden die Insassen mit einem speziellen Begriffslexikon in »native-terms« (Spradley 1979) sortiert. Die daraus resultierende feingliedrige Unterscheidung von Häftlingen macht es möglich, eine große Bandbreite von Insassenverhalten in den Erwartungshorizont des Personals und in die von ihm stabilisierte Anstaltsordnung einzupassen. Das in Personentypisierungen aufbewahrte Wissen enthält in einer Art kommunikativer Stenographie von Bezeichnungsetiketten wichtige Handlungsanleitungen (Berger und Luckmann 1969: 33f), und es behauptet sich durch seine pragmatische Versprachlichung. Die Begriffskategorien als kleine semantische Felder enthalten erfahrungsgesättigte Beschreibungen von erwartbarem Verhalten von Insassen und versorgen das Personal mit interpretativen Mu-

---

8 Zur Unterscheidung von offizieller und inoffizieller Organisation im Gefängnis bemerkt Cressey: »If a prison warden can ›do something about‹ some aspect of the institution – such as issuing an order to have a certain practice changed – he is dealing with official organization; if there is something going on the nature of which he cannot clearly state and which, consequently he cannot change by order, he is dealing with unofficial organization« (Cressey 1961: 3).

stern dafür, was tagtäglich vorfallen kann und wie man zweckmäßigerweise darauf reagiert.

Wenn beispielsweise vom Personal tierische Bewegungsmuster von Drogenabhängigen wie »tigern« oder »einen Affen haben« habituell auf Insassen übertragen werden, dann sind Bedeutungshorizonte aufgespannt, vermöge derer Nach- und Vorsicht im Umgang mit diesen Menschen angezeigt werden. Diese Bezeichnungen informieren darüber, daß mit solchen Insassen vorübergehend keine zielgerichteten Arbeiten mehr unternommen werden können (Nachsicht), und daß ihnen gegenüber wegen der möglicherweise unkontrollierten Motorik die Einhaltung einer größeren Köperdistanz als üblich ratsam ist (Vorsicht). Aber auch Elemente der Insassenbeurteilung in bezug auf soziale Karrieren können mit dieser ›Kurzschrift‹ von Bezeichnungen kommuniziert werden. Die Etikettierung von jemandem als einem »Simulanten« oder »Schlauen« gemahnt zur kontrollierenden Aufmerksamkeit bei der Erfüllung vorgeschriebener Arbeiten und zur Beachtung und Aufforderung der Einhaltung von Anstaltsvorschriften, zur Aufsicht. Noch zugespitzt wird die Prognose bei »Fertigen« und »Ausgebrannten«, von denen realistischerweise annehmbar ist, daß sie mancherlei spezielle Betreuungen sozialer und medizinischer Art in Anspruch nehmen und das Personal besonders beschäftigen werden.

Das wichtigste und gemeinsame Merkmal aller dieser Bezeichnungen liegt in dem prognostischen und präventiven Wert, den es für das Personal hinsichtlich des Insassenverhaltens und -handelns hat. Diese »Organisationsfolklore« (Jones et al. 1988), die ein Komplement zum sogenannte ›Insassencode‹[9] der Gefängnisliteratur darstellt, ist zentral für das Verstehen und die Dauerhaftigkeit der sozialen Ordnung im offenen Strafvollzug. Sie verhindert ›Fehler‹ im Umgang mit Insassen, die leicht zu Irritationen und im Extremfall gar zu Gewalt führen könnten.[10] Funktional betrach-

9 Als ›Code‹, ›Convict Code‹ oder auch ›Inmate Code‹ wird in der soziologischen Literatur zum Gefängnis jenes normative Wissen bezeichnet, das den Umgang von Insassen mit dem Personal anleitet. Der Begriff des Code wurde von Clemmer (1940) in die Soziologie des Gefängnisses eingeführt und später vielfach verfeinert und variiert (siehe dazu Maeder 1995: 10-16).

10 Die genaue Definition und Operationalisierung von Gewalt im Gefängnis ist ein ungelöstes Problem (siehe dazu exemplarisch die Arbei-

tet, ergibt dieses inoffizielle Wissen, das ausschließlich in der ethnographischen Beschreibung verschriftet wird, ein vielfältiges narratives Arsenal für die Aufrechterhaltung der längerfristigen und gewaltarmen Kontrolle des Personals über die Insassen in der Anstalt.

Literatur

Berger, Peter L. und Thomas Luckmann (1969), *Die gesellschaftliche Konstruktion der Wirklichkeit*. Frankfurt/Main: Fischer.

Charrière, Henri (1993), *Papillon*, Frankfurt am Main: Fischer.

Clemmer, Donald (1940), *The Prison Community*, Boston: Christopher Publishing House.

Cressey, Donald R. (Hg.) (1961), *The Prison. Studies in Institutional Organization and Change*, New York: Holt, Rinehart and Winston.

Crozier, Michel und Erhard Friedberg (1993), *Die Zwänge kollektiven Handelns. Über Macht und Organisation*, Frankfurt/Main: Hain.

Ditchfield, John (1990), *Control in Prisons: A Review of the Literature*, London: Home Office.

Fine Gary A. (1984), »Negotiated Orders and Organizational Cultures«, in: *Annual Review of Sociology* 10, S. 239-262.

Goffman, Erving (1961), »On the Characteristics of Total Institutions: The Inmate World«, in: Donald R. Cressey (Hg.), *The Prison. Studies in Institutional Organization and Change*, New York: Holt, Rinehart and Winston, S. 15-67.

Goffman, Erving (1973), *Asyle. Über die soziale Situation psychiatrischer Patienten und anderer Insassen*, Frankfurt: Suhrkamp.

Goffman, Erving (1983), »The Interaction Order«, in: *American Sociological Revue* 48, S. 1-17.

Irwin, John (1970), *The Felon*, Engelwood Cliffs: Prentice Hall.

Irving, John (1980), *Prisons in Turmoil*, Toronto: Little Brown and Company.

ten in Cohen, Cole und Bailey 1975). Für die Gewaltanwendung unter Insassen, sofern sie dem Personal bekannt wird, oder für von Insassen gegen das Personal gerichtete Handlungen wird in den meisten Anstalten ein Register geführt und es werden Disziplinierungen mit Akteneintrag verhängt. In umgekehrter Richtung, d. h. bei Gewalt von Personal gegen Insassen, gibt es kaum je eine Dokumentation, und die direkte Beobachtung ist praktisch unmöglich.

Jones, Howard, Paul Cornes und Richard Stackford (1977), *Open Prisons*, London: Routledge.
Jones, Michael O., Michael D. Moore und Richard C. Snyder, Hg. (1988), *Inside Organizations. Understanding the Human Dimension*, Newbury Park: Sage.
King, Stephan (1992), *Frühling, Sommer, Herbst und Tod*, München: Heyne.
Maeder, Christoph (1994), »Vom Fertigmachen. Das Wissen von Experten zur Ordnungspraxis im Gefängnis«, in: Ronald Hitzler, Anne Honer und Christoph Maeder (Hg.), *Expertenwissen. Die institutionalisierte Kompetenz zur Konstruktion von Wirklichkeit*, Opladen: Westdeutscher Verlag, S. 167-179.
Maeder, Christoph (1995), *In totaler Gesellschaft – Eine ethnographische Untersuchung zum offenen Strafvollzug*, Hochschule St. Gallen: Dissertation.
Maeder, Christoph und Achim Brosziewski (1993), *Zur Praxis organisatorischer Innovationen. Qualitative Evaluationsforschung am Beispiel der kantonalen Strafanstalt Saxerriet*, St. Gallen: Forschungsbericht Nr. 4 des Soziologischen Seminars.
Maeder, Christoph und Achim Brosziewski (1997), »Ethnographische Semantik: Ein Weg zum Verstehen von Zugehörigkeit«, in: Ronald Hitzler und Anne Honer (Hg.), *Sozialwissenschaftliche Hermeneutik*, Opladen: Leske + Budrich.
McDermott, K. und R. D. King (1988), »Mind Games: Where the Action is in Prisons«, in: *British Journal of Criminology* 28, S. 357-377.
Melossi, Dario und M. Pavarini (1981), *The Prison and the Factory. Origins of the Penitentiary System*, London: Macmillan.
Morgan, Rod (1994), »Imprisonment«, in: Mike Maguire, Rod Morgan und Robert Reiner (Hg.), *The Oxford Handbook of Criminology*, Oxford: Clarendon Press, S. 889-948.
Spradley, James P. (1979), *The Ethnographic Interview*, New York: Holt, Rinehart and Winston.
Sykes, Gresham M. (1956), »Men, Merchants, and Thoughts: A Study of Reactions to Imprisonment«, in: *Social Problems* 4, S. 130-138.
Sykes, Gresham M. (1958), *The Society of Captives. A Study of a Maximum Security Prison*, Princeton: University Press.
Wieder, Lawrence D. (1974), *Language and Social Reality. The Case of Telling the Convict Code*, Den Haag/Paris: Mouton.
Werner, Oswald und Mark G. Schoepfle (1986), *Systematic Fieldwork. Foundations of Ethnography and Interviewing*, Newbury Park: Sage.

Herbert Kalthoff
Fremdenrepräsentation
Über ethnographisches Arbeiten in exklusiven Internatsschulen

Als professionelle Fremde (vgl. Agar 1980) im Feld sind Ethnographen durchgehend damit beschäftigt, Distanzen abzubauen, zu wahren oder zu verschieben. In der kulturanthropologischen und ethnographisch-soziologischen Forschung wird die Relation des Forschers und der Beforschten über das Phänomen der Fremdheit unterscheidungstheoretisch konstituiert: Das zu untersuchende Feld wird als immer schon fremd und ungeordnet unterstellt, um es dann als etwas Geordnetes und Verstehbares interpretativ zu bewältigen (vgl. Wolff 1987; Sperber 1989). Forschungspraktisch nähert sich der Ethnograph in dieser Perspektive den *anderen* »Zivilisations- und Kulturmustern« des Feldes (vgl. Schütz 1972) an und erlernt sie in Form einer nachholenden Akkulturation. Die Krux dieses Annäherungsprozesses besteht darin, daß der Ethnograph als »Möchtegernmitglied« (Schütz 1972: 60) erst nach und nach erfährt, was ein Mitglied zu einem Mitglied macht. In dieser *unsicheren Position*, Zaungast einer Kultur zu sein, erwirbt er ein explizites, aber auch intuitives Wissen über »eine andere Weise des Menschseins« (Sperber 1989: 58).

Thema dieses Beitrages ist, daß Kulturen, die zum Gegenstand soziologischer oder kulturanthropologischer Forschung werden, selbst über Repräsentationen von Fremden verfügen (vgl. beispielhaft Keifenheim 1995). Ethnographen stellen für jedes Feld ein spezifisches Problem der Integration dar. Sie teilen zwar mit dem »Fremden«, von dem Schütz (1972) spricht, die Bestrebung, in der neuen Kultur akzeptiert oder zumindest geduldet zu werden, aber mit einer unterschiedlichen Zeitperspektive. Da die Akteure wissen, daß die Beoachter nicht dort bleiben, gleichen Ethnographen – in Anlehnung an Simmels bekannte Formulierung des »Fremden« (Simmel 1968: 509) – dem »Wandernde(n), ... der heute kommt und morgen bleibt«, aber ›übermorgen weiterzieht‹. Temporäre Anwesenheit und strukturelle Nichtzugehörigkeit (vgl. Stichweh 1991: 170) kennzeichnen nicht allein den

Ethnographen, sondern auch den Besucher oder den Gast. Der Ethnograph ist – da weder Besucher noch Gast – ein *besonderer Anderer*. Es erscheint soziologisch fruchtbar, den Aushandlungsprozeß dieser institutionell nicht vorgesehenen Position der Analyse zugänglich zu machen (vgl. Lau/Wolff 1983).
Bislang hat die Reflexion der ethnographischen Methode die Konsequenzen der kulturellen Zweibeinigkeit des Beobachters – mit dem einen (Stand-)Bein in der eigenen, mit dem anderen (Spiel-)Bein in der fremden oder anderen Kultur – für den Erzeugungsprozeß ethnographischer Daten und Texte problematisiert (vgl. z. B. Geertz 1993; Berg/Fuchs 1993; Wolff 1987; Nash/Wintrop 1972). Die Arbeiten orientieren einerseits auf die Position des Beobachters in Relation zu den Teilnehmern und andererseits auf die Art und Weise, wie die Interaktion mit dem Fremden vollzogen wird (vgl. Hunt 1984). In anderen Studien wird das, was Ethnographen beobachten (können), eng an die Bereitschaft der Beobachteten gekoppelt, etwas von dem zu zeigen, was beobachtet werden soll und von dem angenommen wird, daß es etwas Kulturspezifisches darstellt. Diese Bereitschaft der Teilnehmer wird mit einer Zirkularität der Interaktion zwischen ihnen und dem Fremden verbunden: Das Andere bringt durch seine Präsenz das hervor, was es beobachtet (vgl. Keifenheim 1995).
In diesem Aufsatz soll die Perspektive verschoben werden: Nicht mehr das »*Dort*-Sein« als Quelle ethnographischer Autorität und unterscheidbarer Textgenres, sondern die Prozesse des »*Dort-Seins*« werden fokussiert. Im Kontext der Soziologie und der Kulturanthropologie ist die Reflexion über das ›Dort-Sein‹ mit verschiedenartigen Materialien geführt worden: Rohstoffprodukte wie Tagebücher und Briefe (z. B. Malinowski 1985), analytische Retrospektionen (z. B. Wax 1957; Rabinow 1977), erkenntnistheoretische Diskussionen über die Rolle des Ethnographen (z. B. Collins 1994; Hirschauer 1994) sowie metatheoretische Abhandlungen (Clifford 1993a; 1993b) haben die Diskussionen bestimmt. Dieser Aufsatz nimmt eine entgegengesetzte Blickrichtung zur metaethnographischen Reflexion über das Problem der *Fremd*repräsentation ein: Er geht nicht der Frage nach, ob bzw. unter welchen Umständen eine spezifische Kultur sowie ihre Mitglieder in der ethnographischen Beschreibung ›falsch‹ repräsentiert werden können, sondern beobachtet, wie die Teilnehmer einerseits den Ethnographen beobachteten, welche »Register« oder »Reper-

toires« (vgl. Amann in diesem Band) der *Fremden*repräsentation sie bereithielten, aktualisierten und aushandelten, und wie der Beobachter andererseits seine Passung in diesen Kontext organisierte. Diese Reflexion, der Erfahrungen eines gut neunmonatigen Feldaufenthaltes in exklusiven Internatsschulen[1] zugrunde liegen, bewegt sich auf zwei Ebenen: zum einen die Ebene des teilnehmenden Beobachters als Beobachter zweiter Ordnung, der sieht, wie in diesem spezifischen Feld mit ihm als einer konkreten Person verfahren wurde; zum anderen die Ebene der Selbstbeobachtung, den Erfahrungen am eigenen Leibe, zu denen der Beobachter einen privilegierten Zugang hat.[2]

Die Reflexion, die hier vorgetragen wird, ist eine aus der Retrospektive. Sie erhebt nicht den Anspruch, alle Dimensionen des ethnographischen Tuns objektiv erfaßt zu haben, so als könne der Soziologe aus zeit-räumlicher Distanz nun alles sehen, durchschauen und auch besser erkennen. Eine problematische Dimension dieser Art von Reflexion ist zum Beispiel, daß verschiedene Ichs im Spiel sind: das Ich des beschreibenden Ethnographen-im-Feld, das des Soziologen, der den »Ethnographen« rekonstruiert, und das des Soziologen, der den Text konstruiert. Um diese

[1] Die Studie (vgl. Kalthoff 1997) beschreibt theoretisch das »Formen des Ungeformten« (wie die Teilnehmer sagen) aus einer wissenssoziologischen Perspektive als ein Erlernen und Inkorporieren kodifizierten und kulturellen Wissens. Methodisch greift sie auf die im Kontext der neueren soziologischen Wissenschaftsforschung (Latour/Woolgar 1979; Knorr-Cetina 1984; Lynch 1985) angewandte Ethnographie zurück, mit der der Blick auf die Binnenprozesse des ›Laboratoriums‹ Internatsschule gelenkt werden konnte. Die Institution Internatsschule wurde nicht als besondere pädagogische Institution begriffen, sondern als eine von der Normalkultur relativ abgeschottete Bildungsinstitution, in der sich Inkorporierungsprozesse von Kultur empirisch erschließen lassen.

[2] Mit der Beobachtung des Beobachters wird ein Thema aufgegriffen, das auch systemtheoretisch ausformuliert worden ist. Systemtheoretisch entsteht Beobachtung dann, wenn ein System Differenzen feststellt, die es in seinem Funktionszusammenhang informativ verarbeiten kann. Beobachtet ein (psychisches oder soziales) System ein anderes, konstituiert nicht der Gegenstand selbst die Bedingungen seiner Beobachtung, sondern die Selbstreferentialität des beobachtenden Systems. Im Unterschied zur Ethnographie ist Beobachtung in der Systemtheorie daher durch die Selbstbezüglichkeit des Systems, seine Regeln und Funktionsweisen, zuallererst Selbstbeobachtung (vgl. Luhmann 1984).

Differenz als ein erkenntnistheoretisches Problem nicht einzuebnen, spricht der Autor des Textes distanziert von »dem Ethnographen«, in dessen Material er – einem Historiker vergleichbar – gewühlt hat; als Erzähler treten der konstruierende Soziologe und der beschreibende Ethnograph-im-Feld auf. Ein weiteres Problem ist das Verhältnis von Daten und Interpretationen: Die Reflexion kann nicht immer – wie Ethnographen sagen – mit Material belegt werden; sie bietet auch spekulative Interpretationen an.

Voraussetzung für das Gelingen ethnographischer Forschung ist der Feldzugang, also die Erlaubnis, über einen vereinbarten Zeitraum im ausgewählten Feld Beobachtungen durchführen zu können. Der Zugang zum Feld gestaltet sich in der Regel über zwei unterscheidbare Schritte: die Formulierung des Anliegens gegenüber dem Feld (durch Briefe, Telefonate, Vermittler) und erste Kontakt- oder Pilotgespräche, in denen das Forschungsinteresse und Beobachtungsmodalitäten besprochen werden. Mit der Deplazierung ins Feld beginnt dann der Beobachtungsaufenthalt. Entlang dieser Schritte soll gefragt werden, wie die Teilnehmer mit dem Beobachter umgegangen sind, was sie zugelassen haben und was nicht, wie sie versucht haben, ihn einzubinden oder auf Distanz zu halten, welche Möglichkeiten sie einräumten und welche Kontrolle oder ›Prüfungen‹ sie ihm auferlegten. Dabei wird deutlich werden, daß die Aushandlung des Feldzuganges von lokalen Verfahren des Umgangs mit Fremden bestimmt wurde, Verfahren, in denen die Teilnehmer den Forscher mit starken Selbstbehauptungen konfrontierten.

1. Die Kontaktaufnahme

Die Frage des Feldzugangs ist eine Frage, wie der Beobachter, der »vom Standpunkt der Gruppe aus, welcher er sich nähert, ... ein Mensch ohne Geschichte« (Schütz 1972: 60) ist, in den Augen der Teilnehmer in dieser Anfangsphase der Forschung plausibel wird, d. h. an die institutionelle Geschichte oder den feldspezifischen Rahmen anknüpfen kann. Wie in der Kreditwirtschaft geht es um die Erzeugung von *Kreditwürdigkeit* und darum, einen Wechsel auf die *Vertrauenswürdigkeit* in die Zukunft zu ziehen.

Den Feldzugang organisierte der Ethnograph auf offiziellem

Wege über die Leitungskräfte der Institutionen; gleichlautende Briefe gingen an zwei Jesuitenkollegs und an zwei Landerziehungsheime. In der Struktur der Jesuitenkollegs werden Internat und Schule als zwei voneinander getrennte institutionelle Bereiche durch Leitungskräfte (Internats- und Schulleiter) geführt; die hierarchische Spitze der Institution ist der Kollegsdirektor mit stärker repräsentativen Funktionen und spezifischen Entscheidungskompetenzen. Diese klassische Trennung in Lebensbereiche existiert bei den Landerziehungsheimen nicht; wenn sie ihre Institution untergliedern, dann geschieht dies nach dem schulischen Jahrgangsprinzip in Unter-, Mittel- und Oberstufe, denen eine eigene »Leitung« vorangestellt wird. Der Kopf der Institution bleibt der »Leiter«, dessen Funktionen mit denen eines Kollegsdirektors vergleichbar sind. Die Briefe waren im Falle der Jesuitenkollegs an die »Internatsleiter«, im Falle der Landerziehungsheime an die »Leiter« adressiert. Bei den Jesuitenkollegs versuchte der Ethnograph also den Internatsbereich als institutionelles Eintrittsfeld zu nutzen, bei den Landerziehungsheimen sollten die zentralen Führungskräfte (»Leiter«) das Anliegen weiterleiten.[3]

Der Ungewöhnlichkeit des ethnographischen Anliegens entsprach die Struktur der schriftlichen Darstellung im Brief: Präsentation und Plausibilisierung des Forschungsprojektes, der empirischen Methode und der Person des Forschers. So betonte der Ethnograph z. B. die Zentrierung der ethnographischen Methode auf die *Praxis* der Teilnehmer sowie die wertungsfreie Distanz. Es ginge nicht um ein Beurteilen, sondern um ein Verstehen pädagogischer Praxis. Um die Person des Forschers zu stärken, machte er biographische Daten geltend (mehrjährige Berufspraxis als Erzieher) und fügte zwei Empfehlungsschreiben bei: von der Betreuerin der Dissertation sowie von einer ihm persönlich bekannten Wissenschaftlerin mit einem wohlklingenden adligen Namen. Neben der attestierten Wissenschaftlichkeit sollte die adlig codierte

---

3 Das »Hochzonen« (Lau/Wolff 1983: 420) des Entscheidungsprozesses führte im Falle des Landerziehungsheimes dazu, daß das Kommen des Ethnographen vor den professionellen Teilnehmern verborgen gehalten wurde. Dies blieb nicht unkommentiert: So gab ein Teilnehmer dem Ethnographen später zu verstehen, daß der »ganze Entscheidungsprozeß wohl informell gelaufen« sei. Den Feldzugang über den zentralen Leiter organisiert zu haben, hieß, als ein »von oben« Kommender mit Reserviertheit betrachtet zu werden.

Empfehlung im Feld anerkanntes ›symbolisches Kapital‹ auf ihn übertragen.

Dem Brief folgten sehr unterschiedliche Reaktionen, die erste Auskünfte über das Feld geben. Als erste Reaktion kam nach wenigen Tagen die Postkarte des Internatsleiters eines Jesuitenkollegs: Ein Bildmotiv seiner Internatsschule, auf dem er handschriftlich sein Interesse und seine direkte Nummer, mit der der Ethnograph *durchwählen* solle, notiert hatte. Das zweite Jesuitenkolleg antwortete nach einigen Wochen mit einem offiziellen Brief, der Interesse signalisierte, aber auch die Notwendigkeit vorheriger eingehender Klärungen über das Beobachtungsformat betonte, da das Internat ein »familienähnlicher Betrieb« sei. Der offizielle Brief mußte deutlich unterstreichen, was die handbeschriebene Postkarte im Format selbst kodifizierte. Von den Landerziehungsheimen hörte der Ethnograph zunächst nichts. Ein Anruf vertröstete ihn mit der Aussicht auf eine später eintreffende schriftliche Reaktion des Leiters, die aber nicht eintraf. Die »Öffentlichkeitsarbeit« des zweiten Landerziehungsheimes antwortete nach drei Monaten mit einem handschriftlichen Brief, der das ethnographische Anliegen (»Beobachtungsaufenthalt«) in die Sprache und Form übersetzte, in der die Organisation ihrerseits mit Interessenten von außen umging: »Selbstverständlich«, ein »*Besuch*« (Herv. H. K.) ließe »sich sicher arrangieren«.

2. Die Aushandlung des Beobachtungsformates

Der mediatisierten Kommunikation zwischen den Institutionen und dem Ethnographen schlossen sich Erstgespräche an, zu denen der Ethnograph ins Feld reiste. Im Falle der Jesuitenkollegs fanden die Gespräche jeweils zwischen zwei Personen, dem Internatsleiter auf der einen, dem Ethnographen auf der anderen Seite, statt. Aus der Perspektive der Internatsleiter ist diese erste face-to-face Situation mit dem Ethnographen ein privilegierter Moment der Selbstrepräsentation und des Abschätzens, ob der Beobachter in ihre Institution ›passen‹ könnte; das, was als körperliche und symbolische Oberfläche der Ethnographen-Person beobachtbar ist, fungiert als Medium für einen (potentiellen) Vertrauensvorschuß. Anknüpfend an die adlige Empfehlung versuchte eine Leitungskraft zu eruieren, wie ›nah‹ oder wie ›entfernt‹ der Ethnograph dem institutionellen Umfeld zuzuordnen sei. So wollte sie wissen, aus welcher »Linie des Hauses« die »Frau von B.« stamme, denn ein »von B.« habe letztes Jahr »hier Abitur gemacht«. Aus der Perspektive des Ethnographen erinnert die Konstellation des Erstgespräches an ein *Vorstellungsgespräch*, in dem er sich zu bewähren und auf die Selbstrepräsentation des Feldes durch den gate-keeper zu reagieren hat. Der Ethnograph trifft im Kontext seiner Selbstinszenierung auf ein doppeltes Wissensproblem: Zum einen die Antizipation kultureller Standards, von denen er annimmt, daß sie in dem Feld dominieren (z. B. der Kleidungsstil), zum anderen die Konfrontation mit einem Bild von Wissenschaft und Wissenschaftlern, das ihm unterstellt und an dem er gemessen wird (so z. B. durch Bedenken gegenüber der Methode: »Ist das denn repräsentativ?«). Und gleichzeitig darf die Vorstellung ihre Performativität nicht sichtbar werden lassen, sondern muß spezifische Inhalte vor die Form rücken. Thematische Dimensionen des Forschungsprojektes spielten während des Gespräches kaum eine Rolle (ebenso Lau/Wolff 1983:420); demgegenüber waren die Struktur der Institution sowie der Verlauf der Beobachtung zentrale Gegenstände. In den Gesprächen betonte der Ethnograph, daß seine Beobachtungsmöglichkeit an die Akzeptanz der Teilnehmer gekoppelt sei, in ihren Bereichen Beobachtungen überhaupt zuzulassen. So fungierte der Hinweis einer Leitungskraft – »das ist dann abzusprechen« – wie ein Konsens, der die Anwesenheit von Forschung im eigenen Hause kalkulierbar zu machen schien.

Mögliche Bedenken vorwegnehmend, betonte der Ethnograph in der ersten Internatsschule auch, keine Studie über reiche Zöglinge verfassen zu wollen, sondern die »pädagogische Professionalität« zu fokussieren. Auf diese Vergewisserung reagierte der Internatsleiter mit demonstrativer Gelassenheit: Auch wenn der Ethnograph auf Sensation aus sei, es würde sie nicht erschüttern. Wenn der Orden, dem er angehöre, die Historie mit all ihren Wechselspielen habe überstehen können, dann werde wohl auch diese Untersuchung weder der Einrichtung noch dem Orden einen Abbruch tun können. Die vom Ethnographen als wissenschaftliche Selbstrepräsentation intendierte Aussage wurde vom Internatsleiter ›wörtlich‹ genommen und mit einem Image der Distanziertheit konfrontiert. Zwei Personen in einem Spiel: Die eine mit der Idee, im Schoße der gesamten kollektiv-historischen Erfahrung unberührbar zu sein, die andere mit dem Wunsch, dieser Geschichte einige Monate ihrer *Gegenwart* abtrotzen zu können.

Überraschend für den Ethnographen kam nach dieser Distanz-Markierung die Zusage des Beobachtungsaufenthaltes sowie die Verständigung über die Beobachtungsmodalitäten; gut vier Monate bis zum Schuljahresende sicherte der Internatsleiter zu, über das neue Schuljahr müsse verhandelt werden. Die Öffnung der Institution für die Forschung bei gleichzeitiger Betonung der Distanz zu ihren Intentionen und Ergebnissen, d. h. ihrer Irrelevanz für die eigene Praxis, sind zwei Seiten einer Medaille. Diese Verbindung von ›Engagement und Distanzierung‹ wird auch daran deutlich, daß – wie der Ethnograph später erfuhr – Bedenken einer anderen Leitungskraft mit der Garantie der *Unsichtbarkeit* des Beobachters ausgeräumt wurden: »Den siehst du hier gar nicht.« Das Problem für diesen Teilnehmer war sicher nicht, daß der Beobachter sichtbar sein, sondern daß er überall etwas zu sehen bekommen würde. Mit der genial anmutenden Verkehrung von Beobachten-Können und Sichtbar-Sein wurde die Anwesenheit des Forschers institutionell durchsetzbar.

Das zweite Jesuitenkolleg maß der Ethnograph beim ersten Gespräch mit den Augen des ersten. Denn in der Zwischenzeit hatte er dort zwei Monate gelebt, war eingenommen von und eingeschlossen in dieser Welt: schleichend, aber nicht aufzuhalten. Die langsame Anpassung an die Struktur des Alltags wandelte sich in Anerkennung – es war wie die »Verliebtheit in einen Ort«[4]. Wie Schüler und Pädagogen trug er die sprachlichen Zeichen der Zugehörigkeit wenn auch nicht auf den Lippen, so doch heimlich in Gedanken. In dieser Stimmung fand sich der Ethnograph zur Vorstellung in den würdigen und beeindruckenden Mauern der zweiten katholischen Internatsschule wieder. Deren Massivität und Anciennität schien anzuzeigen, daß hier eine andere Zeit geht und eine andere symbolische Ordnung herrscht. Im Verlauf des Gespräches wurde ihm seine Befangenheit klar: Er spürte die ›Brille‹, die ihm zwei Beobachtungsmonate in der ersten Internatsschule verpaßt hatten, war aber kaum in der Lage, sie abzusetzen; und

---

4 Mit diesem Ausspruch beschreibt Klaus Mann (1983: 133) seine subjektive Bindung an eine Internatsschule, in der er zu Beginn der 20er Jahre Schüler gewesen war. Ein extremes Beispiel des going native-Prozesses als Phänomen der Ethnographie findet sich in Sarno (1993).

ihm wurde klar, daß diese ›Brille‹ das filterte, was er sah. Die Rezeption der zweiten Institution wurde in diesen Momenten gerahmt einerseits durch die Repräsentation, die von ihr in der ersten Internatsschule zirkulierte, und andererseits, aber hiermit verknüpft, durch seinen Als-ob-Status, so als sei er Angehöriger dieses ›Stammes‹.

Das Erstgespräch zwischen dem Internatsleiter der zweiten Internatsschule und dem Ethnographen wurde kontextualisiert durch das Image, das ihm durch die institutionellen Verbindungen beider Internatsschulen vorausgeeilt war: Es kam nicht ein Herr K., der Internatsschulen untersuchen will, sondern der Herr K., der Internatsschulen untersucht und schon in der A-Schule eine empirische Studie durchführt (»Da läuft das ganz gut«). Dieser symbolische Vorschuß an Glaubwürdigkeit enträtselte die Ethnographen-Person und formulierte eine andere Basis gegenseitiger Wahrnehmung und Verständigung. Fremdbeobachtung und Selbst(re)präsentation bezogen sich auf die Abklärung von Beobachtungsmodalitäten.

Viel später erfuhr der Ethnograph, daß seine schriftliche Anfrage in eine interne Diskussion geplatzt war, in der der Ruf nach einem externen Beobachter zur Analyse des Erziehungsalltags formuliert worden war. Auslöser der Diskussion waren rückgängige Schülerzahlen, die als Zeichen einer Krise der ökonomischen Rentabilität der Institution gedeutet worden waren.[5] Diese Situation scheint die Bereitschaft hervorgebracht zu haben, das eigene Tun durch eine externe Perspektive zu reflektieren. Ebenso erfuhr er erst viel später, daß sich einige Teilnehmer eine stärkere Intervention wünschten. Nach ihren Vorstellungen sollte die Beobachtung mehr und mehr in den Hintergrund und die Teilnahme in den Vordergrund treten. Aus der ethnographischen Beobachtung sollten »pädagogische Ratschläge« – so ein Teilnehmer – erwachsen, d. h. eine an der *Praxis orientierte Supervision*. Die Ergebnisse der Forschung schienen nutzbar zu sein, um dem eigenen Tun einen Spiegel vorhalten zu können.

5 Internatsschulen müssen sich mit ihrem Angebot am Markt durchsetzen. Ob ihr Produkt gefragt ist oder nicht, zeigen steigende oder fallende Schülerzahlen. Das Management dieser Institutionen hat in seiner Praxis die Elemente installiert, die in der neueren Diskussion über die Autonomie und Effizienz ›staatlicher‹ Schulen erst noch zur Debatte stehen (vgl. beispielhaft Strain 1995; Chubb/Moe 1990).

Im Falle des Landerziehungsheimes folgten nach der wohlwollenden schriftlichen Antwort eine Reihe telefonischer Aushandlungen, in denen es darum ging, die Differenz von »Besuch« und »Beobachtungsaufenthalt« zu klären. Die Geste der Aufgeschlossenheit wich der Skepsis, »ob das hier möglich sein wird«. Aber der Ethnograph blieb hartnäckig und versuchte z. B. durch Verweis auf die beiden anderen Internatsschulen mögliche Bedenken auszuräumen. Im Falle der Jesuitenkollegs war die schriftlich-mündliche Kommunikation direkt mit den Internatsleitern erfolgt; bei diesem Landerziehungsheim blieb der Leiter, an den er den Brief adressiert hatte, der Souffleur der Akteure, die für den direkten Kontakt zuständig waren. Sie waren seine Sprecher, durch die er mit dem Ethnographen verhandelte. Zwei Bedingungen, die in beiden Jesuitenkollegs selbst Gegenstand der mündlichen Aushandlung waren, wurden von ihm als Rahmung gesetzt: Erstens, zeitliche Begrenzung des Beobachtungsaufenthaltes auf zwei Wochen, und zweitens, »Betreuung« durch einen Mitarbeiter. Nachdem sich nach informellen Absprachen ein solcher Mitarbeiter gefunden hatte, reiste der Ethnograph nach neun Monaten des Aushandelns zu einem Gespräch mit diesem Betreuer in die Internatsschule.[6]

Internatsschulen sind den Umgang mit mehr oder weniger Fremden gewohnt, wie PR-Materialien, in denen die Institution auf verschiedene Weise präsentiert wird, oder für die PR-Arbeit abgestellte Mitarbeiter belegen. Fremde, die für jede Internatsschule eine große Bedeutung haben, da sie die Außenwahrnehmung der Institution spiegeln, existieren für Internatsschulen in unterschiedlichen Figuren des Besuchers. Zum einen gibt es *Besichtiger*, die aus kunsthistorischem Interesse einen Blick auf oder in das alte Schloß, das Kloster oder den Herrensitz werfen, die die Internatsschule beherbergen; in der Regel sind es Reisende, denen spezifische Räume offen stehen (z. B. sakrale Räumlichkeiten). Zum anderen gibt es *Interessenten*, die durch das Erziehungs-

---

6 Auf dieses relativ kurze Gespräch wird hier nicht mehr vertiefend eingegangen: Der Ethnograph schilderte die Methode der teilnehmenden Beobachtung und verständigte sich mit dem Mitarbeiter auf einen Termin für den Beginn des Beobachtungsaufenthaltes. Er wies seine Kontaktpersonen auch darauf hin, daß es ratsam sei, die anderen Mitarbeiter ebenfalls über sein Kommen zu informieren. Über vergleichbare Schwierigkeiten des Feldzuganges berichtet Jackall (1990).

programm der Internatsschule angelockt werden; hierzu gehören potentielle Eltern und Vertreter der Presse. Für sie werden Gespräche und Führungen organisiert, die über den Einblick in verschiedene Räumlichkeiten (z. B. die Schlafzimmer, den Speisesaal, die Sporthalle) das Konzept der Erziehung darstellen sollen. Hiervon zu unterscheiden ist der *Besucher-Kollege*, der für einige Tage dem Treiben des Internatsalltags folgt, um Anregungen für seine Arbeit zu erhalten. Dieser Besucher besitzt einen Gaststatus, der ihm die Bereiche öffnet, von denen angenommen wird, daß in ihnen eine für die Institution spezifische Praxis sichtbar wird (z. B. Freizeitgestaltung). Besucher besonderer Art sind die Eltern der Schüler. Auch wenn ihr Aufenthalt wie bei den Interessenten i.d.R. kurz bemessen ist, sind sie so etwas wie *privilegierte Andere*. Eltern bewegen sich frei in der Internatsschule, besitzen Zugangsrechte zu und Gesprächsrechte mit ihrem Kind, den Pädagogen und den Leitungskräften. Beim jährlichen Fest, einem der Höhepunkte des Schuljahres, findet eine gegenseitige Spiegelung statt: Eltern werden als elementarer Bestandteil der Internatsschule repräsentiert und ihnen präsentiert sich die Internatsschule als adäquate Erziehungsinstanz ihrer Kinder. Mit dem Praktikanten und dem Berufsanfänger kommen schließlich Fremde ins Spiel, die nicht mehr besichtigen oder besuchen, sondern als *Berufsnovizen* in das professionelle Geschehen eingeführt werden.[7] Insbesondere Praktikanten beobachten und praktizieren zugleich; trotz nur temporärer Anwesenheit erwerben sie den Status eines Dazugehörigen-auf-Zeit.

Im Kontext dieser Konstellation von bekannt-unbekannten Anderen war die Anfrage des Ethnographen nicht unterzubringen. Wie läßt sich nun die unterschiedliche Bereitschaft dieser konkreten Institutionen – zwei Jesuitenkollegs und zwei Landerziehungsheime – zu dem »Realexperiment« (Stichweh) der Beobachtung interpretieren? Zwei Deutungen möchte ich hier vorschlagen:

(1) Jesuiten verstehen ihre Kollegien und Internate nicht allein als ein mehr oder weniger attraktives Schulangebot, das sie an inter-

---

7 In diese Kategorie fallen ebenfalls der »Gastschüler« und der Jesuiten-Novize, der für ein oder zwei Jahre in einem Jesuitenkolleg eine Phase seiner Ausbildung durchläuft. Lehrerreferendare sind in den Schulen nicht anzutreffen, da diese Institutionen nicht als staatliche Ausbildungsstätte vorgesehen sind.

essierte und ausgewählte Kreise richten, sondern als Teil einer umfassenden apostolischen Tätigkeit, die sie mit einem übergeordneten, transzendentalen Verständnis von Welt verknüpfen. Als »Instrument« (Kollegsdirektor) in den Händen der sie frequentierenden sozialen Kreise setzen Jesuiten Schwerpunkte, die sie ihrer Programmatik und den Anforderungen des Umfeldes entnehmen (vgl. Gundlach 1927). Die Offenheit für wissenschaftliche Fragestellungen ist – neben ihrer intellektuellen Tradition – auf dieses »Mehr« des Apostolats zurückzuführen, mit dem Jesuiten der Welt zugewandt auf diese zu reagieren vermögen, und dies mit einer Festigkeit und Flexibilität, die sie aus diesem »Mehr« schöpfen. In diesem Sinne ist die Offenheit Teil ihres »Kampfes« für den »Glauben« und die »Gerechtigkeit« (vgl. Generalskurie 1986), die sie selbst auf denjenigen ausweiten, der ihre Pädagogik zum Objekt erhebt. Die zwei Landerziehungsheime dagegen vermittelten den Eindruck, institutionell eher geschlossen zu sein. Zwar haben auch sie ein »Mehr« in ihre pädagogischen Konzepte integriert – »Plus êtes en vous« lautet z. B. eine Formel -, dieses »Mehr« ist aber allein auf die Entfaltung der Schüler gerichtet und resultiert nicht aus einem über dem Zweck der Schule liegenden Ziel. Ferner drängte sich dem Ethnographen sowie dem analysierenden Soziologen der Eindruck auf, daß Nützlichkeitserwägungen (der Ethnograph als kostengünstige PR-Agentur) stark im Vordergrund standen.

(2) Für Jesuiten sind ihre Internatsschulen keine private Veranstaltung, sondern eine Institution, die in der Gesellschaft verankert ist; in diesem Sinne handelt es sich für sie um eine *öffentliche* Institution (vgl. Schneider 1981). Dieser Anspruch schlägt sich auch in ihrer pädagogischen Praxis nieder. Insbesondere in einem Jesuitenkolleg galt, daß die Schüler nicht jedermann sind, sondern Teil der Öffentlichkeit: Auf diese müssen sie vorbereitet werden, in dieser müssen sie sich *bewähren*. Das heißt auch, daß die Institution zwar eine Privatheit der Schüler erzeugt und garantiert, aber um sie auf Öffentliches vorzubereiten. Die Anwesenheit der Öffentlichkeit in der Person des Ethnographen ist mit diesem Erziehungsprogramm leichter zu vereinbaren. Die Landerziehungsheime hingegen werden von ihrer Klientel stärker als eine Abschottung der Öffentlichkeit (als »Fluchtburgen«, Oelkers 1989) und somit als Sicherung der Privatheit verstanden, für die die Institution zu sorgen hat. Strukturell ausgenommen hiervon sind diejenigen institutionellen Bereiche, die einer eigenen Reprä-

sentationslogik folgen wie z. B. die »Dienste« (»Feuerwehr«, »Sanitätsdienst« etc.), in denen die Schüler dieser Internatsschulen »Verantwortung üben«. Als Öffentliches innerhalb des Privaten werden diese Erziehungsbereiche vielleicht auch deshalb eher der Beobachtung zugänglich gemacht, da sie für die Teilnehmer ein Symbol ihrer eigenen Kultur sind und zugleich das Private unangetastet lassen.

3. Unter Fremden

Internatsschulen betonen immer wieder, daß sie nicht eine bloße Ansammlung von Individuen sind, sondern daß diese eine »Gemeinschaft« formen (sollen). Strukturell gleichen manche Internatsschulen gar Miniaturausgaben von Dorfgemeinschaften mit »Zünften«, »Gilden«, »Räten«, »Feuerwehren« etc., d. h. organisierten Gebilden, in die die Sozialität ihre Mitglieder verstreut und ihnen Funktionen zuweist. Institutionell formt die Internatsschule Gemeinschaft durch einen spezifischen Modus des Zu- und Wegganges, der verschiedene Grade von *Ansässigkeit* erzeugt. Im Unterschied zu denjenigen Pädagogen, die nur zu ihrer Arbeitszeit in die Internatsschule kommen, gibt es eine Reihe professioneller Teilnehmer, für die die Institution das Zuhause ist: Sie arbeiten und leben hier – einige auch mit ihren Familien, einige auf den Fluren ihrer Gruppe.[8] Schüler, die hier über Jahre leben – unterbrochen von Ferien und Wochenendfahrten –, haben ihrerseits die Gewißheit, das Internat eines Tages zu verlassen. Kommt ein Ethnograph in die Internatsschule, ist er mit dieser Konstellation einer dichten Sozialität (»Gemeinschaft«) konfrontiert, deren Mitglieder wissen, daß er über ein privilegiertes Recht des Kommens und Gehens verfügt.

Das Dazu-Gehören zu dieser »Gemeinschaft« stellte eine besondere Hürde für den Ethnographen dar. Den Zugang zum Feld organisiert zu haben, d. h. sich legitimiert in den Institutionen aufhalten zu können, bedeutete für diesen Institutionentyp nicht,

---

8 Internatsschulen können regelrecht als Gravitationszentrum des Lebens fungieren, z. B. für den »Altschüler«, der – unter Umständen auch dort geboren und aufgewachsen – als Pädagoge oder Leitungskraft in diese kulturelle Welt zurückkehrt.

Zugang zu haben. In einer Internatsschule dominieren Türen, die die Institution in einer verschachtelten Weise verschlossen halten. Als reale Metapher umschreiben sie auch die Situation des Ethnographen: Wie die Schüler früherer Anstalten kontrollierende Atriumspräfekte passieren mußten, so war der Ethnograph mit einer endlichen Zahl von gate-keepern konfrontiert: Lehrer für Lehrer, Schulklasse für Schulklasse, Pädagoge für Pädagoge, Gruppe für Gruppe war der Zugang Situation für Situation immer wieder herzustellen und auszuhandeln. Ein Beispiel: Die Zustimmung einer Lehrperson, in einer Klasse den Unterricht beobachten zu dürfen und sich dann Stunde für Stunde legitim in der Klasse aufzuhalten, bedeutete nicht automatisch, auch das Recht zu haben, in dieser Klasse die Vorbereitung, Durchführung oder Rückgabe einer Klausur beobachten zu können, geschweige denn zur Korrekturarbeit der Lehrperson zugelassen zu sein. Das heißt, die beständige Aushandlung der Beobachtungsmöglichkeit stellte in den Händen der Teilnehmer eine Ressource dar, mit der sie ihre »strukturelle Distanz« (Lau/Wolff 1983:423) zum Ethnographen durch die Zulassung variabler Beobachtungstiefen regulierten.

Hierzu gehörte auch die Frage, wie das Verhältnis von Sichtbarkeit und Sehen-Können bestimmt wurde. Zentral hierfür war die Präsentation des Beobachters in seiner Begrüßung, mit der die Teilnehmer sehr unterschiedlich verfuhren. In einer Internatsschule war zum Beispiel auf die Begrüßung im Lehrerkollegium verzichtet worden. Hier wirkte die Informalität als *Tarnung* so perfekt auf einige Teilnehmer, daß eine Lehrerin nach vier Monaten in dem Ethnographen einen Referendar wiederzuerkennen meinte, dem sie eine Unterrichtsstunde würde andrehen können, die wegen Krankheit der »Mentorin« auszufallen drohte. Dagegen war ihm in einer anderen Internatsschule durch die Begrüßung ein offizieller Status eingeräumt worden, der seine Position absicherte. Das heißt: Mit der Begrüßung, die den Ethnographen initiiert, steuert man die Bedeutung, die ihm im Internatsalltag zugedacht wird, und zwar umso mehr, als gerade in diesen exklusiven Erziehungsinstitutionen die praktische Beherrschung von Stilformen zentral für den Umgang mit und die Wahrnehmung von Individuen ist. Die Vermeidung der Begrüßung im Sinne einer offiziellen Einführung bedeutet in diesen Institutionen, daß der Ethnograph in einer besonderen Weise in die rituelle Ordnung eingebaut wird.

Im Kontext dieser Rahmung des Ethnographen gestanden die einen Teilnehmer ihm den Status eines *Reisenden* zu, der einen flüchtigen Blick in frontstage-Situationen werfen kann, zum Beispiel in bestimmte Unterrichtsstunden (aber ohne Aufnahmegerät), in Freizeitaktionen oder dem lediglich ein Interview gegeben wird. Andere Teilnehmer sahen in ihm den *Hospitanten*, der etwas lernen konnte (oder auch sollte). Für ihn bereiteten sie sich *besonders* vor, um z.B. die Effekte verschiedener Methoden oder Materialien zu demonstrieren und sich als kompetent zu präsentieren.[9] Wiederum andere entdeckten in ihm den *Interessenten*: Wie sich der Ethnograph ihre pädagogische Praxis sukzessive aneignete, so verstanden sie ihrerseits durch die Vielzahl der Gespräche über das Was und Wie ihrer Praxis die Perspektive und die Fragestellungen, mit denen sich der Beobachter herumschlug. In diesem Wechselspiel gegenseitiger Annäherungen öffneten sie ihm backstage-Situationen ihrer Profession (vgl. z.B. Kalthoff 1996) oder banden ihn in Aktivitäten der Teilnehmer ein (wie z.B. in den »Lehrersport«). Dies heißt aber nicht, daß sie nicht auch eine Selbstzensur an ihrer Praxis vollzogen: So ein Pädagoge, der den Anschiß seiner Zöglinge in einen (vermeintlich) unbeobachteten Zeitraum verschob.[10] Schließlich gab es Teilnehmer, bei denen der Ethnograph einen *Gaststatus* erheischt hatte; er galt nunmehr als ›Freund des Hauses‹. So wurde er z.B. von einem Teilnehmer eingeladen, die anstehenden Ferien auf dem familiären Landsitz zu verbringen. Für die Teilnehmer wurde die Rolle des Ethnographen immer dann zu einem Thema, wenn die verschiedenen Vorstellungen über seinen Status aufeinanderprallten. In einer Internatsschule galt dies z.B. für die Augenblicke des »gemütlichen Beisammenseins«, Situationen, in denen sich Privates und Institutionsöffentliches vermischte. War für die einen Teilnehmer die Präsenz des Ethnographen »selbstverständlich«, so wirkte sie bei anderen verunsichernd: Sie fragten sich, was noch gesagt werden konnte und was nicht.

9 Ein Lehrer meinte, daß die Anwesenheit des Ethnographen den Schulalltag zu einem »Sondertag« mache. Natürlich sei er dann besser vorbereitet, schaue sich den Text lieber zweimal an und überlege auch noch einmal den Stundenverlauf.

10 Verschiedene Schüler und Schülerinnen konstatierten Veränderung im Verhalten einzelner Pädagogen: »Seit Sie da sind, ist Herr B. viel netter«, so eine Schülerin.

In dem skizzierten Komplex ging es bislang um die Differenzierung von privat-unbeobachteten und öffentlich-beobachtbaren Zeit-Räumen aus der Teilnehmerperspektive. Aber auch für den Ethnographen stellte die Etablierung privater Zeit-Räume in dieser ›geschlossenen Gesellschaft‹ – Momente des Nicht-Beobachtens und Unbeobachtet-Seins – eine immer wieder zu bewältigende Aufgabe dar. Glich er in dem Landerziehungsheim denjenigen professionellen Teilnehmern, die morgens kommen und abends gehen, wurde er in beiden Jesuitenkollegs zum Ansässigen – untergebracht im ersten Kolleg in der Krankenabteilung (sic), im zweiten in dem Appartment eines angrenzenden Gebäudekomplexes.[11] Während des Beobachtungsaufenthaltes in einer Internatsschule zu wohnen, stellt ein wichtiges Moment kultureller Assimilation dar, bedeutet aber auch, sich dem internen Leben stärker auszusetzen. Als Symbol hierfür kann die Frühstückssituation genommen werden: Fand diese im ersten Kolleg immer schon im Feld statt (d. h. im »Refectorium« oder in der »Mensa«), so im zweiten in einem mit der Aura des Privaten ausgeschmückten Zeit-Raum: Ungestörtheit und Lektüre von Tageszeitungen wurden dem Ethnographen wichtige Momente des Vertrauten, bevor er alltäglich die Grenze ins Feld überschritt.

Hierzu kam eine Entwicklung, die als Bedingung der Ethnographie in dieser Sozialität besonders ausgeprägt ist. Die in der ersten Institution zunächst verfolgte Strategie, nur temporär anwesend zu sein, hatte den Ethnographen immer wieder nach draußen katapultiert, sein Fremd-Sein immer wieder bestätigt. Es war so, als würden ihm die Teilnehmer das Privileg streitig machen, sich nach Belieben zurückziehen zu können. Er änderte seine Strategie und war nun i.d.R. durchgängig präsent. Dieser Prozeß ging einher mit der Beobachtung, daß nach einer Reihe von Ad-hoc-Gesprächen und Interviews, in denen es um einen ersten Einblick in die Struktur und das Funktionieren der Internatsschule ging, sich die Teilnehmer erschöpft hatten. Dieser Ablauf hing auch damit zusammen, daß es (insbesondere zu Beginn) immer etwas Besonderes war, wenn der Ethnograph hinzu kam. Man plauderte nicht mit ihm, sondern man ›führte ein Gespräch‹; auch unterhielt er

---

11 Die facilities, die die Internatsschulen bereitstellten, bestätigen noch einmal die Differenzen des institutionellen Habitus zwischen den beiden Jesuitenkollegs und dem Landerziehungsheim.

sich nicht mit den Teilnehmern, sondern initiierte Gespräche. Sie schienen es aber auch zu genießen, daß ihnen jemand mit ›unendlicher‹ Geduld zuhörte, und dem, was sie taten und sagten, Bedeutung beimaß – ein Umstand, der der alltäglichen Anwesenheit des Ethnographen etwas Außeralltägliches verlieh. Der Konversationsstoff, der dem inneren Leben dieser dichten Sozialität entspringt, markierte den Ethnographen aber immer schon als jemanden, der (noch) nicht mitreden konnte. Und er registrierte, daß seine ›großen Themen‹ dem Alltag entglitten, denn sie waren nicht beliebig wiederholbar.

Eine andere Dimension der Fremdheit bildeten die kulturellen und symbolischen Formen (wie Kleidung, Distinguiertheit) sowie das Weltbild einiger Schüler-Teilnehmer ("Herr K., der DGB ist doch eher linksradikal, oder?"). Notizen von einem Fest:

Beim Basketballspiel stehen als Zuschauerinnen einige jüngere Frauen herum. Alle gestylt: schlank und lange Haare, nach hinten geworfen, nicht gefärbt. Jeans und dunkelblaues Jackett, Ledergürtel, weiße Bluse und im Blusenausschnitt ein seidenes, gemustertes Tuch. Auch wenn insgesamt der Eindruck der Einfachheit entsteht, weiß ich mittlerweile, daß alle diese Stücke sehr erlesen sind. Die ›männlichen‹ Stücke werden konterkariert durch die langen, offen getragenen Haare, mit deren Drapierung ein unauffälliger Kult getrieben wird. Nicht, kaum oder nur unauffällig geschminkt. Diesem weiblichen Typ korrespondiert ein männlicher Schülertyp. Gleiche Kleidung: Jackett, weißes oder gestreiftes Hemd, Seidentuch, Bundfaltenhose oder Jeans. Nur die Haare sind kurz, das Deckhaar etwas länger und – manchmal – ›gegelt‹.

Durch die Beobachtung, wie die Schüler-Teilnehmer einen Berufsnovizen beobachteten, der sich »nicht mal richtig anziehen kann« (so ein Schüler), erfuhr der Ethnograph durch die ›was man wie trägt‹-Vorschriften die Bedeutung der Körperhüllen in dieser Kultur. Hierzu gehörte auch die Beobachtung, daß insbesondere ältere Schüler über ein eigenes, dem Ethnographen unbekanntes Raumempfinden zu verfügen schienen: Sie gingen nie einfach durch einen Raum, gewichtig durchmaßen sie ihn. Der gemessene Schritt schien die angemessene Präsenz der Person darzustellen, so als sollten Raum und Körper im Einklang sein.

Eine weitere Fremdheitsdimension waren Formen des sich Nicht-Gemein-Machens: Distanziertheit und geflissentliches Nicht-Sehen gegenüber Mitgliedern einer sozialen Klasse, aus der sich früher Domestiken rekrutieren ließen. Wenn ein Internatsleiter sich vor (adligen oder großbürgerlichen) Eltern verneigt, dann ist es eine implizite Anerkennung dieser historischen Relation. Für die Pädagogen wurde diese latente Grenze immer dann offensichtlich, wenn der Elterntag anstand. Der Ethnograph seinerseits fand sich in der Rolle eines Beobachters wieder, der irritiert feststellt, daß dieser Beobachtungsfokus angesichts all der praktischen Fragen der Teilnehmer in einen Zustand des Leerlaufs geriet. Die erste Zeit der Neugierde wich einer Perspektive, die das situative Relevant-Machen dieser Dimension – soweit für den Ethnographen erkennbar – in den Blick nahm.[12]

Mit den Dimensionen des Fremdseins vermischte sich Vertrautes, wie z. B. die Frageform im Unterricht. Aber durch die veränderte Perspektive des Beobachters – Stift in der Hand und fieldnotes unter dem Arm – war das Vertraute nicht mehr das Selbstverständliche. Manchmal erschien es dem Beobachter auch so, als werfe er einen Blick zurück auf die eigene Geschichte – déjà-vu Effekte:

Beim ersten gemeinsamen Abendessen mit den Erziehern – in der Zwischenzeit habe ich eine Stunde des »Studiums« gesehen sowie das Abendessen in der Mensa – werde ich zwar registriert, aber andere Themen dominieren die Konversation. Wie sich herausstellt, ist die Fastenzeit für die katholischen Teilnehmer angebrochen und verschiedene Nahrungsmittel können – obwohl angeboten – nur noch mit ausdrücklicher Ironisierung konsumiert werden. Im katholischen Milieu des Münsterlandes aufgewachsen und zutiefst mit dieser Symbolik vertraut, finde ich mich in einer Welt wieder, die mir doch fremd geworden war. Hier wollte ich hin, hier sitze ich nun und zögere über diesen Entschluß.

---

12 Die Unvertrautheit des Ethnographen mit adligen oder großbürgerlichen Formen der Distinktion markierte eine Grenze, die subtile Praxis des sich Unterscheidens zu erfassen. Diese Schwierigkeit wurde auch von Teilnehmern angesprochen. So fragte eine ehemalige Schülerin adliger Herkunft den Ethnographen, ob er denn Adlige überhaupt erkennen könne. Sie könne dies – auf einhundert Meter Entfernung.

4. Diverse Integrationsformen

Mit der Anwesenheit des Ethnographen war für einige Teilnehmer das grundsätzliche Problem verbunden, in ihrer alltäglichen Praxis selbst Beobachtbares auszumachen. So betonte ein Pädagoge, der Ethnograph müsse unbedingt zur Karnevalsfeier kommen, denn *da* würde es etwas zu *sehen* geben. Manche inszenierten auch etwas ›Sichtbares‹ (z. B. einen Wochenendausflug), damit etwas ›los‹ war, das beobachtet werden konnte. Dies wurde insbesondere bei einem Teilnehmer offensichtlich, der seine restriktive Haltung gegenüber dem Ethnographen in den Momenten änderte, wenn es Bedeutungsvolles vorzuführen gab. Diese Augenblicke waren wie Kammerspiele in einer simulierten Welt: Wie in »Dinner for one« – eine für Momente erzeugte fiktive Welt, in der die Leidenschaft (in diesem Fall die Beobachtung) sich austoben kann und soll. Es war so, als sollte noch einmal eine story erzählt werden, die an ein Klischee anknüpft, das außerhalb der Internatsschule über diese zirkuliert und dann bestätigt. Fremd- und Selbstrepräsentation spielten als Anknüpfungspunkte zusammen und schienen ein Garant dafür zu sein, daß das eigene Tun kommunizierbar wurde.

In der Arbeit mit dem Ethnographen wandten die Teilnehmer verschiedene Verfahren an: Zum einen gab es eine Reihe von *Abwehrstrategien* vielfältiger Art. So versuchten die professionellen Teilnehmer z. B. sich selbst aus dem Beobachtungsfokus herauszunehmen und ihre Objekte zum alleinigen Objekt der Studie zu machen. So ein Lehrer, den der Ethnograph in einem Schülercafé traf: »Ach so, Sie wollen über Internate schreiben. Ja (dreht sich zu den anwesenden Schülern mit einer ausladenden Armbewegung um) hier sind ihre Objekte«. Neben dieser ausstellerischen Attitude exotisierten sie den Ethnographen selbst als Objekt. So kommentierte eine Betreuerin, die ihn oft nur hinter ihrem Schreibtisch empfing: »Ach ja, Soziologie ist ja auch so ne Sache. Wenn das mal was wird.« In diesen Bereich gehörte auch die Frage nach der Repräsentativität, die dem Beobachter insbesondere in der ersten Internatsschule begegnete. Monatelanges Sammeln von Beobachtungen schien kein Beleg für die Wissenschaftlichkeit zu sein, von der die Teilnehmer eine andere Vorstellung zu haben schienen.

Zum anderen existierten *Vereinnahmungsstrategien*, an denen Statusfragen des Fremden thematisch wurden: Die Tätigkeit des Ethnographen – vor allem das Beobachten – wurde vor den Augen der Schüler für erzieherische Zwecke nutzbar zu machen versucht, indem man den Ethnographen zum Kronzeugen in Konfliktfällen zwischen Pädagogen und Schülern stilisierte. So sagte ein Betreuer zu einem Schüler, den er gerade ›erwischt‹ hatte: »Der Herr K. hat das sicherlich auch beobachtet.« Mehreren Pädagogen gab der Ethnograph schnell zu verstehen, daß seine Beobachtungen nicht vor den Augen der Schüler für Erziehungszwecke eingebunden werden können. So sprach sich dann auch bei den Schülern herum, daß er nicht »petzte«; sein Beobachten wurde für sie unterscheidbar vom Beobachten der Pädagogen. Der überwiegende Teil der Beobachtung folgte der Perspektive der Pädagogen, aber dennoch war die Unparteilichkeit Voraussetzung für die Möglichkeit, zwischen Pädagogen und Schülern *hin- und herpendeln* zu können, wobei die jeweils andere Gruppe den Ethnographen genau beobachtete. So ein Betreuer, der sichtlich nervös wurde, als der Ethnograph mit seinen Schülern Interviews führte, so als würde ›belastendes Material‹ gegen ihn gesammelt. Auch Schüler schienen manchmal an seiner Neutralität zu zweifeln, wenn sie ihn an der Seite ihrer Pädagogen sahen. So in einem Fall, als er drei Betreuern folgte, die wie eine Gang durch die Zimmer zogen und sich einen Spaß daraus machten, einzelne Schüler wegen der Unordnung ihrer Zimmer abzumahnen. Es wird hier aber auch deutlich, daß es der Ethnograph in einem pädagogischen Feld immer schon mit Spezialisten der Beobachtung zu tun hat. Fortwährend interpretieren Pädagogen Sicht- und Unsichtbares, Hör- und Riechbares. Dabei sehen sie oft mehr als der Ethnograph, der sich mühsam von dieser Erziehungskultur ein Bild zu machen versucht.

Der Beobachter wurde auch mit seinem schriftlich Dokumentierten zu einem Spiegel pädagogischer Arbeit gemacht. So wollte ein Betreuer, daß der Ethnograph die gerade beobachtete Arbeit mit dem »Helferteam« kommentierte. Dem Beobachter nachträglich Kommentare zu entlocken, ist ein Versuch, Einblicke in ›seine andere Welt‹ zu erhalten, indem man ihn zum Sprechen bringt. Zugleich ist dieses situative Feedback gerade eine Form, die Position des Beobachters interaktiv auszuloten.

Die Vereinnahmungsstrategie äußerte sich schließlich auch in der Weise, daß Teilnehmergruppen den Ethnographen für ›ihre Sache‹

zu reklamieren versuchten, so als bestünde irgendwie ein untergründiges Einverständnis, d. h. eine gemeinsame Sicht der Dinge. Diesen Versuchen gegenüber demonstrierte der Ethnograph sichtbar seine Ungebundenheit, indem er mit Teilnehmern unterschiedlicher Gruppen (z. B. eines Lehrerkollegiums) Beobachtungen und Interviews vereinbarte oder einfach mit ihnen im Lehrerzimmer sichtbar für alle parlierte. Im System gegenseitiger Beobachtung erschien ihm diese Strategie ein Schutz gegen falsche Zurechnungen zu sein.

Reagierte der Ethnograph mit Vorsicht auf diese drei Varianten der Vereinnahmung, so war mit seiner Einbeziehung eine Ebene erreicht, die ihm seine fortschreitende Integration signalisierte. Sie äußerte sich zum Beispiel in der Form, daß der Beobachter in konkrete Arbeiten eingebunden wurde.[13] Mit dieser Form *ritueller Prüfungen* testeten die Pädagogen, ob der Beobachter bestimmte Dinge kann, wie z. B. Vokabeln abhören oder Klausuren durchsehen. Der Beobachter beweist sich in diesen Momenten. Auch Schüler testeten ihn: So zum Beispiel beim Sport, der ihn in einem Internat zu einem gefragten Mitspieler machte, und auch beim Autofahren. Nachdem er einen Teil der Basketballmannschaft einer Internatsschule mit schnittigem Tempo durch die hügelige Eifellandschaft kutschiert hatte, meinte ein Schüler, der ihn bislang skeptisch beäugt hatte, anerkennend nickend zu seinen Mitschülern: »Autofahren kann er ja.« Eine besondere Prüfung hatte der Ethnograph in der ersten Internatsschule zu bestehen. In einem Gespräch konfrontierten ihn die Teilnehmer (Pädagogen und Schüler) mit dem Problem, wie denn aus seinen subjektiven Beobachtungen, Eindrücken und Erlebnissen eine *wissenschaftliche* Analyse entstehen könne. Mit skeptischem Blick beäugten sie gerade das methodische Herzstück der Ethnographie – die aufgehobene Distanz der Forschung – und vollzogen damit eine Kritik, die im wissenschaftlichen Feld selbst formuliert wird (vgl. van Maanen 1995: 8). Mit ihren Einwänden verkehrten sie die

13 In der ethnographischen Arbeit wird die Form der Beobachtung den Bedingungen des Feldes angepaßt. Für die Teilnehmer war es keine Frage, daß der Ethnograph nicht als (Para-)Pädagoge eingesetzt werden würde. Nur in einigen Situationen nutzten sie ihn als Aushilfe. Ganz anders verhält es sich in Feldern, in denen die Beobachtung nur in Form der praktischen Einbindung praktikabel bzw. sinnvoll ist: Hier wird der Ethnograph zum Praktikanten.

Situation: Nicht mehr der Ethnograph machte sich ein Bild von ihrer Kultur, sondern die Untersuchungsobjekte wurden zu sich behauptenden Subjekten, die den Forschungsprozeß selbst reflektierten.

Eine Mischform zwischen Vereinnahmung und Abwehr zeigt sich in den Bezeichnungen, die über den Beobachter zirkulieren. Spiegelte das Gerücht, der Ethnograph käme vom Träger der Einrichtung, um die Arbeit der Pädagogen auf ihre Effizienz hin zu überprüfen, eher die Bedenken der Pädagogen wider, so waren bei den Schülern, die sich ihm gegenüber mit ihren Bezeichnungen dezent zurückzuhalten wußten, verschiedene Benennungen ›in‹: »Spion« markierte Verdacht und Gefahr, »Geschichtenschreiber« oder »Bücherschreiber« bezogen sich auf die sichtbare, aber nicht einsehbare Tätigkeit des Ethnographen, lächelnd oder spitzzüngig formulierte Titel – wie »Psycho« und »Verhaltensfritze« – bezogen sich auf den von ihnen vermuteten Fokus der Studie.

Insbesondere ältere Schüler benutzten die Berufsbezeichnung (»der Soziologe«), die sie neutral oder wertend einzusetzen wußten. Ihren Besitzanspruch (»unser Soziologe«) formulierten sie als Zugehörigkeit des Ethnographen zu ihrer Gruppe oder Klasse. Ließ der Ethnograph zum Beispiel (unabgesprochen) eine Schulstunde ausfallen, wurde dies genau registriert und kommentiert; für manche Pädagogen waren ihre Klassen oder Gruppen erst dann vollständig, wenn auch der Ethnograph anwesend war. So wartete ein Betreuer, der mit seinem Chor ein Konzert einstudierte, darauf, daß »unser Soziologe auch endlich« eintraf. Neben dieser sprachlichen Ebene von Distanz und Vereinnahmung gab es zu beobachtende Tuscheleien: der Beobachter als Klatschobjekt.

Ich komme in den Partyraum und steuere auf die Bar zu, wo ein Betreuer vor seinem abendlichen Bier hockt. Während ich mich an den Tischen vorbeischlängele, notiere ich im Augenwinkel, wie ein Schüler mit bedeutungsvollen Kopfzeichen einem Mitschüler mein Kommen signalisiert. Nickend grinsen sich beide an.

Gerüchte, Tuscheleien und Spitznamen zeigten dem Ethnographen zunächst an, daß er selbst Teil des Beobachtungssystems geworden war. Insbesondere aber bezeichneten sie die Relation, die die Beobachteten zu ihm unterhielten (vgl. Murphy 1985), und markierten hierdurch den Grad seiner Integration in diese Sozialität, in der Fremdheit und Vertrautheit neu konfiguriert wurden.

5. Schluß

Dieser Aufsatz beschäftigte sich mit dem Verhältnis von Fremd- und Vertrautheiten im Kontext einer konkreten Studie. Es ging hier nicht darum, ethnographische Texte als eine rhetorische Praxis zu dekonstruieren (vgl. hierzu van Maanen 1995), sondern auf die soziale Praxis der Ethnographie als Forschungsmethode einen retrospektiven Blick zu werfen. So folgte der Text dem Ethnographen und den Mitgliedern der Erziehungskulturen in ihren Praktiken, die asymmetrische Konstellation der Teilnehmer-Ethnographen-Beziehung zu konstruieren oder zu transformieren. In dieser Praxis des Ethnographierens ist eine Dialektik von fremd und vertraut sein, von vertraut werden und sich befremden, von beobachten können und sichtbar sein am Werke. Das heißt, daß sich in der Feldarbeit Episoden abwechseln, in denen Teilnehmer und Ethnographen mal ihre Intimität, mal ihre Fremdheit betonen. Diese Art Politik von Nähe und Ferne, Distanzierung und Annäherung läßt sich auch als »soziale Simulation« (vgl. Knorr-Cetina 1994) bezeichnen, in der sich die Beteiligten Fiktionen ihres temporären Selbst spiegeln.

Die systemtheoretisch inspirierte Soziologie des Fremden (vgl. Stichweh 1992; Nassehi 1995) gibt auf die hier aufgeworfenen Fragen nur mittelbar Antworten. In Auseinandersetzung mit ihren Vorgängern (wie z. B. Schütz 1972 [1944]; Sombart 1969 [1902]; Simmel 1968 [1908]; Michels 1968 [1925]) hat sie Konstitutions- und Konstruktionsphänomene des Fremden in modernen Gesellschaften thematisiert und dabei wirtschaftstheoretisch auf gesamtgesellschaftliche Schließungsprozesse und Mobilitäten hin orientiert.[14] Stichweh (1991:169f.) bemerkt, ohne dies näher auszuführen, daß die Erforschung des Vertrauten die zentrale Herausforderung für den soziologischen Forschungsprozeß dar-

14 Als Schließungsmechanismus interpretieren die Autoren zum einen soziale und räumliche Mobilität als Bedingungen für Brüche in der Gesellschaft, für Stereotypisierungen sozialer Beziehungen, aber auch als neue Kommunikationsmöglichkeiten (vgl. Stichweh 1992: 301 ff.); zum anderen wird eine Semantik des Nationalen diagnostiziert, die der Emanzipation des Bürgers das Dual des Innen/Außen an die Seite stellt, eine Unterscheidung, die grundlegend für die Wahrnehmung und Klassifikation des Äußeren als Fremden wird (vgl. Nassehi 1995: 450ff.).

stelle. In einer *ethnography at home* stellt sich diese Frage auf den zwei Ebenen der ethnographischen Forschung: auf der Ebene der Feldforschung und auf der Ebene der Analyse und des Schreibens. Im Prozeß der Feldforschung verweist diese Frage auf das komplexe Problem, subjektive *Sehgewohnheiten* und *Rezeptionsweisen* selbst zu reflektieren. Denn für den Beobachter erschwert die ›Normalität‹ sozialer Praktiken ein Erkennen-Können der Vorannahmen, die sowohl den Praktiken als auch der Beobachtung zugrunde liegen. Dieses Problem wird auch nur partiell durch den Verweis auf die protokollarische Dimension des ethnographischen Daseins (wie z. B. *fieldnotes* kritzeln und Protokolle schreiben) aufgehoben. Sie verlangt zwar dem Ethnographen immer wieder die Distanzierung zum Feld durch sprachliche Bewältigung des Beobachteten ab und übernimmt hiermit eine überbrückende Funktion zwischen Vertrauten und Fremden, Feldforschungssituation und Wissenschaftlichkeit (vgl. Jackson 1995), sie bleibt aber ein vom Beobachtungskontext abhängiges Instrument. Ebenso entfaltet die Feldsituation selbst eine eigene Dynamik der ›Normalität‹, der der Beobachter kaum entgehen kann (oder will). Bezogen auf die Ethnographie als Produkt heißt dies, verfremdende Analyseverfahren zur Grundlage des soziologischen Deutens und Interpretierens zu machen, mit dem Ziel, eine andere Repräsentation des Vertrauten zu erzeugen (vgl. hierzu die Einleitung der Herausgeber).

Dieser Beitrag hat die Problematik von Fremdheit und Vertrautheit, von Fremd-Werden und Bekannt-Machen mikroanalytisch auf lokale Aushandlungsprozesse bezogen, in die das Feld den Soziologen immerzu verstrickte. Der Prozeß der Annäherung an diese Erziehungskultur hat der (re-)konstruierende Soziologe in Form einer analytischen Distanzierung vorgenommen: Den Ethnographen und seine Interaktionen mit den Teilnehmern beschrieb er als feldspezifische Eigenheiten, als biographische Konstellationen und als Kontingenzen. Die Grenze dieser Analyse wird durch das Verwoben-Sein der verschiedenen Ichs markiert, durch die Unvollständigkeit des Materials und durch die verschiedenen Perspektiven, denen der Ethnograph-im-Feld folgte. Der Punkt ist, daß die erkenntnistheoretische Problematik, Forschungsprozesse durch das dialektische Spiel des Fremd-Vertrauten fruchtbar zu machen, um eine *Ethnographie des Verfremdens und Schreibens*, die die vergegenständlichende Analyse des

Soziologen in den Blick nimmt, erweitert werden müßte. Sie setzte die Bereitschaft voraus, Beobachtungen der sozialwissenschaftlichen Praxis zuzulassen und hiermit die eigene Objektivierung in Kauf zu nehmen, d. h. eine Analyse der ›Fabrikation soziologischen Wissens‹.

Literatur

Agar, Michael H. (1980), *The Professional Stranger. An Informal Introduction to Ethnography*, Orlando u. a.: Academic Press.

Berg, Eberhard und Martin Fuchs (Hg.) (1993), *Kultur, soziale Praxis, Text. Die Krise der ethnographischen Repräsentation*, Frankfurt/Main: Suhrkamp.

Chubb, John E. und Terry M. Moe (1990), *Politics, Markets and America's Schools*, Washington, DC: Brookings Institution.

Clifford, James (1993a), »Über ethnographische Autorität«, in: Eberhard Berg und Martin Fuchs (s.o.), S. 109-157.

Clifford, James (1993b), »Über ethnographische Allegorie«, in: Eberhard Berg und Martin Fuchs (s.o.), S. 200-239.

Collins, Harry M. (1994): »Dissecting Surgery: Forms of Life Depersonalized«, in: *Social Studies of Science* 24, S. 311-333.

Geertz, Clifford (1993), *Die künstlichen Wilden. Der Anthropologe als Schriftsteller*, Frankfurt/Main: Fischer.

Generalskurie der Gesellschaft Jesu (Hg.) (1986), *Grundzüge jesuitischer Erziehung. Arbeitspapier*, Rom.

Gundlach, Gustav (1927), *Zur Soziologie der katholischen Ideenwelt und des Jesuitenordens*, Dissertation, Universität Berlin.

Hirschauer, Stefan (1994): »Towards a Methodology of Investigations into the Strangeness of One's Own Culture: A Reponse to Collins«, in: *Social Studies of Sciences* 24, S. 335-346.

Hunt, Jennifer (1984), »The Development of Rapport through the Negotiation of Gender in Field Work among Police«, in: *Human Organization* 43, S. 283-296.

Jackall, Robert (1990), *Moral Mazes. The World of Corporate Managers*, Oxford u. a.: Oxford University Press.

Jackson, Jean E. (1995): »Déjà Entendu: The Liminal Qualities of Anthropological Fieldnotes«, in: John van Maanen (s.u.), S. 36-78.

Kalthoff, Herbert (1996), »Das Zensurenpanoptikum. Eine ethnographische Studie zur schulischen Bewertungspraxis«, in: *Zeitschrift für Soziologie* 25 (2): 106-124.

Kalthoff, Herbert (1997), *Wohlerzogenheit. Eine Ethnographie deutscher Internatsschulen*, Frankfurt/Main: Campus (erscheint).

Keifenheim, Barbara (1995), »Auf der Suche nach dem ethnologischen Film«, in: Edmund Ballhaus und Beate Engelbrecht (Hg.), *Der ethnographische Film. Eine Einführung in Methoden und Praxis*, Berlin: Reimer, S. 47-60.

Knorr-Cetina, Karin (1984), *Die Fabrikation von Erkenntnis. Zur Anthropologie der Wissenschaft*, Frankfurt/Main: Suhrkamp.

Knorr-Cetina, Karin (1994), »Primitive Classification and Postmodernity: Towards a Sociological Notion of Fiction«, in: *Theory, Culture & Society* 11, S. 1-22.

Latour, Bruno und Steve Woolgar (1979), *Laboratory Life. The Construction of Scientific Facts*, London: Sage.

Lau, Thomas und Stephan Wolff (1983), »Der Einstieg in das Untersuchungsfeld als soziologischer Lernprozeß«, in: *Kölner Zeitschrift für Soziologie und Sozialpsychologie* 35, S. 417-437.

Luhmann, Niklas (1984), *Soziale Systeme. Grundriß einer allgemeinen Theorie*, Frankfurt/Main: Suhrkamp.

Lynch, Michael (1985), *Art and Artifact in Laboratory Science: A Study of Shop Work and Shop Talk in a Research Laboratory*, London: Routledge & Kegan Paul.

Malinowski, Bronislaw (1985), *Ein Tagebuch im strikten Sinn des Wortes. Neuguinea 1914-1918*, Frankfurt/Main: Syndikat.

Maanen, John van (Hg.) (1995), *Representation in Ethnography*, London: Sage.

Mann, Klaus (1983), *Kind dieser Zeit*, Reinbek bei Hamburg: Rowohlt.

Michels, Robert (1968) [1925], »Materialien zu einer Soziologie des Fremden«, in: G. Salomon (Hg.), *Jahrbuch fuer Soziologie. Eine internationale Sammlung. Erster Band*, Frankfurt/Main: Sauer & Auvermann, S. 296-319.

Murphy, Michael D. (1985), »Rumors of Identity: Gossip and Rapport in Ethnographic Research«, in: *Human Organization* 44, S. 132-137.

Nash, Dennison und Ronald Wintrob (1972), »The Emergence of Self-Consciousness in Ethnography«, in: *Current Anthropology* 12, S. 527-542.

Nassehi, Armin (1995): »Der Fremde als Vertrauter. Soziologische Beobachtungen zur Konstruktion von Identitäten und Differenzen«, in: *Kölner Zeitschrift für Soziologie und Sozialpsychologie* 47: 443-463.

Oelkers, Jürgen (1989): *Reformpädagogik. Eine kritische Dogmengeschichte*, Weinheim und München: Juventa.

Rabinow, Paul (1977), *Reflections on Fieldwork in Marocco*, Berkeley: University of California Press.

Sarno, Louis (1993), *Der Gesang des Waldes. Mein Leben bei den Pygmäen*, München und Wien: Hanser.

Schneider, Theo (1981), *Freie Schulen in katholischer Trägerschaft. Die modellhafte Stellung im kirchlichen Erziehungshandeln, untersucht aus bildungs- und kirchenpolitischer Sicht*, Dissertation, Universität Bonn.

Schütz, Alfred (1972) [1944], »Der Fremde«, in: Alfred Schütz, *Gesammelte Aufsätze II. Studien zur soziologischen Theorie*, Den Haag: Nijhoff, S. 53-69.

Simmel, Georg (1968) [1908], »Exkurs über den Fremden«, in: Georg Simmel, *Soziologie. Untersuchungen über die Formen der Vergesellschaftung*, Berlin: Duncker & Humblot, S. 509-512.

Sombart, Werner (1969) [1902], »Die Fremden«, in: Werner Sombart, *Der moderne Kapitalismus. Historisch-systematische Darstellung des gesamteuropaeischen Wirtschaftslebens von seinen Anfaengen bis zur Gegenwart. Bd. I.2: Die historischen Grundlagen des modernen Kapitalismus*, Berlin: Duncker & Humblot, S. 883-895.

Sperber, Dan (1989), *Das Wissen des Ethnologen*, Frankfurt/Main: Qumran.

Stichweh, Rudolf (1991) »Universitätsmitglieder als Fremde in spätmittelalterlichen und frühmodernen europäischen Gesellschaften«, in: Marie Theres Fögen (Hg.), *Fremde der Gesellschaft. Historische und sozialwissenschaftliche Untersuchungen von Normalität und Fremdheit*, Frankfurt/Main: Klostermann, S. 169-191.

Stichweh, Rudolf (1992) »Der Fremde – Zur Evolution der Weltgesellschaft«, in: *Rechtshistorisches Journal* 11, S. 295-316.

Strain, Michael (1995), »Autonomy, Schools and the Constitutive Role of Community: Towards a New Moral and Political Order«, in: *Journal of Educational Studies* 43, S. 4-20.

Wax, Rosalie H. (1957) »Twelve Years Later: An Analysis of Field Experience« in: *American Journal of Sociology* 63, S. 133-142.

Wolff, Stephan (1987), »Rapport und Report. Über einige Probleme bei der Erstellung plausibler ethnographischer Texte«, in: Werner von der Ohe (Hg.), *Kulturanthropologie. Beiträge zum Neubeginn einer Disziplin*, Berlin: Duncker & Humblot, S. 333-364.

Hilke Doering und Stefan Hirschauer
Die Biographie der Dinge
Eine Ethnographie musealer Repräsentation

Gegenstand unserer Studie ist ein Ort der Sammlung und Betrachtung kultureller Artefakte, dessen Exzentrizität schon zu vielen Vergleichen eingeladen hat, darunter Irrenhäuser und Strafanstalten, Bordelle, Friedhöfe, Leichenhallen, Mülldeponien und Sanatorien. Wir wollen das Museum, genauer: ein Völkerkundemuseum, vor dem Hintergrund der Diskussion um die ›Krise der ethnographischen Repräsentation‹ (Berg/Fuchs 1993) betrachten, jener Reflexion auf die epistemologische und politische Problematik des Anspruches von Ethnographie, ›fremde Kulturen‹ authentisch abzubilden, richtig zu interpretieren und autoritativ zu repräsentieren.

Hinter diesem Anspruch entdeckten textkritische Analysen ethnographischer Produkte das konstruktive Tun von ›Anthropologen als Schriftstellern‹ (Geertz 1990, s.a. van Maanen 1988, Clifford 1988), Filmemachern (MacDougall 1975) oder eben Ausstellungsmachern (Stocking 1985, Karp/Lavine 1991). Die meisten der Analysen ethnographischer Repräsentationen erzielen ihren dekonstruktiven Erkenntnisgewinn allerdings nur mittels eines Ausstiegs aus der Ethnographie in das scheinbar sicherere Terrain textimmanenter Analysen: es handelt sich überwiegend um rhetorisch-literaturtheoretische Studien von ethnographischen Endprodukten, oft noch unterstützt durch historische Distanz.

Wir wollen uns der ethnographischen Repräsentation dagegen mit ethnographischen Mitteln nähern und die dabei auftretende Selbstbezüglichkeit begrüßen: sie gehörte schon immer zum Potential der Ethnographie. Mit diesem Vorgehen verschiebt sich zugleich das analytische Interesse vom opus operatum der Repräsentation zu ihrer Herstellung. Uns interessiert nicht der Text, sondern die Schreibpraxis, nicht eine Ausstellungskonzeption, sondern die ›Fabrik‹, die Ausstellungen hervorbringt. Ferner wollen wir eine Perspektive ausprobieren, die die mediale Besonderheit der Repräsentation durch Artefakte – im Gegensatz zu Texten und Bildern – hervortreten läßt und die Arjun Appadurai (1986:

5) als »methodologischen Fetischismus« empfiehlt: wir verfolgen nicht den Weg der Besucher oder des Museumspersonals, sondern den der ständigen Bewohner eines Museums: den Weg der Dinge – die *Musealisierung kultureller Artefakte*.

Der Begriff »Musealisierung« ist in den letzten Jahren vor allem als »Zeitphänomen« (Zacharias 1990), d. h. als Begleiterscheinung der Entwicklung ›westlicher‹ Gesellschaften verstanden worden. So findet sich im Kontext der Selbstreflexion der Ethnologie ein Begriff von Musealisierung als Appropriation und anmaßende Objektivierung von Artefakten kolonisierter Ethnien (besonders in der Gründungsphase anthropologischer Museen zum Ende des 19. Jh.s: Stocking 1985: 7f.). Musealisierung meint hier geographischen Transfer, lokale Anhäufung und klassifikatorische Aneignung, kurz: die koloniale Geste, andere Menschen und ihre Erzeugnisse in Objekte zu transformieren, die ›uns‹ gehören und deren Deutung ›wir‹ repräsentieren (Winans 1994: 223).[1]

Einem anderen Diskussionszusammenhang entstammen zwei weitere Begriffe von Musealisierung, die sich stärker auf kulturhistorische ›Volkskunde‹-Museen beziehen. Mit Hinweis auf quantitative Phänomene – die Zahl von Museumsgründungen und -besuchern sowie das Tempo der musealen Erfassung kultureller Produkte – begreift etwa Hermann Lübbe Musealisierung als ein Komplementärphänomen zu einer beschleunigten Geschichte: sie kompensiere den durch Modernisierungsprozesse bedingten kulturellen Vertrautheitsschwund (Lübbe 1982, s.a. Jeudy 1987). Bei Jean Baudrillard meint ›Musealisierung‹ dagegen eine ontologische Veränderung im Zeichen der Postmoderne: mit Bezug auf Phänomene wie die Deklaration der gesamten Ortschaft Creusot als Museum, die den üblichen Rahmen des Museums sprengt, nimmt Baudrillard das museale Stillegen, Duplizieren und Restaurieren als ein Indiz der »Agonie des Realen« (Baudrillard 1978; Sturm 1991).

1 Winans illustriert diesen Punkt recht plastisch mit der Geschichte des Schädels des König Mkwawa aus dem heutigen Sudan: der Widerstandskämpfer gegen die deutsche Besetzung Ostafrikas wurde im Kampf besiegt und enthauptet. Sein Schädel wurde zunächst zur Trophäe für das Ergattern eines Kopfgeldes, dann dem Übersee-Museum in Bremen als anthropometrisches Forschungsobjekt übergeben, später von der britischen Administration (die die deutsche ablöste) zurückgeführt und schließlich als politisches Symbol des Widerstands ›repatriiert‹.

Gemessen an diesen makrohistorischen Deutungen des modernen, spätmodernen oder postmodernen Charakters von Musealisierung verfolgen wir einen bescheidenen Zweck: uns interessiert die mikroskopische Analyse einer wirklichen Museumskultur mit ihren beobachtbaren Schritten der Musealisierung auf dem Weg zu wirklichen Bildern von fremden Kulturen. Unser Thema sind dabei nicht die Formen der Repräsentation von spezifischen Kulturen durch ihre Artefakte[2], sondern die Transformation von Artefakten zu Repräsentanten einer fremden Kultur. Wie wird ein Ding als kulturelles Dokument hergestellt? Wie wird es in den Stand gesetzt, auf einen ›Ursprung‹ zurückzuverweisen? Wie wird es dazu gebracht »eine Geschichte zu erzählen« (Konservator)?

1. Sammelstücke

Kulturelle Artefakte in Museen haben eine vormuseale Biographie, die wir nicht unmittelbar verfolgen können. Verschiedene Autoren haben hervorgehoben, daß Museumsstücke aus alltäglichen oder kultischen Verwendungszusammenhängen herausgelöst werden. Sie werden in eine spezifische Exklave in der Zirkulation von Waren und der Abnutzung von Dingen überführt: in eine Sammlung (vgl. Pomian 1988). Sammlungen unterscheiden sich von anderen Ding-Akkumulationen, die man mit Alois Hahn (1991) als ›Vorräte‹ bezeichnen kann – Kornspeicher, Waffenarsenale, Banken, Bibliotheken – dadurch, daß in ihnen das Zusammentragen und Aufbewahren verselbständigt scheint: es gilt nicht einem aufgeschobenen Verbrauch, sondern einem symbolischen Gebrauch als Darstellungsobjekt – eine spezifische Entfremdung von ursprünglichen Verwendungszwecken.

In der Genealogie musealer Sammlungen finden sich neben idiosynkratischen Anhäufungen zeitgenössischer Alltagsdinge, die durch eine individuelle Passion geadelt wurden – Briefmarken, Bierdeckel, Blechdosen, Münzen, Brillen, Bücher, Schlüssel, Zigarrenbauchbinden – vielerlei Sammlungen von historischen Ar-

---

2 Diese Formen der Repräsentation sind Gegenstand museologischer Kontroversen über Ausstellungskonzeptionen, etwa über exotisierende oder assimilierende, naturalistische oder dekonstruierende, autoritative oder ›mehrstimmige‹ Ausstellungsstile. Siehe zu dieser Debatte die Beiträge in Karp/Lavine 1991.

tefakten, die sich allgemeiner Wertschätzung erfreuen: sie entstammen Grabkammern, Schatzkammern, Reliquienschreinen oder jenen Sammlungen von Privatleuten, in denen seit dem 14. Jh. in einer ›antiquarischen‹ Bewegung aus dem Abfall der Antike hochgeschätzte Bedeutungsträger gemacht wurden (Pomian 1988: 55 f.).

Gegenüber solchen Sammlungen zeichnete sich die Gründung von Museen seit dem 17. Jh. durch die Plazierung in andere Relevanzsysteme aus: Zum einen tritt an die Stelle des prestigereichen Privatbesitzes, der zur sozialen Distinktion eingesetzt wird, das Gemeineigentum und der öffentliche Zugang. Damit bekamen Sammlungen zugleich Permanenz gegenüber der Lebenszeit des Sammlers. Zum anderen bekamen Museen wie andere Sammlungen der Neuzeit – anatomische und naturwissenschaftliche Kabinette, zoologische und botanische Gärten, Panoptika und Wunderkammern (s. Impey/MacGregor 1985) – eine forschungsstrategische Bedeutung als Pools von Dokumenten und Exemplaren einer zu erfassenden Welt.[3]

Auf dem Hintergrund dieser Geschichte von Sammlungen kann man die Musealisierung von Artefakten auch als historischen Prozeß verstehen. Krzysztof Pomian (1988: 73-79) hat dies exemplarisch für die Vasen der Medici dargestellt: Im 15. Jh. befinden sich die Vasen im ›studio‹ eines reichen Sohns der Familie, wo sie Objekte privaten Vergnügens, prahlerischer Erzählungen vor ausgewählten Gästen und zelebrierenden Gebrauchs als Luxusgegenstände waren. Im 16. Jh. finden sich die Vasen auf einer Reliquientribüne, wo sie nach einer päpstlichen Bulle in einem strikten religiösen Zeremoniell einmal im Jahr, zu Ostern, dem Volk gezeigt wurden, auf daß ihm die Vergebung seiner Sünden zuteil wurde. Im 18. Jh. sind die Vasen in staatlichem Besitz und werden ungeachtet der alten päpstlichen Bannflüche, die eine Verlagerung der Reliquien zu verhindern trachteten, z. T. in die Uffizien, z. T. in das Museum der Physik und Naturgeschichte gebracht.

3 In der Ethnologie gehörten die wissenschaftlichen Möglichkeiten des Messens, Beschreibens und Vergleichens von Sammlungsstücken vor allem zum Programm von Franz Boas (vgl. Jacknis 1985). Heute hat sich die ethnologische Forschung allerdings weitgehend vom Museum wegentwickelt (Stocking 1985: 9f) und die Museumsethnologie ist, abgesehen von Bestimmungs- und Kommentierungsaufgaben (s.u.), primär mit didaktischen Fragen befaßt.

Pomian resümiert die Bedeutungstransformationen der Artefakte in den Händen von Fürsten, Priestern und Konservatoren: Zunächst handelte es sich um Waren in einem ökonomischen Kreislauf, dann um Einsätze in einem symbolischen Tausch, in dem der Wert ihres Besitzers im Zentrum steht, dann um Elemente im Austausch zwischen Gott und den Menschen – Gefäße des Göttlichen –, und schließlich um Mittler zwischen Vergangenheit und Gegenwart (Dokumente), die Zeugnis ablegen von Arbeit und Leben ihrer Hersteller oder von der geologischen Vergangenheit des Materials.

Die päpstlichen Bannflüche gehörten dabei zu einer Reihe von Vorkehrungen, mit denen die Bedeutungstransformation beim Übergang von Artefakten in Sammlungen *irreversibel* gemacht werden sollten: architektonische Vorkehrungen gegen Grabplünderungen (bei denen etwa antike Münzen wieder eingeschmolzen und als Edelmetall weiterverwendet wurden), das Zerbrechen geweihter Opfergaben, das ihrer Rückverwandlung in Gebrauchsgegenstände vorbeugte und sie als reines Symbol erhielt, oder die gesetzlichen Regelungen und professionellen Ehrencodices, die die Unverkäuflichkeit musealer Sammlungen sichern.

Aber wie ereignen sich solche Bedeutungstransformationen im Detail? Wie werden sie jeweils *lokal* bewerkstelligt? Wir beginnen mit der Frage, wie Artefakte ›fremder‹ Kulturen in ein ethnographisches Museum gelangen. Museen für Völkerkunde können nicht wie kunsthistorische Museen mit einer ausgeprägten vormusealen Wertschätzung und Aufbewahrungspraxis in anderen Sammlungen rechnen, dafür haben sie – je nach Spezialisierung – jedoch auch Chancen des direkten Zugangs zu gegenwärtigen Kulturen.[4] Dementsprechend berichteten Museumsmitarbeiter von verschiedensten Beschaffungswegen. Die Sammelstücke kämen als Schenkungen aus privaten ›Raritäten‹-Sammlungen, als Waren von kommerziellen Sammlern und Zwischenhändlern, als Tausch- oder Leihgabe aus anderen Museen, oder sie würden direkt in den Herkunftsländern akquiriert, mitunter auch im Auf-

---

4 Es ist ein Zugang, der etwa archäologischen Sammlungen von Artefakten verbaut ist. Diese haben auch mit ›natürlichen Selektionen‹ von überhaupt Sammelbarem zu tun: es sind bestimmte Materialien, die im Dauerfrost Sibiriens und in der Trockenheit des ägyptischen Sandes erhalten bleiben (Pomian 1988: 96).

trag von Konservatoren hergestellt. Eine Erzählung von einer Reise ins Orinoco-Gebiet:
»*Also ich seh mich in Haushalten um und dann frag ich die Leute, wer sowas herstellt und wo sie das her hätten, und dann frag ich, ob sie, die tauschen eben wahnsinnig gern, ob sie mir das verkaufen oder tauschen wollen und des öfteren wollen sie das und manchmal auch nicht, wenn sie nur einen großen Maniokkorb haben, jetzt hab ich den bekommen von der Großmutter, hab schon vier Jahre lang da dran rumgearbeitet, den zu haben, jetzt hab ich ihn.*« (Konservatorin)

Die ergatterten Stücke haben zunächst eine zweifache Bedeutung. Zum einen handelt es sich um Souvenirs, die eine Forschungsreise dokumentieren. Das Mitnehmen und Vorzeigen von ›Mitbringseln‹ scheint ein sehr grundlegender ethnographischer Akt zu sein, demgegenüber die Erlebnisschilderung manchmal nur schwachen Ersatz bieten kann.

Zum anderen verwandeln sich Gegenstände mit einem Gebrauchs- und Tauschwert unter dem ethnographischen Blick in Dokumente einer Kultur, materielle Repräsentationen ihrer Fertigkeiten, Traditionen und Kosmologien. Im Prinzip kann jedes lokal vorgefundene Artefakt diese Bedeutung bekommen, und Konservatoren äußern in der Tat die Vorstellung einer vollständigen materiellen Dokumentation einer Kultur[5]:

»*Was uns auch ein Anliegen ist (...), daß wir eine ganze Kultur materiell komplett belegen können, also vom WC-Papier bis zur Glühbirne sozusagen, weil das oft vergessen wird. Dann hat man schöne Objekte und wenn man fragt, ja wie putzen die sich den Hintern und so, dann steht man wie der Esel am Berg*«. (Konservatorin)

Wie im französischen Creusot so werden auch in Heimatmuseen

---

[5] Die Motivation zur Vollständigkeit ist für Jean Baudrillard eine Paradoxie. Auf der einen Seite ist die Sammlung »ein geistiges Reservat, in dem ihr Besitzer herrscht« (1981: 110). »Die Sammlung besteht aus einer Reihe einzelner Glieder, das letzte jedoch, das abschließende Stück, ist die Person des Sammlers selbst« (ibid. 116). Auf der anderen Seite würde die Stillung der Sehnsucht nach der Vollständigkeit einer Serie den Sammler und seine Leidenschaft überflüssig machen. Insofern ist die Lücke konstitutiv für das Sammeln. Auch Clifford (1985: 238f.) betrachtet das Sammeln als neuzeitliche Praxis einer ›possessiven Subjektivität‹. Zur Psychoanalyse der Sammelwut s. Muensterberger (1995).

des Elsaß und Ostfrieslands konsequent ganze Ortschaften musealisiert, also dafür gesorgt, daß an ihrem Erscheinungsbild möglichst nichts mehr verändert wird (Sturm 1991: 13ff.). Diese Identität von Ausstellungsobjekt und Museum kommt allerdings nicht infrage, wenn das angesprochene Publikum für einen Museumsbesuch kontinentale Entfernungen zurückzulegen hätte. Daher gibt es ein *Selektionsproblem* für die zu importierenden Stücke. Wo die Museumsmitarbeiter von der »Qualität«, dem »Zustand« und der Seltenheit der Stücke sprechen, findet sich eine komplexe Pragmatik des Sammelns und Ausstellens, durch die sich das Museum auch selbst als ein eigenständiges kulturelles Phänomen zur Repräsentation bringt.

Zunächst geht es der ethnographischen Sammlung um eine Übereinstimmungsrelation zwischen Sammlung und Kultur. Das Vollständigkeitsideal wird so rekonstruiert, daß eine Sammlung – gewissermaßen i. S. Noahs – zumindest ›von jeder Art‹ ein Exemplar enthalten soll. Dieses Kriterium macht zum einen das Klassifikationssystem der Sammlung für die Identifizierung solcher ›Arten‹ ausschlaggebend (s.2.), zum anderen wird das Suchen konkreter Stücke wesentlich durch die *Anschlußfähigkeit* an einen schon vorhandenen Bestand gesteuert.

Eine weitere Interpretation erfährt das Vollständigkeitsideal in der Vorstellung, jedenfalls zu sammeln, was »essentiell« für eine Kultur ist. Dies impliziert zum einen eine Unterscheidung zwischen ›dieser‹ und einer anderen Kultur. So wird das ethnologische Wissen über die Traditionen einer Indio-Ethnie und die erlebte Fremdheit gegenüber dem Alltag des europäischen Sammlers ausschließen, daß Coca-Dosen, T-Shirts oder TV-Geräte aus einem Dorf der Anden mitgebracht werden.[6] Zum anderen steckt in der »Essenz« einer Kultur die Unterscheidung von ›Wichtigem‹ und ›Ramsch‹ (Konservator), wobei Sammler darin fehlen können, Wichtiges von Unwichtigem zu unterscheiden:

»Schwer zu definieren. Es gibt Objekte, die sieht man und weiß sofort, daß darin die Essenz einer lokalen Kultur steckt, und es gibt andere, die übersieht man während Jahrzehnten und sie sind dennoch wichtig. Es muß etwas Wahrnehmbares geben, das man auch

---

6 Das heißt nicht, daß solche Artefakte nicht in einer Ausstellung über Dörfer der Anden vorkommen können, sie müssen nur nicht dort beschafft werden.

erkennen kann, wenn man nicht in der betreffenden Kultur aufgewachsen ist oder im Sehen eingeschult ist... Dinge, für die man nicht vorsensibilisiert ist, übersieht man oft lange.«

Auf der anderen Seite wird diese Haltung, nichts zu »übersehen«, durch eine Haltung kompensiert, die zuwenig wählerisches Sammeln als bloßes »Raffen« oder »Hamstern« geringschätzt. So wird im Museum eine Sammelpraxis bezeichnet, die die Zukunft der Objekte zuwenig antizipiert. Sie werden beschafft und vergammeln. Dieser zukünftige Kontext besteht beim Sammeln i.d.R. noch nicht unmittelbar aus Ausstellungen, wenn auch in Einzelfällen direkt für eine Ausstellung gesammelt wird und auch die Sehens-Würdigkeit einzelner Stücke Sammlungskriterium sein kann. Meistens bezieht sich die Sammelpraxis aber auf spätere Ausstellungen nur i.S. eines *Pools* für die vage Möglichkeit einer noch nicht konzipierten Ausstellung.[7]

Der pragmatisch relevante Kontext sind eher die Arbeits- und Platzkapazität und die Sammelbestände des Museums. Der »Zustand« eines Objektes bemißt sich an einer praktischen Operationalisierung, d. h. in Termini seiner Renovierungsbedürftigkeit und den entsprechenden Ressourcen des Museums. Und bei intakten, aber zerbrechlichen oder sperrigen Stücken bemißt er sich auch an den Chancen einer materialgerechten Unterbringung in den – immerfort als ›knapp‹ beklagten – Lagerkapazitäten (s.3.).

Daneben gibt es eine Reihe von Selektionskriterien, die in der Pragmatik des Sammelns selbst liegen: so kann der geforderte Preis eines Objektes seinen Erwerb verhindern oder sein Gewicht und Umfang seinen Transport als ›Mitbringsel‹ unmöglich machen. Auch kann die verfügbare Zeit für das Auffinden und ›Abschwatzen‹ eines Maniokkorbes (s.o.) nicht ausreichen. Und in der Einschätzung der ›Rarität‹ eines Objektes schließlich steckt ein Kalkül aller Schwierigkeiten und Unwahrscheinlichkeiten seiner erneuten Entdeckung und Beschaffung.

---

7 In kulturhistorischen Museen wird die Frage, welche Objekte ›museumsreif‹ erscheinen, allerdings zunehmend unter Berücksichtigung ihrer schwindenden kulturellen Halbwertzeit entschieden: es wird prophylaktisch gesammelt, was in wenigen Jahren bereits kulturelle Vergangenheit repräsentieren kann. Weschenfelder (1990) spricht von dieser Gegenwartsdokumentation als ›vorauseilende Archivierung‹. Die zeitliche Ausdehnung des musealisierenden Zugriffs legt gewissermaßen ›Sammlungen auf Vorrat‹ an.

Werden Objekte nicht direkt im Herkunftsland gesammelt, sondern aus anderen Sammlungen angeschafft, kommt schließlich ein Selektionskriterium zur Anwendung, bei dem es um die Rekonstruktion des Beschaffungsweges geht: Stücke müssen »gut dokumentiert« sein, das heißt mit genauen Angaben über ihren Herkunftsort, ursprünglichen Verwendungszweck und Namen sowie die Art ihrer Beschaffung versehen sein.[8] Mit dieser (Re-)konstruktion ihrer ›ursprünglichen‹ Bedeutung arbeitet das Museum in einer Doppelbewegung den Transformationen entgegen, die die Verwandlung eines Gebrauchsgegenstandes in ein Sammelstück bereits mit sich brachte.

2. Fälle

Die Dinge, die im Museum ankommen, stellen zunächst eine ungeordnete Vielfalt dar. Sie bilden keine Sammlung, sondern ein Sammelsurium: von Artikeln aus einem japanischen Kaufhaus über Speere aus Ostafrika und tätowierte Schädel aus Neuseeland bis hin zu altperuanischen Schnupfutensilien. Ihres Gebrauchskontextes beraubt, werden die Dinge semantisch hilfsbedürftig. Sie brauchen Sinn-Prothesen.

An dieser Stelle wird die Musealisierung von Artefakten mit einer Erfassungstätigkeit fortgesetzt, die jedem eingehenden Objekt einen Platz in der musealen Ordnung der Dinge zuweist. Diese Ordnung wird von einer doppelten Geographie bestimmt: Zum einen werden Ausstellungsabteilungen, die Zuständigkeiten von Konservatoren und auch die Namen einzelner Depots durch Kontinente definiert. Die Mitarbeiter sagen, sie gehen »ins Afrika«. Hiermit ist zum anderen die Geographie des Museums selbst angesprochen, d. h. die Räume des Hauptgebäudes und die lokale Verteilung weiterer Räumlichkeiten über die Stadt. In den Depots findet sich die Geographie der Kontinente wiederum in der Geographie der Regalreihen repräsentiert.

Bei der standardisierten Einordnung in dieses System wird nun zunächst eine Karteikarte erstellt: ein persönliches Identitätsdo-

---

8 Ein Problem beim Ankauf aus anderen Sammlungen ist die Legalität der Aneignung gemäß der UNESCO-Konvention von 1970: oft ist nicht sicherzustellen, daß die Kulturgüter nicht durch Raub in die Sammlung gelangten (s. Mauch-Messenger 1990; zur ›Repatriierung‹ von Kulturgütern: Greenfield 1989).

kument, auf dem jedes der Stücke sprachlich, fotografisch und numerisch erfasst wird.

Eine solche Dokumentation enthält Daten aus verschiedenen Referenzsystemen:

– eine Beschreibung von Maßen, Material und Herstellungsweise aus der Anschauung eine Objekts;
– Angaben zur Herkunft, zum Verwendungszweck und zum Namen des Stückes in der Sprache der Ursprungskultur. Das dafür nötige Wissen entstammt entweder der persönlichen Kenntnis des Ethnographen-Konservators oder der Forschungsliteratur, auf die hingewiesen wird;
– eine chronologische Eingangsnummer sowie Informationen zum Beschaffungsweg: Erwerbungsjahr, Verkäufer bzw. Schenker;
– eine Objektnummer, die eine Identifizierung innerhalb der Kontinentalstruktur der Sammlung erlaubt;
– eine Standortsignatur, die Depot, Regalbrett und Kiste festhält.

Neben der äußeren Beschreibung und der Standortsignatur gibt es noch zwei weitere Vorkehrungen für die Identifizierbarkeit von Objekten mit Karteikarten. Zum einen wird die Objektnummer mit Tinte direkt auf das Objekt oder auf ein an ihm fixiertes Kärtchen geschrieben. Nur diese Nummer – und nicht etwa der ursprüngliche Name des Artefaktes – ist eindeutig genug, um den Kern der musealen Identität eines Objekts zu bilden. Zum anderen finden sich auf der Rückseite der Karteikarte Portraitfotos der Stücke, bei denen – ähnlich der erkennungsdienstlichen Behandlung von Delinquenten – der Zettel mit der Objektnummer abgelichtet wird. Mit diesen Maßnahmen ist die museale Identität eines Objektes auf verschiedene Weisen festgestellt: über den Zeitpunkt des Eintreffens und den Ort der Unterbringung in der Anstalt, über einen verbalen ›Steckbrief‹ mit ›besonderen Merkmalen‹, ein Paßfoto und eine Tätowierung.

Die Katalogisierung auf Karteikarten schafft darüber hinaus eine Art ›bürokratischen Repräsentanten‹ jedes Objekts, ein miniaturisiertes Doppel. Es macht die verschiedensten Objekte in einem homogenen Medium – ein flächiges DIN A5 – vergleichbar und repräsentabel.[9] Die Karten werden anhand der Objektnummern,

---

9 Die Herstellung solcher mobiler Miniaturen gehört zu den grundlegenden Schritten der Transformation zu wissenschaftlichen Objekten (La-

also getrennt nach Kontinenten, in Karteischränke sortiert. Auch von ihnen wird ein Duplikat angefertigt, das in den Depots untergebracht wird. Es handelt sich um eine Sicherheitsmaßnahme gegen die Möglichkeit des Verlorengehens oder falschen Einordnens einer Karte: die Karten sind nämlich in jenem substantiellen Sinne miniaturisierte Doppel der Stücke, als ihr Verschwinden einem Verschwinden der Objekte gleichkommen kann. Catherine Valentine hat dies für den Fall eines Kunstmuseums beschrieben: nicht erfaßte Objekte ›verschwinden‹ dann zusammen mit dem Gedächtnis eines entlassenen Mitarbeiters oder man ›läßt‹ sie gar ›verschwinden‹, indem man die Karteikarte eines beschädigten Objektes zusammen mit seinen materiellen Resten wegwirft (Valentine 1982: 40,43). Eine schlechte Inventarisierung torpediert die Museen zugeschriebene Funktion eines ›kollektiven Gedächtnisses‹ noch gründlicher als das Versäumnis, das Publikum in Ausstellungen ständig zu ›erinnern‹; sie bewirkt nämlich ein Vergessen innerhalb der Erinnerungsinstitution, das nicht Karteileichen, sondern Depotleichen erzeugt – damit allerdings auch den Fall der ›Entdeckung‹ innerhalb eines Museums ermöglicht.

Die Anfertigung von Karteikarten repräsentiert die Artefakte als Fälle einer Verwaltungstätigkeit. Wie ein ironischer Kommentar auf diese Transformationen wirkt es, wenn ein Sammlungsverwalter den Inhalt der verschiedenen Karteischränke wieder mit kontinenttypischen Figuren markiert und so den Dingen die Chance einer Re-Repräsentation ihrer dürren Repräsentanten gibt (s. Abb. 1).

tour 1986). Andere Duplikate sind dagegen auf das Laienpublikum hin orientiert: zum einen die Anfertigung ›naturgetreuer‹ Dubletten für Ausstellungszwecke – eine Maßnahme gegen Diebstahl bei besonders wertvollen Stücken; zum anderen die Herstellung von Gipsdubletten und Postkarten, die die Besucher wieder als ›Souvenir‹ ihres Museumsbesuchs materiell (und nicht nur interpretativ) aneignen können, so daß Sammlungsstücke zumindest eine gewisse Zirkulationsfähigkeit außerhalb des Museums erlangen.

Abb. 1: Repräsentationsbeziehungen: Artefakt auf Büchern und Karteikästen

3. Werkstücke

Im nächsten Schritt der Musealisierung können Objekte entweder unmittelbar zu Lagergut werden oder zunächst den Charakter von *Werkstücken* annehmen. Die Konservierung und Restaurierung besonders wertvoller oder durch Abnutzung, Transport und Lagerung beschädigter Objekte treibt die Individualisierung, die mit der Registrierung eines Falles begonnen wurde, ein weiteres Stück voran.

Konservieren bedeutet, die Normalbiographie eines Dinges zu verlangsamen, wenn nicht zum Stillstand zu bringen. An die Stelle von Alterung und Verfall tritt eine Fixierung des Ist-Zustandes, eine Art ewiger Jugend.[10] Restaurieren bedeutet, die Biographie der Dinge sogar etwas zurückzudrehen, indem man versucht, einen als ›ursprünglich‹ vorgestellten Zustand wiederherzustellen, den ein Objekt bei Eintritt in das Museum schon nicht mehr hat. Die einzelnen Schritte der Restaurierung werden detailliert in Konservierungsdossiers festgehalten, so daß auch der Zustand eines Stückes vor seiner ›Wiederherstellung‹ rekonstruiert werden kann. Auch in dieser Hinsicht arbeitet das Museum also seinen eigenen Transformationen entgegen.

Unser Museum verfügte über mehrere Werkstätten und verschiedene Ateliers. Die Werkstatträume werden zum Teil für die Bearbeitung der Sammlungsstücke, zum Teil für die Herstellung von Ausstellungshilfsmitteln wie Vitrinen, Podeste, Kulissen verwendet. Außerdem fungieren sie als Ersatzteillager für zahllose Utensilien und Materialien: Schrauben, Kugellager, Beschläge, Farb-, Gips- und Kreidepulver, aber auch Muschelschalen, Schneckenhäuser und Federn, Schuppen eines Hechtes, Sand von Hawaii oder Holzspäne aus Mali. Auch größere Gegenstände wie eine Alligatorenhaut, Perücken, leere Mayonnaisetuben, künstliches Obst und Gemüse finden sich in den Schränken. *Diese* Sammlungen, die z. T. über 20 Jahre ungenutzt in den Schubfächern liegen, gehorchen der Logik des ›Bastlers‹ (im Sinne von Hahn): sie sind für die Werkstattmitarbeiter Vorräte zu einer eventuellen späteren Verwendung.

---

10 Der Fall liegt gewissermaßen umgekehrt wie bei Wildes ›Dorian Gray‹: das Original (die versinkende Kultur) mag ruhig altern, das ›Bildnis‹ soll frisch bleiben.

Die handwerkliche Behandlung der Objekte gilt weniger ihrer Identität als ihrem Körper. Nach ihrem Eingang im Museum werden fast alle Stücke desinfiziert. Sie werden von den Spuren befreit, die sich durch den Kontakt mit anderen Körpern auf ihnen befinden. Diese Isolierung auf mikrobiologischer Ebene schafft reine *Objekte* als *reine* Objekte.

Textilien etwa werden auf einem Gitterstoff in entmineralisiertem Wasser von Fremdkörpern befreit, dann mit Essigsäure durchgearbeitet und zum Trocknen in Kett- und Schußrichtung gezogen. In einem weiteren Konservierungsschritt werden Löcher nicht nur gestopft, sondern zum Verschwinden gebracht: die losen Fäden werden mit einer Pinzette nach der Struktur der Stoffe ausgerichtet, Reparaturfäden eingefärbt, und in z. T. wochenlanger Arbeit Faden für Faden auf einem Stützstoff fixiert. Andere Objekte werden durch Lacke und Kunstharze gesichert, Bruchstücke zusammengeklebt, Auflagerungen abgetragen, fehlende Fragmente ergänzt und koloriert.

Nicht jedes Sammelstück wird so aufwendig behandelt. Konserviert oder restauriert zu werden, bedeutet für ein Sammelstück, aus der Masse der ihm ähnlichen hervorgehoben zu werden und eine besondere Wertschätzung zu erfahren. Es wird zu einem Objekt der Fürsorge, dessen Zustand – in den Worten der Restaurateurinnen – »labil« oder »stabil« sein kann. Die Konservierung besteht aus Akten der Sorge und Pflege, die auf die individuellen Bedürfnisse der Dinge abgestimmt werden.

4. Lagergüter

Das Museum bekommt seinen Charakter als Endstation[11] vor allem durch die Lagerstätten, in denen ihre Konservierung mit anderen Mitteln fortgesetzt wird. Im Museum eingetroffene oder frisch konservierte Objekte verbrauchen zunächst einmal Platz. Sie stehen in den Büros der Konservatoren, den Gängen der Depots oder in kleinen Abstellzimmern herum. Aus diesen proviso-

---

11 Nelson Goodman hat auf die Analogie von Museen mit Verwahranstalten wie Zuchthäusern und Irrenhäusern hingewiesen: »Ein Museum kann ein ausgefeiltes Nachrichtensystem unterhalten, um ›Gesuchte‹ zu fangen, und ein Sicherheitssystem, um ihren Ausbruch zu verhindern oder empfindliche Insassen zu schützen« (1987: 249).

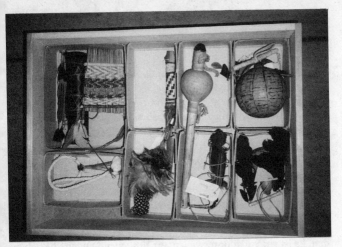

Abb. 2: Museale Ordnung der Dinge: Nachbarschaft
in einer Kiste im Depot

rischen Zwischenlagern werden sie nach ihrer Registrierung und Konservierung auf die 31 Depots des Museums verteilt. Diese befinden sich z. T. im Museumskomplex, z. T. über die Stadt verstreut und beherbergen eine 1/4 Million Sammlungsobjekte.
Die primäre Ordnung der Depots ist, wie gesagt, eine geographische. So existiert etwa ein Afrikadepot, ein Indonesienkeller usw. Innerhalb eines Depots differenziert sich die regionale Ordnung immer weiter bis auf das Niveau von Ethnien. Regale und Kisten sind entsprechend beschriftet. Die Depots konstituieren also wie ein Atlas eine Projektion der Welt, nur ist es hier eine qualitative Projektion, der es nicht um maßstabgetreue Abbildung von landschaftlichen Konturen, sondern um die Anordnung typischer Exemplare geht.
Die durch die Ethnographen-Konservatoren bestimmte Ordnung wird allerdings durch eine andere Systematik unterbrochen, mit der der Sammlungsverwalter die Dinghaftigkeit der Stücke zur Geltung bringt: die materialgerechte Unterbringung. Wie die Zweidimensionalität des Atlas so diktieren auch die materiellen Bedingungen musealer Repräsentation eine Verzerrung der Pro-

jektion: die empfindlichen Textilien werden in staubdichten Rollschränken in einem separaten »Textilkeller«, besonders sperrige Objekte – Kutschen, Kajaks, Zelte – in einem Depot in der Vorstadt gelagert.

Alle Objekte sind den spezifischen Gefahren der Lagerung ausgesetzt: Licht, Staub, Kälte, Wärme, Feuchtigkeit, Schimmel und Parasiten. Entsprechende Maßnahmen werden ergriffen. Regale werden mit Plastikfolien gegen Staub verhängt. Die Luftfeuchtigkeit wird mit Hygrographen und Entfeuchtern kontrolliert. In »Mottenaktionen« werden giftgetränkte Papierstreifen ausgelegt und besonders anfällige Stücke, wie etwa Federschmuck, eingesprüht und in Plastikfolie verschweißt. (s. Abb. 3) Andere Objekte werden in Glasschränken aufbewahrt, die zum Schutz vor Lichteinfall mit Packpapier verhängt sind.

In einem Depot zu landen, bedeutet für ein Sammlungsstück oft für Jahre, vielleicht für immer, aus dem Verkehr gezogen zu werden. Es ist ein Stück unter vielen, oft ähnlichen Dingen, die neben, unter und über ihm, dicht an dicht gedrängt, herumliegen. Es fristet ein Schattendasein zusammen mit anderen Namenlosen. Die Sammlung schafft ›kollektivierte‹ Existenzen.[12]

Die Chancen, diesem Zustand zu entrinnen und eine erneute Individualisierung zu erfahren, hängen vor allem von zwei Faktoren ab: von der Konjunktur von Ausstellungsthemen, für die ein Stück ein bedeutsames Objekt sein könnte, und von den persönlichen Beziehungen, die Museumsmitarbeiter zu einzelnen Stücken haben. Die Bedeutung eines bolivianischen Köchers etwa kann an der sentimentalen Erinnerung einer Konservatorin hängen, die ihn einmal als Souvenir von einer Reise mitbrachte. Oder die Chancen einer peruanischen Mumie, dem Verschimmeln zu entrinnen, können am Einsatz eines Sammlungsverwalters hängen, sie in ein sicheres Depot zu verfrachten.

Werden Lagerstücke für Ausstellungen aus dem Depot entfernt, so wird allerdings an ihrem Standort ein sogenannter Entnahmezettel plaziert, auf dem die Bezeichnung und die Objektnummer

---

12 Für Kunstmuseen veranlaßte dieser Umstand Paul Valéry zu der Klage, daß eine Sammlung einen Zusammenhang durch pure Nachbarschaft herstelle, und dies bei Objekten, die doch eigentlich keine Götter neben sich zu dulden hätten. Das Museum beraube die Kunstwerke ihrer Einzigartigkeit (in Hahn 1991: 69).

eingetragen ist. Dieser Platzhalter wartet auf die Rückkehr des Ausstellungsstücks. Er stellt klar, daß es sich hier in der Regel nur um einen temporären ›Aufstieg‹ handelt.

5. Ausstellungsstücke

Unter diesen Bedingungen lassen sich für die Artefakte verschiedene Karrieren beschreiben. Sie reichen von ewigen ›Lagerhütern‹ über Prunkstücke, die ›immer wieder‹ ausgestellt werden, bis hin zu Objekten, die in die Dauerausstellungen eines Museums eingehen.[13]

Bei den wechselnden Ausstellungen unterscheiden die Museumsmitarbeiter zwischen »Objekt-« und »Ideenausstellungen«. Bei Objektausstellungen wird von einer den Dingen innewohnenden Bedeutung ausgegangen, die ihre Ausstellungswürdigkeit begründet. Ihre Sehens-Würdigkeit läßt sie u. U. als einen Publikumsmagneten funktionieren:

»*Zum Beispiel die Tikal-Tafeln und die Karawori-Figuren, das sind einfach Sachen, die man zeigen muß. Die kann man nie weglassen, das sind wirklich Objekte, da kommen Leute her, die wollen nur das sehen*« (Gestalter).

In Ideenausstellungen werden Objekte dagegen als Illustrationen eines ethnologischen Themas aufgefasst, das den Dingen ihre Bedeutung zuweist. Allerdings läßt der Ausstellungsimperativ (daß »man einfach zeigen muß«) Konservatoren sowohl nach ›passenden‹ Themen suchen als auch Prunkstücke ohne thematische Notwendigkeit mitausstellen.

Die von uns verfolgte Ausstellung hatte einen konkreten historischen Anlaß. Sie hieß »500 Jahre Kulturimport aus der Neuen Welt« und sollte darstellen, was ›wir hier‹ von den ›Indianern dort‹

---

[13] Peter Sloterdijk meint, für solche Objekte sei das Museum weniger ein Friedhof als ein irdischer Himmel, in den sie auferstehen und in die Ewigkeit eingehen (1988: 293). James Clifford (1985: 243f.) weist auf eine andere Karrierechance hin: ethnographische Objekte werden heute z. T. auch in Kunstmuseen transferiert, wo sie zusammen mit Arbeiten von Miró, Picasso u. a. als ›Meisterwerke‹ ausgestellt werden. Cliffords Interpretation, Museumsstücke hätten dadurch eine ›nomadische Existenz‹ zwischen verschiedenen Bedeutungssystemen, scheint uns allerdings auf solche Elite-Stücke beschränkt.

an Gegenständen, Rohstoffen und Verfahren übernommen haben.
Die Planung der Ausstellung konnte langfristig angelegt werden.
Die Konservatorin ›für Amerika‹: »*1992 wußte ich ja, daß das kommen würde und daß ich da was machen müßte, war auch klar. Nolens volens*«.
Die Ausstellung sollte in 7 thematische Abschnitte gegliedert sein: Nahrung, Medizin und Chemie, Kleidung, Vanille und Kakao, Drogen, Gummi, Spiel und Sport. Zu jedem dieser Bereiche sollten Objekte südamerikanischer Stammeskulturen hiesigen und heutigen verwandten Gegenständen gegenübergestellt werden.
Das Ausstellungsthema glich also dem Thema unserer Untersuchung: die Transformation der Bedeutung von Dingen bei ihrem Import in eine andere Kultur.
Steht ein solches Thema fest, können nicht nur die eigenen Bestände des Museums durchgemustert werden, es können auch gezielt Objekte aus anderen Museen beschafft werden. Ein Herbarbogen wird vom botanischen Institut, ein Globus aus dem historischen Museum ausgeliehen, und man ruft aufgrund einer vagen Erinnerung an frühere Besichtigungen anderer Museumsbestände eine Kollegin an und fragt »*Habt Ihr was zum Thema Kakao?*«. Das ist, so eine Konservatorin, »*eine ganze Network-Kette, die man da abklappert*«.
Nach der Renovierung der Ausstellungsräume werden die thematisch einschlägigen Objekte aus den Depots herbeigeschafft. Als Transportgut stehen sie wie das Mobiliar bei einem Umzug ungeordnet neben Kreissägen und Abfalleimern. Ihre Behandlung erscheint – verglichen mit ihrer Zukunft als Ausstellungsstück – recht ruppig oder respektlos: ein später unter Berührungsverbot stehender Anorak wird einer Inuit-Puppe wiederholt an- und ausgezogen; eine hölzerne Ahnenfigur wird mit einer Baskenmütze veralbert.[14]
Der nächste Schritt des Ausstellens ist die Gestaltung der Räume durch die Anordnung der Sammlungsstücke. Verglichen mit der Enge der Depots gelten dabei grundsätzlich andere proxemische

---

14 Valentine (1982) beobachtete selbst in einem Kunstmuseum eine gewisse physische Mißhandlung von Objekten. Sie scheint weniger dadurch erklärbar, daß Mitarbeiter (anders als das Publikum) Objekte als ›Eigentum‹ betrachten, als dadurch, daß »das Zeug« (Konservatorin) zu ihrem Alltag gehört: es ist immer da und macht Arbeit.

Regeln: an die Stelle des ›Hautkontaktes‹ in den Lagern treten z. T. ausgedehnte ›Territorien des Selbst‹, die die Stücke zu verschiedenen Graden individualisieren.

Die Plazierung der Objekte ist zugleich ein weiterer Selektionsschritt. Einerseits muß der Raum gefüllt werden, andererseits bestimmen seine Grenzen, was sich unterbringen läßt und was nicht. Es kommt zu einer Abstimmung von Umfängen und zu einer weiteren Auswahl unter Gesichtspunkten der ›Passung‹. Besonders große Objekte können als ›Raumfüller‹ oder als ›Blickfänge‹ gebraucht werden. Das Referenzsystem, in dem kulturelle Artefakte hier die Bedeutung von Einrichtungsgegenständen bekommen, ist ein innenarchitektonisches.

Weitere Gestaltungsmittel sind Ausstellungshilfsmittel wie Vitrinen, Aufhängungen und Absperrungen. Ihrer Verwendung liegt die Imagination eines bedrohlichen Publikums zugrunde. Die Objekte werden zum einen weiter konserviert, indem man sie vor Berührung schützt, zum anderen wird ihr Verbleib im Museum gesichert. Die Mitarbeiter haben hier ein Repertoire an Anekdoten. Sie erzählen z. B. von einem Vorfall, bei dem am hellichten Tage ein ausgestopfter junger Elefant aus dem benachbarten naturhistorischen Museum entwendet wurde. Der Objektschutz stellt die Dinge als Eigentum dar.

Bei der Plazierung von Exponaten kommen Praktiken eines optischen Kalkulierens zum Einsatz: so werden die Halterungen der Exponate dem Publikum möglichst unsichtbar oder unscheinbar gemacht, damit die Objekte losgelöst von ihrer Präsentation wahrgenommen werden können. Andererseits werden bei defekten Objekten oder bei seitengleichen, die über keine natürliche Vorderseite verfügen, repräsentable Flächen gesucht, die als ›Gesicht‹ funktionieren können.

Eine spezifische Darstellungsform sind szenische Arrangements, etwa die Ausstellung von Kleidungsstücken mithilfe von Puppen. Diese Hilfsmittel werden in Statur, Hautfarbe, Haartracht und Gesichtszügen Fotografien des entsprechenden ›Menschentyps‹ nachgebaut und anschließend mit dem auszustellenden Textil abgestimmt.

Die Konzeption der von uns verfolgten Ausstellung brachte es mit sich, daß neben den Ausstellungshilfsmitteln ein weiterer Objekttypus verwendet wurde, der nur wenige Musealisierungsschritte durchlief: jene Requisiten nämlich, die als Gebrauchsgegenstände

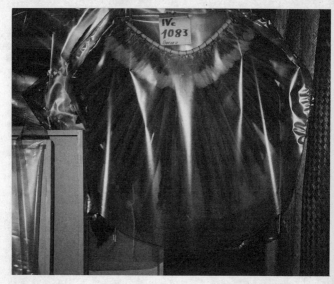

Abb. 3 und 4: Multikultur der Dinge: Eingeschweißter
Federschmuck, Totemfigur beim Ausstellungsaufbau

unserer Kultur der der ›Indianer‹ gegenübergestellt wurden: ein
Lippenstift von der Farbe eines lateinamerikanischen Färbesamens, ein schweizerischer Schokoladenquirl, der mit seinem mexikanischen Pendant arrangiert wird. Die Ausstellung enthält so
eine doppelte Multikultur der Dinge. Eine, die die Ausstellung
zeigt, und eine, die diesem Zeigen zugrunde liegt. Denn die Vermischung und gegenseitige Durchdringung kultureller Materien
fand auch schon bei früheren Stadien der Musealisierung statt: die
Objektnummer auf dem Kautschukball, die Ahnenfigur auf dem
Karteischrank, die Pappmachépuppe im Poncho und das Mottenpulver im Federschmuck.

Für die Konservatoren ist dieser Mischmasch Alltag: auf ihren
Schreibtischen finden sich Bücher, Papyrusrollen, Taschenrechner, Totemmasken, Walkman, Bambusflöten, Kosmetika und afrikanischer Halsschmuck. Für die Artefakte kann diese Vermischung eine interessante Bedeutungsverschiebung mit sich brin-

Abb. 4

gen. So sollte eine Vitrine der 500-Jahr-Ausstellung das Thema ›Spiel und Sport‹ illustrieren und zeigen, welche Geräte aus diesem Bereich in Westeuropa übernommen wurden. Sie enthielt etwa indianische Federbälle und Wurfpfeile und ein schweizerisches Federballspiel, ein Indiaka und ein Dart-Spiel. Als Füllsel wurden in die Vitrine aber auch Pfeile und Köcher lateinamerikanischer Herkunft aufgenommen, so daß sich ihr Gebrauchssinn als Jagdwerkzeug von Tieflandindianern in den Vitrinensinn eines Sportgeräts europäischer Völker verwandelte.

Neben solchen Praktiken der räumlichen Anordnung gehört zum Gestalten einer Ausstellung das Legendieren, die schriftliche Kommentierung der Stücke. Einerseits werden sie hierbei erneut als Forschungsgegenstände bedeutsam, für deren Bezeichnung ein ethnologisches Fachwissen bemüht wird, andererseits nutzen die Konservatoren die vom Publikum nicht kontrollierbaren Spielräume bei der Etikettierung: ein Täschchen unbekannter Funktion wird, weil es das Thema ›Tabak‹ illustrieren soll, zum »Tabaktäschchen«. Oder eine Schokoladenkanne unbekannter Herkunft wird zu einer »Schokoladenkanne aus Basel«. Die Konservatoren sprechen denn auch vom Legendieren als »Dichten«.

Der Detaillierungsgrad der Legenden variiert stark und trägt zusammen mit der Proxemik der Ausstellung zu verschiedenen Graden der Individualisierung von Stücken bei: es finden sich autoritative Kurztitel wie »*Tasche mit Saatmais von den Xavante (Brasilien)*« oder »*Spindeln und Eintragsstäbchen. Zentralküste 1000-1300 n.Chr.*«, aber auch ausführliche Erläuterungen: »*Argilit-Pfeifen der Haida von den Queen Charlotte Islands (Kanada, 19. Jh.). Diese wurden als Souvenirs für die russischen Pelzhändler hergestellt und nie geraucht. Die Motive entsprechen denjenigen der Totempfähle und Holzschnitzereien (Mythische Ahnen, Donnervögel, Falken, Raben, Fische).*«[15]

Solche Kommentierungen sorgen mit ihrer Reihung von Stereotypen fremdartigen Lebens – Pelzhändler, Totempfähle, Donnervögel – für eine kulturelle Reanimation der Ausstellungsstücke. Überdies enthalten sie eine ähnliche Rhetorik wie die Erlebnisschilderungen, die Geertz in den Reiseberichten seiner Kollegen fand: ihre Insiderhaftigkeit beteuert, daß diese Objekte ›wirklich von dort‹ stammen. Auch andere Stilmittel der Ausstellung verwenden diese Rhetorik: die Kontrastierung mit europäischen Industrieprodukten, die fotografische Darstellung des Artefakts in seiner heimatlichen Umgebung, seine Abbildung in Schriften aus der Kolonialzeit. Es ist, als wolle das Museum mit diesen Rekontextualisierungen dem Eindruck begegnen, die musealisierten Objekte stellten zunächst und vor allem die Kultur des Museums dar.

Der letzte Schritt in der Vorbereitung einer Ausstellung ist in der Tat die Selbstdarstellung des Museums. Plakate und Veranstaltungskalender werden gedruckt, Zeitungsartikel und Rundfunkinterviews lanciert, Einladungskarten für die Pressekonferenz verschickt, Workshops, Vorträge, Diashows und Führungen konzipiert, bei denen dem Publikum über die Mitteilung von Zusatzinformationen, einer Art ›kleiner Geheimnisse‹, ebenfalls eine persönliche Beziehung zu den Ausstellungsstücken vermittelt werden soll. Für einige Stücke bedeutet diese Repräsentationstätigkeit des Museums den Höhepunkt ihrer Karriere: wenn ihr

---

15 Jenkins (1994) weist darauf hin, daß Legenden (wie die Beschreibungen auf Karteikarten) ein spezifisches Genre ethnographischen Schreibens bilden, das eine eigene Analyse wert wäre. Einen Anfang macht Jürgensen (1990).

Konterfei auf Plakatwänden, in Katalogen und in der Presse als Repräsentant der Ausstellung und des Museums erscheint.

Das Abschlußereignis vor der Eröffnung der Ausstellung ist die Vernissage, zu der Fachleute, Pressevertreter, Lokalpolitiker, Leihgeber und Sponsoren eingeladen werden. Die Vernissage unserer Ausstellung zu 500 Jahren Kulturimport aus der neuen Welt wurde sinnfällig gerahmt vom Auftritt einer Gruppe echt bolivianischer Musiker.

Den letzten Schritt in der Musealisierung kultureller Artefakte vollzieht schließlich das Publikum der Ausstellung. Ihm eröffnet das Museum eine risikolose Begegnungschance mit ›Fremdem‹ gerade durch die Zusicherung, daß nichts ›wirklich selbst‹ erlebt werden muß. Die Vitrinen schützen nicht nur die Objekte vor den Besuchern, sondern auch die Besucher vor den Objekten: die Modellpuppe mit dem Poncho zwingt nicht zu hastiger Vokabelsuche, die fremde Speise muß nicht gekostet werden. An die Stelle von Interaktion tritt eben ein der Museumskultur angemessenes Verhalten: Zugangsschwellen wie Eintrittspreise, Absperrungen, Vitrinen, Wachpersonal, Besuchsordnungen und Verbotsschilder sind nur die äußerlichen Entsprechungen einer Disziplin der andächtigen Betrachtung: kein Ausruf der Bewunderung, kein Beifall am Ende der Ausstellung, sondern ein meist stummes Geschiebe, gemessenen Schrittes, mit gesenkter Stimme und mit untätigen Händen, denn hier soll man ›berührt‹ werden, ohne selbst zu berühren[16] Es ist wohl jene Passivierung und jene Reduktion auf den Augensinn, die zwischen den Betrachtern und den Objekten einen leeren Raum erzeugt, in den sich die ›Aura‹ der Exponate entfalten kann.

---

16 Fliedl (1989) verweist darauf, daß die Geschichte der Benutzerordnungen von Museen eine historische Disziplinierungsarbeit im Sinne von Norbert Elias dokumentiert: Kleidungsvorschriften, Sauberkeitsgebote, und Verhaltensmaßregeln, die affektive und gestische Reaktionen einschränken, sind heute zu großen Teilen durch Mechanismen des Selbstzwangs ersetzt.

6. Die Fabrikation der Aura

Wir haben verfolgt, wie kulturelle Artefakte als Dokumente hergestellt werden. Sie durchqueren einen Transitraum, in dem sie als Sammelstücke singularisiert und mobilisiert, als Fälle registriert und textuell dupliziert, als Werkstücke purifiziert und rekonstruiert, und als Lagerstücke konserviert und archiviert werden. Falls sie dann noch eine weitere museale Verwendung finden, werden sie als Ausstellungsstücke in einen neuen öffentlichen Bedeutungskontext eingebettet:

Bei der ›dokumentarischen Methode der Repräsentation‹, als die man Ausstellungen betrachten kann, werden die Artefakte wie Zitate zusammengestellt. Sie beanspruchen ›Ursprünglichkeit‹ genau durch den Kontext, der ihre Herkunft durch verschiedene Transformationen in weite Ferne rückte. In symbolischer Hinsicht werden die Artefakte einerseits radikal in das Museum ›akkulturiert‹, andererseits werden sie ebenso radikal auf ihre Herkunft verpflichtet. Sie werden gewissermaßen zu ›sich selbst‹ verwandelt.

In materieller Hinsicht muß das Museum Originale stabilisieren, wo Text-Medien Reproduktionen (von Schriftzeichen) sichern müssen: durch Satz, Lektorat, Druck und ›korrektes‹ Zitieren. Es ist dieser Charakter von Artefakten als lokale Unikate, der den Hintergrund der von uns beobachteten Individualisierungsprozesse bildet: Das Museum versucht, die Dinge zum Sprechen zu bringen, indem es sie jenen Praktiken unterwirft, die in unserer Kultur Subjekte der Sinnstiftung herstellen: man enthebt sie dem schnöden Gebrauch und dem Handel, verleiht ihnen eine unverwechselbare Identität, pflegt sie als bedürftige Körper, schützt sie vor Gefahren, achtet ihre territorialen Ansprüche und unterhält ›persönliche‹ Beziehungen.[17] Auf diese Weise nimmt man sie nicht primär in ihrer materiellen Dimension – als Leib –, sondern in ihrer symbolischen – als Kommunikatoren aus einer anderen Welt – wahr.

---

[17] In diesem Sinne gibt die museale Praxis einer Vermutung Substanz, mit der Igor Kopytoff Durkheims Vorstellung zu spezifizieren versucht, daß Kulturen ihre Ordnung der Dinge nach dem Muster ihrer sozialen Beziehungen gestalten: daß sie auch Objekte konstruieren »as they construct people« (1986: 90).

Daß sie Betrachter in diese ›entführen‹ können, war für Walter Benjamin eine Funktion ihrer Authentizität: »Die Echtheit einer Sache ist der Inbegriff alles vom Ursprung her an ihr Tradierbaren, von ihrer materiellen Dauer bis zu ihrer geschichtlichen Zeugenschaft« (1963: 15). Originale verfügten, so Benjamin, über eine Aura, die »Erscheinung einer Ferne, so nah das sein mag, was sie hervorruft« (1982: 560). Die Verweisung auf ihren Ursprung wohnt den Dingen aber nicht inne. Sie wird ihnen *beigebracht*. Die ›Aura‹ wird vor allem durch zwei ›Lücken‹ hervorgerufen: durch die proxemische Lücke zwischen Betrachtern und unantastbaren Objekten, durch deren Wahrung die Besucher die Bedeutsamkeit eines Artefakts praktisch *vollziehen*[18]; und durch die biographische Lücke in seiner Präsentation durch die Aussteller: die Temporalität seiner musealen Herstellung wird vollständig in seiner Ausstellungspräsenz aufgehoben. Es ist einfach da – und zwar anders als ein zu lesender Text »immer sofort ganz da« (Goodman 1987: 257) – und lädt gerade deshalb zu Phantasien über seinen fernen Ursprung ein. Es ist die *Ellipse* in der Biographie der Dinge, die sich mit Ursprungs-Mystifikationen anfüllen läßt: das Exponat erscheint wie ausgestopft mit Bedeutung.

Worauf sich diese Verweisungskraft von Exponaten richten soll, wird dem Publikum durch den Ausstellungskontext signalisiert: durch die Nachbarschaft der Dinge, ihre Legenden, Namen von ›Abteilungen‹ und den Ausstellungstitel. Dieser Kontext macht die Dinge zu Exemplaren, die metonymisch für anderes stehen: für eine Klasse von Objekten, einen Bereich kulturellen Lebens, eine Ethnie (vgl. Jenkins 1994: 269). Vielleicht ließe sich dieses idealtypische Objekt mit ferner Vergangenheit, aber ohne spezifische Biographie vor und im Museum ja noch besser ›zum Sprechen bringen‹, wenn man es weiter individualisierte...

---

18 Daß unantastbare Objekte besser als entmaterialisierte Symbole funktionieren, hat auch Jerzy Faryno (1988) in seinem Essay über Bedeutung und Berührung herausgearbeitet.

Abb. 5: Unsere Informantin

7. Ansichten einer Mumie[19]

I: Darf ich Ihnen ein paar Fragen stellen?
M: Sind Sie eine von diesen Journalistinnen?
I: Nein, ich bin Ethnographin, Sozialwissenschaftlerin
M: ((kichert kurz)) wenn es sein muß
I: Ich sehe hier zu Ihren Füßen ein Schild, daß Sie in Ihrem Vorleben ein Inka-Krieger gewesen sind
M: Daß ich nicht lache! Ich, ein KRIEGER! Das hat denen hier so in den Kram gepaßt. Meine Dame, ich bin eine Frau!
I: Bitte?!
M: Ich habe mir ja den Mund fusselig geredet, bis ich endlich, vor zwei Jahren den medizinischen Beweis bekam: die Röntgenuntersuchung war eindeutig!
I: Aber hier steht doch...
M: Jaja, ich weiß, Sie sind noch nicht lange hier
I: Nein, und Sie? Wie sind Sie überhaupt hierhingekommen?
M: Das ist eine lange Geschichte, soviel Zeit haben Sie nicht, KÖNNEN sie gar nicht haben – wissen Sie, meine Verwandlung liegt nun schon gute 500 Jahre zurück
I: Dafür haben Sie sich aber gut gehalten!
M: Danke.
I: Wie fühlen Sie sich denn jetzt hier im Museum?
M: Ach, körperlich ganz gut, ich versteh mich auch mit meinen beiden ägyptischen Kollegen im Keller, mein Hauptproblem ist eben diese ständige öffentliche Verkennung in Ausstellungen.
I: Es muß ein schreckliches Gefühl sein, hier als jemand ganz anderes dargestellt zu werden als Sie sind.
M: Wissen Sie nicht, was Sloterdijk über uns schreibt?
I: Sie lesen Sloterdijk!
M: Naja, man bildet sich halt weiter. – Sloterdijk meint ganz richtig, daß es zu den Kennzeichen Ihrer sogenannten Moderne gehört, mich in ein Ausstellungsstück zu verwandeln. Sie stellen Ewigkeit als dauernde Sichtbarkeit her, bei uns verkörperte ich die Hoffnung auf Überleben durch eine Verwandlung im Verborgenen – oder so ähnlich...

---

19 Das folgende Interview-Dokument ist eine Übersetzung aus dem Altperuanischen. Auch die Transkription wurde zum Zweck der leichteren Lesbarkeit vereinfacht.

Abb. 6: Die Ethnographin, fotografiert beim Fotografieren der Informantin

I: Ach.
M: Ja! Und dann schreibt er, daß bei mir die Besitzergreifung durch Ihre Kultur aber eine Grenze findet, weil sich mein Eigensinn gegen die Ausstellung durchsetzt. Ich dokumentiere nämlich, daß es unauflöslich Fremdes gibt!
I: Verstehe ich nicht.
M: Ist auch egal. – Was wollen Sie eigentlich mit diesem Interview machen?
I: Ich will es auswerten und dann zusammen mit meinen hier

gesammelten Beobachtungen zu einem ethnographischen Bericht für meine soziologischen Kollegen machen.
M: Und warum kommen die nicht selber her?
I: Wissen Sie, die halten sich lieber an Schreibtischen und in Bibliotheken auf
M: Verstehe, in Depots
I: So ähnlich – und ich versuche halt, ihnen eine möglichst lebendige Schilderung der Museumskultur zu geben.
M: Eine lebendige Schilderung? Was können Sie da schon tun? Sie werden sich einen Haufen blumiger Formulierungen einfallen lassen und damit doch nur einen mäßigen Ersatz für die Anschauung dieses Ortes hier schaffen.
I: Hehe! Ich kann doch nicht jeden zu einem Museumsbesuch zwingen. Warum soll ich mich nicht um eine vollständige Beschreibung bemühen?
M: Eine vollständige Beschreibung?! Das ist nicht Ihr Ernst! Was wissen Sie schon von uns?
I: Nun ja...
M: Ich habe Sie in den letzten Wochen beobachtet. Mit wem Sie gesprochen haben und mit wem nicht, wie oft Sie nicht da waren, wie dürftig Ihre Protokollierung ist. So laut, wie das hier war, müssen Ihre Tonbandaufnahmen lausig sein. Was wollen Sie mit diesem Sammelsurium schon machen? Restaurieren, Säubern, Legenden drumherum dichten?
I: Hören Sie mal, ich gebe mir redliche Mühe, Sachverhalte so zu beschreiben, wie sie sind, und zwar vom Standpunkt der Untersuchungspersonen...
M: Ja und welchen? Ich habe doch gesehen, daß Sie Ihnen sympathischen Personen mehr Glauben schenken als anderen. Außerdem sieht man doch, daß Sie gewisse Dinge überhaupt nicht verstehen, weil Sie keine Ahnung vom Museumsleben haben. Und mir werden Sie die Worte im Mund herumdrehen und sie so fingieren, daß sie als Beweisstücke in ihren Satzbau und Ihr Argument hineinpassen.
I: Das ist ein starkes Stück! Jetzt treffen Sie mich aber in meiner Berufsehre!
M: Ich will nur nicht für dumm verkauft werden. – Hören Sie, wenn Sie mir versprechen, unser kleines Gespräch in diesem Bericht da unverändert zu dokumentieren, kriegen Sie meine Einwilligung zur Veröffentlichung.

Wir haben uns mit dieser Bedingung einverstanden erklärt.

Literatur

Appadurai, Arjun (1986), »Introduction«, in: *The Social Life of Things. Commodities in Cultural Perspective*, Cambridge University Press.
Baudrillard, Jean (1978), *Agonie des Realen*, Berlin: Merve.
Baudrillard, Jean (1981), *Das System der Dinge*, Frankfurt/Main: Campus.
Benjamin, Walter (1963), *Das Kunstwerk im Zeitalter seiner technischen Reproduzierbarkeit*, Frankfurt/Main: Suhrkamp.
Benjamin, Walter (1982), *Das Passagenwerk*, Bd. 1., Frankfurt/Main: Suhrkamp.
Berg, Eberhard und Martin Fuchs (1993), *Kultur, soziale Praxis, Text. Die Krise der ethnographischen Repräsentation*, Frankfurt/Main: Suhrkamp.
Clifford, James (1985), »Objects and Selves«, in: Stocking (s.u.).
Clifford, James (1988), *The Predicament of Culture*, Cambridge: Harvard University Press.
Faryno, Jerzy (1988), »Die Sinne und die Textur der Dinge«, in: Gumbrecht, Hans U. und K. Ludwig Pfeiffer (Hg.) *Materialität der Kommunikation*, Frankfurt/Main: Suhrkamp.
Fliedl, Gottfried (1989), »Die Zivilisierten vor den Vitrinen«, in: Groppe, Hans-Hermann und Frank Jürgensen (Hg.) *Gegenstände der Fremdheit. Museale Grenzgänge*, Marburg: Jonas.
Geertz, Clifford (1990), *Die künstlichen Wilden. Der Anthropologe als Schriftsteller*, München: Hanser.
Goodman, Nelson (1987), *Vom Denken und anderen Dingen*, Frankfurt/Main: Suhrkamp.
Greenfield, Jeannette (1989), *The Return of Cultural Treasures*, London: Cambridge University Press.
Hahn, Alois (1991), »Soziologie des Sammlers«, in: *Sociologia Internationalis* 29, S. 57-73.
Impey, Oliver und Arthur MacGregor (1985), *The Origins of Museum*, Oxford: Clarendon.
Jacknis, Ira (1985), »Franz Boas and Exhibits«, in: Stocking (s.u.).
Jenkins, David (1994), »Object Lessons and Ethnographic Displays«, in: *Comparative Studies in Society and History* 36, S. 242-270.
Jeudy, Henry P. (1987), »Die Musealisierung der Welt oder die Erinnerung des Gegenwärtigen«, in: *Ästhetik und Kommunikation* 67/68, S. 23-30.
Jürgensen, Frank (1990), »Das Neue am Wiederholen«, in: Zacharias (s.u.).
Karp, Ivan und Steven D. Lavine, (Hg.) (1991), *Exhibiting Cultures. The*

Poetics and Politics of Museum Display, Washington: Smithsonian Institution Press.

Kopytoff, Igor (1986), »The Cultural Biography of Things: Commoditization as Process«, in: Appadurai (s.o.).

Latour, Bruno (1986), »Visualization and Cognition: Thinking with Eyes and Hands«, in: *Knowledge and Society* 6, S. 1-40.

Lübbe, Hermann (1982), *Der Fortschritt und das Museum*, London: Institute of Germanic Studies.

Maanen, John van (1988), *Tales of the Field*, University of Chicago Press.

MacDougall, David (1975), »Ethnographic Film: Failure and Promise«, in: *Annual Review of Anthropology* 7: S. 405-425.

Mauch-Messenger, Phyllis (Hg.) (1990), *The Ethics of Collecting Cultural Property*, Albuquerque.

Muensterberger, Werner (1995), *Sammeln. Eine unbändige Leidenschaft*, Berlin Verlag.

Pomian, Krzysztof (1988), *Der Ursprung des Museums. Vom Sammeln*, Berlin: Wagenbach.

Sloterdijk, Peter (1988), »Museum: Schule des Befremdens«, in: Noever, Peter (Hg.) *Tradition und Experiment. Das österreichische Museum für angewandte Kunst*, Wien/Salzburg: Prestel.

Stocking, George (Hg.) (1985), *Objects and Others. Essays on Museum and Material Culture*, Madison: University of Wisconsin Press.

Sturm, Eva (1991), *Konservierte Welt. Museum und Musealisierung*, Berlin: Reimer.

Valentine, Catherine (1982), »The Everyday Life of Art«, in: *Symbolic Interaction* 5, S. 37-47.

Weschenfelder, Klaus (1990), »Museale Gegenwartsdokumentation – vorauseilende Archivierung«, in: Zacharias (s.u.).

Winans, Edgar V. (1994), »The Head of the King: Museums and the Path to Resistance«, in: *Comparative Studies in Society and History* 36: S. 221-241.

Zacharias, Wolfgang (Hg.) (1990), *Zeitphänomen Musealisierung. Das Verschwinden der Gegenwart und die Konstruktion der Erinnerung*, Essen: Klartext.

Klaus Amann
Ethnographie jenseits von Kulturdeutung
Über Geigespielen und Molekularbiologie

> Zum Geigenspielen braucht man bestimmte Fähigkeiten, Fertigkeiten, Kenntnisse und Talente, die Lust zum Spielen und (wie der alte Witz nun mal sagt) eine Geige. Aber Geigenspiel erschöpft sich weder in den Fähigkeiten, Fertigkeiten, Kenntnissen usw. noch auch in der Lust oder in der Geige... (Geertz 1983a: 18)

Die Ethnographie ist konfrontiert mit einer ›universellen‹ Relevanz des Verstehens und Deutens, den symbolischen Qualitäten ihrer empirischen Phänomene. Das Verstehen und Interpretieren sozialer Sachverhalte ist nicht zuerst oder gar ausschließlich ein methodologischer Imperativ der Sozialwissenschaften. Jegliches soziales Handeln kann selbst als eine hermeneutische Aktivität gefaßt werden. Die Ethnographie zielt daher, wie Clifford Geertz im Rückgriff auf Max Weber formuliert, auf das ›selbstgesponnene Bedeutungsgewebe‹ in das der Mensch verstrickt ist, sie sucht interpretierend nach Bedeutungen (Geertz 1983a: 9). Geertz' kulturanthropologische Arbeiten und seine ›deutende Theorie von Kultur‹ besitzen für viele neuere Ethnographien Vorbildfunktion. Ich will deshalb zunächst seinen Versuch diskutieren, Kultur, ihre ›dichte‹ Beschreibung und (anthropologische) Interpretation als eine Abfolge von Interpretationen zu bestimmen. Meine Absicht ist, den von Geertz mit Hilfe eines semiotischen Kulturbegriffs und eines (text)hermeneutischen Wirklichkeitsverständnisses zum Verschwinden gebrachten Unterschied zwischen einem interpretierenden Text und einer interpretierenden kulturellen Aktivität wieder sichtbar zu machen. Diese Unterscheidung von Interpretations*produkt* und Interpretations*prozeß* hat in doppelter Hinsicht Konsequenzen: auf seiten ethnographischer Wissensproduktion steht so der Logik und Rhetorik ihrer Texte eine geordnete Beobachtungs- und Schreibpraxis gegenüber.[1] Auf der Gegenstandsseite erlaubt sie uns,

[1] Mit letzterem haben wir uns in der Einleitung zu diesem Band beschäftigt.

Reproduktion und Produktion von Sinn als empirische Eigenschaften kultureller Praxis zu analysieren.
In der anschließenden Beschäftigung mit meinem Gegenstandsbereich ethnographischer Empirie, dem Feld molekularbiologischer Forschung, soll die kulturanalytische Relevanz demonstriert werden, die mit diesem ›Aufmachen‹ des sozialwissenschaftlichen Interpretationsbegriffs verbunden ist. In Anlehnung an die ethnomethodologische Begrifflichkeit werden die praktischen Aktivitäten kulturspezifischen Interpretierens als fünf verschiedene Darstellungspraktiken diskutiert. Diese Unterscheidungen sind schließlich instruktiv für eine reflexive Betrachtung des ethnographischen Forschungsprozesses.

1. Geigespielen: Interpretation oder Darstellungspraxis?

Ein Beethoven-Quartett würde niemand mit seiner Partitur oder einer bestimmten Aufführung gleichsetzen, die meisten würden jedoch zustimmen, daß es ein »zeitlich verlaufendes tonales Gebilde, eine kohärente Abfolge geformter Laute, mit einem Wort Musik ist« (Geertz 1983a: 18). Clifford Geertz nimmt das Beethovenquartett als ein »recht illustratives Beispiel für Kultur« (Geertz 1983a:17), für deren Eigenschaft als aufgeführtes, öffentliches Dokument.[2] Die nähere Beschäftigung mit diesem kleinen Beispiel unter Zuhilfenahme von Kernaussagen Geertz' erscheint mir geeignet, die Probleme seines hermeneutischen Kulturverständnisses sichtbar zu machen.
Seine Vorstellungen von Ethnographie und dichter Beschreibung, von Kultur und ihrer Interpretation, hat Geertz am nachhaltigsten in den inzwischen klassischen Aufsätzen: »Dichte Beschreibung. Bemerkungen zu einer deutenden Theorie von Kultur«, aus dem dieses Beispiel stammt, und »Deep Play«: Bemerkungen zum balinesischen Hahnenkampf« theoretisch und fallspezifisch niedergelegt (1983a und b). Zwei aufeinander bezogene Grundelemente dieser Theorie sind es, die m. E. zu einer folgenreichen Verkür-

---

[2] »Culture, this acted document, thus is public ....« (Geertz 1973: 10). Vgl. dazu in der deutschen Ausgabe: »Kultur, dieses Dokument, ist also öffentlich ... (Geertz 1983a: 16).

zung einer empirischen Kulturanalyse führen: zum einen die Annahme, daß sich das in einem forschungspragmatisch gewählten Ausschnitt erkennbare soziale Geschehen zu einer dieses ›übergreifenden‹ kulturellen Einheit wie deren Interpretation verhält. Zum anderen ist es der vom Schriftlichen abgelöste und auf soziale Handlungen oder den sozialen Diskurs ausgeweitete semiotische Textbegriff.³ Der konkrete Ablauf sozialen Handelns, für den Geertz einerseits die Präsenz und die gezielte Aufmerksamkeit des Ethnographen fordert, wird andererseits unmittelbar zur bloßen öffentlichen Manifestation von Kultur verkürzt. Was beobachtbar wird, ist Kultur als ein ›öffentlich aufgeführtes Dokument‹.

Verstanden als ein interpretierender Text reduziert sich das öffentliche Geschehen auf seine Eigenschaft, eine kulturelle ›Interpretation erster Ordnung‹ zu sein, der die anthropologischen Interpretationen zweiter oder höherer Ordnung nachgeordnet sind bzw. gegenüberstehen.⁴ So gilt für den balinesischen Hahnenkampf: »Seine Funktion, wenn man es so ausdrücken mag, ist eine interpretierende: es handelt sich um eine balinesische Lesart balinesischer Erfahrung, eine Geschichte, die man einander über sich erzählt.«(1983b: 252) Und: »Ethnographie betreiben (der Weg zu einer Interpretation zweiter oder dritter Ordnung, K. A.) gleicht dem Versuch, ein Manuskript zu lesen (im Sinne von ›eine Lesart entwickeln‹), das fremdartig, verblaßt, unvollständig, voll von Widersprüchen, fragwürdigen Verbesserungen und tendenziösen

3 Geertz bezieht sich dabei auf Ricoeur (1971).
4 In diesem Zusammenhang ist die deutsche Übersetzung des Geertzschen Textes falsch und irreführend: »In short, anthropological writings are themselves interpretations, and second and third order ones to boot (By definition, only a ›native‹ makes *first order ones* (meine Hervorhebung): it is *his* culture).« (Geertz 1973: 15) In der deutschen Übersetzung: »(...) Nur ein ›Eingeborener‹ *liefert Informationen* (meine Hervorhebung) erster Ordnung (....)«. (23) Daß Geertz in der eingeklammerten Bemerkung gerade nicht das ›Liefern von Informationen‹, also den problematischen Weg einer ethnographischen Informationsbeschaffung durch Befragung oder Erzählung von Eingeborenen meint, sondern die genuine kulturelle Tätigkeit der Erzeugung eigener Interpretationen, wird in der dazugehörigen Fußnote deutlich. »... informants frequently, even habitually, make second order interpretations – what have come to be known as ›native models‹.« (15)

Kommentaren ist, aber nicht in konventionellen Lautzeichen, sondern in *vergänglichen Beispielen geformten Verhaltens* (Hervorhebung K. A.) geschrieben ist.«(1983a:15) Die vorsichtige, metaphorische Verwendung des Begriffs eines zweifelhaften Manuskripts, die Vorstellung von einer Semiotik geformten Verhaltens einerseits und einem Schreiben, dem ein interpretierendes ethnographisches Lesen – oder besser: Entziffern – andererseits auf die Spur kommt, radikalisiert Geertz in den Schlußfolgerungen der Betrachtung des balinesischen Hahnenkampfes: »Die Kultur eines Volkes besteht aus einem Ensemble von Texten, die ihrerseits wieder Ensembles sind, und der Ethnologe bemüht sich, sie über die Schultern derjenigen, für die sie eigentlich gedacht sind, zu lesen.« (1983b: 259) So stehen sich in diesem Bild Zuschauer und Akteure gegenüber und der Ethnologe bringt sich in die zweite Zuschauerreihe. Er bildet mit den Kulturmitgliedern in der ersten Reihe eine virtuelle Interpretationsgemeinschaft. Diejenigen *auf der öffentlichen Bühne* vollbringen dagegen eine kulturell bedeutsame, kulturinterpretierende öffentliche Aufführung.[5]

Das einigende Band dieser Interpretationsgemeinschaft knüpft Geertz durch seinen semiotischen Kulturbegriff: Kultur wird als »ineinandergreifende Systeme auslegbarer Zeichen« gedacht, als »ein Kontext, ein Rahmen, in dem sie (gesellschaftliche Ereignisse etc., K. A.) verständlich – nämlich dicht – beschreibbar sind« (1983a: 21). *Anthropologische Interpretation* heißt: »tracing the curve of a social discourse; fixing it to an inspectable form. The ethnographer ›inscribes‹ social discourse; he writes it down. In so doing, he turns it from a passing event, which consists only in its own moment of occurrence, into an account, which exists in its inscriptions and can be reconsulted.« (1973:19)

Was durch die Unterscheidung von ›sozialem Diskurs‹ als einer flüchtigen und beobachtbaren Praxis der Akteure und deren inskribierenden Niederschrift durch den anthropologischen Beobachter erkennbar wird: daß es sich um verschiedene Aktivitäten handelt, wird durch deren Gleichsetzung über einen nicht weiter

---

5 Dieses Bild suggeriert eine klare Trennung von Zuschauer- und Aufführendenaktivität, die Geertz allerdings nicht impliziert. Vielmehr zeigt er gerade im Hahnenkampfbeispiel eine interessante Durchdringung des Geschehens auf der ›Bühne‹ und im mitagierenden Publikum.

erläuterten Interpretations- und teils metaphorischen, teils wörtlichen Textbegriff wieder zugedeckt. Welche Möglichkeiten ergäben sich statt dessen, wenn man die ›flüchtige‹ Praxis nicht von ihrem vermeintlichen Resultat aus als eine angefertigte Interpretation oder ein aufgeführtes Dokument begreift? Ihre Flüchtigkeit hindert uns ja nicht, unser Augenmerk auf die sich entfaltende kulturelle ›Ordentlichkeit‹, das Interpretieren selbst zu richten. Sind die ›flüchtigen‹ Aktivitäten in der gleichen Weise *interpretierende Rekonstruktionen* wie die vom interpretierenden Ethnographen zu Rate gezogenen Inskriptionen seiner Beobachtungen?

Betrachten wir mit dieser Fragestellung noch einmal das Geigespielen. Im Kontext musikalischer Aufführungen nimmt der Begriff der Interpretation die besondere Bedeutung an, (klangliche) *Aufführungsweisen* zu charakterisieren. Musiker als Interpreten eines Musikstücks ›referieren‹ auf eine Partitur, ohne daß die Partitur – etwa eines Beethoven-Quartetts – das Wie des Interpretierens im Detail vorgibt.[6] Analytisch betrachtet ist ein Beethoven-Quartett mindestens zweierlei: eine Partitur und eine Aufführung bzw. der Korpus von Aufführungen. Partituren sind Dokumente oder Texte im üblichen Wortsinn. Geertz' Textbegriff legt jedoch nahe, auch jede Aufführung als Dokument und Aufführungen als ein Ensemble von Texten zu sehen. Die Schwierigkeiten beginnen nun:

1. Ist die dokumentierte Partitur eine Interpretation? Sicherlich nicht.[7] Sie ist eine in Notenschreibweise codierte Form von Musik, Resultat einer konstruktiven und kreativen Tätigkeit des Komponierens unter Bezugnahme auf spezifische kulturelle Mittel. Die dokumentierte Partitur als (papierener) Text ist eine rekonstruktive Inskription, das materiale Produkt der kreativen Tätigkeit.

2. Ist eine kulturelle Aktivität, soziales Handeln, einer musikalischen Aufführung vergleichbar, der Interpretation einer ›kulturellen‹ Partitur, oder gleicht sie der konstruktiven Tätigkeit des

---

6 Dagegen ist eine Textinterpretation, außer bei einer Lesung, in der Regel wieder ein (gesprochener oder geschriebener) Text, der in gänzlich anderer Weise auf den interpretierten Text referiert.

7 Einschränkend: sie ist es dann, wenn sie eine nachträgliche Notation eines aufgeführten Musikstückes ist.

Komponierens? Ich meine, soziales Handeln gleicht einer interpretierenden Aufführung nur da, wo wir tatsächlich eine Bezugnahme auf kulturell fixierte ›Partituren‹ zeigen können: das kann die bürokratische Organisation von Identitätsfeststellungen, der institutionalisierte Lehrplan einer Schule oder eine institutionell fixierte Strafvollzugsform sein. Um *konstruktive Aktivitäten*, man könnte auch von Improvisationen[8] sprechen, handelt es sich, sobald in Handlungsabläufen statt eines Referierens auf fixierte ›Partituren‹ der Übergang auf ein Komponieren vollzogen wird, d. h. auf die Kreation einer lokalen Ordnung mit situationsspezifischen Instrumenten und Methoden.

Eine zentrale Aufgabe jeder ethnographischen Durchdringung eines kulturellen Handlungsfeldes ist die Identifikation und sinninterpretierende Rekonstruktion fixierter kultureller Partituren. Die Ausweitung der Text- und Textinterpretationsmetapher auf jegliches kulturelle Geschehen totalisiert und homogenisiert jedoch kulturelle Praxis zugunsten eines statischen Kulturverständnisses. Für diese Form der Interpretation von Kultur konstatieren Fuchs/Berg: »Auslegung, nicht Gestaltung, Reproduktion oder Umgestaltung einer Lebenswelt stehen im Vordergrund: Der Handlungsbezug kultureller Interpretation bleibt abstrakt. Geertz reduziert soziale Phänomene, den gesamten gesellschaftlichen Kontext auf Text und löst damit gesellschaftsinterne wie gesellschaftsexterne Phänomene auf. Seine Handhabung der semiotischen Interpretation bedeutet eine Rückkehr zum holistischen Kulturbegriff.« (Fuchs/Berg 1994: 63) Abstrakt bleibt selbst im Beispiel der musikalischen Aufführungspraxis das *Wie*, die konkrete, bedeutungs*konstitutive* Besonderheit musikalischer Aufführungen. Unverständlich bleibt, wie Musikkritiker als ›eingeborene‹ Interpreten in der Lage sind, konkrete Aufführungen praktisch zu unterscheiden. Wie werden diese praktischen Unterscheidungen durch die sich situativ entfaltende Ordnung der Aufführungen ermöglicht?

Für die Untersuchung der Komposition oder Kreation einer lokalen Ordnung, die analytische Entfaltung ihrer *konstruktiven* Dimensionen, ist eine tiefenschärfere Auflösung des ethnographischen Blicks auf soziale Praxis vonnöten, die Konstruktions- und Rekonstruktionsweisen unterscheidbar macht. Auf der begriff-

---

8 Vgl. D. Sudnow (1978) zur musikalischen Improvisation.

lichen Ebene erscheint es mir dafür sinnvoll, den hermeneutisch besetzten Interpretationsbegriff wegen seiner primär *sinnrekonstruktiven* Konnotation aufzugeben. Statt dessen will ich in ethnomethodologischer Weise von Darstellungspraktiken sprechen, sobald die kulturelle Praxis als *Produktionsform von Sinn* betrachtet wird. Das soziologische ›Geheimnis‹ sozialer und kultureller Ordnung muß sich bei dieser Betrachtungsweise nicht ›hinter‹, sondern *in* und an den Aktivitäten zeigen lassen. Geertz macht mit seiner Charakterisierung von Kultur als öffentlichem Phänomen deutlich, daß wir sie weder in den Köpfen, noch in jenseits der Situation vorhandenen normativen Konstrukten, sondern in den Aktivitäten suchen müssen.

Diese Aktivitäten aber immer schon als ›irgendwie‹ kulturinterpretierend zu betrachten heißt einerseits, der Diversität interpretativer Praktiken keine weitere Beachtung zu schenken. Es bedeutet andererseits aber auch, die *sinnproduktive* Dynamik sozialer Praxis zu verkennen. Damit ist ein kulturanalytischer Blick verbaut, durch den *Interpretieren als eingebetteter Bestandteil kultureller Praktiken* selbst zum Gegenstand ethnographisch-soziologischer Beschäftigung gemacht werden könnte.[9]

2. Wissenschaftliche Darstellungspraktiken und das Problem der Repräsentation

Im Folgenden will ich am Beispiel meiner ethnographischen Untersuchungen in der molekularbiologischen Forschung diesen Blick öffnen. Ich werde dazu fünf Darstellungspraktiken unterscheiden und als Verfahrensweisen charakterisieren, durch die in

---

9 Auf diese wissenssoziologische Dimension von epistemologischen Begrifflichkeiten und Konzepten weist M. Lynch (1993) hin. Er charakterisiert verschiedene Praktiken wie Beobachtung, Beschreibung, Replikation, Testen, Messen, Erklären als ›epistopics‹: »But when I speak of these themes as epistopics, I mean to divorce them from a »metatheoretical« aura and to attend to the manifest fact that they are words. (...) I am opposing the tendency, for example, to treat observation as though the word guaranteed a unity of activity whenever it could be said that »observing« takes place (...).(280) Im gleichen Sinn erscheint es sinnvoll, ›Interpretation‹ als vielfältige und kulturelle Felder charakterisierende Praxis zu untersuchen.

der beobachteten Laborwissenschaft aus singulären Ereignissen wissenschaftliches Wissen generiert und sich in unterschiedlichen Repräsentationsformaten niederschlägt. Ihr einigendes Band ist das in der neueren ethnographischen Diskussion wohlvertraute *Problem der Repräsentation*.[10]

Das in einer traditionellen Vorstellung moderner Wissenschaften wichtigste Repräsentationsformat ist die schriftliche wissenschaftliche Publikation (2.1). Daneben können wir im Kontext der Laborarbeit weitere Darstellungsformate und Darstellungspraktiken identifizieren, die ich als (Ethno-)Methoden zur kommunikativen Erzeugung von situationstypischen, stabilen Lösungen für ein jeweils charakteristisches Repräsentationsproblem von Wissen beschreiben möchte (2.2-2.5). Ihnen ist gemeinsam, daß sie eine je spezifische Ordnungsstruktur für die Kommunikation wissenschaftlichen Wissens bilden und wie das Repräsentationsformat der Publikation Bestandteil des Common Sense-Wissens und der Alltagsaktivitäten der Teilnehmer sind. In der ethnographischen Durchdringung erscheinen sie nicht beliebiger oder weniger ›ordentlich‹ als diejenigen, die die Ordnung der ›öffentlichen Dokumente‹ ausmachen.

2.1 Textuelle Repräsentationen

Schriftliche Publikationen in den Naturwissenschaften zeichnen sich durch ein hoch standardisiertes, formalisiertes und universalisiertes Repräsentationsformat aus. Im geteilten Grundverständnis der Akteure und auch der Wissenschaftsforschung gewinnen sie ihre hervorgehobene Bedeutung als *definitive* und gültige Interpretationen von vorangegangenen Aktivitäten und Resultaten. In diesem Sinne sind wissenschaftliche Texte als eine besondere Form kultureller Interpretation zu verstehen: sie bringen die jeweilige disziplinäre Kultur für ihre Mitglieder exemplarisch zur Sprache.[11] Diese öffentlichen Dokumente erscheinen bei ober-

---

10 Z. B. Berg/Fuchs (1994), Clifford/Marcus (1986), Marcus/Cushman (1982).
11 Die sogenannte Indikatorenforschung in der Wissenschaftssoziologie, wie sie etwa in den Publikationen von ›Scientometrics‹ verfolgt werden kann, nimmt das Phänomen der Ensemblebildung von wissenschaftlichen Texten durch wechselseitiges Zitieren zum Anlaß, z. T. weitrei-

flächlicher Betrachtung als sterile, von ihrer Erzeugungsgeschichte abgekoppelte Idealisierungen eines lokalen Geschehens ›hinter‹ den Texten. Ihr Repräsentationsformat sichert ihnen die Priorität gegenüber sämtlichen anderen Formaten und ermöglicht die Behandlung ihrer Inhalte bis auf weiteres als universelles Wissen. Bei ihrer Herstellung kommen spezifische Erzeugungsverfahren zum Zuge, deren Gebrauch ebenfalls zum Gegenstand ethnographischer Beobachtung und Analyse gemacht werden kann.[12] Um die Qualität universalisierten Wissens zu erreichen, müssen beispielsweise denkbare, konkurrierende Lesarten einer vorgängigen Forschungswirklichkeit im Prozeß der Vertextung zugunsten *einer*, translokale Geltung beanspruchenden Lesart abgearbeitet werden. In der Sprache des Feldes: die präsentierte Lesart muß ›dicht‹ oder ›wasserdicht‹ gemacht werden. Dies geschieht sowohl durch eine forschungspraktische Auslotung ›uneindeutiger‹ Daten, als auch durch darstellerische Verfahren des Zeigens konkurrierender, aber unbegründeter Lesemöglichkeiten, und schließlich durch deren Verbergen.[13] Abweichungen der empirischen Evidenzen von einer argumentativen Ideallinie können etwa verborgen werden, wenn man sie durch die Interpretation konkreter Datenproduktionsverläufe als irrelevante Abweichungen von der experimentellen Ideallinie darstellen kann. Gezeigt werden konkurrierende Lesarten innerhalb von Publikationen an wenigen ›offenen Stellen‹ des dargestellten Experimentierens: dort, wo die Evidenzen nicht ausreichen, eine Lesart ausreichend zu begründen, aber bereits Strategien benannt werden können, diese Begründung nachzuliefern. Damit werden konkurrierende Lesarten auf einzelne Aspekte eingeschränkt und innerhalb einer definitiven Interpretation handhabbar.

Gegenüber der wissenschafts-öffentlichen Bedeutung einer Publikation als definitives Repräsentationsmedium wissenschaftlicher

chende Hypothesen über die Kommunikationsmuster in Disziplinen zu formulieren. Vgl. auch: Hicks/Potter (1991) als Versuch einer ›reflexiven‹ Zitationsanalyse.

12 Aufschlußreich sind dazu die Ausführungen in Knorr-Cetina (1984). Vgl. auch Amann (1990).

13 Unterstützt wird die Erarbeitung definitiver Lesarten durch die gutachterlichen Aktivitäten der ›Konkurrenten‹: ein Gutteil von deren Arbeit besteht darin, ›Lücken‹ oder ›Unstimmigkeiten‹ im Text und im Kontext der dazu relevanten Publikation zu identifizieren.

Erkenntnisproduktion verschwinden alle weiteren Vorläufer- und Mitläuferversionen, verschwinden ihre eigene Herstellungsgeschichte und die Herstellungs- und Darstellungselemente ›desselben‹ Geschehens meist unwiederbringlich im Schattenreich der Vergangenheit.

2.2 Im Schattenreich: wissenschafts-alltägliche Darstellungspraktiken

In dieses Schattenreich haben ethnographisch angelegte Untersuchungen naturwissenschaftlicher Laborarbeit bereits etwas Licht gebracht. Zum einen wurde der Herstellungsprozeß solcher öffentlichen Dokumente als eine spezifische konstruktive und ›literarische‹ Leistung analysiert (Knorr-Cetina 1984). Zum anderen führte die Verschiebung der Aufmerksamkeit von den Wissensprodukten auf den Wissensprozeß zur Entdeckung weiterer alltäglicher Darstellungspraktiken.

Zu solchen Entdeckungen bedarf es einer individuellen Enkulturation, eines persönlichen Vertrautwerdens mit dem Laboralltag und weniger der Beschäftigung mit Lehrbüchern und Abhandlungen über das jeweilige Fachgebiet. Die ethnographische Präsenz bei der alltäglichen Laborarbeit macht Situationen zugänglich, in denen Dritte in Erscheinung treten, die statt eines theoretischen ein praktisches Verstehensproblem haben: Labornovizen, seien es Praktikanten, Diplomanden, Doktoranden oder Post-docs. Deren Anwesenheit erfordert von sozialisierten, ›eingeborenen‹ Mitgliedern eines Labors ein Darstellungsformat der praktischen Laborarbeit, das aus den Novizen kompetente Mitglieder der Gruppe macht. Um diese Aufgabe zu lösen, sind situierte Erklärungen gefordert, die sich der eigenen Sprache und der materiellen Mittel des Feldes bedienen: statt um fixiertes Lehrbuchwissen geht es um lokale Sinnstiftungen. Man spricht in der Sprache der Forschung und in der praktischen Logik des gegebenen oder geplanten Forschungsprozesses. Dabei bietet sich dem akkulturierungswilligen Ethnographen die Chance, parasitär seine eigene Enkulturation zu betreiben. Nicht er, sondern die Novizen des Feldes übernehmen die Aufgabe, die notwendigen, wenn vielleicht auch nicht immer angemessenen Fragen nach der verborgenen Wissens-Praxis des Feldes zu stellen. Fragen, auf die der Sozialforscher nicht im Traum hätte kommen können.

Unter anderem im Schlepptau solcher Anlernverhältnisse stoßen wir auf ein Übermaß an ›Redseligkeit‹, u. a. auch bei denen, die etwa auf vorangehende Befragungen nur einsilbig antworteten. Eine Vielzahl unterschiedlichster Sprechanlässe und Gelegenheiten machen den shop talk (Lynch 1985) zur schier unerschöpflichen Quelle für die ethnographische Datensammlung. Zunächst nehmen wir dieses Sprechen als einen teils unverständlichen, auf die ›eigentliche‹ Sache hinter dem Gesprochenen hinweisenden Austausch von Informationen, Wissen, Meinungen und Bewertungen wahr, als ein ›Reden über‹. In der Analyse des Gesprächsmaterials entdecken wir in ihm jedoch ein komplexes Instrument, mit dem Wissens-Arbeit geleistet wird.

Zwei Anlässe solcher Gespräche sollen hier näher betrachtet werden: zum einen die weitgehend unproblematische Durchführung einer ›Lektüre‹ von Dokumenten und zum anderen die Problematisierung solcher Dokumente.

Situiertes Lesen selbsterzeugter Dokumente

Ein häufig wiederkehrender, laboralltäglicher Gesprächsanlaß ähnelt scheinbar dem hermeneutischen Interpretieren. Interpretieren setzt die Verfügbarkeit eines interpretations*bedürftigen* Gegenstandes, idealtypisch: eines Dokuments voraus. Im Labor beobachtbare Interpretationen sind um meist sehr spezifische, visuelle Dokumente zentriert. Diese sind häufig das Resultat von – teilautomatisierten – Aufzeichnungsverfahren, denen lokal oder disziplinär etablierte Leseverfahren korrespondieren.[14] So gibt es beispielsweise Aufzeichnungsverfahren von genetischen Sequenzen, deren Zeichen in visuellen Dokumenten in Reihen und Spalten erscheinen. Sofern das Experiment ›funktioniert‹ hat, ist die Oberfläche solcher Dokumente unproblematisch lesbar und die ›Interpretation‹ des Dokuments ist nichts anderes als eine Decodierung seiner semiotischen Struktur gemäß der zuvor technisch fixierten Semantik. Das Entziffern der Zeichen ist identisch mit dem Vorlesen eines in Buchstaben geschriebenen Textes. Solche Lesearbeit ist monologisch strukturiert. Als typisches Exem-

---

14 Bei Latour/Woolgar (1979) werden solche Aufzeichnungsverfahren im Hinblick auf ihre ›inscription devices‹ analysiert.

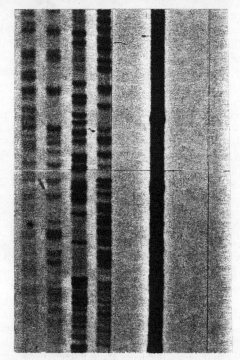

Abb. 1: Ausschnitt aus einem ›lesbaren‹ Sequenzgel

plar könnte sie ethnographisch so ›zu Buche schlagen‹: »*D: (leise:) A A A C G G C, ...*«, zusammen mit einer entsprechenden Protokollnotiz: «*D hat eine Radiographie des Sequenzgels vor sich auf dem Leuchttisch liegen und liest leise die einzelnen Spuren von oben nach unten ab, wobei sie zugleich die gemurmelten Buchstaben in linearer Abfolge nebeneinander auf einem Notizzettel notiert.*«

Eine dialogische Situation ergibt sich erst dort, wo die Zeichenoberfläche des Dokuments ›Unleserlichkeiten‹ und ›Widersprüchlichkeiten‹ aufweist.[15] Solche Gespräche zielen auf Beschreibungen dessen, was ›hinter‹ dem Dokument an lokaler

---

15 Vgl. dazu Knorr Cetina/Amann (1990) und Amann (1990).

Geschichte rekonstruiert werden kann. Eine geteilte Voraussetzung dieser Gespräche ist, daß ›bis auf weiteres‹ (Schütz) die für das Dokument verwendete Erzeugungsprozedur außer Diskussion bleibt. Die Gründe für ›Unleserlichkeiten‹ werden nicht beim Werkzeug, sondern in seinem konkreten Gebrauch gesucht. Die Gesprächsteilnehmer befassen sich mit einer rekonstruktiven Deutung dieses Gebrauchs. Ausgehend vom Dokument und den ›darauf‹ erkennbaren Spuren geht es darum, gemeinsam die Stellen in seiner Produktionsgeschichte zu finden, die die Ursache für die ›Lektüre‹probleme sein können. Das Gelingen solch gemeinsamer ›sinnreparierender‹ Interpretation hängt gänzlich davon ab, daß die individuelle Erzeugungsgeschichte des Dokuments in eine kausale Verbindung mit einem bereits fixierten Verfahren, einer normierten ›kulturellen Praxis‹ (z. B. einer sogenannten Sequenzierung) gebracht und das Problematische zufriedenstellend durch einzelne Abweichungen davon erklärt werden kann.

Die praktische Herstellung von Dokumenten ist eine zunächst triviale Voraussetzung für die monologische oder dialogische Verstehensarbeit. Die interpretative Abgeschlossenheit bestimmter Herstellungsprozesse ermöglicht es, einen konkreten Herstellungsfall als sinnkonstituierend für die Dokumente und deren punktuelle Abweichungen in den Toleranzrahmen einer experimentellen Idealform zu subsumieren. Eine ›Lektüre‹ der Dokumente wird durch die verwendeten Inskriptionssysteme bestimmt. Sie sind Bestandteil jedes Manipulierens der wissenschaftlichen Objekte, der kulturellen Praxis des Labors, und sie kodieren Teile des experimentellen Geschehens. Das ›normalerweise‹ funktionierende Zusammenspiel zwischen Experiment und Inskriptionssystemen macht die erzeugten Dokumente lesbar und das Vorangegangene durch sie hindurch verständlich. Das Interpretieren des Experiments ist in diesen Fällen gleichsam in die Apparatur eingebaut. Die Dokumente *sind* bereits dessen Interpretation.

Dieser für reproduktive (Teil-)Prozesse charakteristischen Form des kommunikativen Umgangs mit Dokumenten steht eine andere Gesprächspraxis gegenüber. In ihr wird das Dokument ein nur noch ›möglicherweise‹ interpretierbares, materiales ›Ding‹, das ein fragliches Etwas dokumentiert. Wir kommen von einem interpretations-implizierenden, weitgehend lesbaren Dokument zu einem erklärungsbedürftigen Darstellungs-Produkt.

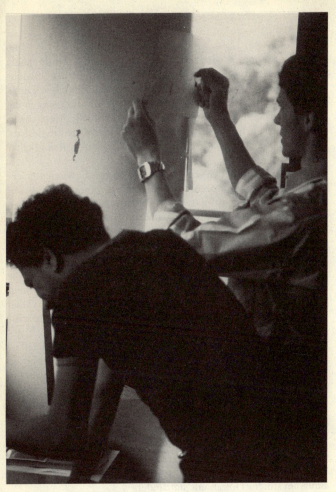

Abb. 2: Erste Inspektion eines problematischen Dokuments

Die interpretierende ›Öffnung‹ eines Dokuments

Für dieses ›Ding‹ gewinnt die (zeitlich) vor ihm liegende lokale Herstellungsgeschichte für die Gesprächsarbeit eine neue Bedeutung. Um sie für die Interpretation des problematischen Dings verfügbar zu machen, müssen zwei Mindestvoraussetzungen erfüllt sein bzw. unterstellt werden: die prinzipielle Möglichkeit ihrer nachträglichen Inspektion und ›im Prinzip‹ identifizierbare Ansatzpunkte zu ihrer Rekonstruktion (Rekonstruierbarkeitsprinzip).

Eine praktische Möglichkeit der Inspektion von Dokumenten ergibt sich aus der Autorenschaft, die zu einer *verantwortenden Zeugenschaft* transformiert wird. Dabei ist es unerheblich, ob diese verantwortende Zeugenschaft an einer Apparatur oder einer Person festgemacht wird. Entscheidend ist, daß ein *Mehr* an aktivierbaren Dokumenten oder ›Aussagen‹ über den Entstehungsprozeß des problematischen Dokuments verfügbar gemacht werden kann. Dieses Mehr erzählt Teilaspekte der Geschichte, die jenseits festgelegter Linien der Interpretation liegen. Sie können mit den Laborjournalaufzeichnungen der Experimentierenden und ihrer Helferinnen oder den Kontrollausdrucken von maschinellen Durchläufen in Form von Meßwerten ins Gespräch gebracht werden. Es können Erzählungen sein, die aus den Beteiligten hervorgelockt werden, indem die Schritte des vergangenen Handelns abgefragt werden.[16] Solches Hervorlocken geschieht typischerweise auf einer summarischen wie auf einer detaillierenden Ebene: summarisch insoweit, als die eingeschlossenen, standardisierten Teilverfahren benannt werden müssen, z.B. Art des Extraktionsverfahrens für Untersuchungsmaterial, Wahl der Verdünnungen etc., detaillierend dann innerhalb solcher Teilverfahren im Sinne von: wie hast du das (extrahieren, verdünnen) gemacht? Auffällig an diesem Vorgehen ist, daß eine Art von Wiederbelebung am ›toten‹ Dokument stattfindet.

---

16 Ich benutze hier mit Bedacht die Terminologie des narrativen Interviews, da sich routinemäßig vergleichbare Strategien in der situierten Befragung der Kollegen untereinander nachweisen lassen. Vgl. Kallmeyer/Schütze (1977).

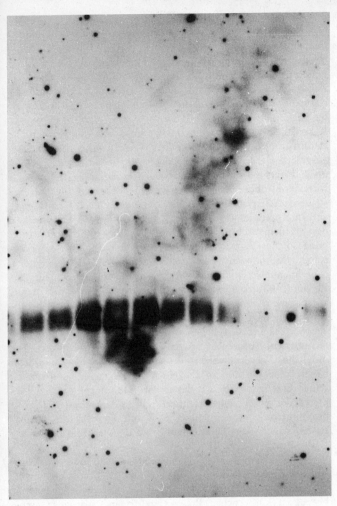

Abb. 3: Beispiel eines ›toten‹ Dokuments

Diese Wiederbelebungsversuche sind keine zufälligen und ungeordneten Verfahren der ›Rettung‹ ärgerlicherweise defizitärer Dokumente. Im Kontext einer kreativen und innovativen Wissenspraxis sind sie ein Weg, dem Unbekannten und bislang Uninterpretierbaren auf die Spur zu kommen. Sie machen das Rekonstruierbarkeitsprinzip praktisch relevant und konkretisieren es als Voraussetzung für die Entdeckung neuer und interessanter Phänomene.

Rekonstruierbarkeit bedeutet nicht etwa nur die Verwendung standardisierter Prozeduren, deren ›Verhalten‹ als bekannt vorausgesetzt werden kann. Sie bedeutet vor allem die intime Kenntnis und stets mitlaufende Selbst-Beobachtung der eigenen Praxis. Inspizieren ohne eine vorhergegangene Beachtung des Rekonstruierbarkeitsprinzips führt *in der praktischen Durchführung* von Interpretationen in eine Sackgasse: die für die Interpretation des problematischen Dokuments notwendige dichte Beschreibung solcher Beobachtungen kommt im nachhinein nicht zustande. So kommen ›unerwartete‹ oder ›neue‹ Zeichen in einem experimentellen Dokument nur dann als Referenzpunkte für neue Phänomene infrage, wenn die Rekonstruktion ihrer Erzeugung ausschließen kann, daß es sich um ein ›Artefakt‹ handelt. Ein problematisches Dokument versetzt die Interpretengemeinschaft in ein vergangenes Geschehen, für das seine (menschlichen und technischen) Autoren als Zeugen aufgerufen werden müssen. Die mögliche Verständlichkeit des problematischen Dokuments hängt dann von der im Einzelnen zu zeigenden *Methodizität* seiner Erzeugung ab. Wo das lesbare Dokument das Funktionieren der Erzeugungsverfahren und die Angemessenheit einer bestimmten Deutung ›unmittelbar‹ und zwangsläufig demonstrierte, stehen nun die Erzeugung und die Werkzeuge selbst zur Disposition.

Während sich im Kontext eines Gerichtsverfahrens die Möglichkeit der Zeugenschaft vorrangig aus einer personalen Glaubwürdigkeit, verbunden mit einer nachweisbaren oder wiederum bezeugten (körperlichen) Präsenz am Ort eines strittigen Geschehens konstituiert, ist die hier relevante verantwortete Zeugenschaft untrennbar mit einer *methodischen Herstellungsleistung* verknüpft. Verantwortende Zeugenschaft entsteht nicht durch unterstellte Kompetenz, Glaubwürdigkeit und Präsenz, sondern durch die fortgesetzte (labor)öffentliche Demonstration einer me-

thodisch adäquaten Praxis, die sich auch in der unproblematischen Lesbarkeit anderer Dokumente zeigt.[17]
Inspizierbarkeits- und Rekonstruierbarkeitsprinzip sind Teil eines impliziten, kollektiven Selbstverständnisses wissenschaftlicher Wissensproduktion als lokale Praxis. Durch sie wird der experimentelle Herstellungsprozeß im Labor mit einer *praktischen Ordentlichkeit* versehen, die über die abstrakte Unterstellung eines methodisch regelgemäßen Handelns hinausgeht. Diese Prinzipien bereiten den Boden für eine fortgesetzt mögliche Vergewisserung über den empirisch-konkreten Zusammenhang zwischen (disziplinär) fixierten wissenschaftlichen Methoden und ihrer detailreichen Übersetzung in praktische Herstellungszusammenhänge.
Die skizzierten Unterschiede in der Bedeutungskonstitution von Dokumenten lassen sich ethnographisch erst erkennen, wenn wir die methodischen Herstellungsleistungen (und nicht allein die Diskussionen ihrer Dokumente) selbst in situ beobachten. Deren Flüchtigkeit als momentanes Geschehen bedeutet nicht, daß die dabei möglichen ethnographischen Beobachtungen zu Beschreibungen werden, die dieselbe Geschichte erzählen wie die Zeugnisse der Teilnehmer. Die Zugänglichkeit solchen Geschehens für die ›fremde‹ Beobachtung ist nicht nur das Resultat von geduldeter Anwesenheit und kompetenter ethnographischer Aufmerksamkeit, sondern beruht auf einem grundlegenden Prinzip sozialer Aktivitäten: daß sie nicht nur produktiv oder reproduktiv, sondern notwendigerweise *reflexiv* sind. Sie zeigen selbst, was sie sind. Ihr Wie, d. h. ihre Entfaltung in Raum und Zeit, konstituiert ihr Was.[18] Selbsterklärend und damit soziologisch verständlich und beobachtbar wird eine lokale Praxis durch einen geordneten

17 Dabei macht es wiederum keinen prinzipiellen Unterschied, ob es sich um eine maschinelle oder menschliche Eigenleistung handelt. So können maschinelle Herstellungen etwa einfacher rekonstruiert werden, wenn man standardisierte Daten (= Darstellungen) ihres ›unauffälligen‹ Funktionierens besitzt, wohingegen Personen u. U. unauffällig, d. h. nicht rekonstruierbar versagt haben können. Man denke hier etwa auch an Flugzeugabstürze: der eingebaute Flugschreiber soll genau dieses Problem minimieren, und nicht nur deshalb, weil es häufig keine Zeugen mehr gibt.
18 Vgl. dazu das ethnomethodologische Konzept von Reflexivität; z. B. Garfinkel (1967), Pollner (1991), Lynch (1993).

Gebrauch von materiellen und kommunikativen Mitteln, durch ihre praktische ›Methodizität‹.[19]

Die *Teilnehmer* operieren mit der Unterstellung, daß für die problematischen Dokumente durch die Rekonstruktion ihrer Herstellungsgeschichte mittels der kommunikativen Aktualisierung konkreter Beobachtungen und weiterer Aufzeichnungen ihre (Be-)Deutung ›faktisch‹ bestimmt werden kann.[20] Das Dokument wird so mit seiner Herstellungsgeschichte in einen konsistenten Interpretationszusammenhang gebracht (vgl. Amann/Knorr-Cetina 1988). Die *ethnographische* Präsenz im Herstellungskontext trachtet dagegen nach Beobachtungen, mit denen die kulturspezifischen Mittel und Verfahrensweisen sichtbar werden, derer sich die Teilnehmer bedienen, um ihr eigenes Tun verständlich und interpretierbar zu machen.

Sichtbar wird beispielsweise der Einsatz *diskursiver Mittel* im Herstellungsprozeß. Kurze Erzählungen und Berichte sind, neben Vorführungen, das Mittel der Explikation, Zirkulation und lokalen Tradierung desjenigen Durchführungswissens, das aus Lehrbüchern nicht erworben werden kann, jedoch die Grundlage praktischen Forschungshandelns bildet. Es sind Darstellungen des Zusammenhanges von Wie und Was. Die Analyse solcher Gesprächstexte zeigt, wie diskursive Mechanismen »für epistemische Zwecke instrumentalisiert und in Erzeugungsverfahren von Wissen transformiert werden.«(Knorr-Cetina 1988: 87) Gespräche als *technische Instrumente* zu behandeln heißt, sie nicht als Ergebnis der Interaktion individueller Sprecherpersonen zu untersuchen, sondern als Teil einer beobachtbaren Darstellungspraxis, durch die sie gemeinsam methodisch erzeugt werden.

19 Gemeint ist hier die kulturelle Methode einer wissenschaftlichen Praxis, nicht die wissenschaftliche Methodik, die in Lehr- oder Methodenhandbüchern schriftlich formuliert wurde.

20 Ohne die Annahme einer solchen ›Faktizitäts‹-Unterstellung müßten wir davon ausgehen, daß sich die interpretative Tätigkeit der Akteure im Falle einer Rekonstruktion von Herstellungsgeschichten der Dokumente ausschließlich einer ›fiktiven‹ Vergangenheit verdankt und nur so tut, als ob das, was als vorgelagerte Ereignisse benannt wird, einmal stattgefunden hat. Dies ist natürlich teilweise denkbar, insbesondere dann, wenn wir in Interpretationssituationen geraten, in denen etwas geschehen sein müßte, von dem die Betroffenen aber wissen, daß es nicht der Fall war: etwa dann, wenn etwas ›Grundlegendes‹ im Experiment vergessen oder falsch gemacht wurde.

Die gelegenheitsbestimmte Berichtsform als eine Darstellungspraxis im Kontext der Forschungstätigkeit bedient sich der lokalen, praktisch aktualisierten Umstände, um spontane Darstellungen zu erzeugen, die die in bezug auf das Forschungshandeln der Teilnehmer handlungsbestimmenden Bedeutungszuschreibungen explizieren. Und dies in zweierlei Hinsicht: zum einen als eine Explikation, mit der die Teilnehmer die Ordnung ihres Handlungszusammenhangs generieren und sich selbst vergegenwärtigen, zum andern als eine Darstellung dieser Ordnung für andere. Solche Explikationen sind in der Regel hochgradig indexikalisch. Sie greifen, etwa zur Lösung eines akuten (forschungs-)praktischen Problems, auf die Einbettung der praktischen Tätigkeit in eine fortlaufende laboröffentliche Thematisierungspraxis zurück.[21] Es ist diese Form, bei der die konstruktiven, ›welterzeugenden‹ Dimensionen kommunikativer wissenschaftlicher Praxis deutlich werden: Die kommunikative Darstellung wird zum unabtrennbaren Instrument der materiellen Veränderungen einer technischen Dingwelt. Durch die Einbettung der ethnographischen Beobachtung in diese flüchtigen sozialen Prozesse wird nicht nur die rekonstruktive Dimension interpretierter Dokumente, sondern auch die sinnkonstituierende und konstruktive Dimension wissenschafts-alltäglicher Darstellungspraktiken zugänglich.

2.3 Im Halbschatten:
Die Repräsentationsarbeit am Labor

Eine dritte Form welterzeugender wissenschaftlicher Darstellungspraxis ist die kommunikative Arbeit *am* Labor. Labore und ihre Mitglieder leisten nicht allein durch wissenschaftliche Publikationen, sondern auch durch mündliche Darstellungen in ihrem disziplinären Kontext Repräsentationsarbeit. Laborleiter sind nicht nur Repräsentanten ihres Labors, sie sind professionelle Erklärer und fachöffentlich agierende Darsteller der lokalen Arbeit

---

21 Weniger abkürzungsbehaftet und deshalb für einen ethnographischen Novizen besonders ergiebig sind wiederum Darstellungen, mit denen die Präsentation eines Projektes gegenüber einem zur Seite gestellten Diplomanden durchgeführt wird.

und deren disziplinärer Relevanz.[22] Selbst charakterisieren sie sich u. U. als Verkäufer oder als PR-Agenten. Dabei befinden sie sich, zumindest in dem von mir untersuchten Feld, in einer kompetitiven Grundsituation, die die produzierten Darstellungen zu strategischen Interventionen in einem disziplinären Konkurrenzfeld machen.

Also ich habe sogar das Gefühl gehabt, bei mir jetzt speziell, daß es in den letzten zwei Jahren fast – nicht irrelevant – aber wenig relevant war, wieviel ich publiziert habe. Sondern daß da meine Interaktion im »Außerlabor« im internationalen Wissenschaftsgefüge viel wichtiger war und viel mehr beurteilt wurde. Wie gebe ich welche Vorträge? Mit welchen Leuten unterhalte ich mich über welche Themenkomplexe? Welche Vorschläge mache ich wo? Was ist von mir zu erwarten, wenn mich einer anruft und sagt, ich habe gehört, du interessierst dich für ((Name eines Untersuchungsobjektes)). Was sage ich dann? Ruf nächste Woche nochmal an oder ich habe jetzt keine Zeit oder oh! interessant oder/ und die Art von Image, die sich da aufbaut und ja, Position, die, das habe ich bei mir irgendwo gemerkt, wird dann die überragend/ die wichtigere. Und dann gucken die Leute nicht mehr hin, hat der jetzt siebzehn paper oder dreiundzwanzig? Also, es gehört eine Bereitschaft und Fähigkeit dazu, eben eine gewisse Außendarstellung zu haben, sich selbst zu präsentieren, aber auch nicht in einem, nur in einem negativen Sinne, sondern eben selbst etwas zu präsentieren, von dem, was man tut, und dadurch aber auch von den anderen was zu kriegen, ne.

Welche besonderen Darstellungsformen kennzeichnen diese Arbeit am Labor, wie sie hier ein Laborleiter für den Ethnographen formuliert? Initiiert und inszeniert werden situierte öffentliche Darstellungen als Einladungen. Einladungen sind nicht nur als Wünsche an passive Andere zu verstehen, sondern können ebenso Selbsteinladungen sein, die sich im Rahmen anderer Gesprächsanlässe, vorzugsweise am Rande von meetings, ergeben. Den formalen Rahmen, der die Finanzierung der Reisen sichert, bilden institutsöffentliche Fachvorträge aus dem Kontext eigener Arbeiten, die aber meist für den Einladenden wie den Eingeladenen zweitrangig sind. Dagegen geht es für beide Seiten um – im Zeit-

---

22 Sie sind in den Kategorien des actor-network Ansatzes hervorgehobene Netzwerker, vgl. Latour (1986).

alter der Internet-Kommunikation archaisch anmutende – Besuchsereignisse, die methodisch der *Alltagspraxis von Bekanntenbesuchen* abgeschaut scheinen. Dazu gehören: der Gast- und der Gastgeberstatus, die Gastgeschenke und die inszenierte Teilhabe an dem Geschehen am Ort, der wechselseitige Austausch. Man setzt sich an Tischen zusammen, teilt i.d.R. mindestens eine Mahlzeit, zeigt dem Gast das Haus (das ›eigene‹ Labor), stellt die Familie (die LabormitarbeiterInnen) vor, zeigt, was die jüngeren Kinder (die Diplomanden und Doktoranden) schon alles können.

Ich greife im folgenden wiederum nur einen Teilaspekt, den der Darstellungspraxis als Gastgeber respektive Gast heraus. Gastgeber müssen für die Durchführung einer öffentlichen Darstellung etwas von ihrem lokal generierten Wissen preisgeben, das den Gast einerseits interessieren könnte, andererseits jedoch den Grad der wissenschaftlichen Intimität zwischen ihm und dem konkreten Interaktionspartner in Rechnung stellt. Nur: mit der wissenschaftlichen Intimität verhält es sich genau umgekehrt wie bei der privaten. Je intimer die wissenschaftliche Beziehung ist, d. h. je näher die Forschungsfelder und -Gegenstände von Gastgeber und Gast beieinander liegen, desto diskreter und distanzierter wird der Umgang mit dem lokal generierten Wissen. Die Ursache dafür liegt in der potentiellen Konkurrenzsituation der Gesprächsteilnehmer. Andererseits wird die Fruchtbarkeit und Nützlichkeit des Gesprächs für beide Seiten geringer, je weiter die thematische Distanz wird. Während diese Beziehung über den Einladungsmodus zum Teil vorbestimmt werden kann, kann die Relevanz des wechselseitigen Mehr-Wissens, das für einen gelingenden Austausch konstitutiv ist, asymmetrisch sein.

Aus dem grundlegenden Spannungsverhältnis von wissenschaftlicher Intimität und Distanz ergibt sich nun eine Darstellungspraxis, die zwischen einer bereitwillig demonstrativen Offenheit und dem vorsichtigen Aussparen vermuteter intimer Berührungspunkte oszilliert. Ein besonders heikler Fall sind in diesem Spiel z. B. Hinweise auf laufende Arbeiten, wenn sie nicht bereits aus Publikationen und Konferenzbeiträgen für ›alle Welt‹ erkennbar sind. U. U. ist beispielsweise ein Gast gar nicht im entsprechenden Bereich engagiert, es macht also unmittelbar keinen Sinn, das eigene Mehr-Wissen für sich zu behalten. Es kann vielmehr als wohlfeiles Tauschgut benutzt werden, um beim Gesprächspartner den Zwang zum Gegengeschenk zu erzeugen. Erfahrene Wissenschaftler berücksichtigen jedoch daneben die Klatschbeziehungen, in die der direkte Gesprächspartner mutmaßlich involviert ist und die für eine unkontrollierbare Ausbreitung des Wissens sorgen können.[23]

In dieser öffentlichen Darstellungspraxis wird mit den Mitteln der kontrollierten, gastfreundlich-offenen Selbstdarstellung von Person und Labor eine wechselseitige und freundliche, aber zugleich strategische Inquisition der Gesprächspartner erreicht. Dabei müssen Optima gesucht werden zwischen der Entblößung zugunsten einer positiven und glänzenden Selbstdarstellung und damit einem maximalen Gegengeschenk-Druck einerseits und der Verbergung von Besitztümern lokalen Wissens wegen der Gefahr ihrer vorzeitigen Aneignung durch andere andererseits. Man kann sich denken, daß erfahrene öffentliche Darsteller dieses Spiel auch auf der Metaebene spielen können. Dazu gehört etwa: so zu tun, als ob man ein Wissen hätte, um den anderen zu Kommentaren zu verleiten, die selbst wiederum etwas von dessen verborgenem Wissen zugänglich machen. Formen des Flunkerns, Bluffens oder Angebens gehören zu diesem Tauschgeschäft, wobei daran anschließend noch eine weitere Metaebene Teil des in solchen Situationen relevanten Darstellungswissens sein kann, nämlich das Insider-Wissen darum, wer als ein Flunkerer in diesem Geschäft gilt.

Wenn wir die Repräsentationsarbeit am Labor als eine weitere Darstellungspraxis begreifen, so ist deren sinnkonstitutive Leistung die der *externen Infrastrukturierung*. Während die wissenschafts-alltägliche Darstellungspraxis die *interne Infrastrukturierung* der Laborarbeit ermöglicht, werden für die Arbeit am Labor – wiederum allgemein verfügbare – Muster und Formen des Sprechens, nämlich solche der Alltagspraxis von Bekanntenbesuchen, zu Instrumenten in der wissenschaftlichen Wissensproduktion transformiert.[24]

23 Und dies aus gutem Grunde. Verschiedene Kollegen, mit denen ich darüber gesprochen habe oder bei denen ich am Laborgeschehen teilgenommen habe, haben eigene leidvolle Erfahrungen mit solchen Erzählungen gemacht. Schon am Tag nach einem solchen Besuch wußte der schärfste Konkurrent, was Gästen freimütig erzählt wurde. Vgl. zum Klatsch: Bergmann (1987).
24 Vgl. zum Infrastrukturierungskonzept: Amann/Knorr-Cetina (1992).

2.4 Im Rampenlicht: Die öffentliche Performance

Ein viertes Format wissenschaftlicher Darstellungspraxis nimmt eine Zwischenstellung zwischen der gerade diskutierten Darstellungspraxis und publizierten Texten ein und findet seinen Gebrauch in Konferenzöffentlichkeiten. Als ein mündliches Publikationsformat zeichnet es sich in meinem Untersuchungsfeld – wie die gedruckten Veröffentlichungen – durch eine fortgesetzte Bezugnahme auf visuelle Repräsentationen aus. Der Detaillierungszwang ist gegenüber der schriftlichen Veröffentlichung geringer. Die technischen Prozeduren, mit denen die in der Regel als Dias oder Tageslichtprojektor-Folien ›gezeigten‹ Resultate erlangt wurden, werden in abgekürzter Form thematisiert. Die meisten Konferenzbeiträge sind Vorankündigungen, in denen Neues und durch Publikationen bereits Bekanntes kombiniert und zu einer *Performance* gemacht wird. Mit der Art und Weise, wie Arbeitsergebnisse präsentiert werden, wird zugleich die eigene Person und das Labor repräsentiert. Dies gilt insbesondere für Laborleiter. Das Labor wird so als ›Instrument‹ der Forschung und als Macht-Potential der jeweiligen Forscher erkennbar.

Diese Performances müssen also verschiedenen Aufgaben zugleich gerecht werden: der Präsentation von Neuem, der Selbstdarstellung von Wissenschaftlern und ihren Laboren und der Absteckung des jeweils eigenen Einflußbereiches innerhalb eines größeren disziplinären Forschungszusammenhangs. Für die Zuschauer wird neben der Qualität des Referenten durch die Präsentation visueller Daten auch die Ordnung des Labors und seiner Forschungspraxis erkennbar. Molekularbiologen sprechen zu den Bildern und um Bilder herum. Labore und Wissenschaftler erscheinen so als identifiziert mit ihren bildlichen Darstellungen: man kann sich nicht nur vorstellen, was jemand macht, dadurch daß er darüber berichtet, sondern die Bilder selbst ermöglichen einen wörtlich zu nehmenden Einblick in die Produktionspraxis. Sie sind Fenster oder Vitrinen, hinter oder in denen die ›eigentliche‹ Arbeit erkennbar gemacht wird. Somit erscheint diese nicht nur als ein Geschehen hinter einem mündlichen Text, sondern mittels materialisierter Spuren in den Darstellungen.

2.5 Pidgin-Repertoires:
Weltliche Darstellungspraktiken

Weltliche Darstellungspraktiken oder laienorientierte Darstellungsformate bilden in gewisser Weise den Gegenpol zu den textuellen, wissenschaftlichen Repräsentationen. Ihr Gebrauch und ihre Ordnung ist beobachtbar in der Kommunikation zwischen den enkulturierten Mitgliedern und Kulturfremden. Ich diskutiere dieses fünfte Darstellungsformat, dem für eine wissenssoziologische Analyse von Laborarbeit keine besondere Bedeutung zukommt, um wissenschaftssoziologische Interventionen, die sich mit empirischen Verfahren dem Feld der Forschung annähern, von der ›anderen‹ Seite her zu beleuchten. Im Gegensatz zu vielen anderen Untersuchungsfeldern werden sich NaturwissenschaftlerInnen bei unserem Eintreten und unserer Selbstidentifikation als Sozialforscher spontan gewärtig, daß wir nicht nur Fremde, sondern in bezug auf die Inhalte Naive sind.[25] Wir sind zunächst der Jedermann, vielleicht vergleichbar mit Journalisten oder interessierten Bürgern, und werden deshalb in kürzester Zeit zumindest einen Hinweis geben müssen, wieviel und was wir verstehen könnten. Bekennen wir uns als Naive, eröffnen wir dem Gesprächspartner die Möglichkeit, ein ›Pidgin‹-Repertoire zu nutzen. Solche Pidgin-Repertoires, d. h. eine kommunikative Darstellungspraxis, die beim Rezipienten minimale fachsprachliche und fachliche Kenntnisse voraussetzt, können, ähnlich wie der ausschließliche Gebrauch des Infinitivs in einer Pidgin-Sprache, zur Lösung eines akuten Wissensproblems beitragen. Ihr Erfolg hängt jedoch massiv von der jeweils persönlichen Erfahrung der Erklärenden mit vergleichbaren Verstehens-Situationen ab und wird mit der Menge an Gelegenheiten, die bereits zu ihrer Erprobung zur Verfügung standen, also in der Regel in Abstufungen vom Diplomanden zum Laborleiter hin zunehmen.

Stellen wir uns statt eines Ethnographen einen empirischen So-

---

25 Dies stellt sich z. B. für die EthnographInnen im Feld jugendlicher Aktivitäten meist anders dar: ihnen wird zunächst ein viel breiteres Verständnis der lokalen Gegebenheiten unterstellt, als sie selbst jemals tun würden. Man kann sogar vermuten, daß wir im ersten Kontakt mit Naturwissenschaftlern in spontaner Anwendung einer alten ethnologischen Unterscheidung als Mitglieder einer primitiven Wissenschaftskultur betrachtet werden.

zialforscher vor, der auf der Suche nach ›Experten‹ für wissenschaftssoziologische Fragestellungen ist. Dieser will im Gegensatz zu einem ethnographisch vorgehenden Wissenssoziologen meist gar nichts über die Forschungsinhalte wissen. Er nutzt den gewählten Experten, um etwas über dessen Meinungen oder Werthaltungen in Erfahrung zu bringen. Er nutzt ihn u. U. aber auch, um eigene Überlegungen und Hypothesen zur institutionellen oder politischen Struktur von Wissenschaft, zu Folgen von Interventionen in die Wissenschaft durch Befragung von ›Betroffenen‹ an empirischen Fällen zu überprüfen. Die vorzugsweise mit Instituts-, Labor- und Gruppenleitern durchgeführten, mit Frage- und Aufzeichnungstechniken unterstützten Befragungen finden ihre Passung mit besonderen Darstellungspraktiken. Es sind diejenigen, die Naturwissenschaftler gegenüber Wissenschaftspolitikern, Journalisten, Lebenspartnern, Verwandten, Freunden oder auch in VHS-Kursen regelmässig anwenden, wenn sie ihrer moralischen Verpflichtung zur Aufklärung der Öffentlichkeit über ihre Tätigkeit als Molekularbiologen nachkommen. Je nach Geschick und Erfahrung von Interviewer und Interviewtem erscheinen diese Darstellungen als Präsentationen eines für die Fragenden ursprünglich verborgenen Geschehens. Situationsanalytisch betrachtet, gehört zu dem verwendeten Format, daß die Befragten offizielle Versionen, nicht-offizielle, private Meinungen und Wertungen kombinieren können (insbesondere dann, wenn ihnen Anonymität zugesichert wird). Das kommunikative Repertoire, die Darstellungsweise der Befragten ist externalistisch, sie spart die Details des inneren Wissenszusammenhangs aus, verwendet summarische und für Nicht-Teilnehmer potentiell verständliche, vereinfachende Übersetzungen.

Auch EthnographInnen können sich solchen Darstellungsversionen nicht verschließen. Diese werden ihnen, auch wenn sie dies unter Umständen gar nicht explizit wünschen, aus Gründen der Höflichkeit und Kooperationsbereitschaft spontan und wiederholt präsentiert. Für ein Verständnis des Wissensprozesses sind solche Darstellungen nahezu wertlos. Sie machen uns bestenfalls darauf aufmerksam, welches feldspezifische Verständnis und welche Behandlungsweise von Fremden und Öffentlichkeit unser Untersuchungsfeld auszeichnet.[26] Der Wert einer von außen ope-

26 Vgl. hierzu den Aufsatz von Kalthoff in diesem Band. Die Besonder-

rierenden Befragungsstrategie ist für eine Kulturanalyse u. a. aus folgenden Gründen massiv eingeschränkt:
- Wir sind darauf angewiesen, daß die jeweiligen ›Experten‹ unsere Fragen in Fragen übersetzen, die zu den individuellen Erfahrungen und einer uns unzugänglichen Praxis passen. Dabei können wir meist keine adäquaten Handreichungen dafür geben, wie wir uns diese Übersetzung vorstellen.
- Wir haben keine Möglichkeit, die Selektionskriterien, die den gegebenen Antworten konkreter Personen unterliegen, zu kontrollieren.
- Dies wird auch dadurch nicht besser, daß wir verschiedene Experten befragen. Eine solche Strategie wiegt uns höchstens in einer falschen Sicherheit, eine maximale Varianz der Perspektiven erreicht zu haben.
- Am wichtigsten aber: wir werden als diejenigen behandelt, als die wir uns selbst darstellen, als Außenstehende, für die nur eine bestimmte Darstellungsweise den Befragten zur Wahl steht, wollen sie nicht riskieren, daß ihre Antworten unverständlich bleiben.

Welche unkomfortable Position diese Darstellung für einen Naturwissenschaftler erzeugen kann, zeigte sich exemplarisch in meiner eigenen Forschungstätigkeit. Ich hatte mit einer Studentin, die das Feld nicht kannte, mein ›vertrautes‹ Feld aufgesucht. In einem arrangierten Interview, bei dem die Studentin ihre Fragen an den Experten formulierte, konstruierte und konstatierte der Befragte eine für ihn ›schizophrene‹ Situation: er nahm mich als den mit den internen Phänomenen des Labors mutmaßlich vertrauten Ethnographen, zu dem er in der Sprache des Labors sprechen konnte, die Studentin hingegen als Repräsentantin der anonymen externen Öffentlichkeit wahr. Die Antworten zerfielen regelmässig in zwei Teile: in eine generalisierende, scheinbar voraussetzungslose Darstellung im Laienformat für sie und in eine situierte Darstellung für mich. Wobei erst die letztere erkennbar für ihn verständlich machte, was die erstere meinte.

heit im Feld der Molekularbiologie ist die teilweise massive Unterstellung einer negativen Haltung bei den Fragenden: eine Folge der öffentlichen Debatte um die Gentechnik. Dies macht es nahezu unmöglich, ohne eine vorherige Schaffung von Vertrauen überhaupt mehr als eine rechtfertigende Darstellung der Arbeit der Befragten zu erhalten.

3. Wissenschaftliche Darstellungspraktiken und die ethnographische Repräsentation

Hahnenkämpfe, Geigespielen und Molekularbiologie liefern im Selbstverständnis einer empirischen Kulturanalyse Ansatzpunkte für mehr oder weniger weitreichende Deutungen sozialer Zusammenhänge. Ich habe mit Hilfe einer interpretativen Strategie aus den Geertzschen Texten und mit einer textuellen Repräsentation von eigenen ethnographischen Erfahrungen einen interpretierenden Text erzeugt, der einen *methodologischen* Zusammenhang zu stiften sucht. Der für die Ethnographie zentrale Begriff der Interpretation wurde als Ausgangspunkt für eine Argumentation gewählt, die in dessen ›universeller‹ Verwendbarkeit auf der Gegenstands- wie der Beschreibungsseite anstelle einer Lösung ein epistemologisches Problem sichtbar macht.

Diese Öffnung des Interpretationsbegriffs profitiert zunächst doppelt von der wissenssoziologischen Rekonstruktion naturwissenschaftlicher Wissensprozesse: zum einen dadurch, daß deren »interpretative Rationalität« (vgl. Knorr-Cetina 1984: 245ff) durch das soziologische Eindringen in den Forschungsalltag demonstriert werden konnte, zum anderen durch die Möglichkeit, statt Interpretativität *Reproduktions- und Erzeugungsformen von Sinn* unterscheidbar zu machen.

Eine Spezifik des gewählten ethnographischen Feldes zeigt sich in der kontinuierlichen Auseinandersetzung der Teilnehmer, zu verstehen und zu erklären, was sie tun. Sie sind dabei nicht allein damit beschäftigt, sich selbst und anderen durch unterschiedliche Repräsentationsformate ihre ›Welt‹ zu interpretieren. Die skizzierten Repräsentationsformate erzeugen zugleich *verschiedene, miteinander in der Chronologie des Geschehens verwobene Öffentlichkeiten.*[27] Die Textpublikation, die wissenschafts-alltägliche Darstellungspraxis, die Repräsentationsarbeit am Labor, die öffentliche Performance und schließlich der Umgang mit Fremden mit Hilfe eines eigenen Darstellungsrepertoires gestalten diese Öffentlichkeiten. Sie formen keine subjektiven Akteursper-

---

27 Dieser Aspekt der Verwobenheit bleibt in meiner Darstellung unberücksichtigt, müßte jedoch bei einer Explikation der skizzierten Darstellungspraktiken mitbehandelt werden.

spektiven, die sich zu einem Gesamtbild eines von ihnen unabhängigen soziologischen Gegenstandes ›hochrechnen‹ lassen. Ihre soziologische Bedeutung liegt in ihrer Eigenschaft als soziale Mechanismen, die sinnstiftender Akteure als Interpreten bedürfen, jedoch unabhängig davon als sinnprozessierend betrachtet werden müssen.[28]

Solche Sinnprozessierungen bringen statt *einer* öffentlichen Bühne deren Vervielfältigung hervor. Statt Akteuren, die ihre unterschiedlichen Rollen im Wissensprozeß spielen: als Autor(ität) von Texten, als experimentierender und diskutierender Arbeitskollege, als Vertreter des Labors, als Gastgeber und Konkurrent und schließlich als Erklärer für ein Laienpublikum, nehmen wir Wissensordnungen des Untersuchungsfeldes in den Blick. Diese formen sich aus flüchtigen kommunikativen Erscheinungen, die Momente nach ihrer Hervorbringung für die Teilnehmer nur noch als Spuren erkennbar sind. Nur die ethnographische Inskription vermag sie zu vergegenständlichen und der Flüchtigkeit im Jetzt zu entreißen. Schon die situationssensitive Befragung – die ja nur über die Sinnstiftungen funktionieren kann – kann deren eigenständige Nachzeichnung kaum mehr leisten. Der Einsatz von Pidgin-Repertoires gegenüber Fremden bedeutet, daß nichtsituierte Befragungstechniken in diesem Zusammenhang wertlos sind.

Der ethnographische Blick auf (keineswegs nur sprachlich) kommunizierte Wissensordnungen und deren Rekonstruktion als Darstellungspraktiken in einer Multiplizität von Öffentlichkeiten zielt gegen zwei Holismen: den der *einen Kultur* und den der *universellen Interpretation*. Gegenüber einer Homogenisierung sozialen Handelns unter dem Begriff der Interpretation und einem Vergleich von indigenen, d. h. gelebten, und ethnographischen Interpretationen als Texte ergibt sich die Möglichkeit, sowohl die Diversität als auch ein Jenseits des Deutens zu identifizieren und so die Grenzen der Interpretation bestimmen zu können. Dies wird im untersuchten Feld vor allem in den wissen-

---

28 Unter anderen Vorzeichen kommt die Systemtheorie zu vergleichbaren Abtrennungen von Kommunikation und Bewußtsein und zur Konzentration soziologischer Überlegungen auf die ›Kommunikationsmaschine‹. Vgl. dazu etwa Peter Fuchs (1995), hierin insbesondere »1. Die Kommunikationsmaschine«.

schaftsalltäglichen Darstellungen (2.2) deutlich. Hier werden zwei polare Grenzüberschreitungen sichtbar, durch die ein doppeltes ›Jenseits‹ des Deutens und Verstehens ins Spiel kommt.
Auf der einen Seite ermöglicht die Fixierung und Verlagerung von Deutungsprozessen in technische Prozeduren, die als Inskriptionssysteme funktionieren, die Suspendierung von Deutungsarbeit. Ihr Resultat ist die unmittelbare Lesbarkeit von symbolischen Zeichenstrukturen.
Auf der anderen Seite öffnet die konkrete Laborarbeit durch die Methodizität ihrer lokalen Praxis regelmäßig die Chance, jenseits der verfügbaren Deutungen Neues zu erzeugen. Gerade im Feld der modernen Wissensproduktion stehen wir von Beginn an vor der Herausforderung, die dort sich ereignenden und beobachtbaren Phänomene auch als welterweiternde Aktivitäten zu begreifen. Wenn wir zu deren Beschreibung und Erklärung nicht auf psychologisierende Vorstellungen von individueller Kreativität, kognitiver Besonderheit oder gar ›Genie‹ zurückgreifen wollen und statt dessen in unserem eigenen Feld der *sozialen Ordnung* verbleiben, kommt der mikroskopischen Analyse dieser Ordnung zentrale Bedeutung zu. Es ist die Kombination von rigiden, fixierten Verfahrensweisen und deren flexibler Gebrauch, die, eingebettet in kommunikativ ›gespielte‹ Darstellungspraktiken, die Entdeckung von Neuem möglich macht.
Vergleicht man solche Einsichten über die Naturwissenschaften mit unserem Wissen über die ethnographische Wissensproduktion so zeigt die bisherige Debatte um die *ethnographische* Repräsentation eine Indifferenz gegenüber dem eigenen Interpretationsprozeß. Statt dessen wurde vor allem drei Aspekten wiederholt Beachtung geschenkt: der ethnographischen Autorität oder Autorenschaft, der Rhetorik ethnographischer Texte und dem Verhältnis zu menschlichen, ethnographischen Objekten und Subjekten. Weitgehend unbeachtet blieb dagegen die soziale Verfaßtheit der eigenen Wissensgemeinschaft und der Prozeß der wissenschaftskollektiven Erzeugung anthropologischen oder soziologisch-ethnographischen Wissens: ihre Repräsentationspraktiken jenseits textueller Endprodukte. Dies ist insoweit nicht verwunderlich, als in der methodischen Anlage die Individualität der ForscherInnen und ihrer textuellen Produkte die Gravitationszentren bilden: singuläre Studien in heterogenen kulturellen Feldern, mit heterogenen Erkenntnisinteressen und an individuel-

len Karrierestrategien orientiert, machen es schwer, die Orte kollektiver Praxis zu benennen.

Wenn ich hier auch keine fundierte Ethnographie des ethnographischen Wissensprozesses unterbreiten kann,[29] so will ich doch abschließend auf methodologische Konsequenzen meiner Überlegungen zum Interpretationsbegriff eingehen. Wenn ich Geertz für einen universalisierenden Textbegriff ›haftbar‹ gemacht habe, den er selbst ja lediglich von Ricoeur ›adoptiert‹, so geschah dies aufgrund der Stärke, die er bei Geertz entfaltet. Wie nur wenigen Autoren gelingt es ihm, den Wunsch der Rezipienten auf einen Durchgriff durch den anthropologischen Text auf die flüchtigen Ereignisse seines Untersuchungsfeldes vergessen zu machen. Die literarischen Stärken seiner Texte halten den monologischen Autor weiter im Zenit der Disziplin und bringen die in der literarischen Kritik der ethnographischen Repräsentation zutage tretenden Bedenken zum Schweigen. Der balinesische Hahnenkampf oder das javanische Begräbnis entfalten eine ›emblematische Repräsentativität‹[30] für die untersuchten Kulturen in einer Weise, die Fragen nach dem prozeduralen Wie dieser interpretativen Leistungen als fehladressiert oder positivistisch erscheinen lassen: »Das Folgende stelle ich einfach als Tatsache hin, um auf ausführliche ethnographische Beschreibungen verzichten zu können; doch gibt es zahlreiche und eindeutige (sic!) Beweise, Beispiele und Zahlen, die zu ihrer Untermauerung angeführt werden könnten.« (Geertz 1983b: 237)

Wenn wir an solchen Stellen die ›eindeutigen Beweise‹ trotzdem thematisieren möchten[31], dann nicht zum Zwecke der Überführung einer Fehlinterpretation, gar eines möglichen Betrugs oder aufgrund einer wissenschaftstheoretisch als unentbehrlich betrachteten Beweisführung. Für die jeweils vorliegende ethnographische Beschreibung sind sie mit guten Gründen entbehrlich, würden möglicherweise ihre Stärke zerstören. Für die methodologische Frage dagegen: Wie machen wir im individualisierten ethnographischen Prozeß aus unseren immer rudimentär bleibenden Beobachtungen flüchtiger Ereignisse zuerst für uns und dann für

---

29 Hier hätte ich kaum mehr zu bieten als einen ›native point of view‹.
30 Diesen Begriff verdanke ich Stefan Hirschauer.
31 Und ich bin sicher, daß Geertz uns die entsprechenden ethnographischen Materialien liefern kann.

andere überzeugende Belege und kommen so zu (sozialen) Tatsachen[32], kann darauf nicht verzichtet werden. Antworten darauf könnten ein Licht auf das eigene Schattenreich ethnographischer Wissensproduktion werfen, auf das Mysterium sozialwissenschaftlichen Interpretierens.

Literatur

Amann, Klaus (1990), »Natürliche Expertise und künstliche Intelligenz: eine mikrosoziologische Untersuchung von Naturwissenschaften«. Dissertation an der Fakultät für Soziologie, Universität Bielefeld.

Amann, Klaus und Karin Knorr-Cetina (1988), »The Fixation of (Visual) Evidence«, in: *Human Studies* 11, S. 133-169.

Berg, Eberhard und Martin Fuchs (Hg.) (1993), *Kultur, soziale Praxis, Text*, Frankfurt/Main: Suhrkamp.

Bergmann, Jörg R. (1987), *Klatsch. Zur Sozialform der diskreten Indiskretion*, Berlin: de Gruyter.

Clifford, James und George Marcus (Hg.) (1986), *Writing Culture: The Poetics and Politics of Ethnography*, Berkeley and Los Angeles: University of California Press.

Fuchs, Martin und Eberhard Berg (1993), »Phänomenologie der Differenz. Reflexionsstufen ethnographischer Repräsentation«, in: Eberhard Berg und Martin Fuchs (s. o.)

Fuchs, Peter (1995), *Die Umschrift. Zwei kommunikationstheoretische Studien: »japanische Kommunikation« und »Autismus«*, Frankfurt/Main: Suhrkamp.

Garfinkel, Harold (1967), *Studies in Ethnomethodology*, Englewood Cliffs: Prentice Hall.

Geertz, Clifford (1973), *The Interpretation of Cultures*, New York: Basic Books.

Geertz, Clifford (1983a), »Dichte Beschreibung. Bemerkungen zu einer deutenden Theorie von Kultur«, in: Clifford Geertz, *Dichte Beschreibung*, Frankfurt/Main: Suhrkamp.

Geertz, Clifford (1983b), »»Deep Play«: Bemerkungen zum balinesischen Hahnenkampf«, in: Clifford Geertz, *Dichte Beschreibung*, Frankfurt/Main: Suhrkamp.

---

32 Es ist die Frage, die die empirische Wissenschaftsforschung an ihr naturwissenschaftliches Untersuchungsfeld nicht müde wird zu stellen.

Hicks, Diana und Jonathan Potter (1991), »Sociology of Scientific Knowledge – A Reflexive Citation Analysis Or: Science Disciplines and Disciplining Science«, in: *Social Studies of Science* 21, S. 459-501.

Kallmeyer, Werner und Fritz Schütze (1977), »Zur Konstitution von Kommunikationsschemata der Sachverhaltsdarstellung, in: D. Wegner (Hg.), *Gesprächsanalysen*, Hamburg: Buske.

Knorr-Cetina, Karin (1984), *Die Fabrikation von Erkenntnis*, Frankfurt/Main: Suhrkamp.

Knorr-Cetina, Karin (1988), »Das naturwissenschaftliche Labor als Ort der ›Verdichtung‹ von Gesellschaft«, in: *Zeitschrift für Soziologie* 17: S. 85-101.

Knorr-Cetina, Karin und Klaus Amann (1990), »Image Dissection in Natural Scientific Inquiry«, in: *Science, Technology & Human Values* 15, S. 259-283.

Knorr-Cetina, Karin und Klaus Amann (1992), »Konsensprozesse in der Wissenschaft«, in: Hans-Joachim Giegel (Hg.), *Kommunikation und Konsens in modernen Gesellschaften*, Frankfurt/Main: Suhrkamp.

Latour, Bruno (1987), *Science in Action*, Stony Stratford: Open University Press.

Latour, Bruno und Steve Woolgar (1979), *Laboratory Life: The Social Construction of Scientific Facts*, Beverley Hills: Sage.

Lynch, Michael (1985), *Art and Artifact in Laboratory Science: A Study of Shop Work and Shop Talk in a Research Laboratory*, London: Routledge and Kegan Paul.

Lynch, Michael (1993), *Scientific Practice and Ordinary Action*, Cambridge: Cambridge University Press.

Marcus, George und Dick Cushman (1982), »Ethnographies as Texts«, in: *Annual Review of Anthropology* 11, S. 25-69.

Pollner, Melvin (1991), »›Left‹ of Ethnomethodology«, in: *American Sociological Review* 56, S. 370-80.

Ricoeur, Paul (1971), »Der Text als Modell: hermeneutisches Verstehen«, in: Hans-Georg Gadamer und Gottfried Boehm (Hg.), *Seminar: Die Hermeneutik und die Wissenschaften*, Frankfurt/Main: Suhrkamp.

Sudnow, David (1978), *Ways of the Hand*, Cambridge, MA: Harvard University Press.

Hinweise zu den Autorinnen und Autoren

Klaus Amann (Bielefeld), geb. 1958, wissenschaftlicher Assistent an der Fakultät für Soziologie der Universität Bielefeld. Studium der Soziologie ebendort, Promotion 1991. Seit 1986 zunächst Mitarbeiter, dann Leiter in wissenschafts- und kultursoziologischen Forschungsprojekten. Seit 1989 Lehre in der Methodenausbildung mit Schwerpunkt Ethnographie und Diskursanalyse. Derzeitige Forschungsschwerpunkte: Wissens- und Kultursoziologie, Qualitative Methoden und visuelle Soziologie. Publikationen u. a.: *The Fixation of (Visual) Evidence* (Human Studies 11/1988, zusammen mit K. Knorr-Cetina), *Menschen, Mäuse und Fliegen. Eine wissenssoziologische Analyse der Transformation von Organismen in epistemische Objekte* (Zeitschrift für Soziologie 23/1994).

Georg Breidenstein (Bielefeld), geb. 1964, Studium der Geschichts- und Sozialwissenschaften an der Universität Bielefeld, 1. Staatsexamen 1993, zur Zeit Promotion an der Fakultät für Pädagogik. Forschungsinteressen: diskursive und interaktive Konstruktion der Geschlechterdifferenz, Kindheitsforschung. Publikationen u. a.: »Geschlechtsunterschiede und Sexualtrieb im Diskurs der Kastration Anfang des 20. Jahrhunderts« (in: C. Eifert u. a.: *Was sind Frauen, was sind Männer*, Suhrkamp 1996). *Die Praxis der Geschlechterunterscheidung in der Schulklasse* (Zeitschrift für Soziologie 26 (1997).

Hilke Doering (Oberhausen), geb. 1966, Studium der Soziologie in Paris und Bielefeld, Diplom 1993. Anschließend Mitarbeiterin in einem Forschungsprojekt von K. Amann zur visuellen Soziologie. Seit 1995 Mitarbeiterin der 'Internationalen Kurzfilmtage Oberhausen'. Forschungsinteressen: Visuelle Soziologie, Ethnographischer Film. Erstveröffentlichung.

Stefan Hirschauer (Bielefeld), geb. 1960, Studium der Soziologie und Philosophie an der Universiät Bielefeld, Promotion 1991, seitdem Hochschulassistent an der Fakultät für Soziologie ebendort, geschäftsführender Herausgeber der Zeitschrift für Soziologie. Forschungsinteressen: Soziologie der Geschlechterdifferenz, Kultur- und Wissenssoziologie, Qualitative Methodologie. Publikationen u. a.: *Die soziale Konstruktion der Transsexualität. Über die Medizin und den Geschlechtswechsel* (Suhrkamp 1993), *Towards a Methodology of Investigations Into the Strangeness of One's Own Culture* (Social Studies of Science 1994).

Astrid Jacobsen (Bielefeld), geb. 1969, Studium der Soziologie in Bamberg und Bielefeld, Mitarbeiterin in einem Forschungsprojekt von S. Hirschauer zur pränatalen Diagnostik, Diplom 1996. Derzeit Promotionsprojekt zu ›Führungshandeln bei der Polizei‹. Erstveröffentlichung.

Herbert Kalthoff (Frankfurt/Oder), geb. 1957, zunächst Berufstätigkeit als Erzieher, ab 1985 Studium der Soziologie, Politik und Rechtswissenschaften in Hannover und Paris, Diplom 1991. Studien- und Forschungsaufenthalte in Montpellier, Oxford und Bloomington. 1995 Promotion an der Universität Bielefeld. Seit 1996 wissenschaftlicher Mitarbeiter am Frankfurter Institut für Transformationsstudien an der Europa-Universität Viadrina Frankfurt/Oder. Forschungsschwerpunkte: Ethnographische Schulforschung, Kultur- und Wirtschaftssoziologie, Biographieforschung. Publikationen u. a.: *Die Erzeugung von Wissen* (Zeitschrift für Pädagogik 41, 1995), *Das Zensurenpanoptikum. Eine ethnographische Studie zur schulischen Bewertungspraxis* (Zeitschrift für Soziologie 25, 1996). *Wohlerzogenheit. Eine Ethnographie deutscher Internatsschulen* (Campus 1997).

Helga Kelle (Bielefeld), geb. 1961, Studium der Erziehungswissenschaften an der Universität Bielefeld, Promotion 1991. Seitdem wissenschaftliche Mitarbeiterin im DFG-Projekt »Prozesse politischer Sozialisation bei 9-12 jährigen Jungen und Mädchen«. Forschungsschwerpunkte: Kindheitsforschung, Sozialisationstheorie, Frauenforschung. Publikationen u. a.: *Erziehungswissenschaft und kritische Theorie: zur Entwicklungs- und Rezeptionsgeschichte* (Centaurus 1992), *Kinder als Akteure. Ethnographische Ansätze in der Kindheitsforschung* (Zeitschrift für Sozialisationsforschung und Erziehungssoziologie 16, 1996, zusammen mit Georg Breidenstein).

Hubert Knoblauch (Konstanz), geb. 1959, Studium der Soziologie, Philosophie und Geschichte an den Universitäten Konstanz und Brighton, Sussex. Seit 1982 Mitarbeiter bei Thomas Luckmann, 1985 Magisterarbeit. 1986/87 Assistent an der Hochschule St. Gallen. 1987 wissenschaftlicher Angestellter an der Universität Konstanz, 1989 Promotion. 1990-91 Visiting Scholar an der UC Berkeley. Ab 1991 wissenschaftlicher Assistent an der Universität Konstanz. 1994 Habilitation. 1994-95 Leiter des sozialwissenschaftlichen Archivs Konstanz. Seit 1996 Heisenberg-Stipendiat. Forschungsschwerpunkte u. a.: Religions-, Wissens- und Sprachsoziologie, Phänomenologie. Jüngere Veröffentlichungen: *Kommunikationskultur. Die kommunikative Konstruktion kultureller Kontexte* (de Gruyter 1995), *Kommunikative Lebenswelten. Zur Ethnographie einer geschwätzigen Gesellschaft* (Universitätsverlag 1996).

Christoph Maeder (St. Gallen), geb. 1956, wissenschaftlicher Assistent am Seminar für Soziologie der Universität St. Gallen und selbständiger Management Consultant im Gesundheitswesen. Forschungsschwerpunkte: Organisationssoziologie, Medizin- und Sprachsoziologie, Ethnographie. Veröffentlichungen u. a.: *Reproduktionsmedizin in der Schweiz* (Schweizerische Zeitschrift für Soziologie 18, 1992), »*Ächlii und ä bezli.*« *Schweizer Politiker reden: ein kulturelles Modell* (in Berking u. a., Politikertypen in Europa. Westdeutscher Verlag 1996).

Katharina Peters (Berlin), geb. 1969, Studium der Soziologie in Bielefeld, Diplom 1994. Seither wissenschaftliche Mitarbeiterin in der Forschungsgruppe »Metropolenforschung« am Wissenschaftszentrum Berlin. Forschungsschwerpunkte: Organisations- und Verwaltungssoziologie, Transformationsprozesse öffentlicher Verwaltungen. Erstveröffentlichung.

Thomas Scheffer (Osnabrück), geb. 1967, kaufmännische Lehre, dann Studium der Soziologie an der Universität Bielefeld, Diplom 1995. Seit 1996 Stipendiat des Graduiertenkollegs am Institut für Migrationsforschung und interkulturelle Studien der Universität Osnabrück. Forschungsinteressen: Verwaltungs- und Migrationsforschung, Politische Soziologie. Publikationen u. a.: *Aussiedlerinnen, Asylsuchende und ausländische Wohnbevölkerung* (in: Roth/Wollmann, Kommunalpolitik. Politisches Handeln in der Gemeinde, Bundeszentrale für Politische Bildung 1993, zusammen mit Jürgen Feldhoff), *Dolmetschen als Darstellungsproblem* (Zeitschrift für Soziologie 26, 1997).

suhrkamp taschenbücher wissenschaft
Wissenschaftsforschung

Bachelard: Die Bildung des wissenschaftlichen Geistes. stw 668
- Die Philosophie des Nein. stw 325

Becker: Grundlagen der Mathematik. stw 114

Böhme, G.: Alternativen der Wissenschaft. stw 334

Böhme, G./Daele/Krohn: Experimentelle Philosophie. stw 205

Böhme, G./Engelhardt (Hg.): Entfremdete Wissenschaft. stw 278

Canguilhem: Wissenschaftsgeschichte und Epistemologie. stw 286

Cicourel: Methode und Messung in der Soziologie. stw 99

Dahms: Positivismusstreit. stw 1058

Daele/Krohn/Weingart (Hg.): Geplante Forschung. stw 229

Dubiel: Wissenschaftsorganisation und politische Erfahrung. stw 258

Fleck: Entstehung und Entwicklung einer wissenschaftlichen Tatsache. stw 312
- Erfahrung und Tatsache. stw 404

Frühwald/Jauß/Koselleck u.a.: Geisteswissenschaften heute. stw 973

Galilei: Sidereus Nuncius (Nachricht von neuen Sternen). stw 337

Gould: Der Daumen des Panda. stw 789

- Der falsch vermessene Mensch. stw 583
- Wie das Zebra zu seinen Streifen kommt. stw 919

Hausen/Nowotny (Hg.): Wie männlich ist die Wissenschaft? stw 590

Helms: Die Militarisierung der Gesellschaft. stw 988

Holton: Thematische Analyse der Wissenschaft. stw 293

Jokisch (Hg.): Techniksoziologie. stw 379

Knorr-Cetina: Die Fabrikation von Erkenntnis. stw 959

Kocka (Hg.): Interdisziplinarität. stw 671

Koyré: Von der geschlossenen Welt zum unendlichen Universum. stw 320

Krohn/Küppers: Die Selbstorganisation der Wissenschaft. stw 776

Krohn/Küppers (Hg.): Emergenz. stw 984

Küppers/Lundgreen/Weingart: Umweltforschung – die gesteuerte Wissenschaft? stw 215

Kuhn: Die Entstehung des Neuen. stw 236
- Die Struktur wissenschaftlicher Revolutionen. stw 25

Maturana: *siehe Riegas/Vetter*

Mehrtens/Richter (Hg.): Naturwissenschaft, Technik und NS-Ideologie. stw 303

Mittelstraß: Die Möglichkeit von Wissenschaft. stw 62
- Wissenschaft als Lebensform. stw 376

suhrkamp taschenbücher wissenschaft
Wissenschaftsforschung

- Leonardo-Welt. stw 1042
- Needham: Wissenschaft und Zivilisation in China. stw 754
- Wissenschaftlicher Universalismus. stw 264
- Nelson: Der Ursprung der Moderne. stw 641
- Nowotny: Kernenergie: Gefahr oder Notwendigkeit. stw 290
- Polanyi, M.: Implizites Wissen. stw 543
- Prinz/Weingart (Hg.): Die sog. Geisteswissenschaften: Innenansichten. stw 854
- Scholtz: Zwischen Wissenschaftsanspruch und Orientierungsbedürfnis. stw 966
- Ullrich: Technik und Herrschaft. stw 277
- Unseld: Maschinenintelligenz und Menschenphantasie. stw 987
- Voland (Hg.): Fortpflanzung: Natur und Kultur im Wechselspiel. stw 983
- Weingart: Wissensproduktion und soziale Struktur. stw 155
- Weingart/Kroll/Bayertz: Rasse, Blut und Gene. stw 1022
- Weingart/Prinz/Kastner u.a.: Die sog. Geisteswissenschaften. Außenansichten. stw 965
- Weizenbaum: Die Macht der Computer und die Ohnmacht der Vernunft. stw 274
- Zilsel: Die sozialen Ursprünge der neuzeitlichen Wissenschaft. stw 152

Über sämtliche bis Mai 1992 erschienenen suhrkamp taschenbücher wissenschaft (stw) informiert Sie das Verzeichnis der Bände 1 – 1000 (stw 1000) ausführlich. Sie erhalten es in Ihrer Buchhandlung.